KB189935

변증법 살롱에서
선불교를 담론하다

변증법 살롱에서 선불교를 담론하다

초판 1쇄 발행   2015년 5월 22일

지은이   김 정 명
펴낸이   손 형 국
펴낸곳   (주)북랩
편집인   선일영   편집   서대종, 이소현, 이탄석, 김아름
디자인   이현수, 윤미리내   제작   박기성, 황동현, 구성우
마케팅   김회란, 박진관, 이희정
출판등록 2004. 12. 1(제2012-000051호)
주소   서울시 금천구 가산디지털 1로 168, 우림라이온스밸리 B동 B113, 114호
홈페이지 www.book.co.kr
전화번호 (02)2026-5777   팩스   (02)2026-5747

ISBN   979-11-5585-542-3 03220(종이책)   979-11-5585-543-0 05220(전자책)

이 도서의 국립중앙도서관 출판예정도서목록(CIP)은 서지정보유통지원시스템 홈페이지(http://seoji.nl.go.kr)와
국가자료공동목록시스템(http://www.nl.go.kr/kolisnet)에서 이용하실 수 있습니다.
(CIP제어번호 : CIP2015013857)

변증법 살롱에서
선불교를 담론하다

특별메뉴: 『선종무문관』 선해

김정명 지음

북랩 book Lab

머리말

선사상禪思想에서 보면, 서양철학사의 화두는 신神과 이성 그리고 변증법이라 해도 과언이 아닌 것 같다. 여기서 신은 좀 제쳐두고 이성의 시련과 함께 변증법의 백가쟁명 양상은 서양철학에서 아직도 해결될 기미를 전혀 보이고 있지 않다. 그런데 동양사상의 총아인 선사상을 담론함에 있어서 문제의 변증법을 타산지석으로 삼았다는 것은 퍽 아이러니하지만 나름대로 의미가 깊다.

예를 들면, 관념변증법의 정반합正反合은 『반야심경』의 색공불이色空不二와 근본적으로 맥락을 같이하기 때문이다. 선불교는 최소 2500여 년의 역사를 지녔고, 변증법은 고대 희랍의 헤라클레이토스까지 소급된다니 역시 2500여 년의 역사를 지닌다. '신화적 계몽'이라는 결정론을 초극한 인성의 순수함에 대한 담론이 대양의 동서를 가리지 않고 그런 연대에까지 함께 소급해 올라간다는 사실은 물론 우연이겠지만 인간의 '본래성'이 이른바 '도구적 이성', 즉 '이성의 도구화'를 초월하고 있음에 주목하게 하는 좋은 사례가 된다.

변증법은 고대 희랍의 궤변술 시대, 중세기 암흑시대 그리고 19세기 유물론의 반동시기를 겪으면서 변증법답게 발전하지 못하거나 심지어 금기시까지 당하는 안타까운 사정을 감추지 못하고 있다. 선禪도 형극의 길이었지만 고준한 선맥은 조사어록祖師語錄들에 그대로 담겨져 르네상스를 기약하고 있다는 점에 있어서 변증법과는 사정이 사뭇 다르다. 선사상은 불교철학의 총화, 즉 대승불교 사상의 초월문이다.

인도의 보리菩提 사상이 중국에서 꽃을 피우고 열매를 맺기까지의 선로역정禪路歷程을 살펴보고 그런 향상일로의 과정들을 조사어록들을 통해서 구체적으로 담론함에 이 책은 초점을 맞추었다. 인간은 누구나 생로병사나 빈부귀천과 같은 상대성에서 발생하는 고락苦樂을 숙명처럼 껴안고 산다. 이런 숙명과 그 결과를 붓다(佛陀, 인印, BC 566~BC 486)는 깨달음으로써 해탈시켰던 바, 그의 가르침은 불교철학으로서 그 모습을 나타낸다.

만사가 원인이 있음에서 결과가 생기게 된다는 상대성, 즉 인과율을 불교철학에 입각하여 올바로 해결만 한다면 소위 변증법적 의식의 발전을 이루어 대승적인 절대성의 경계에 들게 된다. 이를 진정한 이성이고 해탈이라고 불교철학에서 말한다. 그러나 문제의 상대성(인과율)이 초극된 대승적 절대성을 얻어서 대승불교의 진면목을 보게 되었다 하더라도 이른바 '인성人性의 구경각究竟覺'은 선사상에서 더 면밀하게 추구되지 않으면 안 된다.

이것이 붓다의 소망이었고 유훈이었다. 후세의 조사들이 선문禪門에서 그의 소망과 가르침을 이루어 냈다. 한편 헤겔(Georg Wilhelm Friedrich Hegel, 독獨, 1770~1831)은 그의 노작 『정신현상학』(1807)을 통하여 인간의 절대정신을 관념변증법으로써 밝혀서 철학을 종료시켰다고 호언했으나 올바른 변증법의 전개와 해결에 실패하였고 결국 마르크스(Karl Heinrich Marx, 독獨, 1818~1883)의 변증법적 유물사관이라는 부작용을 일으켜서 세상을 아수라장으로 만듦에 크게 기여한 셈이 되었다.

변증법은 헤겔의 절대정신과 마르크스의 유물사관에서 벗어나서 마치 선사상이 불교적 관념론('존재는 지각')에서 거듭나고 다시 거듭난 것처럼 정신도 아니고 물질도 아닌 최상승적 정반합(반대의 일치)에서 이른바 '순수이성'과 더불어 '실천이성'을 담론함이 옳은 일일 것이다.

소크라테스(Sōkratēs, 희希, BC 469~BC 399)의 '무지의 지' 그리고 플라톤(Platōn, 희希, BC 427~BC 347)의 '이데아'로부터 현대 해체론까지를 총망라하며 극복할 수 있는 철학은, 선사상을 비롯한 '제대로 된' 변증법뿐이라는 생각이 든다. 만약에 양자가 지향하는 공통점을 요약해 보라고 한다면, 상대성적 차별심의 편견으로 인한 양극화 혹은 이분법을 초극한 절대성적 보편의 활동관념에 있다고 말할 수 있다.

'잘살기'라고 오도된 Well-being과 '세상에 잘 대처하기(Coping well with the world)'와 같은 실용주의적 철학이 아무런 반성 없이 자본주의적 물신론(物神論, Fetishism)과 함께 전도되어 들어와 기승을 부리고 있다. 더욱이 인터넷의 발달로 현실과 가상을 구별하기가 힘든 혼돈의 상황에서 잃어버린 참나眞我를 찾는다는 것은 지난한 일이 되고 있다.

그렇다고 종교나 이념의 도그마에 천착해서는 안 된다. 이는 세상을 각종 형이상학적 2항 대립의 체계로 끌고 가기 때문이다. 이런 현상은 '문화의 충돌'을 포함하여, 결국 '무지의 충돌'로 결론난다. 겉으로 어떤 미사여구로써 포장하든 그 내용은 인간성 상실 바로 그것일 뿐이다. 지금은 각종 종교 이념의 도그마와 민족주의에 과학적 물신주의가 합세한 격이며, 이런 차원에서 현대를 다시 암흑시대라고 진찰하는 선지식善知識들이 많다.

중세 이전에 살았던 철학자 가운데 당시에 종교의 암흑시대가 도래하고 있다고 경고한 사람은 흔치 않았다. 이런 즈음에 동양에서는 선문학이 황금시대를 열고 있었다. 그러나 헤겔은 말하길, 동양에는 자유를 구가한 사람이 하나밖에 없다고 했다. 이는 황제 외에는 모두 부자유했다는 뜻이 담긴 말이다. 물론 올바른 지적이라고 볼 수가 없다.

예컨대 측천무후(則天武后, 당唐, 624~705)와 아들 중종 황제(고종과 무후의 삼자三子)가 조서를 내려 선종禪宗 제6대조 혜능(慧能, 당唐, 638~713)에게 상경을 독촉했으나 그는 칭병하며 내시를 통해 설법을 전하고만 있다. 이것은 무소불위의 측천 여제의 자유(?)와 자의를 능가하는 대해탈자이었기에 가능한 경우였다. 마상의 나폴레옹을 보고 '세계정신'에 비유하며 찬양한 헤겔과는 대조적이다. 작금에 많은 헤겔의 후예들이 '나는 누구인가?'라는 화두를 타파하기 위해 동방을 찾는다. 그야말로 '푸른 눈'의 납자들인 셈이다.

선장(禪匠, Zen Master) 스즈키 다이세츠(鈴木大拙, 일日, 1870~1966)가 선을 서양 세계에 처음으로 소개했을 때 토인비(Arnold Joseph Toynbee, 영英, 1889~1975)는 서양정신사에서 가장 중요한 사건으로 평가하였다. 역시 서양에서는 변증법이 제자리를 찾지 못하고 있다. 결국 관념론과 유물론이라는 이분법을 초극하는 절대성적 종합이 '변증법적 구경각究竟覺'으로 귀납되는 논의가 증명되고 공인받지 못한 상황이다.

선불교를 귀감으로 삼아서 유물론도 아니고 관념론도 아니며 좌파와 우파라는 편견도 일으키지 않는 변증법다운 변증법으로 부활하길 바라마지 않는다. 한편으로 동양에서 선사상은 더 이상 선경仙境을 천착하며 조사어록祖師語錄이나 껴안고 불교문화재나 지키며 불조사를 모방하고 자본주의적 종교를 흉내 내는 현대판 말법시대를 연출하고 있어서는 안 될 것이다.

독일 관념론과 변증법은 선에 좋은 교훈을 주고 있다. 그들은 신성에 안주하고 절대정신에 천착하다 얼마나 큰 봉변을 마르크스로부터 받았던가. 선사상이나 변증법은 일반적 형식논리학으로는 담론하기가 대단히 어렵다. 선과 변증법이 경원시되는 가운데 사이비들은 중구난방을 이루고 있다. '악화가 양화를 구축한다'는 그리샴의 법칙은 변증법에서처럼 선불교에서도 예외 없이 발생한다. 작가作家 선지식善知識들은 옥석을 가려내어야 할 것이다. 이 책은 그런 점에 일조하려고 부단한 노력을 기울였다.

　풍랑으로 얼룩진 배와 선원들 그리고 고해와 항해일지라는 텍스트 외에는 읽고 쓸 줄 몰랐었던 필자에게 이 정도의 〈선어록〉이나마 편역하도록 지도 편달해 주신 방산남원方山南原 선사에게 삼가 삼배를 올린다. 그리고 때와 장소를 가리지 않고 선의 게송偈頌들을 염송해 주셨던 용광龍光 선사에게도 본란을 빌려 거듭 감사의 뜻을 전한다. 또한 신체적 장애를 극복하게 해준 김정애 보살의 내조가 없었더라면 이 책은 햇볕을 보기 어려웠을 것이니 감사한 마음 그지없음을 차제에 밝히고 싶다.

2015년 정초 김정명 씀

주註: 동시대인 방산남원方山南原 선사는 밀양 표충사 해산海山 선사의 공식 전법승으로서 『해산선사법어록』 『방산남원법어록』 『불안경佛眼經』 등의 저서가 있다.

차례

제1장

서문

선문禪門은 존재에 대한 인식으로부터 들어감이 순리일 것 같다. 인식의 기원을 영국에서는 경험론 그리고 대륙에서는 합리론에 입각하여 제각각 규명하려 했던 바, 이 과정에서 우선 존재에 대한 본질로서 관념론과 유물론이 상대적으로 등장하며 과학발달사와 함께 대립 양상을 보이고 왔었는데, 결국 서양철학사는 관념론과 유물론의 숙명적인 각축장으로 변했다. 선禪은 불교의 초월문이지만 일단 불교철학에서는 문제의 인식론과 존재론 그리고 관념론과 유물론 그리고 실재론까지 총망라하고 있음으로 우선 불교적 관념론부터 고찰해 보기로 한다.

관념론

소설 『개미』에서 작가 베르나르 베르베르는 '다른 식으로 생각하기(Think Different)'라는 사려 패러다임의 변환에 중점을 두며, 서두부터 다음과 같은 아포리즘들을 열거하고 있다.

> '모든 것은 하나 안에 있다.'   아브라함
> '모든 것은 사랑이다.'   예수
> '모든 것은 경제적이다.'   마르크스

그러나 필자는 문제의 사려 패러다임의 변환을 좀 다른 식으로 조명해 본다.

> '모든 것은 상대성이다.'   아인슈타인
> '모든 것은 불확정성이다.'   하이젠베르크
> '모든 것은 마음이다.'   붓다

불교철학의 가르침에 의하면, 세상만상은 인간이 품고 있는 무한한 잠재의식의 발로이다. 아일랜드가 낳은 저명한 철학자이자, 영국을 대표하는 철학자 조지 버클리(1685~1753) 주교가 『인간지식원리론』(1710)에서 이른바 주관적 관념론의 명제, '존재는 지각(되는 것): esse est percipi'을 선언했을 때, 그의 친구 주교도 이를 버클리가 유명해지고 싶어서 한 헛소리라 했고 어떤 의사는 그를 정신병동에 보내야 한다고 주장했다. 물론 모든 것은 신의 창조물이라는 교의에 위반했기 때문이었다.

불교철학에서는 버클리의 명제를 다음처럼 삼위일체적으로 정리한다.

> 존재는 지각이고 곧 마음이다.

그때나 지금이나 관념론 및 일체유심조一切唯心造를 올바로 수용하기란 대단히 어렵다. 자연과학과 물질문명 그리고 종교이념이 발달하면 할수록 관념론은 더더욱 생활 철학으로부터 멀어져 갔다. 단 '과학은 과학이 아니고 과학적 마인드(Mind)'라고 주장하는 일부 첨단 물리학자들은 제외하고서 말이다.

여담이지만 국민철학자(?) 도올 김용옥은 어느 사찰 강연에서 관념론에 관한 언급에 당면하자마자 그는 스스럼없이 '더럽게 어려운 철학이야!'라고 언성을 높였다. 이건 도올뿐만이 아니라 우리들 다수의 공통된 심정이리라. 즉 유물론 혹은 실재론에 그만큼 우리의 의식이 고착화되었다거나 그런 지각의 함정에 빠져있다는 증거이기도 하다.

일찍이 장자(莊子, 송宋, BC 369~BC 289?)는 〈제물론齊物論〉에서 물아일체物我一體를 주장하였다. 이는 존재와 지각을 동일시하는 물심일여物心一如인 관념론의 고대 중국 버전이다. 존재는 지각이라는 관념론에 입각해서 세상만사가 일각의 관념현상이며 실상은 그 배후의 보이지 않는 마음, 혹은 잠재의식이라고 이해함에 우리는 그리 익숙하지 않다.

천지강산은 연인원 무진수의 인류가 영겁에 걸쳐 그렇게 엮어서 본 업식의 네트워크일 뿐인데 대부분 사람들은 신의 섭리거나, 혹은 자연의 섭리라고 여긴다. 인간의 지각으로, 더 나아가서 붓다처럼 마음의 섭리라고 철저히 깨우친 사람은 흔치 않다. 이런 점에서 불교는 일찍이 '익숙한 것으로부터 탈피'를 가르쳤다. 즉 익숙한 것, 바로 상식은 한갓 집착이고 고정관념일 뿐이라는 것을….

인터넷 용어를 빌리자면 만물은 UCC(User Created Contents: 사용자 제작 콘텐츠)이다. 이와 관련하여 타임지紙는 2006년도 '올해의 인물'로 '당신(YOU)'을 지정하였다. 예컨대 애플사 콘텐츠 제품군의 개발자 스티브 잡스(Steve Jobs. 미美. 1955~2011)의 아이패드(iPad), 아이폰(iPhone)이 전형적으로 이에 해당되는 경우다.

여기서 칸트의 '코페르니쿠스적 전회轉回'라는 명제를 좀 보고 가자. 일반적 학설에 의하면, 우리의 인식의 활동 이전에 이미 인식의 대상이 있었고, 인식은 우리가 그 존재를 인식함으로써 비로소 성립된다고 하였으나 칸트는 이러한 소박한 관점을 역전하고 인식대상은 인식작용에 있어서 처음으로 주관에 의해서 구성된다고 주장하였다.

한마디로 인지가 없으면 존재는 없는 것이다. 이러한 인식론에의 전환을 폴란드인 코페르니쿠스(Nicolaus Copernicus, 파란波蘭, 1473~1543)의 지동설에 비견하여 '칸트의 코페르니쿠스적 전회轉回'라 말한다. 독일 관념론의 맨 앞줄에 칸트(Immanuel Kant, 독獨, 1724~1804)가 서게 되었다. 칸트가 조국 독일에 기여한 공로는 지대하다. 칸트의 『순수이성비판』(1781)이 나오기 이전에는 서양사회에서 독일의 국가 브랜드는 2등이었다. 칸트를 비롯한 철학자들의 독일 관념론이 독일의 국가 품격을 1등국으로 향상시키는 데 크게 기여했다. 이와 함께 관념론은 현대철학사에 심대한 반향을 일으킨다.

전형적인 경우가 헤겔(Georg Wilhelm Friedrich Hegel, 독獨, 1770~1831)의 관념변증법이다. 그러나 더 심대한 영향은 정작 유물론으로 파급되어 갔다는 것은 아이러니다. 유물론에서의 지각과 마음의 지위는 물질계의 신비와 조화를 추구하는 수단에 지나지 않는다고 굳게 믿는다. 즉 물질이 위주고, 관념이나 마음은 부수적이며 인간성을 가장 발전된 뇌물질의 형태로 본다.

결과적으로 헤겔의 절대정신은 그의 제자(?) 마르크스에 의해서 뇌 속 회백질의 부속물로 추락되고 그 결과로 변증법적 유물사관이 수립된다. 유물론도 단지 유물론으로 본 지각일 뿐인데, 보기 이전부터 오로지 물질이라 주장했다. 결국 이런 말도 마르크스 나름의 '제 눈에 안경' 격이다.

세상은 관측하고 해석하기 나름이다. 유물론으로 보면 유물론이 나오고 유심론으로 보면 유심론이 역시 나타난다. 또한 진화론적으로 관측하면 진화론이고, 창조론적으로 해석하면 창조론이다. '닭이 먼저냐 계란이 먼저냐'로 주저앉을 것도 같지만, 어떤 관측이 본원적이고 인간적인가는 차차 좀 더 높은 차원에서 살펴볼 필요가 있겠다.

아인슈타인은 이런 명구를 남겼다.

어떤 문제건 그 문제를 만들어낸 생각의 수준으로는 그 문제를 풀 수
가 없다.

이 지적은 이 책의 진행과 함께 자주 나타날 것이다. 마르크스는 '인간적인 유물론자' 포이어바흐(Ludwig Feuerbach, 독獨, 1804~1872)의 사상을 통하여 마르크스적 '사회정치적 무신론'의 틀을 잡는다. 포이어바흐는 그의 저술 『기독교의 본질』(1841)에서 그의 근본적인 생각을 내보인다. 즉 신이 인간을 창조한 것이 아니라 인간이 신을 창조했다며 인간의 소원, 상상력, 이기심 등의 공동작품이 신이라고 주장하여 마르크스의 과찬을 얻어낸다.

그러나 이 말 또한 마르크스의 유물사관에도 그대로 적용된다는 사실에 스스로 개안하지 못했다. 유물론에서는 물질이 인간의 지각에

우선한다고 함에 비해 불교적 관념론은 양자를 평등선상에서 출발시킨다. 헤겔도 '존재에서 지각을 본다'는 중요한 지적을 했다. 관념론에서는 인간이 자연의 법칙에 순종한다는 고대의 지혜 개념이 전도된다.

다음은 칸트의 말이다.
인간이 자연에게 자연의 법칙을 써준다. 자연의 입법자가 인간이다.

관념론이 '존재는 지각(마음)'이라는 양의성임에 비해서 유물론 혹은 유신론은 일의성적이며 결정론적이다. 사람이 고정관념에 익숙하다 보면 그런 구속에서 벗어나는 사태에 대한 불안감을 갖게 되고 따라서 구속에서 벗어난 상태를 혼란이라는 이름으로 규정한다. 그들은 자신에게 조건 지워진 가치관에 집착하는 부조리를 낳게 된다. 역시 지각의 함정에서 못 빠져나오고 있는 셈이다.

그러나 관념론에 올바로 입학하기도 어렵고 또한 올바로 졸업하기는 더더욱 어렵다는 것을 철학사는 증언하고 있다. 예컨대 버클리는 '존재와 지각'을 신성(神聖)에 귀의시켰고 여기서 '코페르니쿠스적 전회'를 선언한 칸트마저도 관념론을 바로 정리하지 못해 물자체(物自體, thing in itself)라는 것이 인식 이전에 이미 존재한 것으로 관념론에 단서를 달았다.

이것은 유물론으로부터 완전히 자유롭지 못하다는 점을 의미하며 또한 물자체와 인식의 이원론(二元論)으로서 이율배반적이기도 하다. 그가 제시한 '선험적 통각'에서 스스로 탈선하는 결과에 처하게도 한다. 이것은 그의 『순수이성비판』이 좋은 열매를 맺지 못하는 결과를 자초하게도 만들었다.

미리 말하지만 '존재는 지각'이라는 관념론적 패러다임이 향상되면 헤겔이 주장하는 절대적 관념론이라는 주객일치(정반합)의 변증법으로 이어지고, 이는 다시 진아眞我의 활동작용, 즉 주체대용主體大用이라는 선사상에서 그 결과를 보게 된다. 이에 대한 구체적 담론이 일찍이 선사상에서 공안(公案: 공인된 선의 문안)으로 인증되어 2500여 년을 넘게 동양 사상의 진제眞諦를 이루어 왔고 이제 서양의 정신세계에까지 깊은 파급 효과를 일으키고 있다.

● **주관적 관념론**

다음은 아르투르 쇼펜하우어(Arthur Schopenhauer, 독獨, 1788~1860)가 한 말이다.

'모든 사람은 제각기 자기만의 시야로 세상의 한계를 정한다.'

이에 걸맞는 이야기 하나를 어느 동화집에서 옮겨 본다.

어느 날 해와 달이 서로 옳다고 다투고 있었다. 해가 주장하는 말인 즉슨, 세상이 모두 파랗다는 것. 이에 맞서 달은 세상이 모두 은색이라고 반박. 둘의 주장은 추호의 양보가 없었는데 이때 나타난 것이 바로 바람이었다. 바람은 둘의 주장을 각각 들은 뒤 이렇게 평결하였다. "해는 낮에만 세상을 보고 세상이 모두 파랗다고 주장하고 있지만 달밤의 세계를 본 바가 없지 않니. 그리고 달은 달밤에만 세상을 보고 은색이라고 주장하는데 낮의 세계를 볼 수가 없지. 나는 밤낮이 없이 다 돌아다녀 보는데 낮에는 세상이 파랗고 달밤에는 은색이고 그리고 해도 달도 없는 캄캄한 세계도 있단다. 그런 것까지 너희들은 다 못 봤지. 그러니 다툴 일이 없겠지?"

여기서 『물리 이야기』(로이드 모츠 지음, 차동우 역, 전파과학사, 2001)가 전하는 빛의 내용을 잠깐 참고로 보고 가자.

우리가 보는 빛은 빛 자체가 아니다. 빛 그 자체는 볼 수가 없다. 물론 중력도 없고, … 빛은 전자기 현상이고 진동수에 따른 전자기파의 분류인 전자기 스펙트럼에서 본다면 우리가 빛이라고 부르는 가시광선의 영역은, 적외선과 자외선 중간으로 전자기 스펙트럼 전 영역에서 차지하는 비중으로 말하자면, 백만분의 일도 채 되질 않는다.

우주공간에 태양 빛이 충만해 보이고 밤하늘에 별빛들이 쏟아져 내릴 듯이 현란하지만 그것들은 전체 빛에서 볼 때 장님이 코끼리 만지는 격도 되지 않는다는 얘기다. 게다가 대부분의 별(항성恒星)들은 몇억 광년 전의 모습이다. 예컨대 북극성은 빛의 속도로 1000년 걸리는 거리에 있고 안드로메다 은하는 200만년 전의 소식인 셈이니 지금은 생사조차도 불분명한 실정이다.

알려진 바에 의하면 우주에는 1000억개의 은하가 있고, 각 은하마다 1000억개의 별들이 각각 있다고 하니, 그들 간의 거리는 수십억 혹은 수백억 광년도 흔한 일이다. 우주에는 중심이 없다. 우리 지구(행성行星)는 광속으로 8분 정도 걸리는 태양을 신주처럼 떠받들고 있지만 태양도 은하계에서 보면 한낱 '별 찌꺼기'일 뿐이다.

지구와 비슷한 어느 행성行星은 태양 같은 항성恒星을 네 개나 갖고 있음도 얼마 전에 밝혀졌다. 이러한 우주적 여건하에서 우리가 0.7cm 동공의 크기로 대상을 보고 안다는 것은 과연 객관적일까. 이런 와중에 그렇게 아는 '주체'를 참구하는 문제가 여간 중요하지 않을 수 없게 되었다.

영화평론가 강유정이 D일보 문화 칼럼에 게재한 〈같은 영화, 다른 추억〉의 서두를 장식하는 글을 참고삼아서 인용한다.

〈그들 각자의 영화관〉은 칸 영화제 60주년을 맞아 마련한 거장 35인의 옴니버스 영화이다. 생각해 보면 이처럼 영화의 특성을 잘 표현한 제목도 드물 성 싶다. 매표를 하고 착석하면 소란스럽던 영화관은 불이 꺼짐과 동시에 침묵의 상태에 빠진다. 영화관에 앉은 수백 명의 사람이 모두 같은 영화를 보지만 남는 추억은 다르다. 다함께 같은 영화를 봐도 그들에게는 '그들 각자의 영화관' 일 수밖에 없다.

물론 이것은 사람들이 '그들 각자의 업식이라는 안경'으로 대상을 제멋대로 조작하거나 나름대로 '소설을 쓰며' 보기 때문이다.

차제에 구로사와 아키라黑澤明의 작품 〈라쇼몽羅生門〉(1950)의 내용을 조금 살펴보고 가자.

(참고: 영화의 각본은 아쿠다가와 류노스케芥川龍之介의 단편 『라쇼몽』(1915)과 『덤불 숲』(1922)이란 두 소설에 근거하고 있다.)

한 무사가 숲속에서 칼에 찔려 죽은 사건을 두고 여러 용의자들 및 증인들이 관아에 출두하여 엇갈린 진술들을 벌이고 있다.

첫 번째 산적의 자백: "제가 어차피 죽을 몸인데 명예를 걸고 자백하나이다. 분명히 제가 그를 죽였습니다."

죽인 동기는 무사의 아내를 차지하기 위한 욕망 때문이었다는 것.

다음은 무사 아내의 처절한 실토: "몹쓸 이 년이 제 남편을 직접 죽였습니다. 으흑흑, 으흑흑…"

아내로서 정조를 잃은 자신에 대한 남편의 차가운 멸시와 증오의 눈빛에 못 이겨 급기야 남편을 살해하고야 말았다는 이실직고….

상황이 이렇다 보니 관아에서는 초혼 굿을 벌려 무당으로 하여금 중유中有에 떠도는 살해된 무사의 혼령을 불러내서 당시의 정황을 증언케 하는데 이때 혼령의 한탄: "제가 스스로 할복했습니다."

아내가 목전에서 성폭행 당한 데에 대한 무사로서의 치명적인 불명예가 말 못 할 원인이었다고.

그런데 이 모든 진술이 실은 진실이 아니라는 사실이 관객들을 어리둥절하게 만든다. 숲속에서 몰래 이 사건의 전말을 목격한 나무꾼이 본 사실이 화면을 통해 나타난다.

그 내용의 일부분: "여자는 진짜 남자를 원한다. 너희들은 남자도 아니다."

이렇게 여자가 절규하며 차라리 서로의 결투를 요구했는데 이 승부에서 무사가 실수하여 칼을 놓친다. 나무 그루터기에 칼이 박혀 쉽게 빼낼 수가 없었던 것. 결국 산적이 덤불 속까지 파고들며 물러서는 무사를 찔러 죽인다. 무사의 엉뚱한 실수를 산적이 용서하지 못한 것. 물론 정정당당한 결투가 못 되었다. 그런데 나무꾼은 관아에서나 라쇼몽羅生門에서의 일행들에게도 이 사실을 전혀 발설하지 않는다. 나무꾼은 그 와중에 여인의 값비싼 칼을 훔쳤기에 사건에 얽혀 들어가지 않으려고 시종일관 '모르겠는데, 모르겠는데…' 하고 있었던 것이다.

증인의 한 사람이었던 스님은 이런 독백을 한다. "인간이 인간에 대한 믿음이 없다는 것이 어떤 재난보다 더 무섭다."

불에 탄 한국의 숭례문 모습을 방불케 하는 라쇼몽 아래서 함께 비를 피해 있었던 어떤 백성도 중얼거린다. "라쇼몽에 살던 도깨비들도 인간이 무서워 다 도망갔지."

라쇼몽에서의 마지막 장면: 때마침 라쇼몽에 버려진 갓난아기를 하나 발견하게 되었는데 아기 포대기를 그 백성이 벗겨서 차지하며 하는 말: "나도 나지만, 서로 좋아서 애를 만들어 놓고 내다버리는 부모가 더 나쁘잖아…."

스님이 헐벗은 애기를 감싸서 안고 가려는데 나무꾼이 한사코 달라면서 애원한다. 스님은 이건 또 무슨 수작이냐고 나무란다. 그러나 나무꾼은 호소한다. "집에 가면 애들이 여섯인데, 여섯이나 일곱이나 힘들긴 마찬가지가 아니겠소."

스님은 씁쓸한 표정을 지으면서 애기를 건네준다.

영화가 미스터리 형식이지만 통상적 미스터리 물처럼 전혀 진실 게임을 하고 있는 것이 아니고, '인간은 그 자신에 대해 정직해질 수 없고 자기 자신을 얘기할 때면 언제나 분식 혹은 미백하지 않고는 못 배긴다'는 '인간의 이기적인 명예심'을 적나라하게 폭로하고 있다는 점에 초점을 맞추고 있다. '왜 스스로를 그렇게 윤색할까?'라 중얼거리며 하는 스님의 말이 귓전을 맴돈다. '인간은 연약하기 때문에야…'

인간이 연약하다는 것은 그만큼 인간사가 불확정적이고 무상하다는 함의를 가진다. 이 영화는 단순히 '성악설'이나 '이기적 유전자'만을 천착하고 있지도 않다. 개봉 당시 이 영화는 서양에서는 심리학 의사들의 교과서(?)라고까지 극찬 받았던 영화다. 왜 그럴까?

'죽은 본인의 증언'도 거짓인 것처럼 영화 전체가 반전과 반전의 증언들로 이어지고 급기야 인생에 대한 허탈감에까지 빠져 들게 만든다는 점, 역시 '그들 각자의 이기심'에는 변곡점도 각양각색이구나 하는 사연이 압권이다. 그 와중에 사라진 여인은 숲속 어느 절집에서 비구니가 되는 운명을 택했다는 소문만 남기고….

차제에 시중의 우스갯소리를 하나 인용해 본다. 어떤 환자가 정신과 의사를 찾아오게 되었다. 그의 사정은 이랬다.

"저는 자꾸 저 자신이 개라고 여겨지거든요."
"언제부터 그랬죠?"
"아주 강아지 때부터 그랬어요."

이것은 주관이 웃지 못할 정도로 개처럼 된 경우이다. 여기서 우리 전래 속담을 한 번 더 보자. "종로에서 개의 머리에 부딪혔던 장님이 마포에서 개 꼬리를 또 접촉하게 되었다. 장님이 '어이쿠, 그 놈의 개 크기도 해라'고 했다."

우리는 알아야 한다. 눈을 떴든 감았든 간에 대소 주관에의 집착으로부터 자유로운 사람은 없다는 사실을…. 꿈속은 항상 주인공이 '나'일 뿐이다. 그리고 내가 꾸는 꿈을 남이 함께 꾸는 일은 없다. '깨인 꿈(Daydream)속'에서도 항상 '나'라는 주관을 철두철미 전제하며 사는 것이 사람이고 곧 그의 인생이라는 꿈이다.

다음은 『장자』의 〈제물론〉에 나오는 구절이다.

丘也與汝皆夢也(구야여여개몽야: 공자와 너는 모두 꿈이고)
予謂如夢亦夢也(여위여몽역몽야: 내가 너에게 꿈이라고 말하는 것도 또한 꿈이로다)

'세상만사가 꿈이라고 말하는 것조차도 꿈'이라는 말이 장자답고 이 말이 선불교에서 주목할 만한 진정한 가치를 지닌다. 그래서 꿈으로부터 깨어남이 중요하게 되었는데, 이 백일몽(Daydream)을 해석하기 위해 철학과 종교가 생겼다고 보인다. 세상은 각종 꿈같은 주관으로 천태만상을 이루고 있으니 말이다.

불가에는 이런 속담이 있다. '스님 셋 데리고 산에 오르기가 벼룩 세 말 몰고 오르기보다 더 어렵다.'

바다에는 이런 속담이 있다. '사공이 많으면 배가 산으로 올라간다.'

결국 유물사관도 마르크스와 그의 추종자들의 주관이고 편견인 셈이다. 기독교도 예수와 그의 선후배 선지자들의 주관이고 고정관념이다. 결국 자연이라는 것도 인간의 주관에 뿌리를 내리고 있는 나름대로의 꿈이니, 실재가 아니고 사이버(Cyber) 세계이고 동시에 사이비似而非 세계이기도 하다.

이 내용은 중요하므로 점차로 논의해 갈 것이다. 과학사를 읽노라면 과학은 인간의 일정한 객관성의 집대성이 아니다. 과학사는 인간의 주관적 풍경화일 뿐이고 인간적으로 사는 풍습으로서 인간적 업식에 근거한 이해관계의 네트워크일 뿐이다.

인간적 관측방법, 예컨대 현미경, 망원경, 색안경, 프리즘, 홀로그래피 등은 상대성적 관측의 결과이며 인간세상의 시장성에 근거한다. 철저히 인간을 위한, 인간에 의한, 인간의 과학이다. 과학이 파괴한 생태계를 보노라면 과학은 문명의 발달인지 퇴보인지 반성하지 않는 사람이 없게끔 되었다.

『생각이 사라지는 사회』(이정춘 저, 청림출판)에서 저자는 스마트 기기들로 인한 부작용으로 인간이 로봇화되는 현실을 고발하고 있다. 스마트 기기로 인해 종전의 문화생활 자체가 무너진다. 독서력도 그리고 독해력도 떨어지고 '팝콘 브레인'만이 증가한다고 분석하고 있다.

인성이 없는 과학은 재앙이다. 『서구의 자멸(Suicide of The West)』(리처드 코치/크리스 스미스 지음, 채은진 역, 말글빛냄, 2009)에서도 과학과 기술문명은 처절한 지배욕구를 은폐하고 있다고 고발하고 있다. 달리 말해 기술문명은 자연뿐만이 아니라 인간을 대상화시켜 점령함으로써 자기 정체성을 확립한다. 이러한 이데올로기에 반기를 든 것이 인문학이고 가다머(Hans-Georg Gadamer, 독獨, 1900~2002)의 표현을 빌리자면 철학적 해석학이다.

이에 대한 자세한 내용은 다음 장의 '체용론'에서 좀 더 고찰해 볼 것이다. 과연 세상사라는 '개 꿈(?)'을 어떻게 해석해야 '참나眞我'를 찾을 것인가. 그것이 문제다. 올바른 주관은 일단 객관성으로 가야 한다. 이를 위해 인간의 주관은 끊임없이 비판의 대상이 되어왔다. 다음은 서양 역사상 문제의 고정관념적 주관이 전형적인 타격을 입은 사례 중에 속한다.

프로이트(Sigmund Freud, 오奧, 1856~1939)에 의하면 서양 문화에는 인간의 주관, 즉 자기도취에 관한 세 가지 커다란 상처가 있다.

첫째가 지동설을 주장한 코페르니쿠스(Nicolaus Copernicus, 파란波蘭, 1473~1543)로부터 받은 우주론에 있어서의 치욕이며…
둘째가 원숭이가 인간의 선조라는 새로운 과학(진화론)을 내어놓은 다윈(Charles Robert Darwin, 영英, 1809~1882)으로부터 받은 생물학적 치욕이며…
셋째가 인간이 무의식에 의하여 지배받고 있다고 하는 새로운 과학과 도덕률을 내어놓은 프로이트로부터 받은 심리학적 치욕이다.

첫째 치욕은, '우주중심이 처음에는 예루살렘에 있다.'라고 했다가, 다시 '지중해에 있다.'라고 했다가 또 다시 '서양에 있다.', '지구에 있다.'

는 등, 자기 본위적으로만 관념을 고정시켰기 때문에 일어났다. 원래 세상에는 좌표계도 원점도, 더욱이 어떤 차원과 패러다임이라는 것마저도 결코 없었다. 원래라는 언어마저도 없었다. 무엇이 어디에 있다는 존재와 공간 개념은 모두 인간 의식이 스스로 조작한 것들이다.

둘째의 치욕은, 신의 창조론에 관념을 고정시켰기 때문으로 발생하였다. 신은 인간의 환영(Delusion), 즉 '만들어진 신'이라는 역설에 내내 시달리고 있지만 창조론은 아직도 막무가내다. 창조주를 맹신하는 만큼 종파간의 배타성으로 인한 갈등은 피할 길이 없고 결국 인성과 생태계에 가해지는 폭행은 이제나 저제나 불을 보듯 명약하다. 창조론은 관념론(존재는 지각)으로 전환되어야 한다.

셋째의 치욕은, 신의神意라는 종교적 현재의식顯在意識에 관념을 고정시켰기 때문이었다. 성스런 신격이 인간의 무의식(잠재의식)에 의하여 실추된다니 이전에는 상상하기 불가능한 일이었다.

불교 관념론에서 볼 때 고정관념 중에서 유물론(실재론)과 유신론(유일신)이 인간의식에 이전부터 입힌 타격은 아직도 사람들이 채 못 깨닫고 마취된 상태이다. 학문의 발달과 정보통신의 발달로 고정관념이 아닌 활동관념의 지평이 활짝 열렸다. 관념론(유심론)의 초극인 '궁극적 심급審級'으로서 '진아眞我의 활동'이라는 인간성 회복이 도래하도록 교육의 백년대계가 세워져야 한다고 본다.

여기서 활동이라 함은 유물론에서 말하는 육체적 경제적 혹은 정신적 노동이 아니고, 예지인(叡智人, homo sapiens)다운 지혜에 부합하는 탁 트인 활동작용을 의미한다. 미래학자 앨빈 토플러(Alvin Toffler, 미美. 1928~)에 의하면 부르주아도 아니고 또한 프롤레타리아도 아닌 코그니타리아(cognition+proletariat)와 같은 지식산업 사회에 부합하는 '변증법적 종합체' 인간형이다. 이 상항 역시 다음 장의 '체용론'에서 고찰해 보기로 한다.

이것이 프랙토피아(practical+utopia)를 열어 나간다는 논리는 선사상에서 보면 상당한 개발의 가능성을 지닌다. 국가사회이든 개인가정이든, 또한 과학기술이든 또 혹은 문화활동이든 간에 실제로 모든 것은 인간과 인성의 문제이다. 보편타당성이 얼마나 충만한지가 문제이다. 그렇지 못한 과학과 문화는 인류사회에 희망보다 절망을 훨씬 더 안겨주었다. 앞으로 중점적으로 논의되겠지만 결국 인간의 주관이라는 것은 상대성적 비교와 차별에 근거하며 언제나 어디서도 이분법을 만든다.

● **객관적 관념론**

예를 들면, 선박의 레이더나 자동차의 내비게이션을 볼 때 주관적인 경우는 진로를 12시 방향에 고정시켜 놓았을 때이고 객관적인 경우는 진로를 변동하는 방향에 그대로 놔두는 방식이 된다. 이 경우 항행선이나 주행차의 진로 방향은 주관적인 경우와는 달리 고정적이지 않다. 진로가 나침반 방향 그대로 나타나는 것이다.

서양철학에서 객관적 관념론은 개인의 주관이 중심이 되는 주관적 관념론과는 달리, 플라톤처럼 세계를 초개인적인 이데아, 혹은 근원적 우주정신 등의 현현으로 보는 관념론을 비롯하여 여러 가지 객관적 관념론들을 볼 수가 있다. 그러나 요점은 간명하다. 내비게이션에서처럼 주관의 초극이 곧 객관이다. 쉽게 말하면 고정관념을 해체시킨 경우이다.

즉 주관적인 고정관념, 편견, 관견 등에서 벗어난 불확정성의 경우를 객관성이라 말한다. 『금강경』은 고정관념으로 채워진 주관을 '항복' 시키면 객관에 든다고 설한다. 그러나 주관을 '항복시키기'가 보통 어려운 일인가. '객관적으로 본다'는 말을 아무나 하는 말인데도, 말처럼 그렇게 간단치가 않다는 데 문제가 있다. 피히테는 주관적 자아(정립)와 객관인 비아(반정립)를 동일선 위에 두고 양자의 상대적 차별을 제거하려 했다.

이러한 자아의 반립에 대해 괴테(Johann Wolfgang von Goethe, 독獨, 1749~1832)는 자기도취적 입장이라고 질색했고, 셸링(Friedrich Wilhelm Joseph von Schelling, 독獨, 1775~1854)은 그런 피히테의 입장을 주관적 관념론이라 평가 절하했다. 셸링이 자칭하는 객관적 관념론은 이른바 동일철학으로서 모습을 드러내는 바, 그 내용은 주관적인 것과 객관적인 것의 구분 없는 통일에서 절대자를 '지적직관知的直觀'한다는 논지였다.

헤겔은 셸링의 객관적 관념론에서 말하는 절대자를 '모든 황소가 검게 보이는 어둔 밤'에, 그리고 지적 직관을 '피스톨에서 뛰어 나온 총알'이라고 혹평했다. 올바른 절대자도 아닐 뿐더러, 그리 쉽게 추론될 수도 없지 않느냐는 비아냥인 것이었다.

● **절대적 관념론**

한때 잘 나갔던 동료에게 왜 그 정도까지 비난했을까. 헤겔은 자신의 절대성을 '대낮같은 밝음'이라 했고, 이는 '총알 같은 지적 직관'에 의함이 아니고 그의 저술 『정신현상학』(1807)에서처럼 '천로역정天路歷程'임을 의미한다. 관념론에서 절대성 혹은 절대자라는 말은 주관도 아니며 또한 객관도 아닌 것, 즉 주객이라는 반대의 초월적 일치를 말한다. 통상적으로 말하는 변증법적 정반합正反合이다.

즉 주와 객이라는 상대성의 부정으로서, 말하자면 주와 객이라는 2항 대립을 다함께 부정 및 초월함에 절대성의 의의가 있다. 그러므로 피히테가 말한 '주관적인 자아와 객관적인 비아를 동일선 상에 두고 양자의 상대적 차별을 없애려 했다'거나 혹은 셸링의 '주관적인 것과 객관적인 것의 구분 없는 통일'이라는 표현도 연구할 가치가 있는 말이다.

변증법에서 정반합正反合은, 주관인 정립定立과 객관인 반립反立의 지양적止揚的 혹은 양비론적兩非論的 종합으로서 이른바 절대성인데, 이는 쉽게 말해서 상대성의 반대말이다. 문제는 이 반대말이 말처럼 그렇게 간단히 체회되지 않는다는 데 있다. 그만큼 우리는 상대성적 차별에 중독되어 있다.

미리 말하지만 선禪은 문제의 절대성을 체회하고 개발함에 있다. 예의 내비게이션에서 보면 주관식도 아니고 객관식도 아닌 것이 절대성이다. 직접 이 의식 상황을 인지할 수는 없지만 결국은 이러한 절대성에서 도로 잠재의식 상태의 상대성을 그때그때 적절히 가동 혹은 작용시키는 것이다.

철학에서 기독교주의와 헬레니즘이 인간주의 기반위에서 '이상적인 절대성'을 향한 끝없는 진보를 표방한 것이 이른바 모더니즘의 정의 중 핵심어로 간주된다. 그러나 이상적 절대로 향한 끝없는 진보를 모더니즘이 이루지 못한다. 그 이유는 기독교주의와 헬레니즘의 인간주의 기반이 기실 이상적 절대가 아니고 형이상학(인과 율), 즉 상대성에 근거하기 때문이다.

한편 포스트모더니즘은 모더니즘적 절대에서 진정한 새로운 것, 그리고 탈형이상학을 대두시킨다. 그리고 인간주의는 과학기술이라는 실용주의로 대체시킨다. 그러나 모더니즘과 포스트모더니즘이 공히 절대라는 용어를 쓰고 있지만 기실 양자는 서로 주관적인 것과 객관적인 것으로서 상대성적 관계이니 관념변증법 그리고 나아가서 선불교적 절대성과는 거리가 멀다.

동구 사상의 스타로 불리는 슬라예보 지젝의『무너지기 쉬운 절대성』은 이런 비판에 일조를 하고 있다. 관념론(유심론)에서 절대성은 결국 '존재와 지각'이라는 상대성을 초월해 가는 것. 미리 말하지만, 독일 관념변증법은 이 초월을 정확히 성취하지 못했고 선사상은 이 초월을 훌륭하게 구현시켰다는 데에 양자는 큰 차이가 난다.

문제의 절대성에서 진정한 의미의 순수이성과 이에 따른 실천이성을 창출해 내야 하는데 서양철학의 이성은 꼭 그렇지가 않고 이른바 '도구적 이성'이고 '걸레같은 자유'이며 결국 중구난방적 대화가 된다. 과학 만능주의인 서양사회에서 물리학자 호킹 박사 등은 '이제 철학은 죽었다'고 호언하고 있는 바, 첨단물리학에서 과연 동서양의 인문학은 말처럼 쉽게 그렇게 과학 기술에 '통섭(統攝, Consilience)'되고 있을까?

신과학운동

1960년대에 들어서면서 구미사회에서는 해체론 및 포스트모더니즘 등의 사조가 일기 시작하여 기성문명에 대한 갖가지 비판이 여러 방면으로 퍼져 갔는데 물리학에서 일어난 New Age Science(신과학운동 新科學運動)도 그런 비판에 편승하고 있다. 한국에서는 1985년에 이 운동의 취지로 대우재단(이사장: 이용희 학술원 회원)이 물리학으로부터 사회

과학까지를 망라하는 각계 대표학자들로 구성된 잠정적인 연구회를 발족시켰다.

이 모임은 수차례의 토론회를 가졌고 여기에서 토의되고 발췌된 논지들을 모아서 『신과학운동』이라는 제목의 책자를 발간하게 된다. 특히 주목을 끄는 점은 이 책이 그런 비판의 근거로서 현대과학의 첨단을 걷고 있는 상대성 원리, 불확정성의 원리, 양자론 등을 들고 있다는 사실이다.

이 비판은 현대문명의 밑바닥에 깔려 있다시피 하는 뉴턴의 기계론적 물질관과 데카르트의 심신 이원론이 인간과 자연을 잘못 풀이하고 그 결과가 곧 오늘날의 많은 병폐와 연결된다고 주장하는 데까지 이르고 있다. 창조론이 팽배하던 서양사회에서 과학문명도 창조론의 영향을 받아서 주관적인 결정론이 되었음은 당연하다. 르네상스 이후 본격적인 과학시대의 도래를 맞이한 즈음 당시 철학계의 대부였던 데카르트(Rene Descartes, 불佛, 1596~1650)와 물리학의 슈퍼스타 뉴턴(Isaac Newton, 영英. 1643~1723)은 소위 데카르트-뉴턴적 패러다임이라 불리우는 기계론적 세계관을 수립하였다.

아래 내용은 『신과학운동』에서 주로 인용했지만, 나름대로 필자의 소견을 좀 첨가한 면도 있다.

신은 기하학자라고 말한 플라톤의 생각과 같이 세계질서는 결정론적 언어인 수학적인 것으로서, 공간은 유클리드 기하학의 공간이며 절대적이다. 시간은 공간과는 별개의 차원으로서 물질적 세계로부터 독립적으로 그리고 일률적으로 흐르고 있다.

역시 절대적이고 수학적이다. 이러한 시공간에서 예컨대 피타고라스의 정리 혹은 2×2=4 같은 수리는 절대적인 진리가 된다. 우주의 조직은 시계처럼 기계적으로 구성되어져 있으며 동물이나 인간들도 치차와 태엽 등 생화학적인 기계부품들로써 조직되었을 것으로 본다.

　발생하는 모든 것은 원인을 갖고 있을 것이며 또한 일정한 결과를 가져오는 것이다. 이른바 인과율(형이상학)적이다. 이로써 그 시스템의 어느 부분의 미래도 일정 시점에서의 상태를 모두 자세하게 알면 절대적 확실성을 가지고 예측 가능하며 같은 논리로써 과거에로도 되돌아갈 수도 있다. 소위 시간 가역성이라는 것으로서 선형적線形的인 질서인 것이다. 이것은 과거와 미래의 동등성을 의미하며 대칭적인 것을 말한다.

　절대 시공간 속에서의 물질의 근본적인 상태라는 것은 물론 입자이다. 이것은 소위 환원주의로서 물리학적 형이상학(인과율)인 셈이다. 입자들은 그들 간의 힘 및 운동의 근본 법칙을 따르는데 이 법칙은 물론 신에 의해 창조되었다. 이렇게 하여 우주는 운동을 하게 되며 그 이후 불변의 법칙에 의하여 지배되는 기계조직처럼 결정론적 운동을 지속하게 된다. 우주의 모든 운동은 기계론적 인과율에 따라 일어나므로 기계 구성체의 인과관계를 찾는 것이 곧 기계전체의 작동원리를 알아내는 것이 된다.

● **상대성**

　어떤 어린이가 아인슈타인에게 '상대성相對性 원리'를 쉽게 설명해 달라고 했을 때 아인슈타인은 이렇게 말하였다.

'레스토랑 테이블에서 좋은 사람과 함께 앉아 있는 한 시간은, 싫은 사람과 함께 앉아 있는 한 시간에 비해서 그 길이가 완전히 다르단다.'

말하자면 시간의 길이는 '좋다' '싫다'라는 주관적 이해관계에 따라서 좌우된다니 뉴턴이 말하는 수학적 절대성이 아니고 상대성적이 된다. 공간도 마찬가지이다. 같은 넓이의 아파트도 상대성적이라서 주관에 따라 그 면적은 넓기도 하고 또한 좁기도 하다. 세상만사는 이렇게 비교와 차별이라는 이분법, 즉 상대성적 습식으로 잠재의식화되어 왔고 지금도 그렇게 되고 있다.

이를 포괄적으로 붓다는 경에서 이르길, '이것이 있음으로 말미암아 저것이 있고, 만약 저것이 멸하면 이것도 멸한다'고 설했다. 그래서 불교에서는 상대성을, '이것과 저것이 서로 맞서 비로소 존립함'이라고 정의한다. 이를 노자(老子, 초楚. BC 6세기?)는 만물병작萬物竝作으로 표현하기도 했다. 중복하지만 일체의 존재자는 주관의 비교와 차별심으로부터 발생한다. 헤겔의 용어를 빌리자면 만사는 Oppositional Determination, 즉 '대립적 결정'으로 인간의 주관에 따른 것이지 뉴턴처럼 신에 의한, 절대적이고, 수학적이고, 일률적이며, 독립적으로 결정된 것은 결코 아니다.

고로 신성은 인간성으로, 절대적인 것은 상대적인 것으로, 기계론적 결정은 주관적 선택으로 각각 바뀌어야 한다. 일체유심조라는 말은 일단 주관적인 마음이 상대성을 일으켜서 삼라만상을 양의성으로써 조작해 본다라는 뜻이다. 예컨대 평화라는 말은 전쟁에 지친 인류가 상대성에 입각하여 만들어 낸 일종의 반대급부적인 개념이 된다.

플라톤도 이런 말을 했다.

반대되는 뜻을 가지고 있는 모든 것은 그 반대되는 뜻으로부터 성립하게 된다.

헤라클레이토스도 전체 사물을 '쌍(雙, Couple)'으로 이루어져 있다고 말했다. 세상에 쌍이나 반대말을 가지지 않은 말은 없다. 포괄적으로 표현하면, A와 非A는 상대성이다. A는 非A를 전제하고 한편으로는 非A는 A를 전제한다. 여기서 한 쪽에 치우치면 편견, 그리고 집착하면, 곧 고정관념이 된다. 남녀평등처럼 E=MC²을 질량과 에너지의 등가성 원리라 한다. 어느 한 쪽이 없이는 평등이니 등가성이니 하는 것이 무의미하다. 역시 상대성을 전제한다.

직물에서 보면 그 교직과 무늬가 모두 상대성적으로 엮어져 있다. 그렇지 않으면 직물은 성립되지 않는다. 물론 직물처럼 조화적인 경우도 있고 난마처럼 갈등도 있다. 시간과 공간과 그리고 속도도 상대성적으로 엮어진 인간의 심리적 네트워크다. 이 말은 인간의 차별심이 상대성으로써 시공간과 속도와 천지현황天地玄黃을 직조織造해 내었다는 뜻이 된다. 입자설과 파동설도 과학자들이 만든 상대성에 근거한다.

이러한 상대성적 인식은, 근본적으로 '물음과 답' 혹은 '긍정적인 것과 부정적인 것' 또 혹은 '이다是와 아니다不是'라는 양의성 혹은 이분법에 근원을 두고 있다. 인간의 DNA라는 것도 2중 나선형이지 않는가, 고로 인간 심리구조는 2중 인격적이다. 좋은 예가 '지킬 박사와 하이드'가 된다. 인간만이 아니다. 아편은 천국의 쾌락과 지옥의 고통이 함께 있는 상대성을 대표하는 꽃이다. 이런 상대성적 편견과 이분법을 벗어나려고 인간은 끊임없이 '하나' 혹은 '중도'를 찾아 헤매고 있다.

이 부분은 선이나 변증법에서 가장 중요한 항목이니 차후 자세히 참구할 것이다. 일정하다고 생각하는 대상이 상대성적인 주관이기 때문에 주관이 상대성을 다른 방식으로 세우면 대상이 전혀 다르게 현전함은 물론이다. '제 눈에 안경'이라는 말이 이렇게 성립하며, 역시 일체유심조도 이런 근거에서 일단 성립하는 말이다.

근착 내셔널 지오그래픽지紙에 의하면 현대인들은 하루 평균 150번의 다지선다형 선택의 기로를 알게 모르게 경험하며 산다고 한다. 그만큼 우리는 상대성의 소굴 속에 터를 잡고 산다는 말이 된다. 대소장단, 상하좌우, 선악미추를 비롯하여 남녀노소, 희노애락, 빈부귀천, 생로병사 등등, 상대성을 벗어난 개념은 이 세상에 하나도 없다. 물론이 세상도 저 세상에 상대성이고, 없다도 있다에 대한 상대성이다. 언어(지각) 자체가 상대성적이기 때문이다.

철학의 예를 들면, 인식론과 존재론, 관념론과 유물론(실재론)으로부터 모든 형이상학들이 알고 보면 인과율적이고 상대성적이다. 그리고 물리학에서도 미시세계와 거시세계, 입자와 파동, 물질과 반물질, 평행우주론 등이 좋은 예들이다. 상대성의 유형이 무진장한 이유는 역시 마음이 문제의 상대성으로써 모든 대상을 계교상량計較商量해서 보기 때문이다. 생명의 역사는 상대성에 있다. 생명이라는 주관은 비생명(죽음)이라는 소외된 주관을 상대적으로 저변에 깔고 있다. 생명은 즉자卽自적인 존재가 아니고 그렇게 상대성적으로 인식된 개념이고 명칭일 뿐이다.

천지신명도 그렇게 감지한 것이지 정초적(定礎的, Foundational)인 것이 아니다. 애정이라는 원초적 감각으로부터 인터넷이라는 첨단과학 문화까지 모두가 상대성적이다. 세상에 이름 지어진 것, 혹은 이름 지어붙일 수 있는 것은 존재유무를 가리지 않고 일체가 상대성적이니 이 상대성에 대한 논의가 대단히 중요하다.

미국 과학 저널리스트 톰 지그프리트는 『우주, 또 하나의 컴퓨터(원제: The bit and the pendulum)』에서 블랙홀이라는 컨셉을 만든 저명한 과학자 존 아치볼드 휠러의 『It from Bit(존재는 비트에서)』라는 명제를 설명하고 있다. 비트(binary digit)라는 말은 컴퓨터 용어로서는 0과 1의 선택적 측정이다. 결국 철학에서 '존재와 지각'이라는 명제가 물리학에서 '정보와 관측'으로 업그레이드 한다. 휠러는 우주도 정보로서 'It'에 포함시키고 있다.

삼라만상은 상대성 Bit로써 엮어진 것이다. 휠러에 대해서는 뒤에서 다룰 초끈이론에서 한 번 더 보기로 한다. 여담이지만 루소는 세상사를 젓가락 운동에 비유했다. 젓가락 운동처럼 그런 상호성으로 이 세상의 사실이 보충 대리되고 있다고 역설하였다. 역시 컴퓨터의 원리도 Bit의 광속처럼 재빠른 젓가락질에 있다고도 말할 수 있다.

어떤 무협영화에서 본 젓가락질에 대한 이야기를 한 장면 보고 가자.

주인공인 무사가 객점에 찾아들어 식사를 주문하고 앉아 있다. 곧 몇 명의 패거리가 뒤따라와 주위에 에워싸고 자리를 잡는다. 초긴장 상태가 잠시 이어진다. 이때였다. 주인공은 긴 젓가락을 조용히 집어 들고 두 끝을 잘 맞춘 후 드디어 눈앞에 윙윙거리며 날아다니는 파리들을 척척 잡아채는 것이 아닌가. 가히 전광석화다. 물론 패거리들은 슬슬 모습을 감춘다.

서양인들은 동양인들의 젓가락질을 두뇌발전과 관련짓기도 한다. 인간의 주관은 이처럼 상대성으로 구성됨으로서 상대성적 주관이라한다. 마치 두 눈으로 사물을 인식하듯이 상대성적으로 엮으며 대상을 본다. 물질, 생명, 재산, 명예 등 삶 자체가 상대성적이다. 그렇다고 상대주의에 끌려 다녀서는 안 된다는 것이 변증법이고 선사상이다. 이를 세상적으로 말하면 남과 비교 차별하며 살아서는 안 된다는 가치관이기도 하다. 페이스북 CEO 주커버그는 한 가지 색깔의 T셔츠만 입는다고 한다. 이것저것 선택의 스트레스로부터 벗어나고픈 일책이라고 알려져 있다.

참고지만 러셀은 저서 『The ABC of Relativity』(1925)에서 상대성 원리를 비판하였고, 계속해서 2판과 3판(1971년)의 개정판을 냈다. 우리나라 판은 도서출판 이웃에서 오채환의 번역으로 출판되기도 했는데 제목이 『상대성이론과 철학적 오해』(1992)였다. 결국 화이트헤드의 제자 러셀도 실재라는 것이 관념에 의한 상대성적 구조물이라는 것을 인정 못했다.

과정 혹은 관계성이라 했는데 엄밀히 보면 과정과 관계성도 모두 인과율이고 상대성이다. 화이트헤드는 『과학과 근대세계』에서 '과학적 유물론'과 '인과율(상대성)'을 비판하며 지금까지의 서양철학은 플라톤 철학의 각주에 불과하다고 비판하였다. 그러나 그의 과정철학과 합생슈生이론은 상대성의 범주로부터 벗어나지 못하고 있다. 물론 초극하거나 벗어나면 불확정성이다.

사람은 나이를 먹으면서 문제의 상대성에서 두 가지 형태가 나타난다고 본다. 하나는 상대성이 편견 혹은 관견을 이루면서 고정관념화되는 일이고 또 하나는 상대성이 무상화되어 비결정론화된다는 것이다. 다음 항에서 면밀히 검토해 보기로 한다. 후자의 경우가 충분한 논의거리가 된다.

● **불확정성**

사람들은 흔히 '보기 나름이다'의 의미로서 상대성이라는 말을 쓴다. 예컨대 한 상대자를 두고 '좋다·나쁘다' 혹은 '밉다·곱다' 등으로 논란이 생겼을 때, '상대성적이야!'라고 말해버리면 더 할 말이 없게 된다. 보기 나름이기 때문이다. 또한 스포츠 경기를 보면서 '결과는 상대성이다'라고 흔히 말하는데 이 경우 상대성이라는 말은 역시 정해진 것이 없다는 뜻.

그렇다. 세상만사는 상대성이기에 딱히 정해진 것이 없고 관측하기 나름인 것이다. 양자역학 시대의 개막에 많은 물리학자들이 제각각의 역할을 담당하였다. 그중에서 독일의 이론 물리학자 베르너 하이젠베르크(Werner Karl Heisenberg, 독獨, 1901~1976)가 발표한 '불확정성의 원리'는 대표적인 사례가 된다.

당시 물리학계는 전자나 광자같은 미시세계에서 입자설과 파동설이 이분법을 이루고 있는 상황이었는데 하이젠베르크는 다음과 같은 관측 결과를 발표하게 된다.

'관측 대상을 입자로서 보기를 마음먹고 그렇게 보면 입자로서 보이고, 다시 파동으로 보기를 작정하고 보면 파동으로 보인다. 고로 객관적으로 보면 대상은 입자도 파동도 아닌 불확정성이다.'

대상이 상대성(양의성)이라는 말은, 엄밀히 말하면 대상이 비결정성이고 불확정성에 근거하기 때문이다. 그는 1932년도 노벨물리학상을 수상했다. 유물론의 아성인 물리학에서, 그것도 첨단물리학에서 유물론 혹은 유일신관에 근거한 결정론을 뒤집는 중대한 발표였다. 근대 물리학의 발달로 관념론이 빈사상태에 처했는데 최첨단 물리학의 발달로 인식론과 관념론의 재기에 서광이 비친 격이 되었다. 이 역설은 철학사에도 큰 의의를 지닌다.

과학철학자답게 하이젠베르크는 이렇게도 말했다.

'우리가 관찰하는 것은 자연 그 자체가 아니라 우리의 질문 방식에 따라 도출되는 자연이다.'

역시 관념론이든 존재(지각)든 심리적으로 '물음과 답'이라는 근원적 상대성에 기초하고 있다는 것을 지적한 말이다. 이 부분은 특히 선사상에서 주목하는 바, 얼마나 깊이 담론하고 있는가를 제5장『선종무문관』이라는 선문집에서 구체적으로 보도록 한다.

1963년도 물리학 부문에서 노벨상을 수상한 헝가리 태생 미국인 유진 위그너(1902~1995)도 이를 다음처럼 확인한다.

'관측이란 우리에게 정보를 주는 과정, 바로 그것입니다. 그리고 관측은 현재 물리학이 기술할 수 있는 범위를 넘어선다는 것이 분명해졌습니다. 왜냐하면 정보가 만들어지는 과정은 마음의 기능이라는 것을 염두에 두지 않는 한 설명이 불가능하기 때문입니다.'

일체 대상들은 자연적으로 '나타난 모양'이 아니고 주관에 의해 '구성된 모양'으로서의 존립현상이라는 사실. 결국 관념론, '존재는 지각'이다는 첨단물리학에서 '정보는 관측'이고 그 역도 성립하는 것이다. 예컨대 대상 자체가 아름다운 것이 아니고 아름답게 보는 우리들 업식 때문이다.

양자역학의 시조로 알려져 있는 막스 플랑크(Max Planck, 독獨, 1858~1947)는 이런 말을 하였다.

'모든 물체는 힘을 바탕으로 하여 생기고 존재한다. 이러한 힘의 배후에는 의식적(conscious)이고 지능적(intelligent)인 마음을 당연시해야 한다. 문제의 마음이 모든 마음의 모태(Matrix)이다.'

다음은 잭 사파티(Jack Sarfatti, 미美, 1939~)의 『심령에너지(Psych-oenergetic) 시스템』(1974)에 발표된 아주 중요한 글이다.

'양자역학의 원리는 어떤 본질적인 점에서 마음을 포함하고 있다고 생각된다. 즉 마음이 물질을 만들어 내고 있는 것이다. 워커는 감추어진 변수가 존재한다고 가정하고 그 변수가 의식이라고 생각하고 있다. 뮤지스는 의식을 '양자적 진공(Quantum Vacuum)'과 연결시켜 생각한다.'

'양자역학을 이해하는 사람은 전 세계에 아무도 없다'라고 말한 괴짜 물리학자 리처드 파인만을 상기시킨다. 그런 가운데 천재 파인만은 '양자 컴퓨터'를 구상해 내기도 했다. 위의 글은 자성진공 혹은 진공묘유眞空妙有라는 선어禪語와도 맥을 같이하고 있기도 하는데 이를 추후에 좀 더 논의할 것이다. 『신과학운동』의 핵심은 물리학에서 관념론의 불가피성을 강조함에 있다.

불확정성에 해당하는 쉬운 말로서 변화무쌍 혹은 무상이라는 말이 인구에 회자한다. 무상은 주로 세월이나 산천 혹은 인간의 영고성쇠를 감상적으로 표현하는 데 쓰는 말이지만, 엄밀하게는 그 내용이 불확정성이다. 물론 여기서 더 나아가면 이른바 인식의 절대성으로서이 경지는 이른바 언어도단言語道斷의 상황이라 그때그때 적절한 은유로써 표현할 수 밖에 없다.

가라키 준조唐木順山가 그의 저서 『무상無常』에서 일본인의 무상관은 애수, 허무, 영탄 등의 서정적인 면에 치우쳐 있다고 지적하며 이성적인 붓다의 무상을 상기시키고 있는 대목이 있다. 무상이라는 말은, 주관이나 또는 대상이 되는 사물이 그 본질에 있어서 어떠한 일정 형태에도 정착되거나 소속되어 있지 않기 때문에 일정한 법상이 없다는 뜻으로서『금강경』의 무정법無定法과 동의어다.

불교의『상응부 경전』에 다음과 같은 붓다의 설법이 나온다.
'비구들이여, 비구가 만약 유상有常인 색(色: 對象)을 무상(無常: 空)하다고 관하면 정견正見에 이른다.'

색이란, 주관적이고 동시에 상대성적 결정이며, 무상성은 이의 부정인 비결정성을 의미한다. 색(대상)은 불확정성이고, 역으로 불확정성이 곧 색임을『반야심경』에서 '색즉시공, 공즉시색'이라 한다.

하이젠베르크도 이렇게 밝힌 바 있다.
'있으면서 없고, 없으면서 있는 것으로 보아서 불교의 '색즉시공, 공즉시색'이 옳은 것 같다.'

그림 1

〈그림 1〉에서 볼 때, 한편으로는 할머니의 모습을 볼 수가 있고 또 한편으로는 젊은 여성의 모습도 볼 수가 있다. 이번에는 노소를 불문하고 한 여성을 두고 보자. 우선 남자들은 여자로, 여인의 조부모는 손녀로 볼 것이고 그리고 부모는 딸자식으로, 남편은 아내로, 형제자매들은 형제자매로, 자식들은 엄마로, 친구들은 친구로, 이웃들은 이웃으로, 직장에서는 나름대로 제각각으로….

거기다가 이해관계와 '제 눈의 안경'이 끼어들면 여인은 엄청나게 변모하게 된다. 비단 이 여인만 그렇겠는가. 인간을 비롯하여 천지 만물에도 예외가 없을 것이다. 일체의 사상事象이 고정된 것이 아니고 관측하기 나름으로서 상대성으로써 비교하고 분별하고 차별화된 것이라서 우리의 의식으로부터 독자적이고 즉자적卽自的으로 홀로서기를 하고 있는 사물은 없다.

시몬 드 보부아르(Simone de Beauvoir, 불佛, 1908~1986)가 말한 것처럼 '여자는 여자로 만들어진 것'이다. 남자도 물론 그런 것이다. 세상만사가 모두 다 그런 것이다. 그래서 〈그림 1〉에서처럼 여인은 보기 나름인 것. 불교에서는 우주를 삼천대천세계三千大千世界에 그리고 '경우의 수'를 천백억화신千百億化身에 은유한다. 이처럼 존재를 인식한다는 것은 상대성을 전제로 한 나름대로의 관찰이고, 이 상대성의 근거는 물론 비결정성이고 불확정성에 있다. 이를 두고 신실용주의 철학자 리처드 로티(Richard Rorty, 미美, 1931~2007)는 반정초주의反定礎主義를 제창한 것이다.

로티에 대해서는 뒤에서 소개할 '만유유전설과 형이상학'에서 잠깐 보고 가도록 한다. 『우주, 또 하나의 컴퓨터』의 맨 끝 부분은 휠러의 또 다른 구호인 '법칙 없는 법칙 Law without Law'으로 막을 내린다.

여기서 휠러는 묻는다.

'물리 법칙들은 영원불변일까, 아니면 생물의 종과 마찬가지로 변화가 가능하며 그 근원도 엉망진창이었을까?'

물론 휠러는 엉망진창 쪽의 편을 들었다. [참고: 66쪽 '윅스퀼의 환경 세계설']

하이젠베르크는 또 이런 말도 하였다.

'오늘 우리가 생각하는 분자의 구조를 들여다 보았다고 하자. 우리가 본 것은 우리의 의식구조 그 자체이다.'

그의 노벨상 수상은 물리학에 있어서뿐만이 아니라 철학에서도 역시 혁명적이었다. 결과적으로 물리학에서 일체유심조를 확인한 셈이 된다. 이와 같이 고전과학의 틀은 복잡계의 과학으로 패러다임이 전환된다. 종전의 과학적인 방법인 분해법(미분법)으로 자연계의 생성소멸을 설명할 수가 없음을 반성한 것이다. 복잡계는 밀접하게 얽혀 있으면서 서로 영향을 주고 받는다.

혼돈상태에서 스스로 질서가 태어난다는 점에서 자기조직이지 창조론이 아님이 특징이다. 소위 카오스 이론은 자연의 겉보기의 무질서 속에 숨어 있는 아름다운 질서를 찾는 과학의 새 혁명이다. 그것이 혁명인 이유는 과학이 그동안 이단으로 외면해 온 무질서(불확정성)를 과학의 영역으로 당당히 복권시켰다는 점 때문이다. 혼돈 속의 질서, 이것을 달리 표현하면 복잡계 혹은 불확정성 속의 질서이다.

이른바 프랙털 기하학은 '전체와 부분'을 '무질서 속의 질서'로서 보는 법이다. 물리학에서는 불확정성이고 수학에서는 불완전성 그리고 경제에서는 불확실성이다. '열역학의 시인' 일리야 프리고진(Ilya

Prigogine, 노露, 1917~2003)은 모스크바 출신의 벨기에 과학자로 1977년에 노벨 화학상을 받는다. 그는 저서 『확실성의 종말』(이덕환 옮김, 사이언스북스)에서 '결정론의 딜레마'를 인용했다.

그 내용은 다음처럼 인과율이라는 형이상학적 결정론을 극복하는 데 있다.

『열린 우주-비결정론의 논거』에서 칼 포퍼는, "상식에 따르면…, 모든 사건은 선행된 다른 사건에 의하기 때문에 모든 사건은 예측이 가능할 것처럼 보인다. 그렇지만 다른 한편으로 역시 상식에 따르면…, 인간은 가능한 여러 행동 중에서 자유롭게 선택할 능력을 가지고 있기도 하다." 라고 했다. 이것이 바로 윌리엄 제임스(미국의 실용주의 심리학자)가 '결정론의 딜레마' 라고 불렀던 것이다.

앞의 상식은 인과율이고 뒤의 상식은 인간의 자유이다. 실용주의라는 '마음이 잘 바뀌는 사람들을 위한 철학'에서는 딜레마겠지만 선사상에서는 딜레마라고 결정지을 일이 아님을 점차로 심도 깊게 고찰해 볼 것이다.

다음은 서양 위주의 법학교육을 동양적 시각으로 정립했다는 이항녕 (홍익대 전 총장)의 고려대 교수시절에 쓴 수필 내용의 일부를 요약했다.

유학 시절에 A교수는 강의가 명쾌하기로 소문나서 학생들의 인기를 많이 끌었는데 B교수는 그렇지 못하고 애매하게 넘어가는 점이 많아서 좀 회의했는데, 정작 내가 교수가 된 이즈음에 생각해 보니 오히려 B교수가 뜻 깊은 강의를 한 것이 아닌가 하고 되돌아보게 된다.

옛날이나 지금이나 학생들은 쾌도난마처럼 명백한 내용의 강의에 매료되는데 이는 학생들의 소프트웨어 개발에 독이 될 수 있다. 명쾌함은 주로 획일적인 이분법에 입각하는 경향의 결과다. 미시세계에서는 아직 고정관념이 채 자리를 잡지 않은 상황이기 때문에 비결정론적이고 비인과율적이고 그리고 '춤추는 물리'이며 '겨우 존재하는 것'들이다.

엄밀하게 말하면 거시세계도 미시세계와 다르지 않다. 단순한 이분법적 분별심일 뿐이다. 세계가 가령 있다면, 여러가지의 정보의 바다로 존재하고 있다. 이른바 '평행우주론'이고 삼천대천세계 그리고 천백억화신이다. 만년의 아인슈타인은 그의 회고록인 『Out Of My Later Years』에서 종교와 과학의 갈등을 언급하면서 유독 불교에 대해서만은 과학적 탐구정신을 장려하는 우주적 종교라고 극찬하였다.

그리고 이런 견해를 밝혔다.
물리학 개념은 인간정신이 만들어낸 창조물로서 겉으로 보이는 것처럼 외부세계에 의해서 결정되는 것이 아니다.

토마스 J. 맥팔레인은 『아인슈타인과 부처』(강주헌 역, 황소걸음, 2002)라는 책을 펴냈다. 여기에는 이런 글도 실려 있다.
'물리학을 믿는 우리 같은 사람들은, 과거와 현재와 미래의 구분이 완고하고 집요한 착각일 뿐이라는 사실을 잘 알고 있다.'

아인슈타인은 다른 글에서도 말했다.

'시간과 공간은 우리가 살아가는 조건이 아니라 우리가 살아가는 방식이다.'

방식은 물론 인간이 제작한 것이다. 그가 일찍이 시간과 공간, 그리고 물질과 에너지를 각각 독자적인 것으로부터 서로 상대성적임을 증명하였고 곧 이어 하이젠베르크는 '물리적 확정성이 없음'을 확인하였다. 소설『참을 수 없는 존재의 가벼움』과『느림』(민음사) 등을 가지고 우리를 찾아온 체코의 밀란 쿤데라는 그의『소설론』에서 소설의 정신은 '복잡성의 정신'이며 또 소설의 지혜는 '불확실성의 지혜'라고 밝힌 바 있다.

그는 데카르트의 '명증한 세계'를 비판하고 돈키호테를 쓴 세르반테스와 함께 세계를 애매성과 불확실성으로 맞서야 한다고 주장했다. '유목론'의 질 들뢰즈(Gilles Deleuze, 불佛, 1925~1995)의 철학은, 나누고 쪼개어 고정시키고 밀폐시키는 문화나 제도의 폭력에 대한 저항으로 요약된다. 그의 대안은 끝없이 탈주하고 분열하는 유목민의 삶을 살아가는 것이다.

여기서 유목민은 조직·코드(Code)·회로 등 다양한 통제와 구속의 덫들에서 벗어남으로서 기계론적 사고방식의 지배영토를 넘어서는 해방된 영혼을 말한다. 현대의 '디지털 유목민'에겐 물리적 시공간이 이미 사라지기 시작했다.

'패러다임Paradigm'이란 용어를 과학철학에 최초로 도입한『과학혁명의 구조』(1964)를 쓴 토마스 쿤(Thomas Samuel Kuhn, 미美, 1922~1966)의 제자 파울 파이어아벤트는 말한다.

'자기중심적으로 볼 때 차이와 주변은 항상 이단시 되었다. 과학발전을 주도해 온 세력은 정통의 석학들이 아니라 비정통의 이단자들이

었다.'

토인비가 말한 '자기중심적 문화는 멸망해 갔다'는 학설과도 맥락이 같아 보인다. 역시 스티브 잡스를 얼른 떠올리게도 하고…. 이렇게 말하며 박제가 되어버린 상식과 관습을 비판하니 스승의 용어 '패러다임'도 무색할 지경이다. 『장자』〈제물론〉에서 말하는 도道의 절대성에 의하여 현실세계의 상대성에서 소요유逍遙遊할 수 있다는 이상을 선사상은 현실화시키고 있다.

〈제물론〉에서 헤르만 헤세가 감복했다는 이야기 하나.

> 남쪽 바다의 황제는 숙이고 북쪽 바다의 황제는 홀이며 중앙의 황제는 혼돈이다. 숙과 홀이 때로 혼돈의 땅에서 만나면 혼돈이 지극히 대접해 주었다. 숙과 홀은 혼돈의 덕에 어떻게 보답할까 의논한 끝에 이렇게 결정했다. 즉 사람은 모두 일곱 구멍이 있어 보고 듣고 숨 쉬는데 혼돈은 홀로 이것이 없으니 뚫어 주기로. 그리하여 날마다 한 구멍씩 뚫었는데 7일째 혼돈은 죽고 말았다.

상대성적 차별의 고정관념이 혼돈이라는 불확정성을 죽였다는 이야기…. 2008년도 노벨물리학상은 물질과 반물질간의 자연적 '대칭성의 파괴'라는 우주에서의 또 다른 형태의 불확정성을 증명한 공로로써 3명의 일본인들에게 수여되었다. 여기서 우리는 한 가지 짚고 넘어가야 한다.

물질과 반물질, 그리고 더 포괄적으로는 '이다(是: 긍정)'와 '아니다(不是: 부정)'라는 '대칭성(상대성)의 파괴'는 '절대성'이라는 점이다. 선불교는 일찍이 문제의 절대성에 개안했다. 응당 양자론도 선적 절대성에 입각해야 할 줄 안다. '양자진공'도 그런 개념을 품고 있지 않을까. 만약 그렇다면 '진공'도 부정하면 진정한 양자론적 절대성에 입각하지 않을까. 다음 항 '절대성'은 『신과학운동』에는 나오지 않지만 대단히 중요해서 필자가 추가했다.

● 절대성

상대성의 초극이 불확정성이라면 문제의 불확정성도 초극해야 한다. 만약 불확정성(무상성)에만 계속 머물고 있다면 그것도 일종의 니힐리즘적 고정관념이 된다. 통상 상대성의 반대말을 절대성이라고 하는데, 한편으로는 불확정성의 초극이 절대성이게 된다. 앞으로 계속 반복되는 말이겠지만 상대성에서 불확정성 그리고 절대성인데, 이는 결국 상대성을 '부정하고 부정함'이 곧 절대성이라는 의미를 지닌다.

문제의 『신과학운동』은 선(禪)에 대한 얘기를 더러 하고 있지만 절대성에 대한 구체적인 언급은 물론 없다. 차제에 의식의 상태를 편의상, 상대성적 의식과 불확정성적 의식 그리고 절대성적 의식으로 나누어 볼 때, 상대성적 의식에 살면 편견을 못 벗어날 것이며, 불확정성 의식에 살면 편견은 벗어나되 주체성을 결할 것이며, 절대성적 의식에 살면 불확정성과 상대성을 역지사지할 수 있다는 것이 선사상의 기본이다.

절대성은 관념론의 4번째 항목인 절대적 관념론에서 그리고 위의 양자역학에서 다소 비쳤고 다시 선과 관련하여 계속해서 논의될 것인 바, 그 중요성에 비추어 본항에서 전항의 상대성 및 불확정성과 관련하여 사전적인 의미라도 일단 짚고 넘어가는 것이 좋을 것 같아서 추가했다.

문제의 절대성을 필자가 본 국어사전에서는 다음과 같이 두 가지로
설명하고 있다.

> 1) 아무런 조건이나 제약이 붙지 않는 성질.
> 2) 비교하거나 상대가 될 만한 것이 없는 성질.

위의 두 성질은 근본적으로 같은 말이다. 전자는 해탈과 순수이성
적인 것을 함의하고, 후자는 상대성의 반대어다. 전자의 경우는 선불
교 편에서 면밀히 고찰될 것이고, 여기서는 후자의 경우인 상대성의
부정으로서의 의의를 잠깐만 보충 설명하고 가도록 한다. 상대성은 세
상만사가 생멸하는 근본적 성질로서 이 상대성을 떠나서 인식 및 존
재가 성립할 수가 없다.

우리의 인식과 관념은 근본적으로 '물음과 답' 혹은 '이다_是와 아니
다_{不是}' 또 혹은 '부정과 긍정' 등의 상대성에 의해 발생하기 때문이다.
결국 상대성이라는 양의성에 의하여 세상만사가 성립하고 정립되는
데, 그 와중에 우리의 인성이 비교와 분별을 넘어서 이분법적으로, 더
나아가서 양극화로 분열되거나 지금도 그렇게 악화되어가고 있다는
데서 우리는 큰 문제를 안고 있다.

미리 말해서, 이러한 혼란한 사회상을 가장 지혜롭게 관조하는 방법
은, 위에서 잠깐 언급한 바처럼 문제의 상대성적 분별심들을 초극한
이른바 절대성적 보편성에 입각해서 세상만사를 새롭게 관조하는 방
법론이 동양의 선禪 사상이다. 물론 자세한 내용은 점차로 제시될 것
이다.

다시 아인슈타인을 인용해 본다.

"어떤 문제건 그 문제를 만들어낸 생각의 수준으로는 그 문제를 풀
수가 없다."

여기서 '어떤 문제' 대신에 '상대성'을 대입하면 이런 말이 된다.
"어떤 상대성이건 그 상대성을 만들어낸 생각의 수준으로는 그 상대
성을 풀 수가 없다."

고로 어떤 문제건 불확정성(객관성), 더 나아가서 절대성이라는 상대
성의 반대편에 서서 문제의 상대성을 역지사지해야 한다는 말이 된
다. 이 길이 선불교에서 말하는 진정한 회광반조廻光返照의 길이다. 이
는 선에서는 물론이고 철학에서도 그리고 물리학에서도 진리다. 칸트
의 최대 고민 중 하나가 이성론(합리주의)과 경험론(경험주의)의 관계인데
위의 언급에서처럼 이성(절대성)적 선험성에서 상대성적 경험성을 반조
함에서 그의 고민은 해결되었어야 했다.

그는 데카르트에서 시작된 합리론과 베이컨에서 시작된 경험론의
장단점을 비판적으로 종합했다고 한다. 그러나 진정한 종합의 근거는
관념변증법이었어야 했는데도 그는 『순수이성비판』의 '변증론' 편에서
변증법을 '가상의 논리학'이라고 치부해 버리는 과오를 범하고 말았다
는 것은 유명한 일이다.

우리의 의식 혹은 무의식적 경험들은 아주 오랜 세월 동안 상대성
적 분별심을 만들며 편견 및 고정관념으로 잠재했기에 절대성적 보편
성은 멸종한 생명체처럼 자취를 감추어 버렸다. 오직 언어상태로만 남
았는데, 많은 사람들은 이를 절대자로서 종교에서 찾고 있는가 하면,
또 어떤 철학사상가들은 회의론에 빠져있기만 하다.

마치 자유나 이성이 그러한 것처럼 역시 절대성도 무늬만 남았고 본

래의 의미는 실종되었다. 서양에서 중세의 종식, 즉 근대의 도래 신호
는 데카르트와 베이컨에 의한 자의식의 발견이었고 그 시대정신은 이
성, 자유, 평등, 계몽 등으로 함축된다. 그 시대정신이란 것이 앞으로
도 영원한 시대정신일 것으로 보이는 바, 문제의 절대성에서 찾아져야
한다고 보는 것이 선사상이다. 이를 한마디로 말하면 일단 인성의 근
본은 상대적으로 비교하지 않는 일에 있다.

  칸트의 경우를 좀 더 보자.

> 내 경험이 가능하기 위해 필요한 조건이 무엇인가?
> 내적인 나의 인지가 가능하기 위해 필요한 조건이 무엇인가?
> 혹은 객관적 경험적 지식이 가능하기 위해 필요한 조건이 무엇인가?

  이것에 대한 해명이 바로 칸트의 『순수이성비판』의 압축된 내용이
다. 물론 이성의 속성이 인과율이라고 칸트는 보았던 바, 그 이성이 곧
절대성(순수이성)이고, 인과율은 상대성적 경험인 것, 그리고 한편으로
경험인 내적 인지가 가능하기 위한 조건은 이성이라는 절대성에 있음
을 칸트는 아쉽게도 바로 보지 못한 것으로 보인다.
  헤겔의 관념 변증법을 리처드 로티는 '인식론적 절대성 그리고 가치
론적 상대성'으로 요약 소개했다. 참고지만 『화엄경』에서는 이를 이사
무애理事無碍라고 간단히 표현하고 있다. 이理는 절대성적 이성이고, 사
事는 상대성적 작용이며 양자는 일체임을 의미하는 말이다. 자세한 내
용은 앞으로 이 책의 주제로 계속 담론될 것이다.

● 환원주의와 홀로그램

다시 『신과학운동』에서 논의되고 있는 중요 항목 중 그 하나인 환원주의와 그리고 이와 관련된 홀로그램(Hologram)설(온그림, 전일론소一論)을 좀 살펴보고 가기로 한다. 사물의 본원에 대한 인간의 회의는 인간 지성의 역사와 동일하리라 본다. 예컨대 영화 〈부시맨〉에서 보면 부시맨은 비행기에서 던져버린 콜라병을 하나 주워서 '도대체 이건 무엇인가'를 계속 회의하는 장면이 나온다.

부시맨보다 훨씬 이전의 원조 인간도 그리고 더 나아가서 원조 생명들도 회의하는 기능이 기본이었을 것으로 추정된다. 인식의 기본은 '이것은 도대체 무엇인가?'라는 회의부터 시작되었다고 봐도 무리가 아닐 것이다. 이러한 회의는 최초(?)의 철학자 탈레스의 물에서 시작해서 지수화풍 등을 경유하여 고대판 원자론으로 이어져 내렸는데 그 이후 물질이거나 생명체거나 간에 일체 대상들은 주로 환원주의에 입각하여 '쪼개고 깨고 빻고'가 계속되었다.

철학에서도 환원론, 원자론 등의 명제가 판치는 지경이 되었다. 그러나 이러한 물리적인 환원주의는 대상의 편모를 살피는 방법론의 일종은 되지만, 대상의 본원성을 살피는 방법은 결코 아니다. 본원이라고 해서 마냥 미세한 요소일 뿐이고 전체는 요소들의 집합일 것이라는 수학적 추론은 단순성의 과학이며, 이제 복잡성의 과학시대에는 걸맞지 않다.

마치 나무는 보되 숲을 못 보는 것처럼, 혹은 H2O라는 물의 분자적 편모는 보되 강물이나 바다 전체를 못 보는 것처럼 된다. 작금의 첨단과학은 실재의 본원을 찾아 소립자 세계에까지 추적해 들어가서 드디어 '구슬처럼 영롱한' 물질의 근본을 찾아내는 것이 아니고, '상대성(각종 주관)'에서 드디어 '불확정성(객관성)'이라는 경지에까지 이르고 있다. 물론 '객관적 물질 실종'이라는 절대성은 논의를 잠깐 뒤로 미루기로 한다. 환원주의라는 물리학적 형이상학은 과학의 딜레마이다.

생물학에서도 폴 바이스는 이런 말을 하고 있다.
'살아있는 시스템 속의 현상에 분자가 아닌 것은 없다. 그러나 오로지 분자만의 현상도 없다.'

의학자들도 육체-기계의 환원주의적 분석이 인체 문제의 완전한 이해를 가져올 수 없다는 사실을 인식하고 있다. 예컨대 옥스퍼드대 교수 리처드 도킨스의 저서 『이기적 유전자』에 의하면 인간은 단지 이기적 유전자의 로봇이라는 주장이 나오고 있는데 이기적이든 이타적이든 간에 인간이 오직 유전자만에 의해 결정된다면 이는 유전자 기계론에 해당하는 바, 선불교에서 볼 때 생명공학적 환원주의로 보인다.
시카고대학 피터 J. 리처슨 교수는 『유전자만이 아니다(Not by Genes Alone)』(2007)(김준홍 역, 이음. 2009)에서 어떻게 문화가 인간의 진화를 이끌었는가를 설명하고 있다. 유전자 혹은 홀로그램도 중요하지만 문화와 환경도 중요한 것이다. 물론 더 중요한 것은 이타도 아니고 이기도 초극한 인성이라는 것. 선은 이 문제를 해결하려는 공부다. 칸트가 묻는 '내 경험이 가능하기 위해 필요한 조건'인 인성이 문제가 된다.

카프라는 『새로운 과학과 문명의 전환』에서 이렇게 지적한다.
'살아있는 물질의 기계적인 성질에 너무 집중했던 데카르트를 따르는 종래의 생의학적 연구는, 이제 모든 인간의 질병이 정신과 육체 및 환경의 상호작용의 표현이라고 하는 광의의 관리체계 안에 통합되어야 하고 질병은 이에 따라 다루어져야 한다.'

생물학자들은 원자나 분자 사이에서 생물의 생명력이나 생명의 비밀을 더 이상 찾기를 포기하고 구체적인 상호 행동 속에서 찾아지는 총체적인 시스템으로 파악해야 한다는 주장에 귀를 기우리고 있다. (참고: 66쪽 윅스퀼의 '환경 세계설')

데카르트-뉴턴의 기계론적 세계관에 입각하여 물질에서 어떤 결정론적인 단서들을 찾기 위해 미시세계와 환원주의(형이상학)를 총람하였으나 결국 찾은 것은 그런 결정론적 인자가 아니고 아이러니하게도 상대성 원리와 불확정성 원리를 발견해 냈다. 이러한 원리들은 환원론이 아니고 복합적인 상대성적 활동작용으로 나타난다. 네트워크란 이런 뜻에서 나온 것으로 알고 있다.

그럼 이렇게 나타나게 하는 조건은 무엇인가. 점차로 논의해 가야할 과제다. 예컨대 복잡성의 과학, 예를 들면 해양학, 기상학, 생태학, 경제학, 정보통신공학 등이 대승적 차원에서 조명을 받고 있다. 여기에서는 단순성의 과학이나 분석적 과학 대신에 전체적, 비선형, 비평형, 비가역성 등 복잡성을 가진 통합적 과학이고, 그러므로 인문학과 물리학도 상대성에 머물러서는 안 된다.

『신과학운동』에서는 전일론全一論이라는 명칭이 사용되고 있다. 이 전일론은 절대성(정반합)에서 찾아져야지 소위 통섭, 융합 또 혹은 중도에서 구하는 것이 아니라는 것을 선불교에서 앞으로 고찰할 것이다.

다시 카프라의 『현대물리학과 동양사상』에서 가장 중요한 내용 몇 줄을 인용해 본다.

상대성 이론은 입자에 관한 우리의 개념을 본질적으로 바꾸게 함으로서 우리의 물질상에 심대한 영향을 끼쳤다. 고전 물리학에 있어서 물체의 질량은 모든 것들이 그것의 어떤 '요소'로 구성되어 있다고 생각되었던 불가분의 물질적 실체와 언제나 연관되어 있었다.

그러나 상대성 이론은, '질량은 어떤 실체 같은 것과는 아무런 관계가 없고, 볼 수 없는 에너지의 한 형태' 라는 것을 밝혀 주었다. 대신에 '에너지는 활동 또는 작용과 관련된 동적인 양'이다. 지난 수십년 동안에 행해진 고에너지의 산란 실험들은 가장 인상적인 방법으로 입자세계의 동적이고 끊임없이 변화하는 성질들을 보여 주었다. 이러한 실험을 통하여 물질은 완전히 없앨 수 있는 것으로도 나타났다.

모든 입자들은 다른 입자들로 바뀌어질 수도 있다. 그것들은 에너지에서 생겨나 에너지로 소멸될 수 있는 것이다. 이러한 세계에서 '소립자' 혹은 '물질적 실체' 또 혹은 '독립된 물체'와 같은 고전적 개념들은 그 의미를 상실하고 만다. 전 우주도 따로 떼어 놓을 수 없는 에너지 모형들의 역동적인 그물(망網)로서 나타난다.

양자론에 의하면, 물질은 결코 정태적인 것이 아니라 항상 운동적인 상태에 있다. 거시적으로는 우리 주위의 물질적 대상들은 부동이며 활성이 없는 것처럼 보이지만 그러한 무생명인 돌이나 금속들을 확대해서 보았을 때는 그것들은 활성으로 충만해 있다는 것을 알게 된다. 우리는 물리학에서 원자와 핵의 세계와 같은 좁은 영역에서 뿐만 아니라 별과 은하계와 같은 넓은 영역의 우주에 있어서도 '동적인 본성'을 파악한다.

위의 인용문은 '상대성 원리'의 핵심 내용을 담고 있다. 양자론과 에너지 그리고 질량과 물질의 운동적인 상태라는 점이 주목을 요한다. 그런데 돌이나 금속들을 확대해서 보았을 경우에 활성으로 충만이라는 말을 하고 있는데 기실 확대를 하지 않고 그대로 보아도 상대성이고 무상성이라서 그 자체가 활성으로 충만해 있는 파동적 상태임을 나름대로 우리는 계속 선사상에서도 고찰할 것이다. 일체유심조라는 대승적인 차원에서, 미시세계는 미시세계대로 거시세계는 거시세계대로 파동함수이고 동시에 생성소멸을 반복하는 에너지 현상으로 보는 데 선불교는 동의한다.

『현대 물리학과 동양사상』에서 다음 구절은 가장 주목을 요하는 부분이다.

> 동양의 허虛와 같이 '물리적 진공' (참고: 소위 장場이론에서 이렇게 불린다)은 단순히 아무것도 없는 상태가 아니라 소립자 세계의 모든 형태를 지닐 가능성을 갖고 있다. 이러한 형태들은 독립된 물리적 실체들이 아니라 단지 근본적인 허虛의 일시적인 출현이다. 불경에서 말하듯이, '색이 곧 공' 이고 '공이 곧 색' 이다. 가상적 소립자들과 진공의 관계는 본질적으로 동적動的인 관계이다. 진공은 진실로 생성과 소멸의 끝없는 리듬으로 고동치는 '살아 있는 허' 이다. '진공의 동적인 성질' 의 발견은 많은 물리학자들에 의해서 현대물리학에서 최고로 중요한 발견 중의 하나로 간주되고 있다.

이제 첨단물리학에서도 선禪의 진공묘유眞空妙有 혹은 활무活無라는 말이 공인된 셈이다. 선에서 진공 혹은 무에서 보는 환원 상태를 가령 공空이라 한다면 색色이라는 대상이 어떻게 현상하고 성립하는가를 우선 『신과학운동』에서 거론하는 홀로그램 이론을 통해 살펴보기로 한다.

홀로그래피(Holography)라는 사상술寫像術로써 촬영한 영상인 홀로그램은 이제는 일반화되었지만 우리나라에서는 일찍이 대전 엑스포 과학관에 전시되어 과학도들의 눈길을 끈 바가 있다. 홀로그램을 흔히 '온그림'이라고 번역하는 이유는 물체의 3차원 화상을 기록하고 재현하는 특징에 있다.

홀로그래피 기술은, 예를 들면 컴퓨터의 모의실험(Simulation)이나 단층 촬영법에 적용되며 특히 한 홀로그램에 화상을 다중기록하여 한꺼번에 재생할 수 있는 다중정보 처리기능과 입체영상을 재현시키는 능력이다. 이와 같은 홀로그램의 개념은 대상을 전체적으로 본다는 것이므로 거시세계와 미시세계를 포함하며, 단선적인 기계론적 인과관계가 아닌 유기체적인 세계관 그리고 환원주의에 의한 원자 및 분자의 세계가 아닌 상호작용적인 전체 시스템적 세계관이다.

또한 뉴턴역학에 의한 질점의 운동계가 아닌 상대성과 양자역학적인 세계관을 포함한다는 강한 상징성에서 『신과학운동』의 관심을 끌고 있다. 홀로그램설에서는 세상이 드러내는 모든 질서들이 운모처럼 '겹겹이 쌓인(Implicate)' 상태로 있으며 한편으로는 무한정 '펼쳐져(Unfolding)' 나오기도 한다는 것이다. 문제는 이러한 홀로그램을 실재론자들은 세계 속에 내장된 특성이라고 하고, 한편으로 유심론(관념론)자들은 우리의 의식에 내장(內藏, built-in)되어 있다고 한다는 점이다.

불교 법상종法相宗이나 화엄학華嚴學에 뇌야연기賴耶緣起라는 말이 나온다. 삼라만상은 아뢰야식으로부터 연기한다고 한다. 아뢰야식이라는 청정무구한 무의식에는 모든 법상法相을 드러내는 종자가 내장되어 있다. 이 부분 선불교적 심리학 내용은 이 책의 핵심이 되니 차차로 그 내용을 개진해 볼 것이다.

우선 지각(존재)이란, 무의식적으로 '겹겹이 쌓인' 업식(業識, Karma)들이 그때그때 무한히 '펼쳐져' 나온 현상물이라는 점이다. 인간사라는 직업織業에 억겁으로 업적業績을 쌓아서 '겹겹이 쌓인' 의식의 운모雲母들이 잠재의식화 되었다가 그때그때 상황이나 환경에 따라 무한히 펼쳐져 화신으로 현전한다고 본다.

영겁에 걸쳐 다져진 고정관념의 세계가 특히 거시세계이고 이러한 거시세계에 완전히 자기최면이 걸린 상태가 실재론 혹은 유물론이라고 불교는 진찰하고 있다. 예를 들면 돌덩이는 일반적으로 이해하는 바처럼 그렇게 단단한 물건이 아니다. 쇠나 돌덩이가 단단한 고체라는 것은 우리의 풍습에 의해 굳은 것이지 실상은 물이나 공기에 대한 상대성이고 곧 불확정성일 뿐이다.

또한 유체라는 개념은 단지 상대성적 차별심이며, 거시세계나 미시세계를 막론하고 결국은 일체의 고정관념과 선입견을 해체하여 절대성에 입각하면 문제의 불확정성과 상대성은 다양한 콘텐츠로서의 활용일 뿐이게 된다.

『신과학운동』의 부록을 보면 신경과학자 칼 프리브람은 '도대체 이 소란은 무엇이란 말인가?'라는 논문의 말미를 이런 의문형으로 맺고 있다.

외부의 상이나 대상물의 영역인가. 그렇지 않으면 뇌 속에 내장되어 있는 홀로그래피의 영역인가. 그것을 우리들의 과학은 우리들의 복잡다단한 뇌로부터 현현顯現된 하나의 구조물, 즉 하나의 거대한 신기루라고 말할 수 있을 것인가. 모든 위대한 종교적 확신이 선언하는 바와 같이 어떤 통일이 이 현현물과 우주의 기본질서를 특정지우고 있다고 말할 것인가.

이 물음을 요약하면, '대상은 마음이라서 신기루인가, 그렇지 않은 결정론적 실재물인가, 혹은 하르트만이 비판적 실재론에서 주장하는 초객관체와 초주관체의 필연적인 통일(정반합)의 현현물인가'이다. 데이비드 봄의 표현처럼 홀로그램은 뇌의 감각에 내장된 질서(잠재의식)라고 봄이 관념론적이다.

(참고: 불교에서는 뇌에 국한시키지 않고 더 큰 개념의 장場인 마음과 몸을 항상 거론한다. 최근의 YTN 과학란을 보니 뇌를 90% 절제 수술을 받은 학생이 우리가 우려할 만큼 그다지 큰 애로 속에서 헤매지 않고 있었다. 비록 영화이지만 〈루시〉를 보면 우리는 평소 뇌의 10% 정도를 활용하고 있다. 이 활용도를 높이기 위한 약물 사용은 영화라서 그렇다 치더라도 평소 이시형 박사는 브레인 파워를 키우라고 주문하고 있다. 뇌의 활성화는 뇌의 활성화뿐만이 아니라 우리 몸 전체(마음)의 활성화가 문제인데 선불교는 이 과제를 다루고 있다. 생명체는 브레인 파워만의 세계를 영위하고 있지 않다고 본다. 무의식의 세계를 개발하는 것이 더 중요하다고 본다. 뇌과학자 사토 도미오의 '입버릇 이론'에 의하면 뇌의 자율신경계는 상상과 현실을 구분하지 못하고, 또한 뇌는 말의 주어를 이해하지 못한다. 예컨대 '나는 네게 감사한다.'라는 말에서 나와 너를 구분하지 못한다. 뇌의 대부분은 의식보다 잠재의식이 차지한다. 말은 잠재의식이 차지하고….)

대상의 세계는 거대하면 거대한 대로 미세하면 미세한 대로 그대로 '잠재의식의 장'에서 발생하는 신기루 현상이다. 즉 미시세계처럼 거시세계도 홀로그래픽 패러다임 이전에 상대성이고 무상성으로서 '무의식의 장'에서 일어나는 파동성(상대성과 불확정성의 복합성)일 따름이다.

게리 주커브의 『춤추는 물리』 이론이 적절한 표현인 것 같다. 우리는 얽히고 섥힌 상대성적 편견과 고정관념의 늪을 헤어나지 못하고 있다. 실재인 듯한 실재는 정작 실재가 아닌 실재같은 것이다. 의식의 잠재의식화를 홀로그래피에 비유할 수 있고 대상으로 현전한 홀로그램을 신기루에 은유할 수 있다.

F. 카프라는 『현대물리학과 동양사상』에서 유진 위그너의 말을 다음과 같이 인용한다.

의식(마음)에 관계없이 양자이론의 법칙을 완전히 일관된 방식으로 형식화한다는 것은 불가능하다.

양자론에 의하면, 물질은 결코 정태적인 것이 아니라 항상 운동의
상태에 있다. 물질은 물질파이고 곧 본체적 파동성이다. 결코 즉자적
即自的 실체가 아니다. 업식(잠재의식: 홀로그램)에 의한 확률파로써 해석해
야 한다고 본다. 고로 상대성 및 불확정성을 초극한 대승적 절대성에
서 양자론이 펼쳐져야 하리라고 믿어마지 않는다.

참고로『신과학운동』의 부록·II에 실린 데이비드 봄의 논문「들이
포갠 세계, 펼쳐지는 세계와 마음」(김영덕 옮김)에서 양자역학의 간단한
특성을 보고 가도록 한다.(괄호 안은 필자가 선불교적 시각에서 본 첨언한 것이
다.)

    a. (상대성적) 운동이 비연속적(불확정성적)으로 이루어지며, (상대성적/불
       확정성적) 작용은 양자(빛: 절대성)에서 일으킨다.
    b. 전자와 같은 존재가 입자성과 파동성을 아울러 지니며, (양자론에 입
       각하여)상황에 따라 그 한 가지 모습을 일으킨다.
    c. 전자와 같은 두 존재가 어울려 분자를 이루든가 갈라질 때, 특이
       한 비국부성(非局部性: 불확정성)을 띠며, 인과율(상대성)을 따르지 않는
       (불확정성적) 연계성을 나타낸다.

-중략-

상대이론과 양자이론의 차이를 다시 살펴보자. 상대론에서는 연속성, 국
부성, 인과성을 요구한다. 한편 양자론은 비연속, 비국부, 비인과를 요구하

는 편이다. 이 이론들의 기본은 서로 반대이다. 그리하여 이 둘을 걸맞게 맺는 이론은 없게 되는 것이다. (마치 다음 항의 초끈이론에서처럼…) -이하 생략-

[참고]: 그러나 상대성과 양자론을 걸맞게 하는 이론은 앞으로 선사상에서 구체화 된다. 특히 제5장 『무문관』 제2칙 '불매인과不昧因果' 편이 전형적인 경우이니 충분히 참고해주길 바란다.

반복하지만, 상대성의 기본은 A·非A라는 이중성이고 이의 정확한 반대는 '非A·非非A', 즉 절대성이다. 문제의 절대성에서 내장된 질서(Implicate Order)인 상대성이 불확정성적으로 역지사지(Un-folding) 된다는 것이 선사상이 양자론에 주는 충언이다. 반대를 걸맞게 맺는 이론은 관념변증법正反合이고 더 나아가면 선불교임을 밝혀두고 자세한 내용은 점차로 논의해 가기로 한다. 다음 항은 『신과학운동』에 나오는 내용이 아니지만 참고로 첨가하였다.

• '초끈이론'과 『It from Bit(존재는 비트에서)』

『신과학운동』 이후 17년이 지난 2002년도 정초에 도서출판 승산은 컬럼비아대학 물리학 교수 브라이언 그린의 『엘러건트 유니버스(The Elegant Universe)』(박병철 옮김, 1999)라는 책을 펴냈다. 이 책의 제5장 '새로운 이론의 필요성이 대두되다: 일반상대성이론 대 양자역학'의 서두 부분을 아래에 인용해 본다.

양자역학과 일반상대성이론은 원자적 규모의 미시세계에서부터 은하와 성단, 심지어 우주 전체에 이르는 모든 자연 현상들을 설명해 주었고, 우리는 이 이론체계를 이용하여 앞으로 발생할 사건들을 예측할 수도 있게 되었다.

그러나 한 페이지를 넘기면 저자는 다른 음색을 내기 시작한다.

> 이 두 개의 이론은 적용되는 영역이 전혀 다르기 때문에 대부분의 현
> 상들은 둘 중 하나만 갖고도 충분히 설명될 수 있었다. 그러나 질량이
> 엄청나게 크면서, 한편 크기는 매우 작은 물체의 경우(블랙홀의 중심부, 또
> 는 빅뱅 직전의 우주)에 우리는 일반상대성이론과 양자역학을 모두 동원해
> 야 한다. 그런데 물리학자들이 막상 두 개의 이론을 합쳐놓고 보니, 마
> 치 불과 화약을 섞어놓은 것처럼 일대 재난이 발생하고 말았다.

그리고 〈제5장〉은 다음처럼 끝을 맺는다.

> 물리학자들은 그 동안 일반상대성이론과 양자역학의 충돌을 무마시
> 키기 위해 거의 모든 방법을 동원해 왔다. 일반상대성이론을 뜯어고쳐
> 보기도 하고 또는 양자역학의 일부를 수정하여 결합을 시도하기도 했
> 지만 결과는 항상 실망이었다. 그러던 와중에 혜성과도 같이 해결사가
> 있었으니…, 그것이 바로 초끈이론Super(超)String(끈) Theory이었다.

이어지는 〈제6장〉「그것은 그냥 음악일 뿐: 초끈이론의 본질」에서
는 초끈이론의 내용이 한없이 펼쳐진다. 여기서 초끈의 크기는 원자
핵의 100×10억$\times 10$억 분의 일$(1/10^{20})$ 정도로 아주 미세한 '진동하는 고
리형 끈(Oscillating Loop Of String)'이고 이 끈의 장력에 이른바 4가지 자
연의 힘(전자기력, 약력, 강력, 중력)이 진동을 일으켜 '우주의 교향곡'을 울
리는 것이라 했다.
브라이언 그린의 『엘러건트 유니버스』는 이 초끈이론에 초점을 맞춘
책이다. 종전의 궁극적 최소단위인 입자에 반하여 더 작은 크기의 끈

의 형태가 물리학을 통일한다는 이론이다. '진동하는 끈'이라는 점에서 불확정성과 상대성을 은유하고 있긴 하지만 '자연의 힘'이라는 실재론에 따르고 있음으로서『신과학운동』에 편승하기 어렵다고 본다.

동시에 초끈이론이 통일이론Theory Of Everything이라는 결정론적이고 동시에 형이상학적이 되는 주장에 공감이 전혀 가지 않는다. 가령 그런 것이 있다면 대상에서 단지 그런 편모를 보아낸 것에 불과하리라.

차제에 우리는 하이젠베르크가 인용한 '색즉시공' '공즉시색'을 충족하고 있다는 점에서 다시『우주, 또 하나의 컴퓨터』마지막 부분을 장식하는 존 휠러의 논문 한 구절을 인용해 본다.

『'It From Bit(존재는 비트에서)'란 구호는, 물리적 세계의 모든 존재는 그 저변, 대부분의 경우 아주 깊은 저변에서는 비물질적인 원천과 설명에 닿아 있다는 아이디어, 그리고 우리가 실체라고 부르는 것들은 '예/아니오'를 묻는 질문이나 기계장치적으로 야기된 반응의 기록에 대한 최종분석으로부터 나온다는 아이디어를 은유하며, 요약컨대, 물리적 대상은 정보이론적 근원을 가진다는 점을 은유한다.』

컴퓨터 속의 가상세계는 '비트'라는 최소단위 정보인 상대성(0과 1)으로써 직조되고 있다. 물론 그 직조자는 인간이다. 현실세계도 이런 점에서 가상세계와 전혀 틀림이 없다. 여기서 존 휠러도 '묻고 또 묻고' 있는 양자론에 대해 다시 한 마디 붙이고 넘어간다. 양자론은 선에서 볼 때 상대성(색과 공)의 부정적 초월인 절대성, 즉 '색(상대성)도 아니고 공(불확정성)도 아닌 곳(절대성),' 이른바 '변증법적 종합'에서 답이 나온다고 본다.

이는 일차로 하이젠베르크가 인용한 '색즉시공' '공즉시색'을 변증법(정반합)적으로 보는 도리에 있다. 양자론은 상존하되 구체적인 정리가 미진하다는 것은 마치 변증법(정반합)이 진작 서양철학으로서 인구에 회자하지만 기실 구체적인 내용을 아직 볼 수가 없는 것과 같다. 양자역학의 정의에 채용되고 있는 〈코펜하겐 해석〉에 의하면 실재론, 주관주의, 이원론 등은 이제 배제되고 주객일치(정반합)관에서 나오는 동역학 혹은 비결정적 확률이 부각되고 있음을 볼 수 있다. 참고지만 천재 리처드 파인만은 양자론을 아는 사람은 이 세상에 아무도 없다고 말했다. 이는 선에서 '궁극적 심급審級'을 두고 하는 말과 맥락을 같이한다.

TOE(통일이론)이 있다면 브라이언 그린이 시도한 것처럼, '상대론과 양자론은 뜯어 고치고 혼합한다'고 되는 일은 물론 아닐 것이다. 양자론이라는 물리학적 절대성에서 무진장(불확정성)한 상대성들이 연역되어야 한다. 물론 초끈이론이라는 존재론적 형이상학에 귀결되어서는 안 된다. 존 휠러가 제시하는 '묻고 또 묻고'를 훨씬 더 거듭해야 하리라.

절대성적 상위법일수록 결정론을 벗어나기 때문이다. 결정론적 종교를 제외한 어떤 학문도 근원은 질문이다. 그렇잖으면 형이상학(인과율)적 결정론의 구렁텅이에 빠져버린다는 것이 과학과 철학사의 가르침이다. 우리의 의식은 살아 있는 것으로 어떠한 결정론으로써도 규정되고 한정되어서는 안 된다.

참고지만, 선에서 화두語頭라는 말은 구체적으로 '물음' 혹은 '끝없는 질문' 또 혹은 전문용어로 의단일념疑團一念이라고도 부른다. 선禪의 생명은 문제의 화두에 있다. 무엇을 묻는가. 물론 절대성이 은유하는 말길이 끊긴, 즉 언어도단言語道斷의 함의이다. 차차 참구해 가기로 한다.

● 윅스퀼의 '환경세계설'

『신과학운동』의 [논평·8]은 김준민 서울대 생물학 교수가 윅스퀼 (Jakob von Uexk·ll, 독獨, 1864~1944)의『생물로부터 본 세계』(1970)를 부분적으로 인용하며 논평한 것이다. 내용을 좀 보도록 한다.

'환경 세계설(움벨트, Umwelt)'에 의하면 생명에는 각기 자기의 세계가 있으며, 동일한 한 개의 대상물이 각 생명에 따라서 전연 다르게 지각된다는 것이다. 즉 고양이, 말, 원숭이는 모두 같은 포유류이지만 그들의 환경세계는 그 종種에 맞는 특유의 형태를 이룬다. …

'환경 세계설'에 의하면 우리 인간은 다른 생명 주체가 보고 듣고 냄새를 맡고 느끼는 일을 결코 동일하게, 보고 듣고 맡고 느끼지 않는다는 것을 거듭 강조한다. …

예를 들면, 까마귀는 정지하고 있는 메뚜기를 전연 보지 못한다. 즉 메뚜기가 뛰려고 움직일 때에 비로소 쪼아 먹는다. 이로써 곤충들이 죽은 체하는 것을 설명할 수 있는 것이다. …

병아리 다리를 어디에 묶어 두면 병아리는 삐악삐악 큰 소리로 울어댄다. 그 소리를 들은 어미닭은 소리가 나는 곳으로 황급히 달려간다. 그러나 같은 모습을 만들어 놓고 병아리를 유리장으로 덮어서 울게 하면 어미닭은 병아리의 우는 소리를 듣지 못해서 그런지 가까이 보고서도 전연 모르는 체 태연하다. …

빠르게 움직이는 버들붕어는 초속 30회 이상으로 움직이는 영상이지 않으면 인식하지 못한다. 반대로 달팽이는 초속 3회 이하로 느리게 움직이는 영상만 알아볼 수 있고 초속 4회 이상 움직이는 영상은 고정된 것으로 본다. 때문에 버들붕어가 어린 송사리를 잡아 먹는 것을 달팽이는 보지 못 하고 달팽이가 배추 잎을 갉아먹는 행위도 버들붕어는 인식하지 못한다. …

각종 미세균으로부터 인류에 이르기까지 혹은 극지동물로부터 열대우림의 생명들까지 모든 생명들은 제각각의 체험 톤(Erlebniston)으로써 다양한 환경 세계를 열어 보고 있다. 가까운 예로서, TV 화면에서 우리가 시청하는 '동물의 왕국'에서 '환경 세계설'을 충분히 납득한다. 생명 주체들은 '그들 각자의 영화관'에서 자체의 풍경화를 스스로 상영해 보고 있는 셈이다.

　인간 위주의 하나만의 세계가 아니고 불교에 의하면, 삼천대천세계라는 무진장한 세계가 있고 그런 무진장한 세계 속에서 생명체들은 제각각의 가상적 환경세계를 만들며 천백억화신상像을 나름대로 드러내 보며 존재하고 행동한다는 것. 이런 점에서 인간관계에서의 역지사지만이 아니고 생명체간의 역지사지도 중요함을 일찍이 불교는 역설해 왔다.

　가령 외계에 생명체가 있다면 인간처럼 태양이나 물을 기본으로 삼는 생명체일 것이란 전제는 인간위주의 고정관념일 뿐. 그곳에는 그곳대로의 생명주체들이 제각각의 환경세계를 가상화시키고 있을 터이고 나름대로의 신호를 수발신하고 있을 것이라고 윅스퀼의 움벨트설을 확대 해석해 볼 수 있다.

　페루의 인지생물학계 거장 움베르또 마뚜라나(Humberto Maturana, 비秘, 1928~)는 주장한다.

　　인지는 주어진 외부세계를 우리의 정신 안에 그대로 그려내는 일이 아니라 우리 정신이 스스로의 삶에 적합한 세계를 만들어 그 안에서 스스로 산다. 이렇게 그들 각자의 풍경화 속에서 산다.

예컨대 생물학에서 볼 때 인류 역사가 몇백만 년이고 그동안에 살아온 인류의 개체수를 약 천억이라 할 때 무진장한 인류의 연인원이 그려낸 '풍경화'를 우리는 세상만사라고 부른다. 존 휠러가 물리학의 본질에서 언급한 것처럼 생명체들의 근본도 엉망진창이고 칼 프리브람의 추정처럼 소란스럽기 짝이 없는 신기루다.

이 학설은 진화론이나 창조론 혹은 사회생물학이나 유전공학 등을 위시하는 '생물학적 결정론' 그리고 또 다른 결정론인 '환경결정론'과는 차원이 전혀 다른 진정한 자연과학관이라 하겠다. 그래서 윅스퀼은 현대 생태학의 창안자로서 마르틴 하이데거, 메를로-퐁티, 질 들뢰즈 등 철학자들에게도 영향을 주었다. 그의 학설에서 가장 주목하는 부분은, '생태계의 연구가 곧 생명체들의 행동에 관한 연구'라는 점이다.

움베르또 마뚜라나의 자기생성(autopeiesis) 논리와 맥락을 같이하는 부분이 많아 보인다. 이들은 선불교의 삼위일체설, 즉 생명주체가 '스스로' 행동작용을 일으키고 곧 생태계라는 나름대로의 자성自性 자리를 제각각 드러내고 있다는 선리禪理와 언젠가 조우하기를 기대해 본다. 변증법이 그리고 양자역학이 그럴 듯이 말이다.

재차 강조하는 점은, 한 가지 세계를 생명 주체들이 제 각각으로 열어본다는 것과 이에 반해 무진장한 생명주체들이 제 나름대로 제 각각의 가상세계를 만들어 환경으로 삼고 있다는 점은 전혀 다는 이야기다. 전자는 움벨트설이고 후자는 불교의 삼천대천세계설三千大天世界說이다. 움베르또 마뚜라나는 그 중간쯤으로 여겨진다.

움벨트설은 '스스로'라는 점에서 올더스 헉슬리의 '신파블로프식式 조건반사'의 오늘날 명칭인 '행동주의 심리학'과는 전혀 차원을 달리한다. 도서출판 b는 최근에 정지은 역으로 윅스퀼의『동물들의 세계와 인간이 보는 세계(부제: 보이지 않는 세계의 그림책)』를 출간한 바 있다.

● 켄 윌버의 '영원의 철학'

켄 윌버(Kenneth Earl Wilber, 미美, 1949~)에 따라다니는 수식어는 대단히 많다. 천재 철학자는 기본이고 의식진화 연구의 아인슈타인, 자아초월 심리학의 대가, 더 나아가면 서양의 심리학은 그에게 천년의 빚을 지고 있다는 등등.

박학다식한 그는 20여 종의 책을 썼는데『무경계』『통합 비전』『의식의 스펙트럼』등이 포함된다. 참고지만 선불교에도 '무경계', '통합 비전' 그리고 '의식의 스펙트럼' 등의 내용이 나온다. 자세한 내용은 이 책의 진행과 함께 점차로 보아나갈 것이다.

『신과학운동』의 부록에는 많은 논문들이 게재되어 있는데, 그 중에 김용준 교수는 켄 윌버의『물리학, 신비주의 그리고 새로운 홀로그래픽 패러다임 ―비판적 평가―』를 번역하고 있다. 이와 관련된 저술로는 윌버의『현대 물리학과 신비주의』(박병철 외 옮김, 고려원미디어)가 최근에 출판되었다.

우선 논문의 첫머리에 나오는 인용문이 논문 내용은 물론이고『신과학운동』의 특징을 암시하고 있는 듯하다.

> 우리들은 최근에 과학 분야에서 패러다임의 변이를 경험하고 있다. 아마도 이와 같은 변이 중에서 가장 큰 것이 지금 진행 중일지도 모른다. 우리들이 신비 체험의 포괄적인 모델과 부딪치게 된 것은 이것이 처음이며 이 모델은 또한 현대 물리학의 최전선에서 유도되었다는 강점을 지니고 있기도 하다. -로렌스 베이남, 1978-

이어지는 논문 내용은 '영원한 철학(philosophia perennis)'을 요약한 것이라고 밝히고 있는데, 문제의 철학은 동서고금을 통해 여러 철학자들에 의해 여러 가지 형태로 출현했지만, 여기서는 선불교를 비롯한 인도 철학을 말하고 있다. 내용이 방대해서 그의 '비판적 평가'를 압축한 〈표 I〉만 살펴보면서 넘어가기로 한다.

〈표 I〉

a. 물리적 - 비생명적 물질 또는 에너지.

b. 생물적 - 생명적 생기적 감각적 물질이나 에너지.

c. 심적 - 자아, 논리, 사고.

d. 정묘적 - 원형적, 초개인적, 직관적.

e. 인과적 - 형태 없는 광휘, 완전한 초월.

f. 궁극적 - 진여眞如의 의식, 다른 모든 차원의 원천과 본성.

켄 윌버는 위의 '존재의 스펙트럼' 표에서 상위 단계가 하위 단계를 초극해 가는 과정을 상세히 설명한다. 물론 선禪의 초극 과정과는 방법도 결과도 전혀 다르지만…. 우선 간단히, 선은 세상만사가 관념론적이며 인과론(상대성)적이라는 인식으로부터 관념변증법적 단계를 향상시키며 결국은 궁극적 초월단계인 최상승적 절대성에서 '형태 없는 광휘'를 영험하는 독특한 학문이고 이에 따른 문학 형태이다.

그러므로 위의 〈표 I〉에서 보면 물리적, 생물적, 심적, 정묘적 단계들은 모두 인과(상대)적인 것들에 포함되어야 하며, 이것들의 '완전한 초월'은 궁극적으로 '형태 없는 심적 광휘'이고, 이러한 전제 하에서 심등心燈은 비로소 그가 『통합비전』에서 주장하는 인간의 잠재능력(Hologram)인 심광(心·光: 의식의 스펙트럼)을 결과적으로 발산하지 않겠느냐는 질문이 생긴다.

진여眞如라는 불교 용어는 윌버의 Suchness(본질)를 번역한 것인데,

자세한 논의는 점차로 해나가기로 한다. 차제에 윌버에게 한마디 조언한다. "티베트에서 명상冥想과 소승불교에만 천착하지 말고 동국(한국·일본)에 와서 불조사佛祖師를 찾아 조사어록祖師語錄들을 통해 선사상을 참구해 보시라."

이 길이 진정한 '자아초월심리학'의 대도이기 때문이리라. 이 내용을 필자는 앞으로 면밀하게 논의해 나가려 한다.

만유유전설과 형이상학

● 헤라클레이토스의 만유유전설

헤라클레이토스(Hērakleitos, 희希, BC 540~BC 480)는 대단히 역설적이었고 이러한 역설은 진부한 정설에서 살아나는 생리를 지닌다. 가령 탈레스의 물이, 혹은 피타고라스의 수數가 존재의 근원이라고 한다면 이는 형이상학形而上學적 인과율을 말하는 것인 바, 헤라클레이토스는 그러한 물과 수의 정체성을 거부하였다. 물이나 숫자가 근원이 아니고 물이나 숫자를 다양하게 활용하는 자성自性이 근원이고 이 자성을 참구해야 한다는 주장을 폈다.

만유유전설에 입각해서 말하면, 우리의 관념에 한 가지 확정적인 사실이 있다면 그것은 '우리의 관념에는 아무것도 확정적인 것이 없다'라는 역설이 존재할 뿐으로서, 관념과 존재 자체는 무상한 것이다. 물론 이해관계와 관측방법에 따라서 조건 지워진 존재는 천변만화 그 자체가 된다.

고로 우리는 우리의 주관인 상대성적 차별심에 집착하지 말고 상대성 그 자체를 다양성으로 변용할 뿐일 줄 알아야 한다. 이를 위해 선객은 상대성을 초극한 절대성에 개안하려 한다. 최상승적 절대성에서 다양한 상대성적 홀로그램의 면면들을 활용하는 것이 선이고 변증법의 종지가 되어야 한다.

후세의 변증법 철학자들은 헤라클레이토스를 변증법의 시조로 삼았다. 변화와 운동의 논리 때문이었다. 헤겔도 그랬고 레닌도 그렇게 여겼다. 물론 진정한 변화와 운동의 논리는 문제의 형이상학과는 계보를 전혀 달리한다. 이 상황을 앞으로 면밀히 참구해 나갈 것이다.

변증법의 시조라는 헤라클레이토스가 우리에게 남긴 메시지, 즉 2500여 년이 지나도 의미가 새롭게 반추되는 잠언풍의 말들 가운데 우선 한 구절을 인용해 보자.

만물은 유전流轉한다. 고로 같은 강물에 두 번 다시 들어 갈 수가 없다.

강물은 물론 세월(생각)의 강물도 포함되리라. 최초의 철학자(?) 탈레스(Thalēs, 희希, BC 624~BC 546)의 물水로부터 아낙시만드로스(Anaximandros, 희希, BC 610~BC 548)의 무한자와 아낙시메네스(Anaximenes, 희希, BC 588~BC 524)의 공기, 그리고 피타고라스(Pythagoras, 희希, BC 582~BC 496)의 수數에 이르기까지 만물의 원형(arche)을 헤라클레이토스는 인정하지 않았다.

만유유전설의 요체는 존재를 고정된 존재로서의 개념이 아닌 유동적 개념으로 살핀 것이다. 고대판 '불확정성의 원리'였다. '존재는 운동과 변화를 특징으로 하고 있음'을 천명한 높은 눈높이다. 예컨대 'A'는 'A'에 머물러 있지 아니하는 변화 자체라서 'A'는 이미 'A'가 아니라는 운동의 법칙을 간파한 것이다.

좀 더 헤라클레이토스의 명제들을 살펴본다. 운동과 변화, 곧 유전하는 현상적인 잡다함 속에서 상호 간에 혹은 내부 간에 항상 상대성적 대립이 있고 또한 아름다운 상대성적 조화가 있다. 그러한 다양성 속에 다시 하나의 본체가 있다. 그 본체는 물자체가 아닌 불火이다.

즉 영혼은 습기찬 물이 아닌 건조한 빛을 발하는 불의 성질인데서 가장 완전하다. 모든 것은 알고 보면 불의 변성이다. 철학이라는 것은 알고 보면 이러한 불의 성품에 귀납하는 것으로서 또한 일상은 불의 성질의 연역법이다. 물론 양 논리는 전체적 조화를 이룬다. 헤라클레이토스는 이 도리를 로고스, 즉 이법 혹은 신이라 불렀다. 여기서 신은 인간의 영혼이다.

베르너 하이젠베르크는 에너지에 기초한 세계관을 헤라클레이토스의 가르침과 비교했다. 그는 『물리학과 철학』에서 이렇게 말한다. "현대물리학은 어떤 점에서 볼 때 헤라클레이토스의 원리와 매우 유사하다. 만일 불火이란 단어를 모두 에너지로 바꿔놓고 보면 그의 서술은 우리의 현대적 관점에 잘 들어맞는다."

선에서 볼 때는 불火이란 말을 심등心燈으로 바꾸어 놓으면 선적 관점에 그런대로 들어 맞는다고나 할까.

● 형이상학의 해체

조선 말 김삿갓(金笠, 1807~1863)은 다음과 같은 한시漢詩 두 구절을 필두로 방랑길에 올라 평생을 술과 애환과 해학과 방랑시로 전국을 유전하다 56세에 동북지방에서 객사했다.

만사개유정(萬事皆有定: 만사는 모두 정해져 있는데)

부생공자망(浮生空自忙: 부평같은 인생 홀로 공연히 서두네)

　　국가 사회가 유정법有定法이라는 결정론 혹은 고정관념에 집착하면 집착할수록 개인은 김삿갓처럼 방랑자가 되고 알코홀리즘과 애한 속으로 빠져들게 되며, 결국 그 사회는 구 소련이나 이 씨 조선처럼 쇠퇴의 길을 걷게 된다. 지금의 김 씨 조선도 그런 길을 걷고 있다. 문제의 유정법은 서양이나 중동의 종교에서 그 위력을 유감없이 발휘했고 지금도 중동 사태는 심각하고 암울하기 짝이 없어 보인다.

　　치밀한 관찰력과 함께 풍부한 상상력으로 유명한 발자크(Honore de Balzac, 불佛, 1799~1850)도 『기독교적인 소크라테스』에서 이렇게 썼다. "신은 작가이고 인간은 연기자에 지나지 않는다. 지상에서 연출되는 웅대한 작품들은 모두 천상에서 저술된 것이다."

　　선불교를 제외한 동양사상의 대부분도 역시 문제의 만사개유정으로부터 부자유스러운 것은 비슷했다. "천신과 천명이 인간과 사물을 낳았으며 이것들에게 각종 힘과 법칙을 주었다."

　　그래서 매사에 있어서 진인사대천명盡人事待天命하는 것을 큰 덕목으로 여겼었다. 조선말 다사다난의 상징 격인 실학자 다산 정약용(1762~1836)은 유배지에서 주역에 몰두하여 『주역사전周易四箋』이라는 주역 해설서를 지었다. 그리고 두 아들에게 내려주며 일렀다. "주역사전은 내가 하늘의 도움으로 얻은 문자들이다. 결코 사람의 힘으로 도달할 수 있는 바가 아니었다."

　　그리고 이런 결론을 내린 바 있다. "성인이 천명에 청하여 그의 뜻에 순응하고자 하기 위해서 성인들이 주역을 지었다."

　　유정법有定法이라는 결정론은 요샛말로 소프트웨어 개발에 독이다.

이 책에서 계속 나타나니 차차 그 양태를 면밀히 고찰하기로 하고 차제에 형이상학이라는 서양 철학의 유명한 특징 하나를 잠깐 살피고 가자.

다음 글은 칸트의 『순수이성비판』에 나온다.

> 형이상학이 모든 학문의 여왕으로 불리던 시절이 있었다. -중략- 그러나 지금은 형이상학에게 온갖 멸시를 표시하는 것이 이 시대의 유행이 되어서, 내쫓기고 버림받은 형이상학이라는 노녀老女는 헤카베(트로이 성의 늙은 여왕)처럼 탄식하고 있다.

형이상학을 한문으로 形而上學이라 표기하는데 이 말은 형이상자形而上者를 도道라 하고 형이하자形而下者를 기器라 한다는 『주역周易』의 〈계사繫辭〉에 있는 말을 희랍어 Metaphysika를 의역하기 위해 따온 것이다. 여기서 meta는 뒤 혹은 초월의 뜻이고 physika는 자연학이라는 뜻으로서 형이상학은 결국 이런 말, 즉 '경험의 세계에서 변동하는 것들을 넘어서 자연적으로 존재하는 것들에 대한 궁극적인 원인을 체계적으로 연구하는 학문'이라고 정리된다.

이와 같은 형이상학은 우주를 목적론적으로 해석해서 우주의 궁극적인 원리 혹은 원인을 연구함으로서 그 학문적 위치는 모든 다른 학문의 밑받침인 기초학이 된다고 형이상학자들은 생각했다. 원래 유럽 철학은 실체를 중심으로 해서 발달되었다. 플라톤의 이데아, 아리스토텔레스의 개체, 데카르트의 정신과 물질, 헤겔의 절대정신, 마르크스의 유물론 등으로 이러한 실체의 탐구가 형이상학인 셈이다.

철학사에 출현하였든 형이상학적 사고들은 처음에는 대부분 똑같은 '들판 길'을 걸어 왔지만 사정은 점차로 변했다. 존재를 무엇으로 규정하느냐에 따라 문제의 사고들은 각자가 서로 '다른 숲길'을 걷기 시작하였다. 즉 존재에 대한 인식 설정에 따라 형이상학의 운명은 제각각으로 유전流轉하였다.

주관이 보는 인식 대상의 존재성이 각각 실재 혹은 관념 등의 견해에 따라 존재의 뿌리라는 것은 제 나름대로 철학자들의 주관 속으로 뻗어 내린 셈인데, 가령 존재라는 것이 신이 창조한 실체인 경우에는 당연히 그 근원은 신으로서 형이상학은 곧 신학이 되었고, 이에 비해 과학적 실재론인 경우, 예를 들면 소립자가 근원적인 실재라 한다면 입자물리학이 물론 형이상학이 된다.

실체의 내용이 무엇이냐에 따라서 형이상학은 덩달아 어떤 것이다라고 변해갔다. 실체가 곧 물질이라 한다면 유물론이 형이상학이 된다. 가령 마음이라 한다면 유심론이 형이상학이 될 것이다. 하이데거는 『형이상학이란 무엇인가?』에서 존재의 근원을 무無라고 주장했다.

무 또한 엄밀한 의미에서 유에 대한 상대성으로서 고정관념이고 편견이지 않는가? 진정한 무는 무마저도 들먹이지 않는 상황이기 때문이다. 예컨대 정말 '마음을 비웠다'면 '마음을 비웠다'는 말도 못 하는 법. 형이상학은 원인과 결과, 즉 상대성을 전제한 논리가 된다. 고로 이분법적인 철학이 된다. 자세한 내용은 변증법이나 선불교에서 더 보기로 한다.

현대 해체론자들은 이렇게 말한다.

자기본위적인 어떤 동일성(충직성)의 관념적 모델과 규범을 만들고 그 모델에 부합하지 않는 것은 파생적인 일탈이나 타락으로 간주하는 그러한 2항 대립에 관계된 보수주의자들의 사고방식을 문제 삼고자 한다.

이 말은 종래의 모든 철학과 종교에서 형이상학을 싸잡아서 전부 해체시킨다는 뜻이 담긴 말이다. 더 나아가서 인간 의식구조의 총괄적 해체를 시도한다나…. 그러나 해체론도 일종의 주관이니 문제의 해체해야 한다는 주관도 고정관념화 되기 전에 해체하라는 것이 해체론에게 주는 선불교의 충고이다.

해체론자들은 2항 대립이 상대성이고 2항 대립의 부정, 곧 '부정의 부정'이 곧 절대성임을 상상도 못 했다. 그러한 초월은 변증법에서 유심론과 유물론이라는 형이상학, 즉 인과율(상대성)부터 지양(止揚, Auf-hebung)하며 초극해 가지 않으면 안 된다. 서양에서는 칸트와 니체에 의한 형이상학의 비판 및 해체작업이 두드러졌다.

형이상학 대신 인식론, 신 대신에 '신은 죽었다' 그리고 푸코에게서는 '인간도 죽었다'는 지경에 이르게 된다. 완전히 해체해서 재창조하자는 뜻인 것 같다. 신新니체라고 불려지기도 하는 푸코가 서구인들의 사고방식에 변화를 일으킨 점이 인정된다면 그것은 곧 이런 점들이다. 광기, 인간, 지식, 감옥, 성 등에 관련된 명백함(고정관념) 그리고 이에 따른 일반성을 회의하고 그리고 파괴시킨다는 것이다.

한편 현대 해체론의 특징이 대강 다음과 같은 방향으로 가닥을 잡아가는 것 같다.

> 권위주위적 근본적 통일성보다 다양성, 순응보다 비판, 모든 형태의
> 지배와 권력의 논리를 부인, 동일성(정체성)보다 차이성 강조, 완전성, 확
> 정성, 획일성의 부인 등이다.

데리다는 플라톤에서 현상학까지 현존이나 동일성을 근원으로 삼는 모든 서양철학을 형이상학이라 비판했다. 형이상학적 동일성同一性

에 다양성적인 '차이'가 우선한다는 것을 입증함으로서 동일성을 물 구나무 세운다. 여기서 동일성은 형이상학을 위시하는 결정성 혹은 정체성과 같은 뜻. 즉 데리다 철학의 핵심은 차이성(상대성)으로 인한 다양성을 강조하고 있다.

그러나 선불교에서 볼 때 데리다는 극히 지엽적인 안목을 갖춘 셈 으로 자세한 내용은 차후 '변증법' 항과 제2장 '선불교' 편에서 자세히 고찰하기로 한다. 서양철학사의 주축은 도덕적 형이상학, 존재론적 신 학, 이성중심주의 등으로 요약된다. 모두 기독교와 관련이 깊은 말들 이다. 이에 반기를 든 탈형이상학의 역사는 니체, 하이데거, 데리다 등 으로 이어지는 해체론이다. 해체론(Deconstruction)은 의미의 폐쇄와 권 위에 저항한다. 그리고 서양 합리주의의 해체론적 재건에 의한 교육제 도와 언어제도의 재건축(Reconstruction)을 도모한다.

근대 서구의 독단적이고 체계적이고 협시적인 문화현상을 비판하는 천의 얼굴을 가진 철학자 '니체'를 생각하는 사람들은 이런 생각을 품 고 있다.

마르크스주의와 기독교 사상에 대한 해독제로서 니체를 호흡해야 한다.

다음은 하버마스의 『현대성의 철학적 담론』(1984)에서 인용하였다.
어떠한 사상도 체계를 완료하는 순간 동시에 미완성이 되지 않을 수 없는 '불결정론적 상태'에 빠진다. 형이상학도 예외는 아니다. 형이상 학은 원래 불결정상태 없이는 있을 수 없음에도 불구하고 그것을 제거 해서 결함을 보충하는 근거(아르케, 이데아, 형상, 神, 주체, 절대정신 등)를 확보 하는 것을 목표로 삼아왔다. 데리다는 불결정성의 제거 불가능성을 제 기하면서 기존의 형이상학적 사고의 종말을 선언한 것이다.

참고지만 불결정성마저도 제거(불결정처리)하는 것이 완전한 형이상학적 사고의 종말이라고 지적함이 변증법이고 선불교의 종지다. 포퍼는 『열린사회와 그 적들』을 처음에는 '거짓 예언자–플라톤, 헤겔, 마르크스'라는 제목을 붙이려 했다. 모두 형이상학자들이다.

칸트는 형이상학의 파괴자를 자처했다지만 '물자체'는 또 다른 형이상학을 만들었던 셈이다. 그리고 그의『순수이성비판』은 이성과 순수이성 그리고 더 순수한 이성들과의 끝없는 형이상학의 내분의 장이 되기도 했다. 이와 관련하여 선사상에서 참구하는 최상승적 순수이성은 그 내용이 어떠한 것인지를 우리는 앞으로 참구해 나갈 것이다.

참고지만, 리처드 도킨스 같은 동물학자들은 '이기적 유전자'가 인간을 결정한다는 유전자 형이상학을 주장해서 물의를 일으켰다. '인간은 유전자의 곡두각시'라는 기계론적 학설을 폈다. 쉬운 말로써 '닭이 먼저냐?' '계란이 먼저냐?'에서 후자가 먼저라는 결정론으로서 역시 형이상학적이다. 선불교는 '닭도 아니고 계란도 아닌 것이 뭔가?'를 참구한다. '이기利己'도 아니고 '이타利他'도 아닌 것이 뭔가? 중도中道도 물론 아니다. 역시 결정론적 용어이기 때문이다.

좀 차원이 다른 얘기지만 흔히 혈액형으로써 사람들의 성격이 이렇다 저렇다고 결정짓기를 좋아하는 모습들을 많이 보는데 이 역시도 넌센스다. 이런 류의 결정론에 쉽게 넘어가는 현상을 가리켜 심리학에서 '바넘현상(Barnum Effect)'이라고 하는데, 그런 현상에 가장 대표적인 사람들이 바로 한국인이라는 사실을 심리학자 리처드 니스벳은『생각의 지도』(최인철 역, 김영사)에서 지적하고 있다. 혈액형으로 사람의 성격을 진단하는 것은 그렇다 치고 상대의 외모나 생년월일시를 보고 그 사람의 인품과 운명까지 결정하고 예언하는 일이 이 사회에서 사라졌으면 하는 소망이 차제에 간절해진다.

유기체론에 반하여 기계론은, 부분들이 그보다 더 높은 자리에 위치하는 전체에 대하여 성립함이 아니라 부분이 단순한 집합에 의하여 전체가 성립한다는 논리이다. 예컨대 컴퓨터가 그런 것이다. 인간은 컴퓨터와 전혀 다르다. 정신으로부터 분리시킨 육체를 기계적 부품으로 전락시키더니 이번에는 그 기계부품을 유전자라는 이름으로 분해시켜서 정신생명을 컨트롤한다고 떠받들고 있다. 그러나 현대 유전공학을 보면 유전자가 생명을 조종하는 것이 아니고 인간의식이 유전자를 변이시키고 생명을 배양하고 있다.

인간을 만들어 볼까 말까도 인간의식에 매달릴 상황이 오고 있다 인간복제 옹호론자인 미국의 생명 윤리학자 그레고리 펜스는『누가 인간복제를 두려워하는가(Who Is Afraid of Human Cloning?)』라는 책을 써서 종교 이데올로기에 저항하였다. '운명교향악'의 지휘봉은 인간 스스로가 쥐고 있다. 이 기회에 바라건데 생명의 복제품들이 마치 손오공의 이야기에서와 같이 깃털처럼 가볍게 대량생산이 가능해지더라도 창조론에서처럼 '주와 종'의 관계가 되어서 결정론적이고 기계론적이고 운명론적이고 결국 로봇이 되지 않아야 한다는 점이다.

인간을 만들지 말아야 한다는 것이 윤리가 아니고 주종이라는 차별성 혹은 계급을 만들지 말아야 한다는 것이 진짜 윤리이다. 통상적으로 철학에서 결정론이라 하면 문제의 형이상학을 비롯하여, 예정설, 숙명론, 운명애(amor fati) 등의 사상 따위들로 한정시키고 있으나 엄밀하게 말하면 과학서들은 거의 한결같이 결정론의 백과사전이라 하여도 과언이 아닐만큼 결정론적 언어들로서 천태만상을 이루고 있다.

역시 해체론도 무엇을 해체하기로 결정한 것이다. 사르트르는 말했다. "우리는 아무런 의미 없이 이 세계에 내던져진 존재다."

말대로라면 인간은 세계-내-존재로서 결정된다. '결정된 운명' 이는『

금강경』의 여래설如來說 중에서 '세계는 세계가 아니고 이 이름이 세계이다'라는 설법에 크게 배치된다고 하겠다. 결정론은 일의성적일 때, 예를 들면 신을 비롯하여 정신, 유물론, 원형, 이데아, 본질, 유전자, 혹은 무無 등의 형이상학을 이루었다.

그리고 이의성적일 때 이원론이 되어 정신과 육체, 음과 양, 이와 기, 보편과 개별, 사회주의와 자본주의 등으로 이분법 혹은 상대성을 만들며 극심한 이념대립과 큰 사회적 혼란을 일으켰다. 고대 중국의 음양설에 근거를 둔 퇴계 이황의 이기설도 이원론적이다. 칸트도 물자체와 인식의 2원론에 휘말리고 말았다. 물리학자들은 계속 물질은 물질이라는 결정론의 전제하에서 물질의 근원체를 찾을 것이다. 물리학에 있어서 만사개유정과 형이상학은 물신주의와 함께 그 추이가 주목된다.

예컨대 최근의 힉스입자와 같은 문제다. 힉스입자가 신의 입자라고 결정된다면 물리학은 바로 형이상학이 된다. 우주의 나이와 연관하여 최근에 매스컴에서 강력한 각광을 받고 있는 중력파가 있다. 우주의 나이가 138억 년이라면 그 이전은 무엇이었나? 최근에 선불교에서는 물질이 실재가 아니어서 물리적인 시초와 물리적 결말로 분별하는 일을 금기시한다. 그 대신에 '과거심 불가득, 현재심 불가득, 미래심 불가득'이라는『금강경』구절을 화두로 삼아 결정론의 늪으로부터 탈출하기를 부단히 노력한다. '우주생성 이전은 뭔가?' '그런 질문을 하는 나는 누구인가'를 우선적으로 밝히는 것이 정도라고 본다.

비평형 열역학 연구로써 1977년도에 노벨 화학상을 받은 바 있는 일리야 프리고진은 저서『확실성의 종말』(이덕환 옮김, 사이언스북스)에서 이렇게 적고 있다.

"서양 민주주의적 전통에는 뿌리 깊은 모순이 있다. 한편으로는 자연을 명백한 것(법칙성)으로 이해하려고 노력하면서 다른 한편으로는 민주주의 이상을 이룩하기 위해서 우리의 책임감과 선택의 자유를 강조해 왔다. 그러나 자연이 결정론적 과학으로 지배된다면 이런 전통이 모순일 수밖에 없다는 사실을 칼 포퍼를 비롯한 철학자들이 지적하였다."

인간의 자유와 자연의 결정론적 명백(법칙성)이 발달하면 할수록 자유와 자연(법칙)은 이원론에 처하게 되고 이율배반에 빠진다는 뜻이된다. 그러나 자연의 법칙은 인간이 만들어서 부여한 법칙으로 상대성적이고 불확정성으로서 결정론적 명백은 없는 것이다. 결국은 주객을 초월한 경지에서 명백이니 자유니 하는 명제를 살펴야 할 줄 안다. 그 내용이 선에서 어떻게 논의되는가를 점차로 보아가기로 한다.

선불교는 만사개유정, 곧 유정법有定法을 부정하고 이에 반하여 무정법無定法을 강조하고 있다. 왜, 결정론과 유정법을 부정함인가. 되돌아보면 우리의 삶은 결정론과 유정법의 갈등과 질곡으로 얼룩진 고정관념의 역사이다. 철학에서나 과학에서도 가능한 한 만사개유정으로 사물과 사건의 도리를 해석하려 했고 거기에 종교이념들은 어떠했던가.

'멍 때리기 운동(Space-Out Competetion)'이라는 이색적인 운동이 얼마 전에 서울에서도 열렸다. 아무것도 생각을 안 하고 그냥 멍청한 상태를 유지하는 것이라는데 얼마나 선택의 갈등, 즉 '햄릿증후군'에 시달렸으면 이런 행사가 서울 한복판에서 열렸을까.

• 리처드 로티의 반정초주의

미국철학회 동부지역회장인 신실용주의 철학자 리처드 로티(Richard Rorty, 미美, 1931~2007)는 반정초주의(反定礎主義, Antifoundational-ism)라는 철학관을 표방하면서 현대판 만유유전설萬有流轉說을 주장하고 나섰다. 참고로 이 책에서는 김동식의 『로티의 신실용주의』(철학과 현실사, 1994)에서 몇 가지 주요 용어의 해설만 보고 가도록 한다.

(참고: 괄호 속의 글은 필자의 소견을 나름대로 첨가해 본 것이다.)

a. 반정초주의

인식에는 가장 기초적인 인식이 있으며 그것으로부터 모든 다른 지식의 근거가 제공된다는 입장을 정초주의라 하며 이러한 입장을 부정하는 것을 반정초주의라고 한다. 예컨대, 몇가지 기본적 공리로부터 체계를 세운 유클리드 기하학, 몇 개의 기본적 법칙으로부터 역학체계를 세운 뉴턴 철학, 모든 지식의 기초를 방법적 회의를 거쳐 명석판명한 관념 위에 수립하려던 데카르트의 철학, 본질직관을 통해 엄밀한 학문으로서의 철학을 수립하려 한 후설의 현상학, 논리실증주의자들의 통일과학운동 등은 모두 정초주의에 속한다. 그러한 기초적 지식의 존재를 부인하거나 특권성을 부정하는 입장들은 반정초주의에 속한다.

(참고: 인식에서 가장 기초적인 정초는 '이다·아니다' 혹은 '물음과 답' 또 혹은 '긍정과 부정' 등과 같은 상대성이다. 그리고 정초주의에서 왜 형이상학이 빠졌는지 모를 일이다. 반정초주의는 불확정성에 결국 귀의한다. 선불교는 데카르트의 '방법적 회의'를 정초주의라고 말하지 않는다. 회의나 질문하는 마음은 정초적 상태가 아니다. 상세한 사연은 차차 논의해 가도록 한다. 특히 제3장 화두편을 주목해야 한다.)

b. 반표상주의

대상을 보거나 생각할 때 마음(의식)에 떠오르는 것을 표상이라 하며, 그 표상은 대상이 인식주관에 영향을 주어서 생긴 결과로서, 대상을 그대로 모사하거나 재현하는 등, 대상과 깊은 연관을 가지고 있다는 입장을 표상주의라 한다. 이 입장에서는 대상을 있는 그대로 그려내거나 투영한 표상을 얻을 경우 진리를 얻게 된다. 로티는 이와 같은 표상주의를 부정한다. 그에 의하면, 언어나 해석의 영향을 벗어난 표상의 성립이 불가능하며, 사회 문화적 영향이나 해석에 따라 현격하게 달라질 수 있다. 이러한 입장을 로티는 반표상주의라고 부른다. 엄밀하게 말해서 반정초주의적 입장의 인식론적 근거의 일부는 반표상주의인 것이다.

(참고: 선불교에서는 표상을 '언어(인식)의 그림'이라고 말한다. 역시 표상에서가 아니고 언어의 해석에서 진리를 찾는 것이 도리라고 본다.)

c. 반실재론

인식대상은 인식주관과 관계없이 그 자체로 존재한다는 실재론의 입장을 부정하는 인식론적 입장을 말한다. 로티는 그의 사상발전의 제2기에서 반실재론의 견지를 택하였으나 제3기로 이행하면서 반실재론도 실재론과 마찬가지로 여전히 인식론적 논의를 완전히 벗어나지 못한 것이라는 반박에 부딪혀 실재론과 반실재론을 넘어서는 입장을 신실용주의의 입장으로 재천명하였다.

(참고: 실재론도 아니고 반실재론도 아닌 것, 이른바 '실재·반실재'라는 상대성의 부정('부정의 부정')을 신실용주의라 한다면, 정초도 아니고 반정초도 아닌 것을 신실용주의의 핵심 사상으로도 삼아야 하지 않을까. 진작 실재/정초도 아니고 반실재/반정초도 아닌 것은 이른바 변증법적 종합이다. 문제의 종합에 일찍이 착안하고 개안한 사상이 선불교다. 절대적 종합을 정리하고 연후에 실용이니 반실용이니를 논의할 수 있건만 서양철학은 이를 간과했다. 간과 대신에 선불교는 철저히 천착하고 경영하였던 바, 이것이 동양사상의 진제를 이루었고 작금에는 서양철학에도 큰 파급효과를 내며 크게 어필되고 있다. 자세한 내용은 점차로 살펴가기로 한다.)

d. Strong Textualist

일정한 텍스트, 즉 의도적으로 쓰여진 글이나 말 뿐만 아니라 자연현상도 포함하는 광의의 텍스트를 저자의 참된 의도나 텍스트 내용의 진위 등 텍스트 바깥의 것과 갖는 관계에 구애됨이 없이 해석하는 자를 로티는 텍스튜얼리스트(참고: 본래 의미는 원본주의자)라고 부른다. 그러한 해석을 대담하게 행하는 이를 강한 텍스튜얼리스트라고 부른다.

(참고: 해체론자 데리다는 강하게 말했다. '텍스트 바깥은 없다.' 그러나 선불교는 더 강하게 말한다. '텍스트 안팎은 없다.' 로티는 진정한 의미에서 대단히 강한 텍스튜얼리스트를 선불교에서 발견하기를 바라마지 않는다.)

e. 상대주의 Relativism

일반적으로 진리나 가치의 기준이 절대적이지 않고 어떤 것에 따라 좌우된다는 주장을 포괄한다. 따라서 상대주의는 인식론적 상대주의와 가치 상대주의로 대별될 수 있으며, 이론상 양자의 구별이 가능하다. 예컨대 논자에 따라서는 인식론적으로는 절대주의를 견지하나 가치론적으로는 상대주의를 견지할 수도 있다. 이 책에서 주된 논의 대상은 일차적으로 인식론적 상대주의이나 문맥에 따라서는 상대주의 일반을 의미하기도 한다.

인식론적 상대주의는 어떤 진술이나 문장이 진리임을 판가름할 절대적인 기준이 없으며, 진리의 기준이 인식주관이나 주관의 상황과 처지 등에 따라 상대적임을 주장하는 입장을 말한다. 예컨대 브레들리에 반기를 드는 쉴러와 같은 실용주의자에 의하면 절대적 진리는 존재치 않으며 모든 진리는 상대주의적이라고 말한다. 로티는 자기의 주장이 상대주의가 아니라고 주장하며, 상대주의는 일관되게 실천될 가능성이 없다고 반박하여 자문화중심주의를 표방한다.

(참고: 선에서는 모든 말에서 OO주의라는 동일성적 용어를 사용하지 않는다. 결국은 상대성을 인식과 가치를 초월한 경지에서 참구한다. 이 초월을 위해 인식도 부정하고 존재도 부정한다. 소위 절대성의 경지이다. 이 변증법적 진리를 체회하지 못하고 자문화중심주의를 말하고 있는 것은 미국이나 이스라엘처럼 상대주의의 질곡에 빠질 우려가 깊다. 자문화 혹은 타문화라는 상대성적 사상의 불식이 절대성이다.

절대성에서 보면 여러 가지 문화와 풍습이 상대성 혹은 불확정성적으로 내현하는데 이를 지혜스럽게 활용할 일이지, 신실용주의니 자문화 중심주의라고 표방하며 집착하니 문화의 충돌이 일어나는 것이다. 루소가 말했다. "인류는 결국 문화로 멸망할 것이다."

작금의 종교문화의 대충돌이 좋은 예가 된다. 미국이나 이스라엘의 자문화중심주의라는 문화획일주의는 UN이 제정한 '발전과 대화를 위한 세계 문화다양성의 날(5월 21일) World Day for Cultural Diversity for Dialogue and Development' 정신에 위배되고 있다. 남의 문화를 무시하게 되는 자문화 중심주의로 세계화를 부르짖고 있는 셈이다. 이런 주의에 동조하기는 어렵다. 로티는 다른 철학자들처럼 절대성이라는 말을 상대성의 반대개념으로 충분히 이해함에 역시 미흡하고 있다.

선에서 본 절대성의 구체적 내용은 바로 돈오(깨달음)의 내용이다. 문제는 절대적 진리는 없다는 그 절대성이라는 종합을 통해서 나온 상대성은 다양성이고 동시에 활동성이 된다는 것. 이것을 선불교는 참구하는 것이다.

f. 대화 Conversation

플라톤 이래 철학적 의사소통은 대화에 참여하는 쌍방이 의견교환을 통해 변증법적인 과정을 거쳐 점차 진리에 도달하는 것, 즉 dialogue로 여겨졌다. 그러나 로티의 신실용주의에서는 절대적, 정초주의적 진리개념이 부정되므로 dialogue가 상정될 수가 없다. 진리에 도달하려는 목적성이 배제되고, 강제되지 않은 합의를 거쳐 최선의 사회적 실행을 도출하고자 하는 의사소통을 로티는 Conversation이라 한다. 따라서 Conversation의 궁극적 지향점은 객관적 진리의 탐구가 아니라, 교화적 성격을 포함한 인류의 연대성 확보에 있게 된다.

(참고: 로티는 절대적 관념론을 역시 바르게 보지를 못했다. 절대라는 말과 정초라는 말은 전혀 다른 차원이므로 함께 묶어서 쓰면 안 된다. 객관성이 없는 교화 및 연대는 유해무실하다. 주관적인 '말 잔치'에 진정한 교

화도 연대성도 없을 것이다. 변증법적 절대성은 정초(실재)도 반정초(반실재)도 아닌 경지에서 상대성을 실용한다. 이러한 초월심인 '절대성적 각성'에서 나오는 담론, 곧 변증법적 담론이 진정한 의미의 Conversation이고 곧 Dialogue이다.)

g. 세상사에 잘 대처함(Coping well with the world)

이는 로티의 독특한 용어로서 맞닥뜨린 문제 상황을 잘 타개하는 것, 또는 문제되는 것을 풀어서 일이 이루어지게 함을 의미한다. 그에게 있어서 지식이나 사회적 실행은 진리의 발견을 위한 것이 아니라 세상사에 대처해 주게 하는 도구이다. 따라서 여기에 쓰인 세계 The World라는 용어는 항구불변하는 실재를 지칭하는 것으로서의 세계가 아니라 그 측면을 가리킨다. 신실용주의에서는 절대적, 객관적, 정초주의적 의미의 진리를 부정하므로 절대적 기준은 없으나, 다른 것에 비하여 세상사에 더 잘 대처하게 해주는 사회적 실행이 더 나은 것이라는 점은 판별이 가능하다고 주장된다.

(참고: 상대성적 주관 대신 객관적이고 보편적인 지혜가 문제의 '본래성'에서 나오고 이것이 사회적 실행으로서 곧 세상사 혹은 역사가 되어야 한다. 그렇지 않으면 '세상사에 잘 대처하기'와 '잘 살기'는 단지 적자생존이라는 동물적 본능과 다를 바가 없게 된다. 실제로 현실은 그렇다. 잘 대처할 세상사나 교화가 우선적이지 않고, '순수이성적 절대성'과 이에 따른 실천이성이 최선이니, 진정한 의미의 신실용주의는 객관성과 더 나아가서 절대성을 무한정 질문해야 한다는 것이 선불교적 조언이다.)

h. 심미적 문화 Aestheticized Culture

정초주의의 종언을 선언한 로티가 반정초주의의 철학시대, 즉 탈철학의 시대에 도래할 문화를 일컫는 말이다. 문예비평이 장르로 자리잡게 될 그 문화에서는 진리의 탐구가 목적이 아니라, 특히 참신한 메타포(은유 특히 비유 metaphor)의 창안을 통해 심미적인 것을 추구하는 것이 더 주요한 일이 된다는 의미에서 이렇게 이름을 붙인 것으로 보인다. 그러한 문화에서는 탐구행위가 전통적인 의미에서의 형이상학,

존재론, 인식론 등으로부터의 속박에서 벗어나 세상사에 대처하는 것
과 심미적인 것에 의해 주도된다는 의미를 담고 있다.

(참고: 정초에서 반정초는 객관성을 말한다. 그러나 여기서 더 의식이 한 단계 발전하려면 상대성적 차별의
양극화를 초극한 절대성을 참구하지 않으면 안된다. 반정초로써는 해체론 혹은 포스트모더니즘처럼 진정한 탈
이데올로기 문화를 이루지 못한다. 선에서처럼 진정한 자유(절대성)에 들지 않으면 안된다. 진정한 탈철학이 탈
언어적 문예를 이룬 것이 이른바 선적 담론인 선문학이다. 선적 깨달음에서 얼마나 순수한 탈언어적 메타포가
나오는지를 〈제5장 선종무문관〉에서 충분히 참구하도록 한다. 진정한 반정초라면, 반정초에도 또한 구애됨이
없음을 깨닫는 일이 중요하다. 같은 도리로서 해체론도 해체의 대상이 될 것은 물론이다. 즉 해체론마저도 '무소
유'하며 초극해야 진정한 해체 상태가 된다. 이 상황이 절대성의 진의라⋯, 전항에서 논의된 변증법적 종합은
모더니즘도 아니고 포스트모더니즘도 아닌 것인 문제의 절대성에서 이루어진다. 이것이 인식론적 절대성이고
여기서 가치론적 상대성이 스스로 열린다면 신실용적이라고 말할 수도 있다.)

　　이상 8항목에서 보되 물론 변증법에 대한 언급은 없으나 앞으로 선
과 변증법에서 참고하고 평가할 요소적인 점이 보여서 거론해 놓았다.
예컨대 반정초주의는 형이상학적인 것을 부정한다. 일의성적이고 결정
론적인 것을 인정하지 않는 것은 이제 철학이나 물리학에서 상식이
되었다. 주관과 객관이 안팎을 여의어서 변증법적 주객일치에 입각하
면 '세상사에 잘 대처해 나간다'는 말이 필요 없게 된다. 피히테가 말
한 진아의 활동작용일 뿐이게 된다.
　　중생 세상은 너와 나라는 주관들의 전쟁터다. 이 전쟁을 마감시키
는 것이 객관성과 더 나아가서 절대성적 종합에 있고 이 점이 변증법
과 선사상의 핵심이 된다. 반反 혹은 해체라는 부정일변도로는 철학도
안 되고 문화도 결국 안 된다. 한 수 더 봐서 변증법적 '부정의 부정'을
보아야 한다. 이것은 형식논리학에서 말하는 단순한 긍정이 아니고
광명심에 입각한 순수이성 및 실천이성으로서 진정한 웰빙과 인간사
에 잘 대처하기가 될 것이다.

형식논리학과 변증법적 논리학

● 형식논리학

변증법적 논리학에 들기 전에 소위 형식논리학을 간단히 짚어보고 간다. 논리학, 즉 형식논리학은 사유 혹은 사유의 형식을 연구하는 학문이라고 정의된다. 말하자면, 우리의 사유로 하여금 어떻게 해야만 오류에 빠지지 않고 올바른 사유를 진행시킬 수 있는가, 그리하여 진정한 지식을 얻기 위해서는 '어떤 형식과 절차를 지켜야 하는가' 하는 사유의 규범을 연구개발하는 학문이 논리학이다.

논리학이 형식적 학문이 되는 까닭은, 구체적인 사상이나 콘텐츠를 구현 혹은 전개하지 않고 그러한 구체적인 사상을 전개함에 있어서 지켜야 할 규범 형식을 연구대상으로 하는 규범과학이기 때문이다. 이런 의미로써 형식논리학의 특징은 결정론적 틀이라 말할 수 있다. 논리학은 하드웨어적이다.

기초적인 개념이 일의성적이어야 한다. 의심스럽고 이의성적인 개념과는 타협할 수 없는 일이다. 동일율(A는 A이다), 모순율(A는 非A이다), 그리고 배중율(A는 A거나 非A거나 중 하나다)이 이를 잘 보여주고 있다. 가령 글을 쓴다면 문법을 알아야 올바른 문장을 쓸 수가 있는 것처럼 형식논리학을 알아야 올바른 사유를 해서 올바른 지식과 사상을 가려내고 또한 가질 수도 있다는 것이다.

예컨대 건물을 지을 때 건축법이 그러할 것이며, 각종 경기를 운영함에 경기규칙이 역시 그러할 것이다. 그렇다면 광의로 보면 모든 법전들은 일상생활의 영위에 대한 규정이므로서 형식논리학이 됨이 분명하다.

규범과 규정은 항상 인간의 의식을 결정하려 함에 있어서 인간의 자유와 창의력과 부단히 대립되어 온 숙명을 지닌다. 법치주의라는 것도 그 한 예이다. 시쳇말로 하드웨어(결정론적인 것)가 소프트웨어(비결정론적인 것)에 우선하는 한, 인간의 다양성은 위축된다. 형식논리학의 주장대로라면 시계 혹은 잣대 등의 법칙이 먼저 있었고 시공간이 나중에 생기고, 철학이 먼저 있었고 인생이 비로소 있는 것이며, 또한 헌법이 먼저 있고 국가와 국민이 생긴다. 영국에는 헌법전憲法典도 없지 않은가.

일찍이 아리스토텔레스(Aristoteles, 희希, BC 384~BC 322)는 형식논리학을 학문 일반의 예비학이라 하여 대단히 중요시했다. 그의 논리학 저작에 주어진 총괄적 명칭인 오르가논(Organon)이라는 말은 학문 연구의 도구 또는 기관을 뜻하며 바로 논리학을 의미한다. 철학사에서 철학사상들은 비판과 해체를 끊임없이 강요당해 왔음에 비해 형식논리학의 이론적 핵심은 아리스토텔레스 이래 거의 그대로라는 것은 일반적인 상식을 가지고서는 얼른 이해하기 힘든 일이다.

아리스토텔레스가 세워 놓은 난공불락의 요새는 그 구속성과 폐쇄성을 그대로 유지하고 있다. 우선 논리학의 4가지 중요한 부분들을 보면, 개념론, 판단론, 추리론, 그리고 이 세가지 부분에 논리적 법칙을 다루는 넷째 부분이 추가되고 있다. 여기서 논리학의 가장 화려한 부분은 추리론이다. 이 추리론이 특히 아리스토텔레스의 형식 그대로 지금까지 전승되고 있다.

수세기 동안 이런 추리의 본보기로 다음과 같은 예문이 인용되고 있다.

　　모든 사람은 죽는다.

가이우스는 사람이다.

그러므로 가이우스는 죽는다.

　삼단 논법은 위와 같이 두 개의 판단으로부터 제3의 판단을 추리해 내는 사고방식의 과정이다.

　여기서 우리는 논리학 교과서에 나오는 설명 몇 줄을 계속 읽어 보도록 한다.

　　논리학에서는 기초적인 개념이 일의적이어야 하듯이 판단에 의한 개념들의 결합도 일의적이어야 한다. 이 점에 논리학의 근본적 법칙들이 적용을 받게 된다. 환언하면 동일율, 모순율, 배중율 등 법칙들이 개념 판단 및 추리의 일의성을 보장한다. 배중율에 의하면, A는 B이거나 B가 아니거나 중의 어느 한 쪽이 된다. 예컨대 사람은 죽거나 안 죽거나 중의 하나가 된다.

　유명한 물리학 실험 '슈뢰딩거의 고양이'에서처럼 생生과 사死 중에서 양자택일인 것이다. 물론 '죽고 살고가 없다'라는 초월문이거나 혹은 '죽지도 못하고 살지도 못하는, 예컨대 식물인간 혹은 무기징역 같은 신세'는 성립할 수가 없다. 아리스토텔레스로부터 거의 칸트의 등장에 이르기까지 진리는 이와 같은 일의성이 있을 때만 진리로서 인정되었다. 특히 중세에는 논리학의 도그마가 무제한적인 타당성을 가졌었고 이에 어긋나는 논의는 전혀 성립될 수 없었다.

　이러한 근거로 인해 기독교의 결정론은 아리스토텔레스의 철학을 전적으로 받아 들였다. 인간이 만들었던 인간을 위한 형식과 규범이 인간의 사유를 감시하는 도구로 환질한다. 이 도구가 진리를 만들기도 하였다. 일의성적 결정론은 형이상학의 생산에 크게 이바지하기도 하였다. 적반하장 격으로 인간을 결정론의 늪 속으로 빠트렸다.

여기서 데카르트가 방법론에 관한 논문에서 논리학을 비판하기 시작하였다. 심신心身 이원론적 결정론에 천착하였던 그가 근세철학의 아버지로 불리운 것은 그의 〈방법적 회의〉 때문인 것으로 이해된다. 이것은 확실하고 명증적인 판단에 도달하는 수단과 방법으로서 사용된 회의懷疑인 것으로 선의 화두가 이러한 회의의 전형적인 발전 형태다. 물론 철학도 물리학도 질문이고 회의겠지만 차원이 좀 다르다.

데카르트는 스콜라적 여러 학문에서 주장되는 참인 것 같으면서도 불확실한 의견, 어려서부터 누적된 여러 가지 편견 및 오류를 없애기 위하여 일체를 의심하지 않으면 안 된다고 생각하였다. 이 의심은 의심하기 위한 의심이라는 회의주의자의 회의와는 달리 확고부동한 진리를 획득한다는 목적을 위한 것이었다.

〈방법적 회의〉는 형식논리학의 삼단논법과는 완전히 궤를 달리 한다고 보아진다. 인식의 근원적인 구조는 '묻고 답함'이라는 상대성이다. 고로, '가장 좋은 질문과 가장 좋은 대답이 가장 좋은 학문의 길이다'에 반해서 일체를 일의성적인 동일율의 결정에 맡겨버리는 것은 기계론에서나 있을 일이다.

그래서 논리학에는 항상 이런 문제가 제기되며 따라 다닌다. "진리의 본질은 논리학에 기초를 두고 있는 표상에 남김없이 드러나는가?"

예컨대 '사람은 사람이다'라는 동일율적 표상이 진리를 나타낸다면 '나는 누구인가'라는 회의, 혹은 '인간은 무엇인가'라는 회의는 비논리적이며 곧 불신의 낙인이 찍혀야 하는 물음이 된다. 좀 구체적으로 보자. '여성은 여성이다'의 동일율, '여성은 여성이 아니다'의 모순율, '여성이며(동일율) 한편 여성이 아닌(모순율) 그런 여성은 없다'의 배중율이 있다. 간단히 말해서, '여성은 여성, 남성은 남성, 중성은 없다'가 된다.

남녀평등에 위배될 뿐만 아니라 생리학적으로도 고정관념이다. 생태계에는 무성생식을 비롯하여 성전환까지도 저절로 혹은 의학 기술적으로나 이제 흔한 경우가 되었다. 물론 세계는 이제 남녀칠세부동석이라는 이분법을 훨훨 초월했다. 동성결혼도 하는 시대다. 바야흐로 남녀차별이 사라져 가고 있다. 언젠가 빈부귀천도 요사이처럼 기승을 부리는 시대도 사라질 것이다. 내가 변하면 세상도 바뀌기 때문이다. 여기서 공적 제1호가 바로 상대적적 차별이다.

이것을 해결하는 방도가 역시 변증법이고 선불교 사상이다. 결국 'A는 A이다'라는 동일율이 참이라면 너는 너, 나는 나, 물질은 물질, 정신은 정신처럼 제각각이 된다. 비근한 예문이지만, '나는 너로 인해 내가 된다'는 말이나 '존재에서 지각을 본다'는 관념론은 타도의 대상이 된다. 결국 뉴턴의 말대로 '산산 조각이 난 세계'가 될 것이며, 역시 홉스의 말대로 '만인에 대한 만인의 투쟁'만이 남을 것이다.

삼단논법은 결정론적인 반면에, '방법적 회의'에 의한 증명은 진리에 도달하는 새로운 철학 의식이 된다. 데카르트는 회의적 일념에 들어서 철학자답게 모든 것을 질문하였다. 그리고 데카르트는 '나는 생각한다. 고로 나는 존재한다'라는 유명한 관념론(유심론)적 인식을 깨닫게 된다. 이를 역으로 말하면 '나는 회의한다. 고로 나는 존재한다'가 된다.

신의 창조적 의지로써 내가 태어난 것이 아니고 나의 회의로 인해 내가 존재하는 것이다. 동일율을 일축하는 순간이었다. 일의성적 사유의 방식이 아닌 광범위한 '회의적 방법'에 의한 직관이라는 점이 큰 특징이다. 한편 베이컨(Francis Bacon, 영英, 1561~1626)은 형식논리학을 진리에 대한 해악이며 진리를 추구하는 대신에 기성의 오류를 강화함에 이바지한다고 비판하였다. 그는 노작 『Novum Organon(신기관)』에서 우선 낡은 우상들을 파괴하고 낡은 삼단논법을 비판하였다. 그의 네 가지 우상들은 『금강경』의 사상四相과 비슷한 점이 있다.

아리스토텔레스와 스콜라 철학의 형식논리학적 중심 사상을 성경이나 교리(Dogma)의 해석을 위한 개념의 분석과 영역적 추리라고 비난하였다. 그리고 자연을 해석하고 인식하기 위한 실험과 관찰의 귀납적 논리학을 확립시켰다. 이것은 과학과 수학 그리고 실험논리의 중요성을 부각시킴에 큰 공헌을 하였다. 말하자면 로고스(Logos)라는 결정보다 발명의 지혜와 창의력이라는 개방 공간이 더 중요한 것을 인식시킨 사건이다. 종교나 형이상학이라는 결정론보다 과학이라는 질문과 탐구행동의 시대를 예고하는 일이었다.

J. S. 밀(John Stuart Mill ,영英, 1806~1873)의 『논리학 체계』는 귀납적 방법과 연역적 방법을 정리한 종합편이다. 참고지만, 불교의 구제관인 상구보리上究菩提 하화중생下化衆生도 귀납적 방법과 연역적 방법의 종합편이다. 궁극적으로 어디에 어떻게 인성의 귀결처를 찾고 다시 어디로 어떻게 연역해 나가는가를 구체적으로 밝히는 것이 선사상의 종지다. 형식논리학의 일방적인 논리는 점차 한계성을 드러내고 양방향적인 논리가 체계를 넓혀가는 것이었다. 이것은 인식의 지평이 그만큼 확장된 것을 의미한다.

진리의 개념이 탈한계되고 새로운 차원의 진리가 나타남을 체험한 사람들은 일의성적으로 고정된 진리에서 진리의 본질을 찾지 않게 된다. 광의로 볼 때 양의성(兩義性, 상대성)에서 편견적이지 않는 진술(불확정성)마저 초극한 절대성에 진리가 있다는 것이 바로 변증법적 견해이다. 어떠한 논리를 가지고도 절대성은 설명되고 체회되지 않는다. 고로 회의할 수밖에 없는 것이다. 자세한 내용은 점차로 보아나간다.

예의 데카르트 경우를 인식론적으로 각색하면 이런 표현이 된다.

나는 인식한다. '나의 지각이 곧 존재고, 또한 존재가 곧 나의 지각이
다'라고.

이 명제는, '생각은 생각이고 존재는 존재이다. 그리고 이 사실은 나
의 인식과 무관하게 독립적으로 성립한다'는 형식논리학의 입장과는
정반대이다. 형식을 벗어나면 먹다의 과거는 배고팠다도 되고, 입다의
과거는 벗었다도 된다. 문법이라는 틀을 벗어나야 시도 쓸 수 있고 예
술도 할 수 있다. 예컨대 '그대라고 쓰고 사랑이라고 읽는다'는 레토릭
도 쓸 수 있다. 형식논리학을 벗어나야 변증법도 선문답도 가능하며
고정관념의 늪에서 영혼을 해탈시킬 수가 있다. 예컨대 재즈 같은 무
조無調 음악은 클래식과 달리 정해진 격률에 매이지 않는 자유로움을
지닌다.

고정된 음보의 길을 정연하게 좇아가는 것이 아니라 연주자의 끊임
없는 해석에 따라 즉흥연주가 이어진다. 고정된 음보를 떠나서 해석의
변주를 계속하는 재즈음악이나 동일한 대상도 작가의 관점에 따라
마음대로 변조시키는 재즈식 글쓰기나 그림 그리기는, 변치 않는 실재
혹은 대상 등에 의해 일률적으로 통제되는 경직된 사유와 상상력을
조롱한다. 종교적 도그마와 형식논리학은 인간성을 컴컴하게 만들었
음을 중세 암흑시대가 웅변으로 말해주고 있다.

로베르토 하이스는 『변증법이란 무엇인가』(서문당, 황문수 역)에서 이렇
게 쓰고 있다.

논리학은 계시된 진리와 함께 중세의 철학적 왕국이 된 것이다. 아
리스토텔레스를 받아들여 기독교의 권위를 합법화할수록 인간존재는

종교적 이성의 영역과 아리스토텔레스에 의해 한계가 그어진 자연적 이성의 영역이라는 두 영역에서 더욱 더 안정을 얻게 된다. 이 한계를 넘지 못하는 '무능'은 기독교적 인간에게는 가장 고유한 능력이며 재능인 것이다. 기독교적 인간은 그들에게 주어진 한계를 지양될 수 없는 것으로 보기 때문에 이 한계를 넘어서려고 하지 않으며 또한 넘어설 수도 없다.

비극은 지금도 그런 현상이 지구상 어디에서도 어떤 종교에서도 상존하고 있다는 점이다. 이런 점에서 탈한계의 논리인 변증법, 특히 선사상은 강단 논리학의 교수사敎授師보다 강호의 고수를 더 귀히 여기는 생활철학이 된다.

● 변증법적 논리학

각종 언어행위를 비롯하여 실정법과 관습법들을 포함하는 모든 형식과 규범들은, 인간 주체가 스스로 인간으로서 가장 유효하게 작용하고 활동할 수 있도록 설치한 편이적인 수단 혹은 도구이다. 철학과 종교와 과학도 예외일 수가 없다. 그런데 본래적 의도와는 달리 본말이 전도되어 형식과 규범이 득세하여 인간활동을 규제하고 구속하는 상황이 되어서는 적반하장이지 않을 수가 없다.

선, 특히 선문답은 인간의 논리학적 의식행위인 일상언어를 물구나무 세운다. 일상언어에서 편견 및 고정관념적 가치관을 털어내기 위함이다. 선문은 변증법적 메타언어이다. 언설이 길면 길수록 고정관념은 심화된다. 그래서 선에서는 번다한 논술보다 간결한 메타포적 담론, 예컨대 선문답이나 묵언으로써도 진리를 표명한다. 문제의 고정관념은 차별심에 근거하며 이 차별심은 상대성적 편견에서 발원한다. 고정 관념을 초극하지 않으면 영혼도 정신도 나아가서 마음과 지혜도 밝아질 수가 없다. 물론 지식산업 더 나아가서 소프트웨어 산업도 일으킬 수가 없고.

다음의 글은 전 학술원 원장 김태길(1920~2009) 교수의 수필집 『흐르지 않는 세월』(철학과 현실사, 1988)에서 인용했다.

"네가 가장 사랑하는 사람은 누구이냐?"

"제 자신입니다."

"네가 가장 싫어하는 사람은 누구이냐?"

"제 자신입니다."

"앞으로 절실히 바라는 것은 무엇이냐?"

"제 자신을 넘어서는 것입니다."

변증법은 사랑과 싫음 혹은 선과 악 또 혹은 장점과 단점이라는 상대성을 지양止揚하고 초월해서 절대성에 드는 도리이다. 선불교는 이 절대성의 차원을 무제한적으로 질문하며 몸소 체득한 깨달음에서 문제의 상대성을 도로 경영함에 그 특징이 있다.

a. 모순 Contradiction

모순에 관한 구체적인 예를 소설에서 하나 거론해 보고 가자. 『노인과 바다』는 헤밍웨이가 1952년에 발표하였고 그 이듬해에 퓰리처상을 받았다. 그 다음 해에는 노벨상을 수상하기도 하였다. 이야기 줄거리가 대단히 간단하다는 특징을 지닌다.

대부분 아는 이야기지만 요점을 한 차례 더 간추려 보도록 한다.

여느 때처럼 아바나 항을 출항한 어부 산티아고 노인은 멕시코 만류에 작은 어선을 띄워 긴 줄낚시를 드리우고 청새치Marlin로부터의 어신을 기다린다. 하도 소식이 없어 마치 강태공처럼 세월을 낚는 지경이 된 지 85일째 출어에 대물을 한 마리 낚아채는데 성공하고 사투를 벌이기 시작한다. 고진감래랄까 가까스로 KO승을 거두었고 아바나 항으로 예인해 돌아오는데 피 비린내를 맡은 상어들이 가만히 놔두지 않는다. 때 강도들의 습격이 이어진다. 상어 떼들은 지칠 대로 지친 노인에게 TKO 패를 안겼고 간신히 아바나로 귀항한 노인이 끌고 돌아온 것은 살점 하나 없는 대물의 뼈다귀뿐이었다.

여기서 통상 독자들이 소홀하기 쉬운 끝 부분 얘기 한 줄에 주목하지 않으면 안 된다.

노인이 끌고 돌아온 뼈다귀에 대해 호텔 보이가 관광객들에게 설명하는 장면이 나온다.

"저건 티뷰론의 뼈다귀이지요. 상어의 일종입니다."

결과적으로 산티아고 노인이 잡았다는 대어는 청새치가 아니고 상어(Shark)였다는 이야기가 된다. Shark에는 사기꾼이라는 뜻도 있다. 진짜가 아니고 가짜와의 한 판 승부였다는 얘기가 된다. 단순한 낚시 이야기가 아니고 인생을 고해에 비유한 거대 담론인 셈이다. 그러나 문제는 아무도 이런 의미로 읽지도 않으며, 평론도 하지 않았으며, 영화도 물론 이런 점에 초점을 맞추지 않았다는 점이다.

그 누가 이 소설을 읽고 다음처럼 감상했을까?

"아, 허무한 인생이여! 그게 결국 가짜와의 한 판 승부였구나!"

대부분의 독자들의 관심은 스릴 만점의 바다낚시, 불요불굴의 바다 노인, 그리고 노인의 사자 꿈 등에 머물고 만다. 이런 모순의 책임은, 착각 혹은 환상과 사투하는 표현을 더 적절히 구사하지 못한 작가에게 있고, 상을 남발한 수여단체에게도 있다. 모파상의 역작 『목걸이』 같은 효과를 헤밍웨이는 『노인과 바다』에서 형상화하지 못한 것이다.

중국 고전에 나오는 모순矛盾이란 말의 어원을 잠깐 살펴보고 간다. 춘추전국시대(BC 8세기~BC 3세기)에 법가의 사상을 집대성한 책 『한비자』의 〈난편〉에 이런 이야기가 나온다.

초나라에 창矛과 방패盾를 파는 사람이 있었다. 그는 방패를 들고서는 '이 방패는 견고하여 어떤 창도 뚫을 수 없소' 라고 자랑을 했다. 또 창을 들고서는 '내 창은 예리하여 어떤 방패라도 뚫을 수 있소' 라고 선전을 했다. 이 말을 듣고서는 누군가가 나서서 물었다. '그 창으로 그 방패를 뚫어보면 어찌 되오?' 장사꾼은 할 말을 잃었고 구경꾼들은 한바탕 크게 웃고 말았다.

그가 봉착한 딜레마, 즉 모순은 결국 상대성에서 파생하였는데 상보 혹은 상생과는 반대의 뜻으로서 상극 혹은 이율배반과 동의어이다. 서양철학에서는 문제의 모순이 헤라클레이토스로부터 헤겔과 마르크스·레닌에 이르기까지 변증법에 동기를 부여하게 된다.

헤겔의 모순에 대한 역설은 이랬다.

모순이야 말로 적극적인 것이고 논리적 아이디어의 발전을 일으키는 것이고 이 원칙 위에 변증법적 논리학을 확립시켰다.

그러나 그의 관념변증법은 절대정신이라는 형이상학으로 귀착하였고 결과적으로 유물사관이라는 부작용을 낳고 말았다. 헤밍웨이가 소설에서 환상을 형상화함에 미진했던 것처럼 헤겔은 철학에서 모순을 마치 칸트가 이율배반을 다루듯이 잘못 변증했던 거다. 물론 이해관계의 모순이 아니고 훨씬 더 순수한 상대성에 근거를 두었어야 했다. 그리고 여기서 나온 절대성이 화두가 된다.

제자 마르크스의 경우는 어떠했던가. 물질의 불균형한 점유가 자행되는 현실을 모순이라 하였다. 불균형한 점유에 대한 투쟁으로 '공산당 선언'을 발의했고 많은 나라들이 공산주의 강령을 채택했다. 그러나 더 큰 모순인 기회주의와 허무주의라는 자생적 이분법이 공산당 사회를 파산시켰다. 전 국민이 평생 공무원들로 구성되는 사회가 망하는 것은 당연지사이리라.

사회주의는 천사나 선각자禪覺者들이라야 이룰 수 있는 이성적 사회지만, 진작 이들에겐 그런 공산주의라는 결정론적 틀이 전혀 필요하지 않을 것이다. 니체는 이 생애를 영원한 모순의 초상화라고 『짜라투스트라는 이렇게 말하였다』에서 지적하면서 모순을 형식논리학적 고정관념의 세계 속에서 읽어냈다.

키에르케고르는 실존의 핵심은 인간성을 둘러싼 형식논리학적 아성으로부터 모순을 찾아 역설로써 다스리는 것이라고 했으며 이러한 역설을 기독교에서 배운다고 했다. 과연 그럴까. 최근의 국제사회적 모순은 개인주의와 종교이념 그리고 물신주의적 결정론이 극을 치닫는 데 있다.

선불교에서는 태초부터 근원적인 상대성뿐이지 모순이나 조화처럼 이해관계를 전제하지 않는다. '투쟁과 모순은 만물의 아버지'라는 정치 슬로건 같은 발상은 전혀 없다. 반복하지만, '이것과 저것', '물음과 답', '이다(是)'와 '아니다(不是)', '색과 공' 등등, 근원적인 상대성부터 성찰한다. 이로써 근원적이고 순수한 결과가 나온다.

결국 '반대의 일치(정반합)'가 근원적인 상대성에서 발원하는가 혹은 파생적이고 지엽적인 상대성, 즉 모순(양극화, 이분법) 혹은 상생 같은 이해관계에서 비롯하는가에 따라 변증법의 귀결처는 전혀 다르게 나타났다. 세상의 모든 모순 및 이분법적 미망과 제 아무리 잘 싸웠다 해도 모순은 더 큰 모순으로 확대되었고 정의는 실현되지 않았다는 것이 역사가 주는 교훈이다.

앞절에서처럼 상대성에서 불확정성(비결정성)으로 더 나아가서 절대성으로 의식의 패러다임(?)을 업그레이드해야 하거늘, 모순이라는 양극화에 매달려서는 처음부터 일을 그르친다. 서양철학에서 변증법이 모순의 대중요법으로 발달되면 될수록, 변증법적 진리는 그 만큼 멀어져 갔다. 작가는 모순을 훌륭하게 형상화시켜야 하고 한편으로 변증가는 모순을 더 근원적인 상대성에서 전개시켜야 한다. 마치 파동설과 입자설로 시작하는 양자역학처럼.

b. 역설 Paradox

다음 시구는 김남조 시인이 쓴 〈고독〉이다.

이제 나 다시 너 없이 살기를 원치 않는다.

진실로 모든 잘못은

너를 돌려놓고 살려던 데서 빚어졌거니

네 이름은 고독.

내 오랜 날의 뉘우침이

너에게 와서 머무노니

꽤 역설적이다. 이 시에서 '죽음은 삶이 만든 최고의 발명품'이라던 스티브 잡스의 말대로 고독을 죽음으로 대치해 넣는다면 훨씬 더 역설이 강해진다. 이른바 상식이라는 것은 이제 뛰어넘기 위하여 존재한다는 역설이 상식인 세상이 되었다. '다르게 생각하기Think Different'의 극치는 역시 역설에 있다.

다음은 영국의 문호 윌리엄 워드워즈의 전원시 〈무지개〉에 나오는 구절이다.

어린이는 어른의 아버지다.

흔히 범하는 짓이지만 어린 애기들에게 '엄마가 좋아?' '아빠가 좋아?'라는 상대성적 차별을 가리는 물음을 삼가라. 무지개를 망칠 양극화를 미리 사주할 우려가 담긴 질문을 쓸 데 없이 하지 말아야 한다.

시성 괴테는 이런 역설을 말한 적이 있다.

"내가 시를 만드는 것이 아니다. 시가 나를 만든다."

그런 내용을 구체적으로 담은 선시를 한 단락 보도록 한다.

환자幻子는 부모라 부르고

환모幻母는 자식이라 부른다.

부모가 나를 낳은 바 없고

내가 부모를 지었으니

나는 부모에게 난 바가 없네.

(이하 생략)

A가 B를 낳고 B가 C를 낳고 C가 D를 낳고 하는 인과율에서가 아니고 내가 부모를 지었다는 유심론에서 그렇다. 이런 경우 '나'라는 주체는 대상에 대하여 무한한 창조의 책임을 지게 된다. 이런 선시가 '참나眞我'를 만들어 나간다.

여기에 정신의학자 E. 프롬을 한 줄 붙여 본다.
　성숙한 인간은 밖에 있는 어머니와 아버지로부터 해방되어 내면에
　그 모습을 간직한다.

인간사는 역설사라 해도 과언이 아니다. 로마에 가면 이런 역설을 흔히 듣는다. "로마는 하루에 볼 수는 있어도 한 달간에는 다 못 본다."
또 바다에서는 이런 역설이 있다. "선원들은 왼 세상을 다 돌아다녀도 세상을 하나도 못 본다."
어디 로마나 선원들에게서만 그러랴. 나 자신을 비롯하여 부모형제 처자식 그리고 삶 자체도 다 그렇다. 형식논리학적으로 참이라고 인정되는 경우에 대해 정반대의 설(반대말)을 제기하는 경우, 이를 역설이라고 부른다. 고로 상대성(무상성)을 함의하거나 전제하지 않은 역설은 없다.
자고로 역설은 정설이 진부한 경우에 빛을 발했다. 만사개유정萬事皆有定에 대한 만유유전설萬有流轉說이 역설이며, 또한 '존재의 불생불멸설'을 주장한 파르메니데스(Parmenides, 희希, BC 515~BC 445)의 제자 제논(Zēnōn, 희希, BC 490~BC 430)은 헤라클레이토스의 '운동의 변

증법' 대신 '정지의 변증법'으로 역설을 가했다. 그는 '아킬레스 장군과 거북이의 경주' 역설 그리고 '비실정지론(飛失靜止論: 날고 있는 화살은 정지해 있다)'의 역설로서 유명하다.

아리스토텔레스는 제논을 변증법의 시조라고 불렀다. 역설적 변론술에 능란하였기 때문이다. 헤라클레이토스의 역설을 객관적이라고 한다면 제논의 역설은 주관적이라는 점에서 서로 상대성적이다. 선사상은 두 역설을 변증법적으로 종합시키는 특징을 지닌다. 말하자면 운동(객관)과 부동(주관)을 변증법적으로 종합시킨다는 특징이 선사상이다.

소크라테스는 사람들로 하여금 그들의 무지를 깨닫게 하기 위해서 반어법과 역설을, 그리고 남의 마음 가운데서 새로운 지식을 끌어내기 위해서 조산술을 사용하였다. 즉 '나는, 내가 무지한 것을 안다'라는 역설(無知의 知)을 전제하며 외계의 존재 대신에 '너 자신을 알라!'고 반어를 구사하였다. 이 반어가 이제는 반어가 아니다. '내가 변하면 세상이 변한다'라는 말이 이미 반어가 아닌 듯 말이다.

역설에는 앞에서도 언급한 형용모순을 빼놓을 수 없다. 문학과 예술에서 가령 정설만 구사한다면 그것은 문학도 예술도 아니다. 가령 무대에서 역설을 빼면 희극도 비극도 아예 없는 넌센스가 되어버린다. 역설을 얼마나 역설답게 구사하는가에 따라 과학이나 문학 그리고 예술에서도 성패가 역전되었고 그리고 재역전되었다.

OPEC 석유상 야마니는 이런 말을 했다.

돌이 부족해서 석기시대가 끝난 것이 아니고, 기름이 떨어져서 기름 시대가 끝나지 않을 것이다.

키에르케고르는『성경』은 역설이라고 말했다. 그런 점에서 보면『불경』은 역설의 천국이다.『반야심경』의 '색즉시공, 공즉시색'이 그런 것은 물론이고『금강경』에서 '부처佛는 부처가 아니고 이 이름이 부처다'라는 여래설如來說은 얼마나 역설적인가.

변증법은 주로 형식논리학적 결정론에 대한 역설이다. 'A는 非A이다'를 모순율이라 하지 않고 'A는 A이다'가 모순율이라 한다. 고정관념이기 때문이다. 역설은 철학사에 있어서 일종의 당황스러움이다. 많은 철학자들은 역설을 의미있게 해석하려고 삶의 황금기를 허비하였고 어떤 철학자는 실망과 좌절에서 헤어나지 못 하고 일찍 세상을 떠나기도 하였다. 철학자들은 역설의 진리를 규명하려는 피나는 노력을 했을지라도 성공은 언제나 그들을 비켜갔다.

그레이엄 프리스트는 지금까지의 모든 의미론적이고 논리적-구문론적 역설을 위한 철학자들의 해결책은 대증치료였을 뿐이라고 주장했다. 계속해서 그는 어떤 진술이 '진'이면서 동시에 '위'가 된다는 것(긍정적인 것이 부정적인 것이고, 부정적인 것이 긍정적인 것이다)을 인정하려면 헤겔의 변증법을 따라야 한다고 말했다. 푸코(Michel Paul Foucault, 불佛, 1926~1984)가 말한 것처럼 진위의 구별은, 인간 주관의 자의에 의존했기 때문이다.

역설은 형식논리학적 일상언어에서 내재하는 상대성에 근거하는 것으로서, 문제의 상대성을 형식논리학적으로 정리한다는 것은 거의 불가능한 일이다. 예컨대 물리에서 '질량불변의 법칙'이라는 재래식 정설이 '질량은 에너지고 사라질 수도 있다'는 역설, 혹은 '진공이 동적인 성질'이라는 역설이 공인받는 데는 물리학적 혁명을 기다리지 않으면 안 되었다.

수학에서도 역설은 최대의 혼란이다. 보편타당하고 완전한 학문의 대표 격인 수학이 자체의 그러한 특징으로 인해 천재 괴델이 지적한 바처럼 불완전성(Incompleteness)이라는 덫에 발목을 잡힌다는 것은 대단한 역설이다. 수학은 물리(상대성/불확정성)를 서술하는 형식논리학적 언어이다. 물리학이 고전 역학에 국한되었을 때는 고전 수학은 피타고라스 정리의 지위만큼이나 탄탄했다.

그러나 유클리드 기하학이 비非유클리드 기하학으로 그리고 물리학이 탈脫고전역학의 조짐을 보이기 시작했을 때는 사정이 바뀌고 있었다. 고전역학이 그러한 것처럼 현대 수학을 이제는 아무도 '보편적이고 완전한 논리적 언어'라고 부르지 않는다. 토톨로지Tautology, 즉 숫자(상대성)의 반복일 뿐이라고 말한다. 그래서 '나이는 숫자에 불과해~'라는 말이 설득력을 지닐 것인지는 의문이지만 말이다.

참고지만,『금강경』에서는 '일체 대상이 이 이름에 불과하다'고 설한다. 말하자면, '생로병사는 단지 이 명칭에 불과해~'처럼 말이다. 명칭은 지각에서 나오고 지각은 마음에서 나온다. 결국은 일체유심조一切唯心造인 것…. 피히테는 주장했다. "모든 현실은 자아의 활동이다."

수학의 근간을 이루는 집합론의 창시자 칸토어는 이런 역설을 말했다.

수학의 본질은 자유에 있다.

이는 수학이 상대성적 구조임을 말하며 이 구조의 본질은 불확정성, 곧 자유 공간에 있기 마련임을 드러낸 말이다.

괴델의『불완전성의 정리』에서 한 구절 인용해 본다.

순수 수학의 세계는 끝이 없다. 즉 유한 개의 공리와 유한 개의 규칙으로써 수학의 전체를 포괄할 수가 없다. 유한 개의 공리가 주어졌을 때는 이들 공리가 답할 수 없는 수학적 질문들이 언제나 주어진다는 것이다.

수학의 공리라는 것은 상대성적으로 만들어진 결정론이다. 수학이 그 범주를 넓힐수록 상대성적인 공리로써 답할 수 없는 불확정성에 입각한 의문이 끝없이 이어진다는 말이다.

아인슈타인도 이런 말을 했다.
　　수학의 법칙들이 실재에 언급하는 한 그것은 확실하지 않고, 그것들이 확실하다면 실재를 가리키지 않는다.

일상언어나 수학언어가 한계를 지닌다는 말은 인간의 일상의식 자체와 과학의식 자체가 한계를 지녔기 때문이다. 탈한계의 의식인 탈한계의 언어가 어떻게 탈한계의 세계를 그리는지, 이것을 해결하는 도리가 선불교라 하겠다. 물리학은 이제 결정론적 세계관이 아니고 양자론적 '춤추는 물리' 시대의 물리다.

그리고 물리언어인 수학도 이제 완전성을 갖추지 못한다. 이런 변화무쌍한 일상에서 논리학의 고정관념이 일종의 형식은 되어도 규범이 된다는 것은 분란을 자초하는 일이 된다. 예컨대 카오스나 복잡계 이론은 혼돈과 질서, 혹은 전체와 부분이라는 양의성적 개념이다. 디지털도 그리고 가상현실도 마찬가지다.

가상현실은 가상과 현실이라는 양의성의 종합을 말한다. 이러한 상반적인 양존성을 변증법적으로 논리하지 않으면 설명이 불가능해진다. 과학에서 최대의 역설은 '물질은 물질이 아니다'이다. 결국 관념론의 대두이게 된다. 이러한 최종적인 역설에 이르기 위한 예비적인 역설들이 상대성의 원리, 불확정성의 원리, 불완전성의 정리, 카오스, 엔트로피 그리고 복잡계 등의 비결정론이고, 곧 양자역학의 역설이 된다.

에르빈 슈뢰딩거는 원칙적으로 전자와 다른 미세입자들을 물질파로 해석하였다. 하지만 막스 보른은 슈뢰딩거의 파장이론을 실제로는 파장의 가능성, 즉 통계학적 계산으로부터 결과된 파장함수일 뿐이라고 주장하였다. 따라서 양자역학은 무엇보다도 물리적 세계를 확률적 해석을 통해서 '물리적 확률'로서 보는 것이라고 생각된다.

확률의 근거는 인간적 경험이고 상대적인 습성에 있다. 통상 거시세계는 확률이 거의 100%이고 미시세계는 그 만큼 작은 확률을 말한다. 물리는 누적된 심리이며 경험이지 물자체에 있지 않다. 본래는 확률이 제로(0)였다가 인간적 풍습과 문화가 쌓이면서 확률이 100% 가까이 업식(Hologram)화가 된다.

유물론과 실재론도 그렇게 본 것이고 느낀 것이지 객관적이고 보편적인 것이 아니다. 편견이던 정견이던, 그렇게 보는 자의 앎과 관측 방법이 문제인 것이다. 역시 패러다임의 탈한계인 변증법에 의해 파악하는 것이『신과학운동』의 본분이라고 생각된다. 조지 멜휘쉬는 양자역학의 실체를 뉴턴 물리학의 '안정적 현실태'를 대체할 수 있는 그 어떤 것으로 묘사한다.

그런 '운동적 가능태' 원리는 미시세계뿐만 아니라 우주 전체에도 적용될 수 있다는 것을 우리에게 상기시키려 애쓴다. 거시세계를 다루는 전통 논리의 중요한 결점은 변화를 다루는 데서 나타남을 멜휘쉬는 암시한다. 일반논리는 그 자체의 본성과 그것이 가정하고 있는 전제 때문에 세계를 정태적으로 볼 수밖에 없으며 결과적으로 변화를 동적이 아니라 정적인 관념에서 보게 된다. 그런 이유로 그는 제논의 '아킬레스와 거북이 경주'에 대한 역설을 반박하기 보다는 그것을 전통적 논리 속에 깊이 잔재하는 모순을 설명하는 일종의 반대 사례의 교훈으로 삼고저 한다.

선과 관념변증법은 운동의 논리로서 현실적이다. 역설은 통상적인 논리의 폐쇄성에 대한 거부로서 현대에 이를수록 역설이 중요한 것은 봉건주의에 대한 자유주의를 이끈 주역이기도 하기 때문이다. 중요한 것은 그렇게 당도한 자유에 또 다른 형태의 진부함이 기승을 부리고 있다는 점이다. 자유가 아닌 방종이다. 그런 류의 방종에 대한 반격이 변증법적 재역설이다.

헤겔이 말한 대로 참된 것은 전체이다. 진정한 자유(평화) 전체에서 진정한 의미의 자유인이 된다. 작금의 그 흔한 자유 혹은 신자유주의 에는 전체라는 말이 송두리째 빠져있다. 그것은 대승적 자유가 아니고 소아적인 착각이거나 방종이다. 아도르노가 말한 것처럼 '도구적 이성'이고 또한 '맞춤식 자유'이며 '그들 각자의 영화관'일 뿐이다.

c. 부정 Negation

형식논리학의 강단에서는 아직도 긍정적인 것은 순수함이고 부정 적인 것은 인간성의 상실이라고 가르친다. 그러나 긍정도 긍정 나름이 고 부정도 부정 나름이다. 프랑스의 저명한 심리학자 마리 아두 여사 는 당당하고 유쾌하게 사는 삶의 비결을 『나는 자신 있게 NO!라고 말 한다』라는 제목의 책에 담았다. 여기서 그녀는 '아닌 것을 아니라'고 말할 줄 아는 사람이 인간관계에서 성공한다고 주장하며 많은 사례 별로 설명을 곁들이고 있다.

한마디로 부정을 적절히 구사하지 못하면 용기가 없고 출세 못하고 옳은 긍정도 못 해진다는 내용이다. 비록 사소한 일상생활에서의 경 우들을 말하고 있지만, 실제로 학문에서 NO!를 못하면 남의 글을 복사 혹은 답습하고 드디어 표절하는 사태까지 일어난다. 미국 사회비평가 바버라 에런라이크는 『Bright-Sided(긍정의 배신)』(전미경 역, 부키, 2011)이란 책을 썼는데, '긍정적 사고는 어떻게 우리의 발등을 찍는가'라는 부제가 붙었고, '누군가 이런 책을 써주길 평생 기다렸다'는 〈뉴욕 타임즈〉의 서평도 보인다.

요컨대 '긍정 이데올로기' 혹은 '긍정 폐권주의'를 해부한 책이다. 경제로부터 종교 사회에 이르기까지 오로지 긍정과 낙관과 희망이 판치는 미국인들을 바보로 만든 상황을 고발한 책이다. 2차 세계대전 승전과 함께 긍정의 자기최면에 피크를 이루었다가 이제 그들은 '이게 아닌데?'라고 정신을 차리기 시작한 것이다. 미국의 고민이 여기에 있다. 이런 고민이 현실로 각종 위기가 되어 찾아오고 있다.

생전에 요한 바오로 교황 2세는 『희망의 언덕을 넘어서(Crossing The Threshold Of Hope)』라는 책을 써서 빌리언 셀러를 기록한 바가 있다. 그 책에는 그의 불교관이 간단히 실려 있는데 몇 줄 인용해 보기로 한다.

불교의 구원교리는 불교라는 체계의 중심점을 구성하고 있습니다. 그런데도 불교 전통과 거기에서 파생된 방법론들은 거의 배타적이라 할 정도로 부정적인 구원관을 가지고 있습니다. 붓다가 경험한 깨달음은 세상이 잘못되었다는 확신, 세상은 악의 근원이고 인간에게 고통을 줄 뿐이라는 확신을 깔고 있습니다. 이러한 악으로부터 해방되기 위해 사람들은 이 세상으로부터 자유로워져야 합니다. 그러자면 영원한 실재와 우리를 묶어놓고 있는 인연을 끊어 버리지 않으면 안 됩니다. 이러한 인연으로부터 우리가 해방될수록, 세상의 것들로부터 초탈하면 할수록 우리는 이 세상에 근원을 두고 있는 악과 고통으로부터 더 자유로워집니다. 이런 방식으로 과연 하나님께 가까이 갈 수 있을까요?

이 물음에 다음처럼 간접적인 답을 하기로 한다. 중세 말기를 수놓은 신비주의 신학자로서 종교개혁에 영향을 준 마이스터 에크하르트(Meister Eckhart, 독獨, 1260?~1327)의 '부정의 길'을 교황은 어떻게 봤을지 궁금해진다. 에크하르트는 인간 지성이 신神을 지해知解하는 것에 부정론을 폈다. 즉 신을 가장 잘 찬미할 수 있는 길은 존재하고 있는 모든 것을 부정하거나 제거하는 일이며 이로써 어둠 속에 감추어진 영성을 재발견할 수 있다고 주장하였다.

좀 더 자세한 소개는 다음 장에서 하기로 한다. 에리히 프롬은 『소유와 삶』에서 불교의 가르침과 본질적으로 같은 말이라고 평했다. 실제로 불교는 형식논리적인 사유방식을 가장 모순되게 여기는 변증법적 논리학이다. 변증법의 특징은 성선설이니, 성악설이니 혹은 빈부냐 귀천이냐 하는 이분법적 결정론 자체를 부정하고 초극함에 있다.

불교에서 부처佛란 말은 선악과善惡果라는 차별심과는 전혀 관계가 없는 마음의 청정淸淨을 의미한다. 교황이 지적하고 있는 인연이라는 말은 인과율, 즉 상대성이다. 불교는 물론 인과율로부터의 해탈인 절대성을 면밀하게 추구한다. 좀 더 구체적으로 말하면 인과율로부터의 해탈이라는 말은, 원인과 결과라는 상대성적 차별심, 즉 이분법으로부터의 자유를 말한다.

이분법이나 양극화라고 해서 빈부귀천 남녀노소만이 아니고 원인과 결과라는 것도 중요한 이분법이다. 이 내용은 점차로 논의되고 그 결과도 어떤 모습으로 나타날지를 보게 될 것이다. 그러므로 불제자들은 선악과善惡果라는 차별을 초월한 절대성에서 해탈 즉 광명심을 이루고저 '다르게 생각하기'와 '마음 비우기' 공부에 오늘도 정진하고 있다. 종전의 상식을 역시 초극해야 한다.

다음은 헤겔에서 인용한 말이다.

사물이나 정신은 모두 내부에 자기모순(상대성적 차별심의 고정관념)을 내
포하고 있기 때문에 이로 인하여 첫 번째 자기를 부정하고 다시 그 상
대적 대립 그 자체를 부정하여 한 층 높은 종합 통일로 나아가는 일이
다. 여기서 얻어진 결과는 맨 처음의 긍정보다 훨씬 풍부한 내용을 가
진다.

위의 글에서 가장 중요한 말은 '한 층 높은 종합 통일'로 압축된다.
'사람은 없어도 될 것이 많을수록 부유해진다'고 말한 헨리 데이비드
소로의 말을 생각나게 하는 대목이다. 물론 자세한 논의는 차차 전개
될 것이다. 변증법을 아드르노는 『부정의 변증법』(1966)이라는 제목의
책으로 발표한 바 있다. 여기서 그는 인식의 불완전성, 오류가능성, 역
사적 사회적 제약성을 불가피하다고 보고 유물변증법의 기본 원칙에
따른다고 했다.

마르크스는 사회의 근대적 상태를 부정하고 무시하고 키에르케고
르도 근대적인 것을 모두 공허하고 혼란한 대기현상이라고 말했을 때
역시 근거 세계를 부정하였다. 한 사람은 여기서 모든 과학을 거부하
게 되었고, 또 한 사람은 여기서 혁명을 이끌어 냈었다. 종래의 논리
적 사고방식을 부정한 헤겔은 '작가作家 선지식善知識'답게 비교적 온건
한 태도를 취했다. 선에서는 헤겔을 주목하게 된다. '존재는 지각'이라
는 관념론(유심론)이 이른바 변증법적 '현실의 운동'을 위한 출발선 위
에 서있었기 때문이다.

참고로 헤겔의 부정이 얼마나 부정다운가를 조금 인용해 보고 가자.

정신은 부정적인 것을 고수하고 부정적인 것을 참아내고 부정적인 것

에 침투하고 부정적인 것을 부정할 때만 긍정적인 것에 흘러든다. …

자의식은 그 자신의 존재를 끊임없이 부정하고 적멸시키는 가운데 번성하는 것이기 때문이며 만약 자의식이 그렇지 못하다면 그것은 타자에 의해서 결정되는 자유를 상실한 존재가 된다. …

자신을 되돌아보기 위해 자신과 결별한다. 그렇지 않으면 자의식은 존재에 갇히게 되고 대상에 의한 의식에 침잠하게 되고 그 결과를 유지할 만한 가치가 있는 자아는 존재하지 못하게 된다. …

인간성 상실에 대한 인간성 회복은, 헤겔의 표현에 의하면 '자아 회귀는 자아포기이다'로서 역시 역설적이다. 헤겔이 말하는 인간 의식 수준의 발전은 자아포기의 수준이 어느 정도인가에 달려있다. 존재와 지각이라는 상대성적 차별심을 부정하지 않으면 주객일체인 절대적 관념론은 살아나지 않는다.

『반야심경』은 한자漢字로 270자 안팎인데 여기서 부정의 의미인 무無 자가 21자, 부不 자가 9자 그리고 공空 자가 7번이고 진盡, 멸滅, 허虛 등이 계속 나타난다. 인간이 발명한 진품 중 그 하나가 '지우개'라는 은유에 실감이 가게 만든다. 그렇다고 단순한 부정에 집착하면 생명을 잃는다. 해체론은 일상언어를 해체하여 재구축한다는 바, 선은 궁극적으로 일상언어를 털끝 하나 건드리지 않고 '자아 회귀'를 이루어서 일상언어를 그대로 쓴다. 깨닫고 보면 일상언어에 문제가 있었던 것이 아니고 마음의 무명無明일가 미망에 문제가 있었던 거다.

환초도인還初道人 홍자성(洪自誠, 명明, 1573~1619)은 『채근담』에서 이런 명귀를 남겼다.

심체광명(心體光明: 심체가 밝으면)

암실중유청천(暗室中有靑天: 어둔 방에서도 청천이 열리고)

염두암매(念頭暗昧: 생각 머리가 어두우면)

백일하생려귀(白日下生厲鬼: 백일하에서도 도깨비가 나타난다.)

　　중국 역사상 가장 비문화적인 이른바 '문화혁명'에서 홍위병들이 닥치는 대로 기성 문화시설을 부수는 것을 우리는 생생하게 기억한다. 정작 부셔야 할 것은 자기들의 무명이었다. 타자를 교육 혹은 개혁시켜야 한다는 사명감에 불타는 사람들의 개혁 성공률이 극히 낮은 아유는 그만큼 자기개혁을 소홀히 했기 때문이다. 교육이나 개혁은 자기 교육이고 자기 개혁에 있다.

　　내가 변하면 세상이 변하고, 내가 깨우치면 변할 것도 없어진다. '그냥 그대로'인 것이다. 우리사회는 작금에 개혁 몸살을 앓고 있다. 차제에 제발 '민족 주체사상이 우리 조선을 구한다'라는 염두암매念頭暗昧가 기승을 부리지 않았으면 한다. 참다운 주체사상은 민족에, 사회주의 주체사상에, 북조선에 있는 것이 아니다. 선과 변증법에서 심체광명心體光明을 보는 도리에 있다.

　　중생은 단순한 긍정이나 전환에서 실상을 본다는 것에 비해, '작가作家 선지식善知識'은 '부정의 부정'을 통한 절대성에서 해탈·광명을 체득하면 오성적 지식의 길이 열린다. 다음 항에서 구체적으로 살펴 보기로 한다.

d. 변증법
　　『플라톤의 변증법』(송영진 지음, 철학과 현실사)에 의하면, 변증법이란 '대화하는 힘', '토론의 기술', '토론의 절차' 등이다. 그러나 현대적 변증법의 의미는 한 마디로 이성에 따르는 대상 인식의 원리라 하겠다. 그럼 이성이란 어떠한 것인가. 서양철학사에서 문제의 이성과 함께 변증법만큼 다양한 목소리를 내며 흥망성쇠를 거듭한 철학적 명제도 아마 없을 것 같다.

특히 칸트의 이성을 비롯하여 헤겔과 마르크스의 양극화된 변증법적 이성이 현대철학사에 끼친 영향은 지대하다. 칸트의 '변증론'으로부터 헤겔의 관념변증법 그리고 마르크스의 변증법적 유물사관과 궤를 달리하는 동양의 선사상에서 '변증법적 이성'의 진수를 조명함에 이 책은 일조를 하려고 한다.

변증법적 논리학은 칸트의 '가상의 논리학'에서 예비 모습을 나타낸다. '가상의 논리학'은 칸트의 『순수이성비판』의 '변증론' 편의 내용이다. 칸트는 '선험적 변증론'에서 영혼, 신 등을 이성이 낳은 가상에 불과하다고 비판한다. 그러나 정반합에 근거한 선험적인 순수이성에 들면 이것이 곧 실천이성으로서 오성적 활동작용을 영위할 뿐, 영혼, 신 등은 자동적으로 걸러진다. 그는 변증론으로써 이율배반이라는 상대성을 근본적으로 해결할 '부정의 부정'인 '선험적 통각'을 체득하지 못했다.

현대 변증법은 이른바 정반합의 본질을 통상적으로 다음처럼 정리하고 있다.

첫째, '양과 질'
둘째, '대립물의 상호침투'
셋째, '이론과 실천과의 통일'
넷째, '부정의 부정'

변증법의 핵심은, 넷째인 '부정의 부정'에 있다. 왜냐면 '부정의 부정'은 일체의 상대성적 2분법을 2중 부정하는 것으로서 그 적용 대상에 문제의 '양과 질', '대립물', '이론과 실천' 등을 모두 포함하기 때문이다. 선불교에서 말하는 반대의 일치(정반합)는 인식의 근원적인 형태로서 이다(시是)와 아니다(불시不是) 혹은 유有와 무無, 긍정과 부정, 물음과 답, 등의 상대성을 2중 부정으로 초극하는 길이다.

이 초극은 '부정의 부정'으로서 문제의 절대성에 닮인데 물론 이 순수 절대성은 우리의 의식적 경험과 사변을 초월해 있는 선험적인 것으로서 순수이성이고 동시에 실천이성으로서 대부분의 서양철학자들은 이 점을 간과했다. 물론 헤겔 자신도 이런 관점에 있어서 대단히 미흡하다.

예를 들면, 남녀노소, 빈부귀천 등등의 상대성적 2분법이 일으키는 일체의 문제점들은, 이 문제를 일으키는 상대성적 주관, 더 나아가서 불확정성적 객관의 차원을 넘어서, 초월경계인 절대성적 보편에서 이성적으로 고찰되어야 한다. 괴테가 문화부 장관 시절에 바이마르에 초대된 헤겔에게 변증법이 무엇인지를 간결한 말로 설명해 달라고 물었다.

헤겔은 이렇게 답했다.

　방법적으로 형성된 규칙적인 모순의 정신이며 이는 모든 사람에게
　내재되어 있습니다.

이 말은 우리의 정신상태가 상대성적 차별심으로 선입견 혹은 고정 관념화가 되어 있음을 말한다. 이는 인류역사가 아我와 비아非我의 투쟁사란 말이기도 하고, 한편으로는 아我와 비아非我의 상생사이기도 하다는 말이기도 하다. 변증법은 이러한 양극화와 결정론, 즉 투쟁과 상생마저도 초극하는 탈한계적 도리이다.

물론 선사상은 모순 이전에 순수한 상대성에서 근본적으로 담론된

다고 수차례 강조되어 왔다. 고로 선사상이라는 원초적 명제는 단순한 화해나 소통 혹은 융합 또 혹은 통섭(統攝: '과학에 인문학을 더하다')도 아닌 인성의 근본을 열어가는 '부정의 부정'의 경지로서 언어의 길이 끊어진 종합체이다.

변증법은 인간의 의식 상태를 완전히 역전시키는 법이기에 헤겔은 『정신현상학』(1807)을 완성하고 철학의 종료를 선언했다. 그러나 그의 말대로 철학은 종료되었던가. 전혀 아니고 오히려 철학에 분란을 끼얹는 결과를 낳고 말았다. 예컨대, 좌파와 우파, 포이어바흐와 마르크스, 니체와 키에르케고르 등이 그런 경우다. 왜 그랬을까. 그 이유는 헤겔도 마르크스도 해체론도 훨씬 초월하는 도리가 아니고서는 해명하지 못한다.

최근 우리 사회에 변증법 철학자가 불쑥 찾아들어와 물의를 한참 빚었던 적이 있다. 그는 탈북한 조선 노동당 국제부 비서 황장엽이다. 그는 일찍이 모스크바종합대학 출신의 철학박사로서 변증법으로써 김일성 주체사상의 확립을 주도한 인물로 알려져 있다. 마르크스의 유물변증법도 아니고 헤겔의 관념변증법도 아닌 질質과 양量의 변증법에서 주체사상을 도출한다는 그의 변증법은 인본주의를 기반으로 삼고 있다고 주장했다.

진정한 주체성이 황장엽의 변증법에 살아있는가. 한 마디만 붙인다. 신중심주의, 인간중심주의, 자아중심주의 등 모든 근본적 중심주의는 열광주의Fanaticism에 탐닉케 하는 위험성을 지닌다는 점이다.

역사학자 아놀드 토인비(Arnold Joseph Toynbee, 영英, 1889~1975)는 이런 글을 남겼다.

자기 중심주의를 극복한 문명은 생존하고 그렇지 못하면 사라져 갔다.

선의 변증법을 다시 보도록 하자. '한정은 부정이다'라는 스피노자(Baruch de Spinoza, 和, 1632~1677)의 철언이 있다. 이는 엄밀히 말해서 'A는 A가 아니다'라는 말과 맥락을 같이 한다. A는 규정적이고 한정적이고 주관적인 바로서 형식논리학적 명제이다. 때문에 이러한 협의의 명제 A(상대성)는 광의에 있어서는 비결정성이므로서 A가 아니라는 역설이 성립된다.

즉 상대성적 차별의 고정관념인 A는 불확정성 원리에 의하면 非A라고 말할 수 있게 되고 동시에 협의의 A는 광의에서 非A라는 역설적 함의가 있다. 달리 표현하면, 주관적인 A는 객관적으로는 非A라는 말이기도 한다. 즉 A가 A되는 조건을 상대성에 두고 있음으로 만약에 상대성을 여의면 A는 이미 A가 아니다.

인간사의 모든 풍습과 환경은 상대성의 집합체 혹은 네트워크다.

이런 점에서 『화엄경』의 일체유심조라는 명제는, 일체가 주관적 마음의 상대성적 조작이니 이 마음 하나만 해결된다면 일체의 대립이 해결된다는 함의를 지닌다. 물론 선불교는 그 방법론을 제시함에 있다. 헤겔의 관념변증법도 문제의 마음(Mind)을 해결하는 방법론이 되었어야 했는데 그가 말하는 정신(Geist)은 마음과 차원이 다른 말이다. 마음은 육체와 정신을 초월한 곳에 있다. 예를 들면 육체가 병들고 정신이 오락가락해도 '참마음'은 성성하게 생사를 초월해 있다.

선사상은 이 '참마음'을 회복하는 도리다. 특히 마르크스는 이 도리와 털끝도 닿는 인연이 없다. 변증법적 유물사관은 오로지 인간사가 물질 논리에 지배된다니 이것은 인간성에 대한 모독이기도 하다. 실제로 이러한 인간에 대한 모독이 현실화되어 유물사관을 이념으로 삼았던 공산사회가 인간성 상실과 생산성 저하로 무참하게 스러져 갔다.

필자는 선원으로서 1970년대 중반부터 소련의 레닌그라드의 뒷골

목과 오데사(우크라이나)의 항구거리를 누비며 육안으로 그들의 밑바닥을 보는 기회를 가졌었다. 연방국인 라트비아 및 리투아니아에서부터 흑해의 그루지아까지 사정은 마찬가지였다.

변증법(Dialectic)이라는 말은 본래 그리스어 dialogos에서 유래한 말이며 대화를 뜻하는 말이다. 고로 변증법은 대화술 혹은 문답법을 말하는 것이었다. 대화와 문답은 곧 논쟁과 투쟁으로 변질되기 마련이었는데 인간 의식의 발달과 함께 대립물의 투쟁은 대립물의 종합으로 향상일로를 거듭해 왔다. 전형적인 경우를 선문답에서 볼 수가 있다. 선불교는 이른바 정반합(정립定立·반정립反定立·종합綜合)적 담론을 인성의 구경각究竟覺의 경계에까지 업그레이드시킨다.

형식논리학은 실재론적이고, 일의성적이고, 결정론적임에 비하여 변증법은 관념론적이고 상대성을 다루니 양의성적이며 비결정론적이다. 반면에 논리학은 예의 삼단논법적 추리를 논의하는데, 비해 변증법은 '회의적 증명' 및 '부정의 부정'을 논의하니 의식의 전개 차원이 전혀 다르다.

상대성적 차별은 한정이고 그 반대인 절대성적 보편은 무한정이라서 이른바 소통과 자유에 맥락을 대고 있다. 데카르트에게서도 변증법적 현상이 나타난다. 이른바 '방법적 회의'가 바로 그런 것이다. 그는 종래의 스콜라 철학적인 물질관을 회의했다. 스콜라 철학에서는 물질에서도 정신이 흡입될 수 있다는 일종의 물활론을 가르쳤다.

데카르트에게서 회의한다는 것은 일체 만상을 부정하는 것을 기본적으로 전제하였다. 사람들은 데카르트에 의하여 나타난 객관성(근대의식)을 흔히 인간자율성의 의식, 자유와 독립의 의식, 진보의 의식이라고 설명한다. 데카르트는 자신이 몰두한 '회의하는 정신'이 변증법적 의식수준의 발전과 관련이 깊다는 생각에는 미치지 못했다. 물론 '나'

와 '생각' 그리고 '존재'도 모두 부정했어야 했다.

헤겔에 의하면 변증법적 과정에 있어서 진리는 다음처럼 비유되었다.
　　꽃봉오리는 꽃에 의해 부정되고 마찬가지로 꽃은 열매에 의하여 부
　　정되는 바, 결국 식물은 거짓 정재定在로 설명된다.

이와 같이 한 단계는 언제나 다른 단계에 의해 뒤따라지며 곧 다음
단계에서 배제되어 버린다. 후속 단계가 나타나서 극복을 모면하는
동안 참이라는 데서 현실은 이성적이라 했고, 또한 이성적인 것은 현
실적이라 했다. 선에서 보면, 결국 헤겔의 이성과 현실은 충분한 초월
을 미필한 단계에서 그쳤다. 켄 윌버가 언급한 궁극적 단계인 '형태없
는 마음의 광휘' 혹은 헤겔 자신이 주장하는 '대낮같은 밝음'을 스스
로 체현해 내지 못한 것이다.

그런데 마르크스는 위의 헤겔 논리를 다음처럼 견강부회시켜 버린다.
　　현실적인 것은 이성적이다. 그러면 그 부정도 참이다. 고로 현실은 이
　　성적이 아니다.

이렇게 선언하며, '이성적인 것이 아니다' 부분을 다시 마르크스는
'몰락'이라는 말로 대체한다. 결국 그는 자본주의는 몰락한다고 예언
적인 결론을 내렸다. 변증법의 논리 과정에서 헤겔이 현실(활동작용)과
이성을 동일하게 정리했음을 감안한다면 부정의 적용을 현실과 이성
이라는 상대성에 공히 실시했어야 했다. 그러나 현실적인 것은 그대로
두고 다만 이성적인 것만을 비이성적인 것으로 치부하고 다시 몰락으
로 대체시킨 것은 결코 변증법적 논리가 못 된다.

여기서 에리히 프롬(Erich Pinchas Fromm, 독獨, 1900~1980)을 잠깐 살펴보고 간다. 그는 생존양식을 '소유와 존재'로 이분하였고, 문명사는 불행하게도 존재양식(정신적 상태)에서 소유방식(물질적 상태)으로 전환되어 왔다고 분석했다. 소유양식인 물질관계의 사회는 모든 것을 가차 없이 물질화시켜 버리고 상품화 그리고 코드(Code)화 시켜버린다. 일찍이 인간성이 무차별 상품화되는 소유사회의 저 가증스런 폭력에 분개하여 마르크스는 『자본론』을 썼고 무수히 많은 프롤레타리아들이 이 글을 읽고 분개하여 혁명이라는 이름의 비극 속으로 빠져들어 간 바 있다.

그러나 공산주의가 존재양식 건설에 실패한 것은 역시 유물사관에 첫 번째 이유가 있다. 그리고 집단폐사를 면치 못한 것은 '전국민이 공무원'이라는 획일성에 근거를 두고 있다. 변증법은 현실에 대한 부정 일변도나 해체론이 아니고 '부정의 부정'인 절대성에서 나오는 보편적 현실이다. 물론 자세한 내용은 점차로 논의될 것이다. 이를 위해 정반합이라는 초월적 '반대의 일치'가 동서양에서 공히 심도 깊게 참구되었던 것이다.

마르크스주의적 변증론자 아도르노의 『부정의 변증법』(1966)도 성공작이 될 수 없었던 중요한 요인 중의 하나가, 존재가 지각에 우선한다는 좌파적 편향에서 '부정의 변증법'을 전개한 결과로서 선에서처럼 '반대의 일치'를 적극적으로 보아내지 못했다는 점이다. 변증법은 결국 부정일변도로 가서는 안 되는 것이며 '부정변증법Negative Dialektik'은 책의 제목으로서도 부적절했고 내용도 물론 부실했다.

현실을 진실로 회의하고 부정했다면, 문제의 부정 의식 자체도 니힐리즘적 고정관념이고 편견이니 초극의 대상이 됐어야 함이 옳지 않했을까. 아도르노(Theodor Adorno, 독獨, 1903~1969)는 호르크하이머(Max Horkheimer, 독獨, 1895~1973)와 공저로『계몽의 변증법』을 발간하였다. 이 책은 유태인 집단 수용소의 대량학살과 제2차 세계대전을 통한 살륙이 한창이던 와중에 두 망명 지식인이 '왜 인류는 진정한 인간적 상태에 들기보다 새로운 종류의 야만상태에 빠지는가'를 밝히기 위해 역사적인 해석을 시도한 저서다. 이 책은 그 저변에 절망이 깔려 있다. 하버마스는 '이 책을 세상에서 가장 어두운 책 중 하나다'라고 평했다.

독일어 계몽(Aufklarung)이라는 말은 영어의 Enlightenment에 해당한다. 이는 무엇보다 맑고 밝은 성품을 일으키는 일이다. 변증법은 응당 중생을 계몽하여 순수한 '해방된 이성'에서 '광명심'을 찾는 방법론을 제시했어야 하거늘 야만상태나 어둔 중생심을 기술함에 천착하고 있어서는 물론 안 된다. 〈계몽의 변증법〉은 야만과 문명, 신화와 계몽, 자본주의와 사회주의라는 이분법을 분쇄하려 한 새로운 역사 인식의 변증법이라지만 순수한 이성의 발전과정을 제시하지 못하고 있다.

서양철학의 화두 격인 이성이 지배의 도구화, 즉 '도구적 이성'으로 환질하여 본분에서 탈선한 것을 지적했음이 아드르노의 공적이라 할까. 칸트는 순수이성비판에서 '너의 이성을 사용할 수 있도록 용기를 내라! 이것이 계몽의 표어이다'라고 말했다. 그러나 '계몽의 철학자' 칸트에게 '이성이 결코 용기로써 사용 가능한 것인가'라고 묻고 싶다. 그는『순수이성비판』에서 transzendental 및 a priori라는 용어를 '경험 이전' 혹은 '경험의 배제'의 뜻으로 쓰면서 결코 경험을 상대성으로, '그 이전'을 불확정성으로, 그리고 더 이전이 곧 절대성이며 이 경지가 바로 순수이성의 속성임을 통각하지 못했다.

아쉽게도 그는 '선험적 변증론'을 '가상의 논리학'으로 몰아가고 만다. 선험적 가상과 그 오류에 천착했다. 헤겔은 이 오류를 바로 잡은 공로를 세웠다. 헤겔은 세계사를 자유의식의 변증법적 진보라고 가르쳤다. 비록 올바른 자유의식을 변증법적으로 제시하지는 못 했지만….

그는 자유의식에 대해 『역사철학강의』에서 이렇게 토로하기도 했다.

그러나 지금까지 말해온 자유는 애매하고 무한히 많은 의미를 가진 말이라는 것, 그리고 자유는 최고의 것이면서도 무한히 많은 오해와 혼란과 오류가 따르고 있으며 모든 가능한 일탈을 내포하고 있다.

결국 헤겔은 그토록 강조해 온 '상위의 전체적 안목'에서의 자유를 올바로 보지 못했다. 즉 절대성적 보편의 활동관념(작용)이 아닌 자유는 자유가 아니다. '자유는 자유가 아니고 이 이름이 자유다'는 『금강경』의 여래설如來說을 헤겔은 상상도 못했다. 자유는 아도르노의 말처럼 '치수에 맞춰서 제작된 허수아비'를 면하지 못하고 있다. 비록 자유만 그러하랴? 절대성, 정의, 사랑, 자연, 신, 언어, 생각도 마찬 가지라는 점에 문제가 생긴다.

문제는 이런 착각을 지키기 위해 남과 다툰다는 점이다. 진정으로 자유를 체득한 해탈자는 자유라는 형식논리학적 말을 하지도 않고 또한 할 줄도 모른다. 마치 청풍명월淸風明月이 자유라는 말을 모르는 것과 같다. 변증법적 과정의 상승 단계를 마르크스는 인간사회에서 발견하려 했고, 키에르케고르는 실존의 완성에서 발견하려 했고, 헤겔은 절대정신에서 발견하려 했다.

모두 형이상학적이다. 선에서는 그런 결정론적 언표들을 훨훨 초월한다. 인간 사회를 초월하고, 실존을 초월하고, 절대 정신을 초월한 '진아眞我: 참마음'의 깨달음에서 그 모습을 드러낸다. 즉 관념변증법(정반합)에서 '부정의 부정(절대성)'을 통달함으로서 대긍정의 광명심을 열어 갈 수가 있다. 그래서 선은 피히테나 헤겔을 주목했다. 선문禪門은 지해문知解門이 아니고 돈오문頓悟門이다. 예를 들면,『선종무문관禪宗無門關』의 제1칙은 화두법(방법적 회의)부터 거론하고 있다.

변증법에서는 전혀 볼 수 없는 방법론이다. 서양문화의 덕목들, 예컨대 로고스(이성), 똘레랑스(포용력, 아량), 노블레스 오블리주(가진 자의 책무), 그리고 자유와 평등 등의 진정한 의미와 실천이 정반합(부정의 부정: 절대성)의 체득과 체현에 있음을 서양의 변증법보다 동양의 선사상이 빈틈없이 담론하며 궁극적 방법과 결과까지 펼쳐내 보이고 있다.

제2장

대승불교와 관념변증법

경론에서 보는 선과 변증법

특히 변증법적 내용과 관련이 깊은 경론들은 『반야심경』『금강경』 『육조단경』『대승기신론』 등을 위시한 많은 다른 경전들과 경론들이다. 본항에서는 주로 위의 경론에 나타나는 변증법적 설법들을 살펴보기로 한다. 변증법의 정반합正反合 내용은 『반야심경』에서 색공불이色空不二, 『금강경』에서 여래설如來說 및 여시관如是觀 그리고 『육조단경』과 『대승기신론』에서 체용론體用論 등으로 점점 향상된 모습을 보여 나간다. 차례로 보아 나간다.

● 『반야심경』

헤겔은 첫 단계 차별지로써 '감각적 확신'을 비판대에 올렸다. 『반야심경般若心經』에서 '감각'은 안이비설신의眼耳鼻舌身意, 그리고 그 '확신'은 색성향미촉법色聲香味觸法으로 형상화가 된다. 따라서 감각적 주관은 눈, 귀, 코, 혀, 몸 그리고 의식이며, 그것의 확신(현상)은 색, 소리, 향내, 맛, 촉감, 그리고 법상(法相: 이미지)에 해당된다. 관념론(유심론)에서는 존재가 지각이므로 『반야심경』에서 색성향미촉법은 존재에 해당하며 안이비설신의가 지각에 비견되니 양 구절은 별개가 아닌 동등한 관계로서 색色이라는 한 마디가 감각과 그 확신을 대표한다.

유교에서 색은 여색 혹은 색사色事를 은유한다. 요즘 광고에 '신세대는 색인종'이라는 카피가 있다. 그만큼 청년일수록 감각적이고 감수성이 발달되었다는 뜻이 되지만 청춘남녀간의 감각적 확신은 향수처럼 금방 날아가 버린다는 뜻도 색즉시공은 품고 있다. 또한 색에 집착할

수록 쾌락주의가 발달하고 과소비가 일어나며 사회는 2분법에 빠진다는 것이 현대성의 특징 가운데 그 하나이기도 하다.

고대에도 소크라테스는 청년들이 타락한 도시 아테네를 구원하는 유일한 길은 감각의 세계로부터 탈피하여 철학적 삶을 추구할 때만이 가능하다는 것을 그의 비장한 죽음으로써 보였다.『반야심경』에서 전형적인 변증법은 역시 색공불이色空不二, 즉 '색즉시공色卽是空 공즉시색空卽是色'에 있다. 이 명제를 해석하면 다음과 같은 뜻을 지닌다.

첫째, 앞장에서 설명한데로, '색은 색, 공은 공'이라는 개념은 형식논리학적이고, '색이 곧 공(비색非色)'이며, '공이 곧 색(비공非空)'이라는 역설은 변증법적 반대의 일치 혹은 주객일치로서 종합이다. 여기서 공은 부정의 뜻으로서,『반야심경』에 나오는 非, 不, 無, 反, 盡, 虛 등과 동의어다. 어떤 종교학자는 불교의 공과 기독교적 성령을 대비시키는 논리를 펴는데 전혀 적절하지 못 하다.

둘째, 색즉시공 공즉시색은 역시 색공불이(色空不二, 色空不異)로 정리되며, 이는 물리학 버전으로 말하자면 상대성과 불확정성은 불가분의 관계라는 뜻이기도 하다. 즉 '상대성이기에 곧 불확정성이며, 불확정성이기에 곧 상대성이다'는 함의다. 실재론에서나 유정법有定法 체계에서는 불가사의한 말이다. 색공불이의 변증법적 의미는 상대성적 정립(색)과 불확정성적 반립(空)의 종합(不二)에 있다. 이 종합은 색과 공을 초극한 경계로서 이른바 절대성이다.

셋째, 색즉시공을 달리 표현하면, '색이 곧 색이 아님(空: 非色)'이며, 공즉시색은, '공이 곧 공이 아님(非空: 非非色)'이라는 뜻으로서 이는 '색에 있어서 색을 여읨'이며, '공에 있어서 공을 여읨'이니 색공불이는 '비색·비비색'이라는 '부정의 부정'의 뜻, 즉 '반대의 일치(정반합)'에 의의 를 두고 있다.

'진정한 무상'은 무상에서 무상이라는 집착도 여읨이라 이 역시 절 대성인데 육조(선종 第六代 祖師 唐 638~713)는 진상眞常이라 표현했다. 참 고지만 이 변증법적 절대성은 우리의 무의식에 선험적으로 잠재해 있 지만 미망으로 가려져 있어서 마땅히 미망을 걷어내는 작업을 해야 하는데 이 작업의 실행은 물론 교학을 초극한 선禪의 임무다. 특히 화 두 공부의 몫이다.

넷째, 정반합(색공불이)인 '부정의 부정', 즉 '비색비비색'은 색(상대성)을 부정(비색)하고, 재부정(비비색)하는 이른바 '색의 2중 부정'으로서 헤겔 이 말하는 관념론적 절대성이다. 이처럼 '색과 공의 통하여 걸림이 없 는 지양(止揚, Auf-hebung)적 종합'인 변증법적 절대성을 『반야심경』과 『 금강경』에서 아뇩다라삼먁삼보리심心, 즉 무상정등정각無上正等正覺이 라고 부르고 있다. 물론 자세한 내용은 차차로 보아 나간다.

참고로 『벽암록』 제84칙의 수시(垂示: 머리말)에서 불이법문에 관한 구 절 한 줄을 보고 넘어가기로 한다.

> 옳다고 말해도 옳다고 말할만한 것이 없고, 그릇되었다고 말해도 그 릇되었다고 말할만한 게 없다. 옳고 그름을 이미 버리고 잘잘못을 모두 다 잊었으니 말끔히 훌훌 벗고 아무것도 없이 맑기만 하다.

이런 신선한 경지에 입각해서 이미 초극한 상대성을 역지사지易地

思之하니 만상이 2분법적이 아니고 소통적이고 다양성이라는 것이 선의 요체다. 리처드 로티가 언급하는 '인식론적 절대성·가치론적 상대성'의 구현이라 하겠다. 다음의 『금강경』편에서 좀 더 자세히 보도록 한다.

'색즉시공'과 그 역설 '공즉시색'은 고정 혹은 부정 일변도를 타파하라는 주문으로서 일종의 중도사상이라지만 엄밀한 의미에서 중도도 결정론이니 초기불교에 나오는 중도 및 중관은 선이 아니다. 그래서 원효(元曉, 617~686)는 이변이비중離邊而非中 혹은 무이이불수일無二而不守一 즉 '양변(상대성)을 여의었다고 해서 물론 그 중간 혹은 하나도 아니다'라고 강조하였다. 이 지적은 앞으로 구체적으로 논의하게 될 것이다.

『반야심경』에서 설해지는 다음과 같은 구절들도 모두 절대성을 뜻한다. (참고로 인용표 안의 표현은 非色非非色처럼 2중부정으로 나타낸 것이다.)

> 불생불멸(不生不滅: '불생불불생不生不不生') 불구부정(不垢不淨: '불구불불구
> 不垢不不垢') 부증불감(不增不減: '부중부부중不增不不增')

그리고 차원이 업그레이드된 경우로 다음과 같은 구절도 있다.

> 무무명無無明 역무무명진亦無無明盡

특히 위의 구절은 무명무무명無明無無明이라는 절대성이 한 단계 더 변증법적 발전을 한 형태로 '무명도 없고 무명이 다함도 또한 없다'란 뜻으로, 곧 '無明無無明마저도 다한다'라는 대승적 절대성을 말한다. 물론 '진정으로 없음'은 '없다'는 것도 '없는 것'이다. 원효의 불수일(不守一: '하나'인 절대성도 아님)과 함께 다음 여래관如來關에서 면밀히 논의해 가기로 한다.

해체론자 데리다(Jacques Derrida, 佛, 1930~2004)는 핵심적 조어

인 차연(디페랑스: 차이+지연)에서 '해체의 해체'라는 변증법적 절대성이 없이 문제의 다양성만 논술하고 있다. 차이성(상대성)의 한없는 지연에만 천착했고 불확정성(무상無常)과 더 나아가서 무상무무상(진상眞常)이라는 절대성을 보지 못한다. 문제의 상대성을 초극한 절대성에서 『위대한 해체』(스티브 사마티노 지음, 김정은 역, 인사이트앤뷰)가 주장하는 올바른 경제적 구조와 변화를 살피고 미래의 태크놀로지에서 파편화, 융합화 및 초연결의 특징을 논할 수 있다고 본다.

『반야심경』의 '마하반야바라밀다심'이라는 말은, 절대성적 보편의 지혜로써 고해(苦海: 상대성적 차별의 고정관념)를 건너간 보리심이라는 뜻이다. 절대성(색공불이)적 보편은 광대하고(摩訶), 이에 반해 상대성적 차별심은 관견(管見: 대롱눈)이고 편견이다. 연기설에서는 색을 단순한 업식 혹은 잠재의식의 재현으로 보지만 『반야심경』은 이러한 업감연기業感緣起, 즉 인과율을 초극한 절대성적 보편지를 올바로 보게 하는 설법이다.

연기설(인과.율)은 형이상학적이고 형식논리학적이다. 『반야심경』의 비색비비색은 주(색)·객(비색)의 지양적 혹은 양비론적兩非論的 종합으로서 주객일체다. 네가티브는 자기 반성이 없이 상대방만 부정하는 특징이 있다. 헤겔은 감각적 확신, 즉 '비색의 색(비색비비색)'을 '아주 가난한 풍요'라고 형상화했다. 아주 가난하다는 말은 '부정의 부정'인 절대성을 뜻하고 이것이 곧 다양한 상대성을 도로 풀어내니 풍요에 은유했다. 헤겔 특유의 역설이다. 그는 대단한 작가의 풍모를 지녔다.

마음이 가난해야 혹은 마음을 비워야 이 세상이 선물로 보인다. 선불교에서 더 구체적으로 이 상황을 논의할 것이다. 관자재觀自在 보살처럼 비색비비색의 절대성(정반합) 혹은 보리심을 투관하면 색공불이(색즉시공 공즉시색)를 대중에게 설할 수 있다. 『반야심경』은 경전의 전 문장이 겨우 한 페이지 분량으로 270여 한자어로 구성되어져 있지만 이를 해설하는 책들은 아마 수백 종이었을 것 같다.

『반야심경』에서 색즉시공 공즉시색이 역시 압권이다. 물론 더 중요한 내용은 후장에서 더 논의될 것이다. 공空을 에리히 프롬은 수용에 대한 개방성이라고 어렵게 풀이했지만 공空은 한 마디로 색(감각적 확신: 상대성적 주관)을 부정하는 객관성(불확정성)의 뜻이다. 기실 일체 존재나 이미지들은 상대성적 차별로써 조작된 것임으로 정유定有함이 아니니 공(空: 불확정성)이라 했다.

해체론에 따르자면 색을 해체한다는 바, 알고 보면 색이 상대성이고 공(불확정성)이니 해체해야 한다는 주장은 역시 형식논리가 된다. 색이 곧 공임을 바로 보아야 한다. 숫자 1, 2, 3, 4 등에 인도 사람들(?)은 기발하게도 '0'이라는 숫자 아닌 숫자 하나를 더 창안해 냈다. 수학에서 제로(0)라는 수리의 도입은 전 수학체계에 생명을 불어넣은 화룡점정畫龍點睛 격이다.

'0'이 없는 수학은 산술이지 수학이 아니다. 로마 숫자에는 '0'이 없다. 컴퓨터의 원리는 '0'과 '1'의 상대성적 조합에 있다. 불교철학에서 공空은 일체의 존재성을 구축驅逐하기도 하고 또한 구제하기도 하는 특수한 명제며 도리니, 마치 죽음이 삶을 삶답게 만드는 것과 같다. 공은 주관이 공하다고 규정해서 공함이 아니라 모든 존재법에 실로 그렇다할 확정적인 자기 모습이 없기 때문에 공하다고 했다. 관념의 산물치고 그렇지 않은 사상寫像이 없다.

진晉나라 승조(僧肇, 진晉, 374~414)는 『부진공론不眞空論』에서 존재가 있되 참으로 정해진 자기모습으로 있는 것이 아님으로 공하며, 또한 공은, 참으로 아무 것도 없는 공이 아님을 강조하였다. 이는 대상에서 '부정의 부정'을 본 것이다. 즉 모든 이미지는 불확정성(공空)이며 또한 불확정성(공空)이라는 언어 및 지각 자체도 고정관념적이니 초극의 대상이 된다는 뜻이다.

승조는 왕명을 거역했다는 죄목으로 참수형을 당하기 전에 7일 간의 유예를 허용받아 『보장론寶藏論』을 썼다. 이때 나이 31세였고 죽음을 상대성으로 그리고 무상으로 보는 대신 절대성으로 본 구마라즙(Kumarajiva, 인印, 343~413) 문하의 사철四哲 중 한 명이다. 공에만 천착함을 무기공無記空이라 일컫는데, 이는 곧 니힐리즘이다. 죽음을 앞두고 색을 공(비색)이라 했고, 공(비색)도 또한 아님(비비색)인 절대성으로 보기란 쉬운 일이 아니다.

『조론肇論』에 이르길, '이 건곤과 우주 가운데에 한 보배가 있어 형산形山에 숨어있다'고 하였는데 여기서 보배란 절대성임을 차차로 보아 나갈 것이다. 『유마경』에서는, 색즉시공 비색멸공非色滅空이라 설하니, 색이 곧 공이되, 결코 색이 멸(해체)하여 공이 되는 물리적인 변화가 아님을 말한다. 즉시卽是이므로 색과 공을 동전의 양면에 비유함도 적절치 못하다. 색과 공은 〈그림 I〉에서처럼 홀로그램적이다.

유물론에서는 존재와 무를 분리해서 논함에 비해 특히 불교관념론에서는 긍정적인 것과 부정적인 것을 함께 논의한다. 예의 『반야심경』은 긍정적인 것(상대성)을 색으로 그리고 부정적인 것(불확정성)을 공이라 설했다. 역시 유물론에서 '존재는 곧 무고非存在, 무가 곧 존재非存在'라는 말은 어불성설이 된다. 헤겔은 '긍정적인 것이 부정적인 것이고, 부정적인 것이 긍정적인 것이다'라고 말했다.

공(무상無常)을 반조하지 않는 주관은 고정관념이다. 현실도 존재도 지각도 모두 상대성적 차별심이라서 일정한 결정물이 아니니 불확정성이고, 한편 그런 불확정성에서 상대성적 차별로써 만상이 직조織造되니 색공불이다. 중언부언하지만 부정은, 엄밀한 의미에서 '부정의 부정'임으로 해서 절대적 관념론이 된다. '너와 나'라는 상대성은, '너도 아니고 나도 아닌 것'으로서 '부정의 부정'인 '절대성적 일체'이고 이를 정반합이라 말하니 곧 '정립과 반립의 지양적인 종합'이라 한다.

● 『금강경』

선이나 변증법에서 『금강경』을 특히 주목하는데 그 중에서 우선 중요한 용어 및 법구절 몇 곳만을 살펴보고 가도록 한다.

a. 아뇩다라삼먁삼보리(심)

다음은 『금강경』에서 인용하였다.

> 제자 수보리가 아뢰기를, "불佛께서 말씀하신 바 뜻을 제가 알음 같아서는 유정법有定法이 있지 아니함을 이름하여 무상정등각(無上正等覺: 아뇩다라삼먁삼보리)이라 하옵겠고 또한 유정법이 없음을 여래께서 설하신 것일 겁니다" 하였다.

위의 제목은 한역으로 무상정등정각無上正等正覺 혹은 무상정편지無上正遍知 등으로 번역되는데 그 뜻이 (변증법적) 절대성 및 불교적 이성에 있다. 『반야심경』에서도 가지각종 상대성들이 출몰하는 바, 이 모두가 무상정등정각無上正等正覺, 즉 '위도 없고 또한 아래도 없는 계급의 초극인 절대성'에 함의를 두고 있다. 소위 보리심이라는 것으로서 상대성적 중생상을 초극한 불교적 절대성이다. 무상無上이라고 해서 흔히 말하는 최상이라는 말이 아니고 무하無下라는 상대성적 표현이 생략되었다. 즉 무상무하 혹은 무상무무상 정등정각으로 이해해야 한다.

b. '부정의 부정'

『금강경』에도 『반야심경』에 버금할 만큼 '부정의 부정' 구절이 많이
나온다.

예문을 한 소절 본다.

> 법이 아니라는 상을 취할지라도 곧 4상에 집착함이 되니, 고로 응당
> 비법도 취하지를 말아야 된다.

이러한 '부정의 부정' 구절은 유사한 양상으로 자주 나타난다.

> 법상이 없을 뿐 아니라, 법상이 없다는 것도 없다.

결국 비법비비법으로서, '법상이 법상이 아니고 법상이 아님도 아니
다'라는 변증법적 '부정의 부정' 논리이다. 『금강경』에서 핵심은 보리심
으로서 역시 확정과 단멸이라는 상대성적 정립을 부정하고 초극하는
일로서, 확정만 하면 사상死相이며 단멸만 하면 무상無相이니, 정립(확
정)도 반립(단멸)도 '공히 부정하여' 종합함인데, 이 종합인 절대성을
『반야심경』과 『금강경』에서는 범어로 아뇩다라삼먁삼보리라고 표현하
고 있다. 한역으로 무상무무상(무하)정등정각으로 번역되어야 하는데
통상 무상정등각으로 쓴다. 『육조단경』의 돈황본을 보면 절대성을 절
제대대絶諸待對라고 표기하고 있다. 대대待對는 상대성을 뜻한다. 불교
에서는 상대성相對性을 한자로 상대성相待性으로도 쓴다.

c. 여시如是

선종제일서禪宗第一書라는 『벽암록』은 〈제92칙〉에서, 그리고 이에 쌍
벽을 이룬다는 『종용록』은 〈제1칙〉부터 문제의 여시如是를 거론하고

나온다. 변증법에서 볼 때, '이다(시是)'라는 정립과, 이에 대한 부정인 '아니다(불시不是)'라는 반립의 지양적 종합인 절대성을 선불교에서는 불시불불시不是不不是라고 2중 부정(절대성)으로 표기하는데 그것의 알레고리(은유) 혹은 아날로지(유사성類似性)를 여시如是라는 현상학적 표현을 하고 있다.

'2중 부정' 이전에는 '이다(시是)'라는 이분법적 결정론이었는데 '2중 부정', 즉 절대성 이후에는 '이와 같다(여시如是)'라는 비결정론의 뜻을 나타낸다. 예컨대, '거짓말이다'라는 결정론적인 말이 '거짓말 같다'로 비결정론적이 된다. 일단 여시(如是: '이 같음')는 '이다(시是)'라는 유정법有定法 혹은 '잡음씨'의 반어로서 무정법無定法과 동의어인 셈이다.

즉 여시(如是: '이 같음')는 일반적인 경우 외에는 선불교에서 불확정성을 함의한다. 이런 점에서 보면 『금강경』의 첫 구절 '여시아문如是我聞'을, '나는 '이와 같이' 들었다.'라고 하는 대신 〈세조본〉에서처럼 '내 '이 같음'을 듣자오니'라고 번역함이 옳다.

영어로 Thus have I heard at one time 이라는 번역은 첫 글자부터 진의를 그르쳤다. Thus처럼 '이렇게'라는 뜻이 아니고 '이 같음Similarity'으로 불확정성이다. 양산 통도사 극락암의 경봉(鏡峰, 1892~1982) 선사는 『금강경』 해설에서 문제의 '여시아문'만 올바로 알면 『금강경』을 다 알았다 해도 과언이 아니라고도 말했다. 앞에서 본 『반야심경』을 비롯하여 『금강경』도 절대성, 즉 '2중 부정'을 은유하는 법구절들이 주류를 이루고 있음에 주목해야 한다.

문제의 여시아문如是我聞에 이어서 나오는 법문에는 다음과 같은 구절이 있다.

아뇩다라삼먁삼보리심을 일으킨 자는 응당 '이와 같이' 살며, '이와 같이' 그 마음을 항복 받아야 할 것이니라.

이 법문의 뜻은, 보리심(절대성)을 일으킨 자는 당연히 '무정법無定法'
에 살며, '무정법으로 그 마음(고정관념)을 항복받는다'라는 함의를 지
닌다. 보리심을 일으키면 결정론적 명제 '이다(시是)'는 비결정론적 명
제 '이 같다(여시如是)'로 환질된다. 즉 유정법에서 유사성 혹은 사이비似
而非 또 혹은 무정법의 개념으로 바뀐다. 즉 보리심을 깨치면 나 자신
은 가아假我고 사이비似而非이다. 예컨대 '입자다, 파동이다'가 아니고
'입자 같기도, 파동 같기도'가 되어야 진정한 불확정성 원리에 걸맞을
것이다. 세상만상은 실재가 아니고 꿈이고 환상 같은 것으로서 비결
정론적이다. 시쳇말로 '실재인 듯 실재가 아닌 실재같은 실재'이다.

다음 법문에서 이를 확인한다.
　　수보리야, 보살은 응당 '이 같이(무정법으로써)' 보시하고 상에 머물러
　서는 아니 되는 것이니라.

위에서도 '이와 같이' 보시한다는 것은 '여시관'에 입각하여 보시하
라는 주문이다. '이와 같이' 보시한다고 해서 구체적 보시 방법을 제시
하고 있는 부분이 아무데도 없다. 물론 위의 법문은 다음 같은 뜻을
지닌다. "수보리야, 보살은 응당 '이와 같음(如是: 무정법)'을 보시하고 결
코 유정법有定法 혹은 결정론을 보시하려해서는 안 되는 것이니라."

다음 구절은 『금강경』 마지막에 나오는 법어다.

　　일체유위법一切有爲法 여몽환포영如夢幻泡影 여로역여전如露亦如電 응작

여시관應作如是觀

(일체 유위법은 꿈과 같고, 거품과 같고, 그림자 같고, 이슬과 같고 또한 번개처럼 순간이러니 응당 여시관如是觀을 세울지어다.)

불교, 특히 『금강경』에서는 유정법이나 결정론적 개념이 없다. 고로 무위법 혹은 무정법(여시관)을 열고 삼라만상이 사이비似而非임을 응당 보아야 한다. 즉 무정법의 세상에서 반듯이 여시관을 열어 나가야 하는 것이다. 세상에 정해진 것이란 없다. 예를 들면, '세상은 세상'이 아니고 '세상은 세상 같은 것'이라고 봄이 『금강경』의 여시관이다. 참고지만, 이두문에서 설총은 우리말 '이다'를 '시여是如'로 표기했다.

d. 여래如來

『금강경』의 유명한 사구게(四句偈: 네 구절로 된 시구) 한 소절을 보도록 하자. 역시 해석이 분분한 소절이다.

범소유상(凡所有相: 무릇 상이 있는 것은)

개시허망(皆是虛妄: 모두 허망하나니)

약견제상비상(若見諸相非相: 만약 상이 상 아님을 본다면)

즉견여래(卽見如來: 곧 여래를 보리라.)

'상相'이라는 명제가 변증법에서 정립이라고 한다면 이것의 반립은 '비상非相', 그리고 양자의 지양적 종합은 역시 절대성으로서 변증법적 '2중 부정'이다. [참고: 본문의 비상非相은 구족하게는 비상비비상非相非非相이다.]

문제는 이러한 절대성에 입각해 보노라니 범소유상相이 모두 '여래(如來: 같아 오다)'라고 패러다임이 변환되고 있다. 마치 '이다(시是)'가 '같다(여시如是)'로 되듯이 절대성, 즉 아뇩다라삼먁삼보리심에 입각해 보니 제상이 여래 현상으로서 이렇게 저렇게 '같아 왔다(여래如來)'는 설법이다.

즉 실재론이 아니고 관념론이고 여래설이다. 말하자면 거울에서 볼 때 거울속 형상은 바깥의 표상이 그대로 거울 속에 뜬 것으로서 허상인 것과 같이, 마음의 거울 속에서도 무의식 혹은 잠재의식들이 그렇게 심경心鏡에 떠 허상으로 '같아 왔다(여래如來)'는 불교적 심리학이다. 컴퓨터속의 온갖 상들이 그렇게 '같아온 것'이지 실재가 아닌 것과 같은 도리다.

인간의 잠재의식은 무한정하다. 그렇게 무한정한 잠재의식이 마음의 거울에 떠올라 현상한 것이 삼라만상으로서 이를 '여래如來'라고 『금강경』은 설하고 있다. 서양의 변증법에서는 이런 알레고리(은유)나 아날로지(유사성)에 대한 언급이 없다. 삼라만상은 인류가 품은 심경(心境: 마음의 거울)에 떠오른 여래 현상이다. 예컨대, 꽃은 자체가 아름다운 것이 아니고 아름답게 보는 업식 때문이다.

위의 은유와 관련하여 폴 리쾨르(Paul Ricoeur, 불佛, 1913~2005)의 『살아있는 메타포』(1975)에서 한 줄 인용해 보자.

> 인간은 언어이다. 철학자의 왕국은 로고스(말씀)이다. 코드(Code)화 활자화한 어휘적 수준의 은유를 죽은 은유, 새로운 의미를 산출하는 담론 수준의 은유를 '살아 있는 은유'라 부른다.

차차로 선문학에서 '살아 있는 은유'들의 환경세계를 살펴볼 것이다. 이 은유를 이해하지 않고서는 선적 깨달음과는 그 만큼 거리가 멀어진다. 여래는 석가세존의 10호중 하나가 되었다. 또한 여래는 석가여래 이전의 선현들에게도 부여된 별호이기도 하다. 그렇다. 여래가 마냥 '진리로부터 이 세상을 구하려 오신 분'이라는 등의 번역으로 넌센스화 되어서는 안 될 것이다.

참고로, 『금강경』에 나오는 다음 구절을 보자.

수보리야, 만약 어떤 사람이 여래를 일컬어 오고 가고 앉고 눕고 한다고 하면, 이 사람은 내가 말한 바의 뜻을 이해하지 못한 것이다.

일체 여래현상은 꿈속 같은 것이니, 실재로 꿈을 깨고 보면 가고, 오고, 앉고, 눕고가 없었던 일이다. 세상은 협의로 보면 실재론같지만, 광의로 보면 상대성 및 불확정성이다. 그리고 여래 현상이다.

참고로 다시 여래라는 말이 나오는 경의 구절을 보자.

약이색견아(若以色見我: 만약 색으로써 나를 보고)

이음성구아(以音聲求我: 음성으로써 나를 구하면)

시인행사도(是人行邪道: 이 사람은 사도를 행하고)

불능견여래(不能見如來: 여래를 능히 보지 못하리라.)

즉 색법과 행위를 실재론적으로 보면 여래현상을 못 본다는 말이다. 즉 실재론의 반론은 일단 관념론이고 구체적으로는 여래설이다. 『신과학운동』에서 이용희 이사장은 Analogy(중세의 아날로기아)를 몇 차례 언급하고 있고 정복근 교수의 글에서도 유추기억법Analogy Memory이란 말이 나온다. 이런 말들을 여래와 관련하여 충분히 참고하고 연구할 필요성이 있겠다.

여래는 '비상의 상'이다. '나我'라는 확정성이 아니고 내 맘의 거울에 '나 같이 내현했다'는 관념론적 불확정성이다. 이것이 불교적 심리학인데, 구체적인 선의 심리학은 차차로 보아나가기로 한다. 문제는 관념론(유심론唯心論)에서 마음(심경心鏡)을 비우고 비워서, 맑고 밝게 지닐수록 절대성은 깊어지고 여래 현상을 뚜렷이 본다는 점이다. 결국은 천태만상이 여래광명의 현상인 것이다. 통상적으로 말하는 무의식 혹은 잠재의식은 『금강경』에서 여래장식如來藏識이라는 홀로그램설이 된다. 선사상은 문제의 여래장식이라는 잠재의식을 무한정 개발하는 공부다.

영가현각(永嘉玄覺, 당唐, 647~713) 스님의 『증도가證道歌』에서 여래라는 말의 모습을 더 좀 살펴보자. 다음은 증도가 15절과 18절을 각각 인용하였다.

> 제행무상일체공(諸行無常一切空: 제행무상하여 일체가 공하니)
> 즉시여래대원각(卽是如來大圓覺: 곧 여래광명의 대원각이로다.)
> 마니주인불식(摩尼珠人不識: 마니주를 사람들이 모르니)
> 여래장리인수득(如來藏裏人收得: 여래장에 몸소 갖춤이로다.)"

첫째 구절에서, 행行도 상相에 포함되고 있고 역시 상대성적이니 공한 것이라 했다.

둘째 구절에서, 여래광명의 대원각이란 말은 대승적 절대성이 여래현상을 일으키고 광명심(대원각)을 드러낸다는 뜻. 위대한 지성일수록 광명심(절대성)에서 작용한다.

셋째 구절에서, 사람들이 제 마음속의 마니주(여의주: 여래광명의 대원각)를 못 본다고 했다. 물론 비심비비심으로 표현되는 선불교적 절대성을 마니주에 은유했다. 마니주는 불화에서 일원상一圓相 혹은 광배光背로 통상 현상화시키고 있다.

넷째 구절에서, 여래장은 잠재의식이고 홀로그램으로서 무의식인데 그 속에 마니주가 스스로 갖추어져 있다고 했다. 고로 마니주는 서양 심리학적으로는 무의식무무의식에 비유할 수 있는데 불교 유식학에서는 아뢰야식이라고도 한다. 만상, 즉 형산形山은 이런 마니주(여의주)에서 비치는 뿌리없는 이미지다. 그래서 승조는 형산에 보배가 숨었구나라고 말했다.

혼히 '원본없는 사본'이라는데 선불교에서는 '원본(?)'이 내장된 홀로그램(여래장식)이고 그 사본은 마니주에 비춰 나오는 여래 현상이다. 이른바 리좀(Rhizome: 뿌리)설이나 형이상학적으로는 해석이 안 되는 말이다. 어찌 보면 삼라만상은 원본 없는 사본이다. 이를 선문에서 무근수無根樹라는 은유로써 표현한다.

이 여래라는 '비상의 상'을 다음처럼 이해하며 넘어가기로 한다.

마음을 비우고 비워서 하염없이 보니, 태양은 태양처럼 마음의 거울에 밝아온 태양이며, 꽃은 꽃처럼 마음의 거울에 피어나온 꽃이며, 새는 새처럼 마음의 거울에 날아 나온 새며, 산은 산처럼 마음의 거울에 닦아온 산이며, 나는 나처럼 내 마음의 거울에 클로즈 업 되어온 나이며, 생각은 생각처럼 내 마음의 거울에 떠오른 생각이다.

움베르토 에코의 소설 『장미의 이름』에서 '장미는 장미가 아니고 이 이름이 장미'라는 말이 곧 여래설이다. 모든 것은 실재하는 것이 아니고 상대성적으로 작명된 것이다. 그래서 실재라는 고정관념으로부터 벗어나야 한다.

노무현 전 대통령의 유서에는 이런 구절이 있다. "삶과 죽음은 자연의 한 조각이지 않는가."

이를 『금강경』 버전으로 바꿔 본다. "삶과 죽음은 이 이름의 한 조각이지 않는가?"

e. 여래설如來說

『금강경』을 보면 여래설如來說 혹은 여래소설如來所說이라는 구절이
자주 등장하는데 통상 '여래께서 설하시다'로 번역되고 있다. 가능한
한 이 책에서는 특수한 경우가 아니면, '여래설에 의하면…'이라고 번
역하기로 한다. 여래라는 말은 결국 실재와 반대말이니 여래설은 실재
론과 의미론적으로 반의어다.

예문을 보자.

"수보리야, 무상정등정각(보리심)을 발한 자는, 일체법에서 응당 '이 같
음'을 알고, '이 같음'을 보고, '이 같음'을 믿고 알고서, 마음에 법상을
짓지 말라. 수보리야, 말한 바 법상이라는 것은, 여래설에 의하면 법상
이 아니고, 이 이름이 법상이니라.

보리심이라는 정등정각正等正覺은 문제의 절대성에 입각한 경우로서,
일체상이 '이 같음(무정법)'을 보고, 알고, 믿고, 깨달으며, 법상(실상)이라
는 유정법(有定法: 결정론)을 짓지 않는다고 했다. 여래설에 의하면, 이른
바 법상이라는 것은 곧 법상이 아니고 (단지) 이 이름이 법상이라고 했
다. 이름이 실재가 아닌 듯이 법상도 또한 실재상이 아니다. 한갓 심리
적 이미지일 뿐이다.

세상만상은 유명설唯名說에 속함이라서 '이 같음' 즉 유사성 혹은 무
정법이다. 여시관如是觀, 무위법, 유명설唯名說, 그리고 여래설 등은 모
두 불확정성 혹은 무상성의 근원이 된다. 언필칭 세상만상이라는 것
은 심리 내면에 집적된 회로(홀로그램)에서 비춰 나온 그림들로서 제 각

각 이름을 지닌다.

마치 컴퓨터 화면이 이른바 비트(Bit)가 그린 그림인 것처럼 말이다. 이는 비트켄슈타인이 말한 바, '언어가 세계에 대한 그림'이라는 그림 이론과는 그 궤를 달리한다. '세계는 언어가 그린 그림'이란 역설이『금강경』적이다. 이런 의미에서 태초에 말씀(언어작용)이 있었다. 물론 태초도 일종의 말씀으로서 언어작용(지각)이다.

여기서 여래설이 나오는 대화 가운데 중요한 대목 한 곳만 더 보도록 한다.

"수보리야! 여래설에 의하면, 세상 모든 티끌이, 티끌이 아니고 이 이름이 티끌(micro)이며, 세계는 세계가 아니고 이 이름이 세계(macro)이니라."

『금강경』을 읽노라면 여래설에 즉하여, 'A는 곧 A가 아니고, 이 이름이 A이다'라는 구절이 여러 군데 수없이 많이 나온다. 물론 번역과 해설에서 논란이 분분한 바가 없지 않으나 다음 구절을 보면서 이를 재확인한다.

세존이시어! 이 실상이라는 것은 곧 어떤 모습이 아닙니다. 그러므로 여래설에 의하면 이 이름이 실상입니다.

이른바 여래 현상은 결정론이 아닌 환상임으로서 문제의 '이 이름'이라는 허구만 지니지 실체가 없다는 뜻. 고로 세상에 집착할 일이 하나도 없다고 동서고금의 성현들이 그토록 일렀던가 보다. 그러나 '실재가 아닌' 허구라면 이 허구로부터도 벗어나야 진정한 자유인이 아닐까 한다. 결국 여래설이 'A는 A가 아니고, 이 이름이 A이다'로 일관하고 있으므로 여래설은 기실 실재론을 부정하기 위한 설법이지 아무 내용이 없는 설이다.

그래서 『금강경』의 주류를 이루다시피하는 무상정등각(보리심)이나 여래설도 부정 당하는 구절이 나오기 시작한다.

　　"수보리야! 네 뜻에 어떠하뇨? 여래가 과연 무상정등정각을 얻은 것인가? 여래설이 과연 있는 것인가?"

　　수보리가 아뢰었다. "제가 부처님께서 설하신 바의 뜻을 이해하기로는 무상정등정각이라 이름할 정해진 법이 없으며, 또한 여래설이라는 유정법有定法이 있을 수 없습니다."

　　"어째서 그러한가?"

　　"여래소설법(여래설에 의한 법)은 모두 취할 수도 없고 말할 수도 없고 비법비비법이기 때문입니다."

무정법은 다시 부정 당한다. 선이나 변증법은 유정법도 아니고 또한 무정법도 아니기 때문이다. 아주 중요한 부분이다.

참고 삼아서 『벽암록』 제67칙의 본칙 부분만을 아래에 소개하고 간다.

　　양나라 고조 무제가 부대사傳大師를 초청하여 『금강경』을 강의하게 하였다. 부대사가 법좌 위에서 경상을 한 번 후려치고 바로 자리에서 내려와 버리자 무제는 깜짝 놀랐다. 이에 지공 스님이 물었다. "폐하께서는 이를 아시겠는지오?" "모르겠군요" "부대사는 『금강경』 강의를 마쳤습니다."

f. 여시여시如是如是
『금강경』에 '여시여시'라는 법구절이 나오는데 우선 이 말이 나오는 장면부터 보도록 한다.

"세존이시어, 제가 지금 '이 같음(무정법, 유사성)'의 경전을 얻어 듣고 믿어 깨닫고, 이를 받아 지니는 것은 결코 어려운 일이라 할 수 없지만, 만약 먼 훗날 후오백 세에 어떤 중생이 있어 이 경을 얻어 듣고, 믿어 깨달아서 수지受持한다면 희유한 사람이라 하겠나이다."

"어째서 그러한가?"

"아상도 곧 상이 아니고 인상·중생상·수자상이 곧 상이 아니기 때문입니다."

"어째서 그러한가?"

"일체의 상들을 떠나면 곧 부처(佛: 非心)라 이름하기 때문입니다."

"부처님께서 수보리에게 이르시다. '여시여시如是如是니라'"

본문에서 '여시여시'를 통상의 해설서들은 '이와 같다! 이와 같다!' 혹은 '그렇다' '그렇다' 등등으로 번역하고 있는데 기실 그렇게 번역해서는 반역이다. 누누한 설명이지만 '이다(시是)'라는 결정론을 변증법적으로 '2중 부정'한 절대성에서는 '여시(如是: 이 같음)'라 표현하는데 이는 '불확정성(무상성無常性)'이나 '유사체(Analo-gue)' 및 무정법에 갈음하는 말이다.

그럼 '여시여시'라는 말은 무슨 뜻인가. 이런 말을 가정해 보자. '세상에 확정적인 것이 없다. 가령 있다면, 세상이 불확정적이다는 사실 그 하나뿐이다.' 이는 불확정성을 너무 강조한 나머지 '불확정성(무상성無常性)'에 대한 고정관념 혹은 집착 자체가 되어버린 넌센스로서, 이는 소위 해체론이다 니힐리즘으로 가는 길이 된다.

『육조단경』의 진상眞常이라는 말은 무상을 초극하는 말로서 무상무무상으로서 『금강경』에서는 여시여시다. 보리심처럼 이미 유정법이 되다시피한 여시를 '부정의 부정', 즉 '비여시非如是 비비여시非非如是'라

는 대승적 절대성에서 '여시여시'라 했다. 의역하면, '여시(이 같다)란 앎 또한 여시(이 같음)이라…'

진짜 없음은, '없음도 없음이다'와 같은 맥락의 말이다. '꿈이라고 말하는 것 또한 꿈이다'라는 장자의 말이 앞에서 인용되었다. 세상만사가 여시如是라는 유사품類似品이고 허상임을 확연히 알았다고 치자. 이 앎 자체도 또한 여시임을 깨달으면 곧 여시여시라 말한다. 이는 탁 트인 해탈경이다.

즉 '이다(시是)'라는 결정론의 변증법적 초극이 '여시如是'라는 비결정론이라면, 문제의 여시라는 가치관마저도 또한 여시如是라 함으로서 여시관을 초월하게 된다. 마치 '부정의 부정'처럼…, 끝 소절에서 수보리(須菩提: 응당 보리심)가 아뇩다라삼먁삼보리와 여래설을 '비법비비법'이라는 대승적 절대성에 입각해서 초극하고 이를 부처佛라 하니 세존이 '여시여시'라 했는데, 여기서 여시여시는 '여시 또한 여시구나'라면서 여시를 초극하는 장면이다.

즉 세상만사가 여시라고 깨달았다면 '여시라는 깨달음도 또한 여시'라고 설해 일러서 그로 하여금 여시(보리심: 부처)로부터 해탈시키려는데 석가세존의 의도인 것. 이렇게 '2중 부정'이 재차 '2중 부정'된다. 이 부분은 대단히 깊은 함의를 지님으로서 앞으로 선사상에서 구체적으로 참구될 것이다.

우선 상위법인 선문의 예에서 이 내용을 잠깐 살펴보고 간다. 다음은 『종용록』 제1칙의 본칙이다. (참고: 『벽암록』에는 제92칙에 나오고 있음.)

세존께서 어느 날 법좌에 오르시니 문수가 백퇴白槌를 치고서 말하되, '법왕의 법을 자세히 관찰하니 법왕의 법이 여시如是이옵니다' 라고 하니, 세존께서 얼른 법좌에서 내려오셨다.

[해설]: '백퇴를 친다'는 것은 선사禪寺에서 개당할 적에 대중에게 알림을 말한다. 문수가 법왕의 법이 '여시하다'라고 말하니 곧 세존이 법좌에서 내려오셨다는 것은 문수가 선언한 '여시'를 부정함을 은유하고 있다. 설법으로 치면 '여시여시'인 것이다.

아뇩다라삼먁보리심이라는 절대성에서는 '여시' 및 '여래'라는 설법이 나왔었는데, 최상승적 절대성에서는 '여시여시'라 한다. 관념론에서 진정한 부정은 '부정의 부정'으로서 절대성이고 여기서 여래설, 여시관 등이 나왔었는데, 이 절대성은 협의의 절대성이라는 데, 문제가 있다.

왜, 보리심이라는 절대성을 다시 '2중 부정'하는가. 여시는 협의의 절대성, 즉 '이다(시是)'·'아니다(불시不是)'라는 상대성에 대한 절대성으로서 광의로 보면 '이 같다'도 '이다'에 대한 상대성이니 이를 다시 '(2중) 부정'하여 절대성의 콘텐츠를 한층 더 업그레이드시킨 셈이다. 즉 '2중 부정'하여 여시관을 깨닫고 다시 문제의 보리심을 '2중 부정'한 최상승법에서는 '여시여시'라고 말해서 깨달음을 더욱 업그레이드시킨다.

다음의 경우를 보자.

부처가 말했다. "여시여시니라, 수보리야! 실로 아무 법이 없어서 여래가 아뇩다라삼먁삼보리를 얻었느니라."

역시 여시(꿈)라는 앎 자체도 여시(꿈)라서 실로 아무 법이 없는 것이다. 달리 말하면 여시여시는 부정의 부정(비상비비상)인 것이다. 그래서 여래가 아뇩다라삼먁삼보리를 얻을 수 있었다고 설했다. 여기서 여래는 연등불(부처님의 스승) 시절에 여의如義를 깨친 선각자를 의인화한 말이다.

『금강경』에 끝내는 이런 설법도 나온다.

"수보리야! 이른바 불법佛法이란 것은 곧 불법佛法이 아닌 것이다."

구족하게는, '불법은 불법이 아니고 불법이 아닌 것도 또한 아닌 것이다'라는 뜻이다. 자세한 내용은 점차로 보아가기로 한다.

『허공장경虛空藏經』은 이렇게 설한다.

문자도 마의 업이요, 이름과 형상도 마의 업이요, 부처님 말씀까지도
마의 업이라.

여기서 '마의 업'이란 말은 필요악(Necessary Evil)이란 말과 비슷하다.
선불교적 진리는 언어와 개념과 문장의 틀을 벗어나야 한다. 구체적인
내용은 차차로 논의해 가기로 한다.

g. 여여(如如: Tathata)

팔만대장경은 한자 수로 오천이백만 글자 이상으로써 구성되어 있
다는데, 그 중에 가장 많이 나타나는 글자 중 하나가 여如라고 한다.
불교학에서는 문제의 여如를 보편성, 영원성 등으로 해석한다지만 선
불교적 의미로는 절대성의 알레고리(Allegory: 은유) 혹은 아날로지(Anal-
ogy: 유사성)이다.

쉬운 예로 심心의 알레고리는 상相이고 지각의 아날로지는 언어다.
그리고 보리심의 현상학은 여如로서 의미는 여시나 여래에서 보듯이
'같음', 즉 '유사품'이고 '사이비'다. 여如의 의미를 진여眞如까지 새기기
위해 여여如如라는 말을 보도록 한다.

공수래空手來 공수거空手去라는 말이 있다. 여기서 빈 손(공수空手)은

비상非相, 더 나아가서 비비상非非相으로서 이 절대성(보리심)이 여如를 은유하니 공수래 공수거는 여래如來 및 여거如去로서 Tathāgata라고 표기하는데 이 단어를 '타타가타'라고 발음하면 여래고 '타타아가타'라고 발음하면 여거가 된다.

흔히 가수 김국환이 부른 노래 '타타타tathata'를 공수래 공수거라고 말하는 사람들이 있는데 타타타는 여여如如라는 말이다. 상(相: 존재)이 곧 성(性: 지각/마음)이라는 불교 관념론(유심론)에 입각하여 대상을 보리심에서 보니 여如하고, 그렇게 보는 자성도 또한 여如함이니, 상(존재)도 성(지각)도 모두 여여하다라고 말한다.

주객이 서로 상대성이지 않고 절대성으로 여여이고 보니 진정 내세울 것이 하나도 없나니, 이를 '타타타'라 했다. 결국 관념론의 '존재는 지각'이라는 명제가 성상여여性相如如라는 불교적 진리에 와 닿는다. 석가여래가 새벽별을 보고 이 경계를 깨쳤다고도 전해지고 있다.

다음에 나오는 쌍명성상雙明性相은 성상여여를 한 단계 높게 본 경계이다. 성품과 대상이 모두 여여하니 허구로부터 해탈된 바, 소위 대자유로서 맑고 밝음뿐인 것이다. 여여를 여시여시의 줄임말이라고도 볼 수 있고 또한 진여眞如라고도 말하는데, 간단히 말해서 '부처라는 절대성(비심비비심非心非非心)도 광의에서 상대성(인과율)이니 다시 '2중 부정'한다. 이렇게 볼 수 있어야 진정한 자유인이 된다. 자세한 내용은 제3장에서 보기로 한다.

h. 여여부동如如不動

『금강경』의 말미 부분에 이런 설법이 나온다. 역시 어려운 설법이다.

운하위인연설(云何爲人演說: "중생을 위해 어떻게 연설합니까?") "불취어상(不取於相: 상에 있어서 취할 것이 없으니) 여여부동(如如不動: '자성도 무정(無定: 明)이

고 대상도 무정(無定: 明)하니' 해탈이라 움직임이 없음.")

이 구절은 실질적으로『금강경』의 결론이고 핵심이다. 그러나 대부분의『금강경』해설서들은 문제의 불취어상 여여부동을 '여여하게! 부동하게!'라고 해석을 붙이고 만다. 참고지만, 성상이 여여부동함을『선가구감』등에서는 쌍명성상雙明性相이라고도 쓰고 있다. 불취어상에서 상은 중생상을 비롯하여 여시, 여래, 보리심, 불佛 등을 포함한다.

즉『금강경』은 처음엔 무상정등각無上正等覺에 근거하여 여시관이나 여래상을 그리고 나중에는 부처마저도 부정하고不取於相 드디어 여여부동으로 향상하는데 결국은 여여부동에 임해서 연설하라는 뜻이 되고 있다.『금강경』에서 무상정등각이 대승적 절대성이라면 여여부동은 최상승적 절대성이다. 이 도리에 입각하여 연설하라는 주문이다.

참고로 다음 문답은『단경』'선조품'에서 인용하였다.

설간이 묻다. "어떤 것이 대승법의 견해이옵니까?"

혜능이 답하다. "명明과 무명無明을 범부는 둘로 보나 지혜자는 그 성품이 둘이 아닌 것(무명무무명無明無無明)으로 보나니 둘 아닌 성품이 곧 이 실성(절대성)이며 −중략− 불생불멸하여 성상이 여여하여 항상 부동하니 이것이 불도이다.

『금강경』을 여여부동한 불법에 입각하여 연설하고 담론한다는 뜻으로 볼 수 있다.

차제에 송대宋代의 유명한 선사 불감혜근(佛鑑慧懃, 송宋, 1059~1117)의『법어록』한 단락을 아래에 소개해 본다.

불감혜근이 대중에게 다음처럼 설법하였다.

"어떤 승이 조주에게 묻기를, '어떤 것이 변천하지 않는 이치입니까'
라고 하니, 조주가 손으로 물이 흘러가는 형상을 지어 보이자 그 승이
곧 깨달았다네."

또 "어떤 승이 법안 선사에게 '상에 있어서 상을 취하지 않고 여여부
동하다' 하니 어떤 것이 그런 것입니까?" 라고 물은 적, 법안이 답하길,
" '해는 동에서 떠서 서쪽에서 진다' 고 하자 그 승이 역시 깨달았지."

불감혜근이 말하되, "만약 여기 두 화상의 언구를 견득할 수 있다면
회오리 바람이 산악을 넘어뜨리더라도 본래상정本來常淨이라 강물이 다
투며 흐르지 않거니와 이것이 여여부동한 이치라."

불취어상이라서 세상의 천변만화를 보더라도 본래상정의 마음엔 아
무 변화가 없을 것이다를 여여부동이라 하고 있다. 이런 마음에서 연
설하라는 주문이다. 자세한 내용은 선사상의 몫이니 선문에서 상세히
참구하도록 한다.

참고로 교수신문이 정한 2009년의 사자성어는 화이부동(和而不同: 화
합은 하되 자기입장은 지킴)이다. 논어의 군자화이부동君子和而不同 소인동이
불화小人同而不和에서 따온 말이다. 그러나 사람이 진실로 표리부동하
지 않는 길은 군자도 아니고 소인도 아닌 절대성이되, 여여부동如如不
動을 닦는 길일 것이다. 선은 불취어상이라서 군자와 소인도 없고, 여
여하여 '같다는 앎도 또한 같은 것인 바'라서 부동한 것이다.

다음 항목들은 『금강경』 혹은 『금강경』과 직접 혹은 간접으로 연관
되는 글귀들인 바, 선의 이해 과정상 참고로 추가하였다.

- 『금강경』은 석가여래와 제자 수보리 간에 이루어지는 담론 형식으로 꾸며진 경전이다. 제자 수보리의 이름은 한문으로 수보리須菩提라고 표기하는데 이는 '모름지기 보리(菩提, 대승적 절대성)'라는 뜻이다. 또한 수보리의 별명은 해공제일解空第一인데 이 별명의 뜻은 공空(부정)을 제일 해명 잘한다는 뜻이다. 공(부정)을 제일 해명 잘한다는 의미는 '부정의 부정'이며 곧 여시 혹은 여래를 두고 한 말이다. 『금강경』이 수보리須菩提 혹은 해공제일解空第一에게 설법된다는 그 자체가 의의를 지닌다.

- 영화 〈매트릭스〉의 모티브가 된 책으로 알려져 있는 장 보드리야르의 『시뮬라시옹Simulation』(하태환 역, 민음사)에서 실재는 미디어에 의하여 가장假裝 실재인 이미지 혹은 기호화되어 사라졌고 기호와 이미지를 소비하고 있다고 주장한다. 그러나 본래 실재라는 것은 관념론에는 없는 말이다. '기호의 안개속으로 실재가 사라진다'는 〈사물의 기호학〉은 『금강경』의 여래설을 참구할 일이다. 사라질 실재는 태초부터 없었다. 불교 관념론에서 세상만상을 (상대성적) 법상法相이라고 말한다. 그러나 실상實相은 법상이 아니고 이 이름이 법상이다.

존재를 포함한 일체법이 실체가 없는 단지 이 이름으로서, 언어문자이며(라캉), 텍스트이고(데리다), 은유이며(김병규의 법철학의 근본문제), 언어가 그린 그림이다('언어 그림 이론').

소쉬르(Ferdinand de Saussure, 서서瑞西, 1857~1913)는 언어를 기표(시니피앙)와 기의(시니피에)로 나누었는데 이를 『금강경』의 여래설에 적용해 보면 기의(실체)는 없고 기표(이름)만 있을 따름이다. 실체는 본래 없었고 그렇게 '묻고 답한' 인식이 있었을 뿐이다. 가다머(Hans-Georg Gadamer, 독獨, 1900~2002)의 철학적 해석학은 '존재해명存在

解明'을 실체적이고 실증적인 과학관(논리실증주의자들의 통일과학운동)을 불식시키며 문제의 언어에 대한 철학적 해석학으로부터 찾는 정신과학이 된다. 이성은 무엇인가? 문명이란 무엇인가?

기술문명은 '도구적 이성'과 함께 인간의 지배욕구를 은폐하고 있다고 보았다. 현상학의 창설자 후설은, 갈릴레이에 의한 자연의 수학화에서 시작한 유럽 학문의 위기인 오도된 객관주의에 대항하여 주관적인 '사상事象, 그 자체로!'를 주장하였다. 그 첫 조치로써 '판단중지' 및 '괄호 속에 넣기'를 제시하였다.

그러나 후설의 (본질)현상학은 결국 헤겔의 (절대정신)현상학에 의해 대체된다. 물론 '변증법적이다, 논리학적이다'에 의해 갈렸다. '사상, 그 자체'를 바로 보기는 정반합인 비상비비상(보리심), 즉 여래 혹은 여시를 일단 즉견함에 달렸다고 본다. 빈부귀천, 생로병사 및 천지현황이 모두 여래 이미지라서 '사상, 그 자체'란 비상(비비상)이고 여래상이다.

아인슈타인의 발표처럼 세상만사가 상대성(대법對法)이고 다시 하이젠베르크의 논증처럼 세상만사가 불확정성(무정법無定法)이라면 이 두 성질을 자유자재하게 활용하는 법은, 변증법적 초월인 절대법(정반합)에서 기히 초극한 불확정성 및 상대성을 역지사지함이 되는데, 선문집에 구체적이고 실질적인 내용들이 정라라靜裸裸 활발발活潑潑하게 펼쳐지고 있다.

– "수보리 말씀드리되, 부처님 말씀하신 바 뜻을 제가 알음 같아서는 유정법이 있지 아니함을 이름하되 아뇩다라삼먁삼보리(무상정등각無上正等覺)라 하옵겠고 또한 유정법이 있지 아니함을 여래께서 가히 설하신 겁니다."

참고로 다음은 선에서 보리(심)에 대한 문답이다. 중요한 문답이다.

"어떤 것이 바른 생각(마음)입니까?"

"바른 생각이란 오직 보리만 생각하느니라."

"보리는 얻을 수 있습니까?"

"보리는 얻을 수 없느니라."

"이미 얻을 수 없을 진대 어떻게 보리만 생각할 수 있습니까?"

"보리는 오직 거짓으로 이름을 세운 것이라 실지로 얻을 수 없으며 또한 과거에도 얻을 수 없었고 미래에도 얻을 수 없는 까닭에 곧 생각 있음이 없다. 오직 이 무념을 '진실한 생각(무념무무념)'이라 함이니 보리는 생각 할 바가 없는 것이라."

최근 한국 독서계에 마이클 샌델 교수의 『정의란 무엇인가(JUSTICE)』가 베스트 셀러 반열에 한참 올랐던 바 있다. 불교에서는 정의가 아니고 보리심 곧 정각正覺을 내내 담론한다. 정의란 때와 장소와 상황에 따라 항상 변해 왔다. 서양철학에서 보면 하이데거 이전까지 인간은 이성적 동물이다. 하이데거로부터 이성 이면에 또 무엇이 있다는 것이 었는데 그 무엇은 이른바 실존이다.

여기서 실존과 이성(본질)과 의식(현상)이 순서대로라서 그들 주장대로라면 '실존이 본질에 앞선다.' 불교는 부처(불성)와 보리심(정각)과 반야(지혜)가 삼위일체三位一體를 이루지만 앞서거나 뒷서거니가 없고 군이 표현한다면 이렇게 말한다. '보리심(정각)이 반야(지혜)를 일으키고 불성을 드러낸다.' 역시 중요한 것은 보리라는 절대성이 던지는 절절한 함의다.

- "수보리, 과거심불가득(過去心不可得: 과거심도 얻을 수 없고) 현재심불가

득(現在心不可得: 현재심도 얻을 수 없고) 미래심불가득(未來心不可得: 미래심도 얻을 수 없다.)"

　중생지견에서는 '강물처럼 흐르는 세월'이 있는데 보리심인 절대적 관념론에 입각해서 여래지견을 열어서 보노라면 시공간은 없고 이 이름이 시공간이다. 이 경우 과거심, 현재심, 미래심이라는 개념들은 중생의 상대성적 차별심에 기초를 두고 있는 고정관념이다. 실제로 시공간은 해탈되어 있다. 시공간이 고정되어져 있다면 인터넷도 불가능하지 않을까.

　시공간의 기준인 원점은 본래 고정된 존재성이 아니고 인간이 자의적으로 규정해서 찍은 관점이고 곧 허점이다. 시공간(4차원)은 주관적인 기표라서 아인슈타인도 시간을 집요한 고정관념이라 말했다. 화살 같은 그리고 수학적 궤칙같은 세월이 실재하는 바가 아니고 가상공간일 뿐이다. '참마음'이 그런 가상공간에서 변화무쌍한 여래광명상을 작용케 하는 것이다.

　타임도 없고 타임머신도 없으니 과거나 미래에로 여행한다는 것은 환각속의 여행일 것이다. 그렇다고 아인슈타인은 시계를 휴지통에 던져버리지는 안 했다. 이러한 경우 시계는 일종의 방편물이다. 물론 시공간도 인간의식이 만든 가상이고 방편물이다. 생명들은 제각각 나름대로의 가상적 환경세계Umwelt를 열어보고 있다. 마치 인터넷처럼 말이다.

　과거심도 꿈이고 미래심도 꿈이고 그리고 그 사이인 현재심이라는 것도 기실 꿈이다. 웍스킬의 환경 세계설을 지지한 프랑스 철학자 질 들뢰즈(Gilles Deleuze, 불佛, 1925~1995)는 그의 저서 『차이와 반복』에서 노마드(유목민)의 세계를 '시각이 돌아다니는 세계'로 표현하였다. 역시 일정한 시각은 고정관념이다.

과거에서 볼 때 현재는 미래이고, 미래에서 보면 현재는 과거가 된다. 현재는 현재로 묶여져 있지 않다. 보기 나름이다. 삼세는 인간의 마음에서 나온 것이다. 실재가 아니다. 앞에 나온 덕산 스님은 떡 파는 노파에게 '삼세심 불가능한 가운데 점심한다' 혹은, '응무소주이생기심(應無所住而生其心: 응당 머무름 없이 그 마음을 낸다)'이라고 답해야 했다.

– 다음은 『임제록』의 〈대통지승불大通智勝佛〉에서 인용하였다.

　　도류道流여! 그대들이 부처가 되고자 한다면 일체 만물을 따라가지 마라. 마음이 나면 갖가지 법이 나고 마음이 없어지면 갖가지 법이 없어지니, 한 마음이 나지 않으면 만법에 허물이 없다. 세간이건 출세간이건 부처도 없고 법도 없어서 나타난 적도 없고 없어진 적도 없다. 설혹 있다고 하드라도 모두가 명칭과 말, 개념과 문장일 뿐이니, 어린 아이를 달래고 병에 따라 약을 쓰는 것과 같다. 명칭과 개념으로 표현되기는 하나 그 명칭과 개념은 그 자체가 명칭과 개념이 아니고, 도리어 그대들 눈앞에 소소영영하게 비추어 느끼고 듣고 알며 반조返照해 보는 바탕이 모든 것에 명칭과 개념을 붙이는 것이다.

앞에서 이런 법문이 나왔었다. "태초에 말씀이 있었다."

여기서 말씀은 기독교의 로고스가 아니고 철학적으로는 비트켄슈타인의 '언어그림이론'과 '언어게임이론'을 반대급부로 참고하면 좋을 것 같다. 그는 이 이론을 정리하지는 못 했다. 인간이 보는 세상은 인간이 스스로 기호 및 언어작용으로 그려낸 사이버 세상인 것을…. 그 속에서 게임처럼 작용한다는 것을….

– 중세의 쿠자누스(Nicolaus Cusanus, 독獨, 1401~1464)는 말했다.

"정립이 있으면 반립이 생기기 마련이고, 시간이 흐르면 신의 섭리에 의하여 이른바 반대의 일치가 일어난다."

그러나 인성이 배제된 이런 시공간에서 발생하는 인과율적 결정론의 논리는 유물변증법처럼 올바른 변증법이 아니다. 인과율이라는 상대성적 결정론을 초극한 '참마음'이 역사를 창조하고 지리를 형성한다. 역사도 지리도 여래설에 의하면 모두 이 이름일 뿐이다. 이 이름은 활용하려고 만든 방편물이지 그 속에 갇히고 닫히고 드디어 묻히라고 만든 것이 결코 아니다.

- "무애청정혜無礙淸淨慧 개인선정생皆因禪定生"
(무한정하고 청정한 반야지혜가 모두 선정으로 인하여 발생한다.)
무한정하고 청정한 반야(지혜)란, 마하반야, 절대지, 보리반야 등을 말하는데 모두 절대성인 선정(禪定: 비상비비상처정非相非非相處定)에 근거한다고 했다. 비록 단계가 있지만 선정에 듦이 진정한 이성이고 해탈이니 곧 이런 대자유에서 '무위의 위'를 행한다. 즉 대자유에서 행해도 행함이 없이 행하는 자가 성현이다. 생로병사도 그렇게 행함 없이 행한다. 여기에 인간의 진정한 주체성이 있다.

- 노자老子의 『도덕경』 서두에 나오는 말이다.
"도가도道可道 비상도非常道 명가명名可名 비상명非常名"
앞부분을 폴 캐러스(Paul Carus, 미美, 1852~1919)는 이렇게 영역했다. "The reason that cannot be reasoned is not the eternal reason. (도리적일 수 없는 도는 영원한 도가 아니다.)"
한편 도올 김용옥의 번역은 이렇다. "도를 도라고 말하면 늘 그러한 도가 아니다. 이름을 이름이라 하면 늘 그러한 이름이 아니다."

이 구절은 『금강경』의 여래설에 입각하여 해석하는 것이 최선이다. 즉 '도를 도라 (이름)하면 (이미) 도가 아니다'가 제격이다.

왜 그런가, 『금강경』의 여래설에 의하면 '도는 도가 아니고 이 이름이 도'이기 때문이다. 또 뒷부분도 '(여래설에서의) 이름을 (실재론적) 이름이라 하면 이름은 (이미) 이름이 아니다'라는 해석이 된다. 道는 불교에서 '부지부부지'가 되며 곧 절대지이다. 이는 소크라테스의 말처럼 '무지의 지'이다. '앎이 없는 앎'이다.

즉 선입견이 없는 선험적이고 투명한 앎을 말한다. 이를 위해 청정심을 닦고 무정법에 투철하여 실상實相인 여래상을 보고 여시관을 수립해야 한다. 그렇게 되면 일체 사상事象에서 이 이름만이 남는다. 실재를 소비하는 것이 아니고 이 이름을 적용하는 것일 뿐. 이것이 불교적 유명론唯名論이고 기호학이다.

— 클리포드 스톨은 그의 저서 『허풍떠는 인터넷』에서 이렇게 적고 있다. 시사함이 큰 곳을 한 구절 인용해 본다.

"통신망 속의 사회는 실재하지 않는 사회이며 흔적 없이 녹을 수 있는 무無의 조직이다. 인터넷은 밝고 유혹적으로 빛나는 힘으로서의 지식의 상징을 보여 주지만 이 존재하지 않는 공간은 우리로 하여금 실재생활에서 보내는 시간을 포기하라고 유혹한다. 그것은 실재생활에 대한 보잘 것 없는 대체물로서 욕구불만이 넘치고 교육과 진보라는 신성한 이름 아래 인간관계의 중요한 측면을 무자비하게 평가절하시키는 가상현실이다. 인터넷은 지나치게 칭찬받고 있으며 우리들의 기대도 너무나 부풀어져 있다."

그러나 스톨이 말하는 실재생활이라는 우리들 중생의 삶도 가상공간에서 벌어지고 있는 가상현실이어서 허풍쟁이 삶이다. 가상현실이란, 현실이 현실이 아니고 (이 이름이 현실이며) 현실처럼 같아온 여래 상임으로서 중생이 주장하는 실상은 기실 사이비似而非 혹은 사이버 (Cyber) 가상이다. 인터넷은 인간의 지혜가 창안한 도구로서 무한정 활용될 것이다. 좋은 예가 웨어러블 컴퓨터, 사물인터넷 등이다.

  - 존 록크(John Locke, 영英, 1632~1704)는 우리의 마음은 경험을 쌓기 전에는 백지tabula rasa라 했다. 본래는 색도 공도 없었던 일이고, 선악과도 하나님도 사탄도 없었다. 이른바 '본래무일물本來無一物'이었다. 중생이 색법의 이미지에 압도되고 경도되니까 공으로써 주관적 정립에 반립을 가했던 거다. 1920년대의 프랑스에서는 기존의 철학에 대한 반동은 논쟁이라기보다 차라리 욕설과 조소로 가득 찼었다. 대표적인 반동분자는 초현실주의로 사상적 핵심은 모든 학설에 대한 부정이고 모든 절대가치에 대한 부정이고 그것의 슬로건은 록크의 백지였다.

  가령 사람이 고정관념을 일시에 해체시켜 진실로 백지상태(비상비비상)가 되었다면 목전에 현현하는 이미지들은 어떻게 나타날까? 물론 여래장식의 내현으로서 여래상이라 말한다. 다음은 무엇을 볼까? 소위 변증법적 의식수준의 발전에 따라서 단계별로 점점 더 상위의 절대성의 경지가 나타난다. 여래환상이라는 그림만 보고 있어서는 될 일이 아니기 때문이다. 최상승법에서는 그림을 그려내고 다음에 작동시킨다. 애니메이션처럼….

  - 유물론과 관념론과 『금강경』의 차이
    "시간여행이 가능하다면 당신이 태어나기 전의 과거로 돌아가서 하나님 아버지를 죽이는 상황도 일어날 수 있다." −유물론−

"하나님도 유물론도 인간의 마음이다." −관념론(유심론)−

"하나님은 몽환 같고 유물론은 물거품과 같다." −여시관如是觀−

"몽환도 물거품도 이 이름이 몽환이고 물거품이다." −여래설−

− 이진경의 『수학의 몽상』(푸른숲, 2000)에는 비유크리드 기하학으로부터 괴델의 정리에 이르기까지 지식의 한계와 불확정성에 대한 논리로 일관하고 있다. 예문을 들면 다음 구절들이다.

"어떤 공리계에서도 공리계가 제공해주는 공리들만 이용해서 어떤 명제가 참인지 거짓인지를 구별해 낼 수 없는 명제는 반드시 존재한다."

"형식적이고 유한한 귀납적 공리들로는 수학적 사실들을 모두 나타내는 완전집합을 구성할 수 없다."

몽상은 단지 수학에서만이 아니고 모든 과학학문과 윤리도덕과 종교철학에 다 들어 있다는 점이다. 우리의 확실성은 항상 무너질 위험에 놓여있는 개연성에 지나지 않는다. 질 들뢰즈를 연상시키는 이진경의 『노마디즘(Nomadism)』은 특정한 규범이나 가치관에 얽매이지 않고 끊임없이 새로운 자아를 찾아가는 뜻으로서 유목민(Nomad) 주의를 말한다.

이진경 교수는 그의 이름도 본명에 매이지 않은 별명인 것처럼 유목민이 되어 다양한 학문 분야에서 활동하고 많은 저술들을 내고 있다. 참고지만 〈황의 법칙〉으로 유명한 황창규 CEO는 이런 말을 남긴 적이 있다. "성을 쌓고 사는 자는 반드시 망하며 끊임없이 새로운 영역을 찾아 이동하는 자만이 살아 남는다."

이는 노마디즘을 반도체 경영에 그대로 적용시킨 말처럼 들린다. 하드웨어에서 소프트웨어의 시대가 도래했음을 알리는 사례다.

– 『깨달음이란 무엇인가?』(김정우 옮김, 정신세계사, 1984)에서 크리슈나무르티(Jiddu Krishnamurti, 인印, 1895~1986)는 존 화이트와의 대담에서 이런 주목할 만한 발언을 하였다.

"지식은 제한되어 있습니다. 생각도 제한되어 있습니다. 완벽한 지식이란 없습니다. 있을 수가 없지요. 물론 전지전능한 신이라는 전통적인 해답도 여전히 생각의 부산물입니다. 경험이 먼저 있고 나서 그 경험이 지식을 낳는데 그 지식은 과거든 현재든 미래든 제한되어 있다는 겁니다.

종교인들의 신성한 지식이라는 것도 여전히 제한되어 있지요. 따라서 완벽한 지식이 없기 때문에 생각은 언제나 제한을 받습니다. 자! 가장 화려한 기술장치도, 그리고 가장 파괴적인 장비들도 물론이고 교회나 모스크나 사원들의 모든 성체들은 생각에서 태어나지 않습니까? 생각에서 나옵니다. 선생이라면 혹시 아니, 그건 신성한 계시 같은 것이라고 말할지도 모르겠군요."

크리슈나무르티는 '아는 것으로부터의 자유'를 실행해 보이려는 듯 추종자 수만 명의 별의 교단을 즉석에서 모두 해산시켜 버리기도 하였다. 다음은 그의 해산 선언문의 한 구절이다.

"믿음은 순전히 한 개인의 문제이며 그것을 조직화할 수도 없고 해서도 안 됩니다. 그렇게 할 경우 그것은 죽은 것이 되고 딱딱하게 굳어져 버립니다. 그것은 하나의 교리가 되고 교파가 되고 종교가 되어 다른 사람에게 강요되기 마련입니다."

J. B. 쇼는 크리슈나무르티의 이런 점을 극찬하였다. 지식과 생각이 상대성적이고 불확정성적인 한, 고정관념인 실재론(유물론)에 부속되거나 결정론인 유신론에 속박시켜서는 안 되고 관념론(유심론)을 통하여

관념과 마음을 해탈시키지 않으면 안 된다. 이것이 선사상이고 헤겔의 관념변증법도 물론 그랬어야 했지만 한계를 보였다.

●『육조단경』

중국 불교의 선종禪宗 제6대조 혜능(慧能, 당唐, 638~713)의 법어록 『육조단경六祖壇經』은 혜능慧能의 멸도 전후에 그의 제자들이 기록하기 시작한 것으로 간주된다. 지금까지 20여 종류가 전해져 내려오는데 서지학적으로 논란이 분분하다. 그중 가장 오래된 것은 8세기 후반의 것으로 추정되는『돈황본』이 있다.

문제의『돈황본』에서 보이는 설법으로 가장 특징적인 것은 대법對法이라는 말이 그 하나인데 물론 상대성이다. 이 대법을 하늘과 땅으로부터 성품과 상까지 총 36가지로 분류해서 상세히 설명하고 있다. 선에서 이 상대성을 올바로 보고 극복하는 것이 그 만큼 중요함을 절감케 하고 있다.

『육조단경』(덕이본德異本, 1290)의 내용에서 참고가 되는 첫 구절을 조금 보고 가도록 하자.

> 혜능이 불문에 입문하기 전 어느 날 객점(여관)에서 나무를 팔고 나오는데 손님이『금강경』을 읽고 있었다. 그 소리에 마음이 후련히 열리는 것을 느낀 혜능이 물었다. '손님께서는 무슨 경을 읽고 계십니까?' 고. 손님은 '『금강경』일세' 라 하였다. 혜능이 '그런 경을 어디서 구하셨나이까?' 고 물었더니 그는 친절히 경을 구하는 곳과 강설하는 곳을 가르쳐 주었다. 집에 돌아온 어린 혜능은 홀로 사는 어머니를 하직하고 기주 황매현 동선사를 녹크하며 불문에 든다. 대기를 알아본 5대조 홍인

스님이 어느 날 밤 삼경에 혜능을 마주하고 앉아 『금강경』을 설하고 내려가는데 응무소주이생기심(應無所住而生其心: 응당 머무름 없는 그 마음을 낸다)이라는 대목에 이르러서 혜능은 활연대오豁然大悟한다.

이 드라마틱한 담론은 선의 천재로서 공인을 받은 혜능의 출현과 더불어 응무소주이생기심(비심지심非心之心)을 후세 불제자들의 인구에 기리 회자케 했고 또한 깊이 참구케 만들었다. 여기서 응무소주應無所住는 응당 머무름이 없는 상황으로서 『금강경』의 보리심에 맥을 대고 있으며 이생기심而生其心은 Hologram의 Unfolding작용의 뜻이다. 반복하지만 전자는 로티가 언급한 인식론적 절대성에, 그리고 후자는 가치론적 상대성에 비유될 수 있다.

즉 마음이 비심비비심의 대승적 절대성에 들면 무의식으로 잠재한 상대성(무상성)이 '그냥 그대로' 여래 작용으로 현상한다.

혜능은 응무소주이생기심의 구절에 이르러서 크게 깨달아 일체 만법이 제 성품을 떠나지 않음을 알고 드디어 스승(오조五祖)께 아뢰기를,

"어찌 제 성품이 본래 청정함을 알았으리까."
"어찌 제 성품이 본래 나고 죽고 하지 않음을 알았으리까."
"어찌 제 성품이 본래 구족함을 알았으리까."
"어찌 제 성품이 본래 동요함이 없음을 알았으리까."
"어찌 제 성품이 능히 만법을 냄을 알았으리까."

하니, 첫 구절은 청정심이며, 둘째 구절은 불생불멸의 절대성이며, 셋째 구절은 성품이 보리반야(절대지혜)를 족히 구비했음이며, 넷째 구절은 선정이며, 끝 구절은 자성에서 능히 만법이 드러난다는 뜻이다. 반

야지와 선정과 성품이 삼위일체적이다.

오조께서 혜능이 성품의 깨달음을 보고 이렇게 말하였다.

본 마음을 알지 못하면 아무리 법을 배워도 유익할 것이 없느니라.
제 본심을 알고 제 본성을 보면 곧 이것이 대장부며 천상과 인간의 스
승이며 부처인 것이니라.

선이라 하면 으레 혜능의 남종선과 신수의 북종선을 거론하는 사람
들이 있다. 그러나 현대 중국의 계몽 철학자 후스(胡適, 중中, 1891~
1962) 박사는 혜능의 남종선을 중국선으로 결론을 내렸다. 오조 홍인
이 그의 수제자였던 신수(神秀, 당唐, ?~706) 대사에게 중국선의 제6
대 조사의 자리를 인계하지 않고 일자무식의 문외한인 어린 혜능에게
선양禪讓한 유명한 내용은 다음과 같은 두 사람의 게송(偈頌: 선시禪詩)에
서 들통이 난다.

우선 신수 대사의 게송을 본다.
신시보리수(身是菩堤樹: 몸이 이 보리수라면)
심여명경대(心如明鏡臺: 마음은 밝은 거울틀일세)
시시근불식(時時勤拂拭: 때때로 부지런히 털고 닦아서)
물사야진애(勿使惹塵埃: 먼지 앉고 때 끼지 않도록 하세.)

그러나 위의 게송은 오조께서 신수가 아직 문안에 들어오지 못했
음을 이미 알고 있었던 바, 이를 확인하는 정도의 것이었다.

문자를 몰랐던 혜능은 문인의 도움을 받아 위의 게송을 전해 듣고
다음과 같은 게송을 써서 게시하게 했다.

보리본무수(菩提本無樹: 보리에 본래 나무가 없고)

명경역비대(明鏡亦非臺: 밝은 거울 또한 경대가 없을세)

본래무일물(本來無一物: 본래 한 물건도 없는 것일 진데)

하처야진애(下處惹塵挨: 어디에 때가 끼고 먼지가 일까)』

  신수의 게송은 실재론을 벗어나지 못한 것이었고 혜능의 것은 이를 비판한 것이었다.

『단경』의 '정혜품'에 이런 구절이 나온다.

  "나의 이 법문은 위로부터 내려오면서 먼저 무념無念을 세워서 종宗을 삼고 무상無相으로 체體를 삼고 무주無住로 본本을 삼나니, 무념이란 생각에서 생각을 여읨이요, 무상이란 상에서 상을 떠남이요, 무주란 사람의 본성이 저 세간에 있어서 선하거나 악하거나 곱거나 밉거나 내지 원수거나 친하거나 간에 서로 말을 주고 받거나 좋지 못한 수작을 걸어오더라도 다 모두 헛것으로 돌려서 해할 것을 생각하지 않는 것이라. 생각과 생각 사이에 먼저의 경계를 생각하지 말 것이니, 만약 지금 생각과 뒷 생각이 연신 잇달아서 끊어지지 않으면 이것이 얽매임이니라."

  이 법문을 교학적으로 보면, 무념(종宗)이 부처佛이고 무상(체體)은 정定이며 무주(본本)는 반야(혜慧)에 해당하나니 여기서 불정혜佛定慧는 역시 삼위일체를 이룬다. 문제의 무념, 무상, 무주는 실제로 무념무무념, 무상무무상, 무주무무주로서 모두 절대성을 공통분모를 삼고 있음으로 절대성적 보편의 활동관념을 이룬 상황에서의 생각(진념眞念)이며, 대상(진상眞相)이며 머물음(진주眞住)이다. 소승에서는 계정혜戒定慧인데 대승에서는 불정혜로 차원이 향상된다.

다음은 〈좌선품〉에 나오는 선정을 설명하는 혜능의 법문이다.

"어떠한 것을 좌선이라 하느뇨? 이 법문法門 가운데 걸리고 막힘이 없어서 밖으로는 일체 선악의 경계에 생각과 마음이 일어나지 않음이 이 좌坐며, 안으로는 자성을 보아 움직이지 않는 것이 이 이 선禪이니라."

흔히 결가부좌하고 앉아서 명상冥想에 듦을 좌선이라 하나 실은 그런 소극적인 의미를 선은 훨훨 초월한다.

여기서 『마조록』에 나오는 스승 회양(懷讓, 당唐, 677~744)과 제자 마조(馬組, 당唐, 709~788) 간의 문답 내용을 잠깐 살펴보고 가자.

"그대는 좌선하여 무얼 하려는가?" 회양이 물으니,

"부처가 되고자 합니다." 마조가 답했다.

이때 회양 선사는 암자 앞에서 벽돌을 하나 집어다가 갈기 시작하였다. 그러자 마조가 물었다.

"스님께서 벽돌을 갈아서 무엇을 하시렵니까?"

"거울을 만들려 하네."

"벽돌을 갈아서 어떻게 거울을 만들려 하시렵니까?"

"벽돌을 갈아 거울을 만들지 못한다면 어찌 그렇게 앉아서 좌선을 한들 어떻게 부처가 되겠는가?"

"그러면 어찌합니까?"

"소 수레에 멍에를 채워 수레가 가지 않으면 수레를 쳐야 옳은가, 소를 때려야 하는가?"

마조가 대답이 없자 회양은 이렇게 말했다.

"그대는 앉아서 참선하는 것을 배우느냐, 부처佛로서 안주한 것(좌불坐佛)을 배우느냐, 좌선을 배운다고 하면 선은 앉거나 눕는데 있지 않으며

(불좌불와不坐不臥), 부처로서 안주한 것을 배운다고 하면 부처는 어떤 모습도 아니다. 머무름 없는 법에서 응당 취하거나 버리지 않아야만 한다. 그대가 부처로서 안주한 것을 구한다면 부처를 죽이는 것이며 앉은 모습에 집착한다면 그 도리를 깨닫지 못한 것이다."

가르침을 듣자 마조는 마치 제호醍醐를 마신 듯하여 절을 올렸다.』

다음은 『단경』에서 '좌선품'의 계속이다.

"선지식이여, 무엇을 선정禪定이라 하는고? 밖으로 상을 떠남이 선이며, 안으로 마음이 어지럽지 않음이 정이니, 밖으로 만일 상에 걸리면 마음이 곧 어지럽고 밖으로 만약 상을 떠나면 마음도 따라서 어지럽지 않나니라. 본성품은 저절로 청정하여 스스로 안정한 것이언만, 다만 경계를 보고서 경계를 생각함으로 곧 어지럽게 되나니 만일 모든 경계를 보되 마음이 어지러워지지 않는다면 이것이 참된 정이니라. 선지식이여, 밖으로 상을 떠나면 곧 선이며, 안으로 어지럽지 않으면 곧 정이니 외선外禪과 내정內定, 이것이 선정이니라."

이 법문은 일반적으로 정定 혹은 선禪이라는 것을 구체적으로 설명한 것이다. 간단히 말하면 '존재(상相)는 지각(상想)'이라는 관념론의 부정인 '존재(상相)도 아니고 지각(상想)도 아닌 것' 말하자면 비상비상非相非想 혹은 비상비비상非相非非相이라는 '부정의 부정'인 절대성이 곧 선정이다. 달리 말하면 상相은 여래고 성性은 여시하니, 성상이 여여부동함을 선정, 더 나아가면 진여眞如라 말한다. 무정법은 엄밀히 말하면 무정무무정, 즉 '무정의 정'으로서 그냥 정定이라 한다. 범어 선나禪那와 한역 정定의 합성어가 선정이라는 말이 되었다.

다시 이어지는 게송을 보자.

"혜가 곧 마음이요. 정이 곧 부처라. 정과 혜가 등등等等하면 그 뜻이
맑으리라. 이 법문을 깨달음은 익혀온 네 공이라. 용用이 따로 없는 것
이니 정과 혜를 함께 닦으라(정혜쌍수定慧雙修)."

불정혜의 삼위일체는 마음과 지각과 존재의 삼박자가 선불교적 변
증법에 의해 향상된 모습이다. 더 향상되면 성품(불佛)과 이에 따른 여
여부동한 본체(정)와 작용(혜)의 쌍수双修가 뒤따르게 된다. 특히 정혜
쌍수를 체용쌍창體用双彰이라 하는데, 다음 절에서 상세히 논의한다.
'기연품'에는 찾아드는 선객들과 기연機緣을 맺는 장면이 많이 나온
다.『단경』에는 청원행사(靑原行思, 당唐, ?~740)를 비롯하여 후세에 기
리 이름을 떨치는 선사들이 많이 나타난다. 그중에서 남악회양(南嶽
懷讓, 당唐, 677~744)과 영가현각(永嘉玄覺, 당唐, 647~713)을 제접하
며 나누는 담론에서 가장 핵심을 이루는 법문들이 나온다.

다음은 남악회양과의 문답편에서 인용하였다.

"어디에서 왔는가?" 대사께서 물으시니,

"숭산에서 왔나이다." 답하였다.

"어떠한 물건이 이렇게 왔는가?" 물으시니,

"설사 '한 물건'이라 하여도 맞지 않나이다" 하였다.

"(그것을) 도리어 닦아서 얻는 것이냐? 아니냐?" 하시니,

"닦아서 얻음은 없지 않으나 물들어 더럽혀짐은 없나이다."

대사께서 말씀하셨다. "다만 그 물들지 않는 그것(절대성)이 모든 부처
님께서 지키시는 바(비밀 법)이니, 네가 '이 같음(如是: 무정법)'이라면 나도
또한 그러하다.』

위의 문답에서 '한 물건'의 부정이 본래무일물本來無一物과, 다시 영가현각이 혜능을 친견하고 문답을 나누는 장면에서 '착하다 하루 밤이라도 묵고 가거라'라는 말이 일숙각一宿覺이라는 별명을 낳게 되는데 이 '한 물건'과 '일숙각'이 은유하는 것은 선에서 의미가 깊으니 그 내용을 제2장에서 면밀히 고찰하기로 한다.

제5장 『무문관』에 밀계기의密啓其意 혹은 『벽암록』에서는 밀계기어密啓其語라는 용어가 나오는데 '그 뜻(절대성)을 비밀히 알린다'는 뜻이다. 절대성은 마치 자유나 해탈처럼 형식논리적인 언어이고 그 내용은 내밀한 것으로 언어도단이라 언어의 길로써는 계몽하기가 거의 불가능하다고 할 수 밖에 없는 오감悟感이기에 밀계기의라는 은유를 썼다. 내가 방금 마신 음료수의 맛도 제대로 옮길 수가 없는데 기어其語 혹은 기의其意는 이른바 이심전심으로 밀계할 수밖에 없는 것이다. 앞에 나온 보리가 그랬지 않았던가.

다음의 문답 한 편을 마저 보면서 다음 항으로 넘어 가기로 한다.

"황매의 의지(황매에서 오조가 전법한 뜻)를 어떤 사람이 얻었나이까?"
하고 어떤 승이 물으니,

"불법을 아는 이가 얻었나니라." 고 혜능이 답하자,

승이 다시 묻다. "화상께서 얻어셨나이까?"

대사가 답하다. "나는 불법을 알지 못한다."

불법을 진실로 아는 이는, '불법이 불법이 아니고 이 이름이 불법이다'는 여래설에 입각하기 때문이다. 모택동은 『불경』과 『단경』을 애장해 온 것으로 알려져 있다. 자유와 평등의 가르침 때문이었을까. 다음 구절은 경經에서 배운지도 모른다. "나는 무법대학을 나왔다."

그러나 그는 무법무무법까지를 나오지 못한 것으로 보인다. 마치 프로이트가 무의식무무의식까지를 보지 못한 것과 같다고나 할까.

선의 요체인 체용론

다음은 동아일보 오피니언 란에 실린 서울대 철학과 조은수 교수의 글 〈유전자를 바꾸는 교육의 힘〉에서 인용하였다.

> … '본성Nature인가 환경Nurture인가' 라는 유명한 구절은 교육학 이론으로서 뿐만 아니라 사회 현상을 설명하는 데 유효한 사고의 틀을 제공한다. 예를 들어 천재는 천재로 낳아진 것인가 또는 그렇게 키워진 것인가. 물론 어느 한 쪽만으로는 설명할 수 없을 것이다. 유전자도 좋아야 하겠지만 좋은 환경에서 잘 길러지는 것도 중요하다. …
>
> 인지과학과 생명과학의 발달은 현재의 논의를 새로운 국면으로 가져왔다. 같은 유전자를 가지고 있고, 같은 환경 속에서 자란 두 쌍둥이도 인생의 경로가 달라지기도 하는데, 더욱 놀라운 것은 그들 각각의 유전자에도 변화가 일어난다는 사실이다. 내가 지금 겪는 인생의 경험들이 내 유전자를 바꾼다는 것으로서, 환경이 본성을 지배하며, 본성의 결함은 환경에 의해서 극복될 수 있다고까지 넓게 해석할 수 있는 충격적인 결론이라고 할 수 있다. 이러한 발견이 가지는 사회적 또는 철학적 함의는 대단히 크다. 삶의 방식이 바뀌면 삶의 내용이 바뀔 수 있으며 우리의 삶은 고정된 것이 아니라 존재란 계속 새로 만들어 진다는 뜻이다. 이런 삶을 만들어가는 과정에서 교육의 의미가 더욱 새롭게 다가온다. …

위의 글에 나오는 '본성(유전자)과 환경'과의 관계는 생물학(실재론)적 이분법에 관점을 두고 있다. 〈유전자 결정론〉이 〈세계환경설〉에 조우하여 주춤거리는 모습이라 할까. 여기서 선불교는 유전자와 환경을 변증법에 입각하여 하나로 종합시킨 절대성(본체)에 개안함을 교육의 주안점으로 삼고 있다. 고로 본성(유전자)과 환경의 우열을 논의함을 넌센스로 본다. 인성과 그 환경을 근본적으로 담론하는 철학이나 사상은 선불교뿐인 걸로 안다.

『화엄경』의 이사무애理事無碍 혹은 로티가 언급하는 '인식론적 절대성과 가치론적 상대성'이 선에서 어떻게 구현되는지를 살펴볼 차례다. 칸트는 인과율(상대성)을 이성의 속성이라고 말했다. 이성은 절대성(본체)에 있고 인과율을 상대성(환경작용)이니 체용론體用論적이 된다. 그러나 칸트는 선에서처럼 구체적인 통각에 미흡하였다. 역시 그의 순수이성관부터 문제가 있었기 때문이다.

즉 대륙의 합리론과 영국의 경험론을 정리(?)하여 근대정신을 수립했다고 하는데 칸트에게서는 변증법이 가상의 논리학이고 동시에 이성과 경험의 체용일치는 없었다. 체용론體用論에서 주목하는 칸트의 용어에 Transzendental이라는 말이 있다. 선험적 혹은 선조험적先造驗的이라고 번역된다.

이는 '경험에 앞서면서 동시에 경험을 조건 짓는다'는 그런 뜻인데 선의 체용론에서 주목하는 부분이다. 다음 항에서 체용론의 내용을 출처 별로 구체화 해본다. 선사상은 문제의 체용론으로 구현된다. 소위 깨달음(돈오頓悟)이라는 것도 선적 본체(절대성)의 그 내밀한 함의를 오감함을 말한다. 참고지만 헤겔의 절대성은 긍정적인 쪽으로, 그리고 아드르노의 경우는 부정적인 측면으로 치우쳐 있다. 절대성은 중도마저도 아니니 어느 한 쪽으로 기운다거나 어떤 뜻으로 정의되어서는 안 된다. 다만 은유만 있을 뿐이다.

마치 자유나 이성이 그러하듯 절대성의 내밀한 뜻, 즉 끝없는 '부정의 부정'은 진정으로 인문학적 성찰을 요한다. 4장에서 면밀히 참구하도록 한다. 이는 선문에서 표현도 여러 가지로 나타나는데, 예를 들면 절제대대絶諸待對, 선정, 보리심, 여여부동, 실성實性, 한 물건一物, (진여)자성, 대도, 아뢰야식 그리고 본체 및 주체 등, 다양한 기호들은 차치하고, 이것 들을 형상화한 구절은 선문의 이해를 더욱 어렵게 하고 있다. 아래 항목들에서 여러 가지 예문들을 통해 그 실상을 살펴보도록 하자.

• 『금강경』에서

『금강경』에는 본체와 작용이라는 말이 전혀 보이지 않으나 실은 아뇩다라삼먁삼보리가 본체에 그리고 여시 및 여래가 작용에 해당한다. 또한 여여부동이 본체에 해당하고 이에 따라 연설한다는 것이 작용이라 볼 수 있다. 또한 여여부동을 묻는 승에게 조주가 손으로 물 흐르는 모습을 지어 보인 것에서, 전자는 본체고 후자는 작용을 보인 것이다.

참고지만 아뇩다라삼먁삼보리를 한문으로 의역해서 무상정등정각無上正等正覺이라 하는데 구족하게는 무상무무상 혹은 무상무하정등정각으로 보는 것이 올바르다. 선문에서의 부정은 특별한 경우가 아니고서는 '부정의 부정'이다.

• 『육조단경』에서

『육조단경』을 다시 펼쳐 보면 본체本體와 작용作用이라는 용어가 중요한 대목에서 자주 나타난다. 예를 들면 이런 경우들이다.

'돈점품'에서 본다.

> "내가 말하는 법은 자성을 떠나지 않나니, '본체本體'를 떠나서 설하
> 는 법은 상설相說이라는 것으로서 그걸로는 언제나 자성自性을 모르는
> 것이니라. 마땅히 알아라. 일체 만법이 자성(본체)을 좇아서 일어나는 '작
> 용作用'인 줄을…'.

여기서 상설이란 것은 상대론이고 이에 반해 자성을 좇아서 나온 작용이란 것은, 여여부동한 본체(대승적 절대성) 가운데서 무위법적인 상대성(차이)의 작용이니, 결국 삼라만상의 현현함이 앎의 절대성(본체)에서 일어나는 상대성적 오성작용(지혜)이라는 뜻이다. 이런 점에서 우리의 앎은 이성(절대성)을 본체로 하여 억겁의 경험(상대작용)의 홀로그램(무의식: 여래장)이 삼라만상이라는 작용으로 현상한 것으로 볼 수 있다. 인식의 근원이 '이성이다, 경험이다'라는 이분법은 체용론에서 본체와 작용으로 종합되어야 한다. 이 내용이 중요하니 점차로 고찰해가기로 한다.

다음은 '선조품宣詔品'에 나오는 설법이다.

> "네가 만약 심요心要를 알고자 하거든 모든 선과 악(상대성)에 도무지
> 따져 보는 생각이 없으면 자연히 청정한 마음의 '본체(절대성)'에 들어가
> 게 되어 맑고 고요한 속에 묘한 '작용'이 한량 없으리라."

역시 본체와 작용인데 형이상학이나 인과율이 아니라는 점이다. 마음이 청정하고 밝아야 삼라만상이 꽃비처럼 보인다. 성경 구절에 '마음이

가난해야 복이 있다'는 말도 체용론 차원에서 이해해도 좋을 것이다. 진정으로 마음을 비우면 삼라만상이 선물처럼 안겨온다고 하겠다.

다음은 '정혜품定慧品'의 서두부터 나온다.

"선정(비상비비상처정)은 반야지혜의 본체本體요, 반야지혜는 선정의 작용作用이라."

위의 말은 물론 정과 혜의 바탕 성품인 불성에서 드러난다. 고로 불佛과 정과 혜는 삼위일체적이다. 정(선정)은, 상대성(2분법)인 '이다(시문)·아니다(불시不문)'라는 차별심을 극복한 절대성이며, 반야지혜는 문제의 절대성이 일으키는 바, 소위 여시관이고 여래설인데, 이를 『육조단경』에서 보리반야라고 하니 체용일체론에서 보면, 보리가 본체며 반야지혜가 작용에 해당한다.

'정혜품' 끝부분에는 이런 최상승적 설법도 나온다.

"생각이란 진여眞如의 본성을 생각함이니 진여자성眞如自性이란, 곧 생각의 본체며 생각생각은 곧 진여자성의 작용이라."

역으로 생각생각을 체용으로 돌이킨 자를 진불(진여자성)이라 말한다. 선의 최상승 경계에서 체용론은 진여자성(본체)과 생각생각(작용)으로 모습을 드러낸다. 이 체용론이 선의 알파고 곧 오메가이다. 체용론이라는 말은 노자老子로부터 조선의 이황에 이르기까지 다양하게 동양사상에서 출몰하고 있다. 그러나 선에서 말하는 체용론에서만 오직 변증법의 '궁극적 심급審級'을 드러낼 수가 있다고 하겠다.

물론 변증법에는 체용론다운 시설이 없다. 이는 정반의 종합(절대성)에 대한 깊은 통찰과 깨달음이 없었고 반면에 형식적 논리와 지해知解

만 있었기 때문이다. 절대성을 상대성의 반대말이고 '부정의 부정'이라고 누구라도 지해하지만 그 내용을 진실로 깨우치기란 보통 어렵지 않다. 그만큼 우리의 의식은 상대성적 차별심의 고정관념에 빠져있기 때문이다.

지해문에서는 '아는 것이 힘' 혹은 '아는 만큼 보인다'라고 말하지만 돈오문에서는 '깨우친 것이 힘'이며 '깨우친 만큼 보인다'라고 말한다. 대상을 어떻게 본다는 말인가. 일단 『금강경』에서 말하는 여시관이고 여래설이 그 내용이 된다. 진정한 이성과 소통과 다양성과 창의성은 체용론에서 나온다. 중국 책자를 보면 '부정의 부정'을 비상비비상처정非相非非相處定이라 표현하는데, 물론 본체(절대성)가 된다. 이는 조금의 긍정적인 면도 혹은 부정적인 면에도 기우는 것, 물론 중도도 허용하지 않는다. 그럼 뭔가? 그것이 화두다.

혜능의 마무리하는 설명은 이것에 부합하는 작용에 해당한다.

> "너는 다만 마음을 허공 같이 하되, 빈 것으로 보는데 빠지지 말며 응하여 씀에 걸림이 없이 하되 움직임과 그침을 무심으로 하여 범부니 성인이니 하는 생각을 없이 하며 능(주관)과 소(경계)를 모두 없이하여(부정의 부정), 자성과 대상이 일치하면 성상여여(性相如如: 주객일치)하여 정(부동不動: 定) 아닌 때가 없느니라."

능소能所라는 주객의 상대성적 차별이 아니고, 성상의 여여함 가운데서 주객일치를 여여부동이라 했고, 이것이 곧 선(정)이다. 이 가운데 설명하길, 작용을 심광에, 그리고 본체를 심등에 비유하며 서로서로 광명으로 여여함을 설명하였다. 이러한 종합적 판단논리를 체용쌍창體用雙彰 혹은 체용일체 또 혹은 체용일여라 부르며 간단히 체용론이라 한다.

위의 모든 설명을 한 마디로 하면 '부정의 부정'으로써 선의 본체(심등)를 보니, 이 보편광조한 가운데서 작용(심광)이 현상하고 곧 체용쌍창이 된다. 중생은 일체상을 상대성적 차별심으로써 정체성을 삼고 동일성에 입각하여 대상을 보고 헤아리고 분별하지만 부처는 보편광조한 절대성에서 편견 없는 오성적 영상작용을 띄워서 본다.

다음의 인용문은 '정혜품'에 나온다.

"선지식이여, 나의 이 법문은 정혜로써 근본을 삼느니라. 그런데 대중은 모르고 선정과 지혜가 다르다 하지마라. 정과 혜는 하나이며 둘이 아니니 정은 혜의 본체요, 혜는 정의 작용이라, 곧 혜일 때 정이 혜에 있고, 곧 정일 때에 혜가 정에 있나니 만일 이 뜻을 알면 곧 이것이 정과 혜를 같이 배우는 것, 곧 정혜쌍수定慧雙修이리라. 선지식이여, 정혜가 무엇과 같으냐 하면 마치 등불과 광명 같나니 등불이 있으면 광명이 있고 등불이 없으면 광명이 없는 것이라. 등불은 이 광명의 본체요 광명은 이 등불의 작용이므로 등불과 광명이 이름은 비록 다르나 본체는 같은 하나인 것처럼 정과 혜도 이와 같으니라."

『단경』에는 일상삼매—相三昧와 일행삼매—行三昧라는 말이 자주 나온다. 여기서 일상삼매는 본체고 일행삼매는 그 작용을 말하니 응무소주이생기심과 같은 체용론적 맥락의 말이 된다.

다음은 참고로 백봉 김기추(金基秋, 1908~1985) 거사의 『절대성과 상대성』(보림선원, 1975)에서 인용하였다.

나는 밝음도 아니고 어둠도 아니기에 밝음을 나투고 어둠을 나툰다.

나는 착함도 아니고 악함도 아니기에 착함을 나투고 악함을 나툰다. 나는 아는 것도 아니고 모름도 아니기에 앎과 모름을 나툰다. 나는 가는 것도 아니고 오는 것도 아니기에 가는 것도 나투고 오는 것도 나툰다. 어즈버야, 이럴진대 나는 이 무엇인고?

로티가 말하는 '인식론적 절대성과 가치론적 상대성'을 형식논리학적으로 잘 나타낸 단락이다. 여기서 나는 부처佛가 된다. 그리고 절대성(아뢰아식)에서 상대성(상분相分)을 상황(연然)에 맞게 작용시킨다.

● 『대승기신론』에서

불멸후 600여 년경에 중인도 마갈다국 마명보살(Asvaghosa, 인印, 100~160?)이 저술한 『대승기신론大乘起信論』을 보면 일심一心 이문二門 삼대三大라는 말이 나온다. 여기서 이문二門은 구체적으로 심진여문(心眞如門: 본체, 대승적 절대성)과 심생멸문(心生滅門: 작용, 상대성)을 말한다.

이문二門은 본체와 작용인 바, 그 내용을 아래에 조금 소개해 본다.
이른바 심성은 불생불멸(不生不滅: 불생불불생不生不不生)이다. 일체 법은 오직 망념에 의해서만 차별이 생기고 만약 망념을 여의면 곧 일체경계의 모습은 없어진다. 그러므로 일체 법은 본래부터 언설의 모습을 떠났고 명자名字의 모습을 여의었고 차별심의 인연을 떠났음으로 마침내 평등하게 되어서, 변화하거나 달라지지도 않으며 파손되지도 않는다. 오직 이것은 일심(一心: 절대성)뿐이므로 진여眞如라고 이름하는 것이다.

여기서 좀 더 신중한 설법에 경청하지 않으면 안 된다.
진여는 잠연(湛然: 깊은 모양)하고 적정寂靜하되, 무활동체가 아니고 이것이 무명無明의 연(然: 환경)을 만나면 진여의 체(진여자성)가 온통 그대로 일어나 생멸변화하는 만유가 되거니와 진여 자체는 조금도 변전되는 것이 아니라 하여 이것을 물과 파도에 비유하며, 그 두 가지 사이의 소식(체용론)을 설명한다.

선사들은 물과 파도 대신에 고경古鏡과 영상, 혹은 심등과 심광에 은유했다. 여기서 진여如如不動는 진여정 혹은 진여자성이며 '무명의 연'은 이미 현상화시킨 환경세계에 해당하니 만물의 생멸변화를 진여연기眞如緣起로써 설명하는 바, 이것이 곧 체용론이다. 방산남원은 심진여문과 심생멸문의 중간에 심생여문心生如門을 추가했다. 여기서 심진여문은 조사선이고 심생여문은 여래선이고 심생멸문은 의리선義理禪에 해당한다. 상세한 논의는 제4장 삼종선과 그 전후에서 보기로 한다.

체용론은 노장사상과 함께 체회하기가 어렵다는 이유로 신유학에서는 성리학 및 주자학이라는 이름으로 탈바꿈 한다. 그러나 문제의 성리학은 중국에서는 큰 결과를 가져오지 안 했는데 정작 수입국인 조선에서는 건국 및 통치 이념으로까지 받아들여졌고 결국은 그 이념의 직·간접적인 피해로써 조선은 멸망의 길을 걷게 되었다.

이로 인해 '공자가 죽어야 나라가 산다'는 패러디는 지금도 살아 있다. 왜 그럴까. 사농공상, 남녀노소, 동서남북 그리고 양반상놈 등으로써 가능한 모든 차별을 총동원하는 추태를 부렸기 때문이다. 공자가 가르친 인仁이나 중용은 구두선에 그치고 말았었다. 사람을 통치하는 수단 가운데 가장 나쁘고 치졸한 것이 이 씨 조선에서 그리고 김 씨 조선에서처럼 분열통치다.

서양문물이 지배사상이 된 요즈음에는 체용론이 중국에서는 중체서용론中體西用論으로 한국에서는 동도서기론東道西器論으로 그리고 일본에서는 화혼양재론和魂洋才論으로 둔갑되기도 한다. 선의 체용론은 체회하기가 어렵다. 예를 들어서 자유라는 말을 보자. 이 말을 모르는 사람은 아무도 없다. 그러나 자유를 진짜로 깨우쳐서 '자기도 모르게' 실행하기는 정말로 어렵다. 물론 진리(자유)를 깨우치면 저절로 작용하기 마련이련만….

헤겔의 표현에서 '자기의식의 변증법적 자기 운동'이라는 말이 비슷한 것 같으나 어디까지나 지해문知解門이다. 지해로써는 그가 말하는 '대낮같은 밝음'에는 한계가 있다. 선은 대도(최상승적 절대성)를 깨우치고 동시에 내장된 상대성의 무애행(불확정성)을 얻는 길이다. 물론 이 책의 내용도 이 길에 맞춰져 있다.

● 조사어록에서

조사어록들의 골자는 모두 체용론에 있다. 말하자면 체용론을 모르면 조사어록들을 한 줄도 옳게 이해하지 못한다.

다음 예문은 『벽암록』의 제21칙則에 나오는 본칙이다.
어떤 승이 지문 선사에게 물었다.

"연꽃이 물에서 나오지 않았을 때는 어떠합니까?"

"연꽃!"

"물 위에 나온 뒤에는 어떠합니까?"

"연잎!"

여기서 승이 물었던 것은 꽃이 물속에서 나오지 않았을(미출수未出水) 경우를 물었던 셈인데 '부정의 부정' 입각하여 연꽃으로 상징되는 본체를 답했다. 그리고 물 위로 나온(출수出水) 뒤, 즉 작용을 물음이 되는데 이에 대해서는 연잎을 말해서 체용론을 은유해 보이고 있다. 결국에 '지문의 연화'는 미출수未出水 출수出水라는 반대의 일치(정반합)인 본체(연꽃)와 여기서 작용(연잎)을 보이는 선문답이다. 즉 '색즉시공 공즉시공'을 형상화했다. 다시 『벽암록』의 100칙 중에서 체용론을 특히 잘 나타내고 있는 본칙들을 몇 곳 살펴보도록 한다.

다음은 제14칙 '운문雲門 대일설對一說'의 본칙本則에 나오는 문답이다.
　어떤 승이 운문(雲門文偃, 唐, 864~949) 선사에게 묻는 것이었다. "무엇이 부처님의 일대시교一代時敎입니까?"
　운문 스님이 답하다. "대일설對一說"

운문문언雲門文偃 선사는 『단경』에서 언급한 청원행사의 6대 법손에 해당하는 운문종의 시조이며 『벽암록』에서 가장 많이 인용되고 그 문답이 가장 간결하기로 유명한 선사이기도 하다. 이 문답에서 승이 물었던 것은 부처님의 일대시교, 즉 대장경의 종지가 된다. 이에 운문 선사는 아주 간단히 대일설이라고 답했다.

많은 『벽암록』 해설서들은 대일설에 대해 여러 가지로 번역하고 해설을 붙였다. 그러나 운문의 진의는 '모든 상대성(양의성)을 하나(절대성)로 설했음'이라는 뜻으로서 대일설對一說, 즉 만법귀일을 답한 것. 말하자면 변증법에서 정반의 종합에 바로 해당한다. 문제의 종합은 체용론에서 본체만을 가리킨다.

여기서 이어지는 제15칙 '운문 도일설倒一說'의 본칙을 마저 보도록 한다.

어떤 승이 운문 선사에게 묻다. "불시목전기 역비목전사시여하(不是目前機 亦非目前事時如何: 어떠한 것이 목전의 기機도 아니고 또한 목전의 사事도 아닌 것입니까?)"

운문 선사가 대답하다. "도일설倒一說"

이 문답에서 승의 질문 내용은 상당히 어렵다. 『벽암록』의 저자 원오圓悟 선사도 '그가 이렇게 물은 것은 그가 훌륭하기 때문이라'고 평창하고 있다. 이 구절을 얼토당토 않게 번역한 책들이 대부분인데 요약하면 목전의 기도 아니고 목전의 사도 아닌 것, 비근한 예로 일희일비一喜一悲가 아닌 대기대용大機大用이라는 뜻으로서 『벽암록』이나 『종용록』의 주체대용이다.

문제의 도일설은 위의 대일설(정반합)을 전도顚倒시킨다는 말로서 합반정合反正의 뜻이고 곧 체용론이 된다. 선禪이라는 말은 속설로 하나(단單)로 보다(시示)란 것과 또한 전도顚倒의 뜻을 내포함인데 여기서 그 전형을 보게 된다. 간단한 예문으로서 색공불이(정반합)를 비색비비색이라 표현한다면 이것이 곧 대일설(절대성)이다.

다시 도일설은 불이(종합인 정등정각)에서 공과 색(상대성)을 역지사지하는 일이다. 선은 정반합(對一說: 반대의 일치)이 기본이고 다시 그 역설인 '합반정倒一說'이라는 체용론을 선문답게 표현한다. 위에 언급한 대기대용은 전기대용, 주체대용 등등으로 다양하게 불리는데 체용론에서도 최상승적 경계로서 구체적인 내용은 차차로 보아가기로 한다.

체용론과 관련하여『조주록』에 나오는 선문답 한 편을 보고 가자.

승이 묻다. "어떤 것이 조사서래의祖師西來意입니까?"

조주 답하다. "정전백수자(庭前柏樹子: 뜰 앞의 잣나무)"

문제의 조사서래의祖師西來意를 축자 해석하면 달마 조사가 서쪽에서 중국에 온 뜻이란 말인데 선문적 메타언어의 뜻은 좀 다르다. 여기서 서西는 일월日月을 비롯하여 모든 천체들이 사라진다는 서천, 즉 부정을 은유하고 서래의西來意는 서쪽을 다시 부정해 왔다는 뜻으로 '부정의 부정'인 비심비비심(본체)을 말한다. 결국 조사서래의意는 부처佛에 있다.

　부처(광명심)에 대한 뜻을 질문을 받고 조주는 체용론에 입각하여 선적 현상학으로 답했다. '뜰 앞의 잣나무'라고. 즉 고요한 절간의 빈 뜰(공空)과 그 앞(공空)은 비상비비상(본체)을, 그리고 잣나무(혹은 측백나무)는 작용의 현상을 은유하고 있다.

　『오등회원五燈會元』(1253)에 나오는 '조사서래의'에서 그 의의를 좀 더 짚어 보도록 한다.

　　조주에게 승이 물었다. "조사서래의란 여하한 것입니까?"
　　조주가 답하다. "정전백수자(庭前柏樹子: 뜰 앞의 잣나무)"
　　승이 되묻다. "스님께서 경계(현상)를 가지고 말씀하지 마십시오."
　　조주가 다시 답하다. "내가 경계를 가지고 답하지 안했다."
　　승이 따진다. "다시 묻겠습니다. 조사서래의란 여하한 것입니까?"
　　조주의 답. "뜰 앞의 잣나무"

　이 문답에서는 승이 부처를 물었는데 이에 대해 정전백수자라는 경계(현상)로써 조주가 답을 하니 승이 경계(현상)를 가지고 부처에 대한 답을 하지 말라는 어필이었다. 말하자면 사事로써 리理를 드러내지 말라는 어필이다. 그러나 조주는 자신이 경계를 가지고 답하지 않고 부처(광명심)를 가지고 그 경계를 단지 체용론에 입각하여 형상화했다는 뜻이다. 승은 물론 체용쌍창과 부처의 삼위일체를 전혀 몰랐다는 내용이 된다. 선은 철저히 현상학적이다.

다시 말하지만 삼신불은 삼신三身으로 그리고 중생은 중생상으로 각각 현상화하지 않으면 안 된다. 문학이 다 그렇지 않은가. 김성동의 『만다라』(청년문학사, 1979)를 보면 '유리병 속의 새를 어떻게 끄집어낼까?'라는 화두 얘기가 나온다. 이 물음도 조사서래의를 물음과 맥락을 같이 한다.

'병속의 새'도 부정을 은유하고 '다시 끄집어낸다'는 것도 재부정으로서 부정의 부정, 즉 본체라는 선의 절대성을 묻고 있다. 물론 소설은 체용론을 구체적으로 언급하고 있지는 않다. 조사는 선문답이라는 담론으로써 소위 견성見性을 이끌어 내는 스승이다.

『조주록』에서 삼신불三身佛과 관련된 체용 사상이 담긴 선문답을 한 단락 또 보고 가도록 한다.

(참고: 석가모니불, 노사나불 그리고 비로자나불의 현신을 삼신이라고 하는데, 삼불과 그 현신인 화신(응신), 보신, 법신은 삼위일체를 이룬다. 구체적인 내용은 제2장에서 상세하게 논의된다.)

> 어떤 승이 물었다. "무엇이 법신입니까?"
> 조주가 답한다. "응신(화신)이다."
> 승이 확인한다. "저는 응신(화신)을 묻지 않았습니다."
> 조주가 말한다. "그대에게는 응신(화신)뿐이네."

승이 본체에 해당하는 법신불을 물으니 조주가 작용인 응신(화신)을 대답했는데 승이 체용일체론적 현상학을 이해 못 해서 위와 같은 문답이 되고 만다.

다시 『벽암록』 제82칙의 본칙에 나오는 문답을 본다.

어떤 승이 물었고 대룡 선사가 답했다.

"색신은 부서지는데 어떠한 것이 견고한 법신입니까?"

"산에 핀 꽃은 비단결 같고 시냇물은 쪽빛처럼 맑구나."

위의 문답 역시 법신인 본체를 물으니 화신인 작용을 현상화한 경우가 된다.

● 유사 체용론의 경우

조선왕조의 숭유억불 정책의 그늘에서도 조선 후기의 선사상사를 수놓은 선승에 『선문수경禪門手鏡』을 발표한 백파(白坡, 1767~1852)와 『선문사변만어禪門四辨漫語』로써 반론을 펴낸 초의(艸衣, 1786~1866)를 빼놓을 수 없다. 백파는 선을 조사선祖師禪, 여래선如來禪, 그리고 의리선義理禪으로 삼종선을 주장했음에 반해 다성茶聖으로 알려진 초의는 격외선格外禪을 더해 사종선으로 맞섰다.

흔히 있는 이런 논쟁에 당시의 석학 추사秋史 김정희(金正喜, 1786~1856)의 개입이 가관이다. 이 이채로운 이야기 메뉴는 유홍준의 『나의 문화유산답사기』에 있고 선학적 비평은 고형곤(高亨坤, 1906~2004)의 『신禪의 세계世界』에 잘 나와 있다. 본란 체용론에서는 김정희의 선시(?) 두 줄만 감상해 보고 넘어가기로 한다.

이 글은 추사의 충남 예산 본가의 고택 기둥에서 주련柱聯으로도 보이고 흔히 보는 전통 다원의 단골 현액이기도 하다. 한 때 양산 통도사 성보박물관에는 경면주사로 쓴 추사 자필이 큰 부적처럼 벽면에 전시되어 이목을 끌기도 했다.

정좌처다반향초靜坐處茶半香初

묘용시수류화개妙用時水流花開

이 글을 유홍준은 다음처럼 번역하고 있다.

"고요히 앉아 있는 것은

차가 한참 익어 향기가 나오기 시작한 것과 같고

오묘하게 행동할 때에는

물이 흐르고 꽃이 피는 것과 같네."

그러나 이 글의 대강의 뜻은 다음과 같지만 선시는 못 된다. "고요히 앉은 자리, 차를 반이나 마셨는데 그 향기는 처음 그대로일세. 교묘한 작용이 일어나나니, 물은 흐르고 꽃은 피도다."

최근에 어느 검찰총장이 검사들에게 내린 훈시에 '다반향초'의 구절이 동원되었다. '차를 반쯤 마셔도 항상 새로운 향내를 맡는 것'과 같이 근무에 시종 일관하라는 요지로서 한 말이다. 선의 게송을 좀 본 사람이라면 이 글에서 정좌처와 묘용시는 체용론에서 형식논리적 명제임을 곧 알아차릴 것이다.

퇴계는 이런 말을 했다. "정좌의 학은 두 정 씨程氏 선생에게서 발달되었는데 그 설이 선禪인가는 의심스럽다. 이연평李延平과 주자朱子에 있어서는 심학心學의 본원이 되고 선은 아니다."

무릇 게송이라는 선시禪詩는 체용론을 정좌처 및 묘용시라고 나열하지 않고 애오라지 형상화하여 불성을 드러내는 시가이거늘, 윗글에서처럼 서두에 나열해 두고 그 경계를 읊는다는 것은 선문은 물론 문학적이지도 않다. 조선후기(영조시대) 화가 호생관毫生館 최북(崔北, 1712~1856)의 초옥산수도를 보면 '공산무인空山無人 수류화개水流花開'라는 화제시가 보이는데, 이 글이 비록 아무렇게 휘갈겨져 있어도 오히려 체용론적이다.

공산무인空山無人이 절대성(본체), 물은 흐르고 꽃은 피다(수류화개水流花開)가 작용으로 볼 수 있기 때문이다. 호생관이라는 호에서 호생毫生이라는 말 자체가 이미 체용적이다. 호毫는 붓끝을 말한다. 자세한 내용은 제3장 삼종선 편의 '송곳 이야기'에서 보기로 한다.

참고지만 위의 추사의 시가를 체용론에 입각하여 아래처럼 변용 혹은 혼성모방해 본다.

"공산무인空山無人 다반향초茶半香初

도처춘래到處春來 수류화개水流花開"

공산무인은 '부정의 부정'을 형상화했고 '도처에 봄'이라는 말은 본체를 은유한다. 선문에 봄이나 꽃이 자주 등장하는데 대부분 본체를 형상화한 경우다. 즉 '부정의 부정'을 은유한다. 여름도 아니고 겨울도 아닌 것처럼.

당송 8대 문장가 중 한 사람이라는 소동파(蘇東坡, 송宋, 1036~1101)의 선시에는 이런 구절이 나온다.

도득귀래무별사(到得歸來無別事: 깨치고 봐야 별일이 없다)

여산연우절강조(廬山烟雨浙江潮: 여산은 안개가 자욱하고 절강은 여전히 조수가

밀리더라)

물론 소동파의 이 시도 선적 오도송이라 볼 수 없다. '산은 산이고 물은 물이다'라는 대용大用에 갈음하는 조사선문을 제 나름대로 '여산연우절강조'라 읊은 것이다. 『종용록』에서 만송 노인은 일렀다. "선의 도리는 깨치기 어려우니 선문에서 말 밑천이나 장만하는 도학자들이

많다."

소동파는 '깨치고 봐야 별일이 없다' 대신에 깨침(본체)의 경계(작용)를 대문장가답게 형상화했어야 했다.

여기서 선불교에 일가견을 자부했던 동파 거사가 형주 땅에 있었을 때 이야기 하나를 붙여 본다.

학식이 높았던 소동파는 웬만한 스님은 거들떠보지도 안 했다. 하루는 그가 당대의 선사인 옥천사의 승호 스님을 찾았을 때다.

승호 스님이 물었다. "그대의 존함은 무언가?"

동파 거사는 답했다. "칭秤가입니다. 세상의 내로라는 도인들을 달아보는 저울(秤)입니다."

이 대답이 떨어지기가 무섭게 승호 선사는 벼락치는 소리를 내질렀다. "하~알喝"

깜짝 놀란 동파 거사는 뒤로 벌렁 나자빠졌다. 이때를 놓치지 않고 승호 선사는 다그쳤다. "이 할은 몇 근이나 되는고?"

물론 칭가의 입은 잠기고 말았다.

(참고: 위에 나온 할喝의 선적 의미는 통상의 대성일갈大聲一喝과는 그 성질이 좀 다르다. 제5장에서 차차로 밝혀질 것이지만 이른바 임제 선사의 할이 가장 잘 나타난 선문답은 『벽암록』 제10칙 '목주와 할'이다. 할은 그냥 일갈이 아니고 체용론에 입각한다.)

옛날이나 지금이나 선이라는 명품에는 '혼성모방(Postiche)'이 많다. 선에서 체용쌍창을 이루지 못하는 경우가 『벽암록』의 여러 곳에서도 거론되고 있는데 제4칙 〈덕산협복〉, 제13칙 〈파릉선사와 제바종〉 등이 전형적인 경우들이다. 예를 들면 '은쟁반에 흰 눈'은 은쟁반도 본체, 흰 눈도 본체를 은유함으로써 체용일체에서 작용이 없는 경우이다. '갈대 꽃밭 속의 백마'도 그런 예이다. 그만큼 선은 곧 작용이다.

『제3의 물결』에서 엘빈 토플러가 예언하는 Practopia(Practical+Utopia)는 어떤 형태의 실용주의에서도 그 실상을 볼 수가 없고 선의 체용론에서만 이해된다고 하겠다. 이정우(철학아카데미 원장)의 『삶·죽음·운명』을 보면 선불교를 유목민의 들뢰즈와 비교하고 있는데, 선불교는 체용론이라는 사실을 역시 간과하고 있는 바, 대부분의 철학자들에게서 볼 수 있는 공통된 현상이다.

작용은 헤겔의 표현으로는 '현실의 운동'이다. 선에서는 쉬운 말로 '잠재능력의 개발이고 곧 발로'이다. 삶과 죽음과 운명은 선의 본체와는 거리가 먼 소리다. 선사상은, '삶도 아니고 죽음도 아닌 실성(實性: 절대성), 즉 본체에서 그 작용으로서 동가식東家食 서가숙西家宿'한다는 체용론이다.

다음 구절은 칠레의 노벨상 수상 시인 파블로 네루다(Pablo Neruda, 지智, 1904~1973)로부터 인용하였다.

"리얼리스트가 아닌 시인은 죽은 시인이다. 그러나 리얼리스트에 불과한 시인 또한 죽은 시인이다."

선에서 보면 체성의 유무를 두고 한 말이라고 생각된다. 문제의 체성에 대해서는 제4장 화두편에서 화두와 함께 본격적으로 논의될 것이다.

• 체용론의 특징

다음에 인용하는 선문답을 잘 살펴보도록 한다.

동산양개 선사의 이야기다. 한 수좌가 동산의 스승인 운암담성 선사에 관해 물었다.

"화상께서는 운암담성 선사로부터 어떤 가르침을 받으셨습니까?"

"거기 있긴 했으나 가르침을 받진 못했다."

"가르침도 받질 못했는데 왜 운암의 재를 올리십니까?"

"나는 운암의 불법을 중시하는 게 아니라 다만 나에게 법을 설명해 주시지 않은 점을 중히 여길 뿐이라네."

"화상께서 스승의 재를 올리실 때 스승을 긍정하십니까?"

"반은 긍정하고 반은 긍정하지 않는다."

"왜 완전히 긍정하지 않으십니까?"

"완전히 긍정하면 스승을 죽이는 것이기 때문이다."

위의 문답에서 핵심어인 '반은 긍정하고 반은 긍정하지 않는다'라는 말인데, 예를 들면 주체대용에서 주체는 스승과 함께 공유하지만 대용은 스승과 함께 할 수 없다는 뜻이다. 가령 '완전히 긍정하면' 대용마저도 함께 하게 되니 이는 스승의 뜻도 물론 아니거니와 선의 도리인 다양한 잠재능력의 개발작용도 무의미해짐으로서 상식적으로도 있을 수 없는 일….

즉 주체라는 절대성은 공유해도 작용은 각자의 환경세계관을 열어본다는 뜻이다. 상대성적 경험의 홀로그램인 잠재의식은 각자의 것이다. 선의 주체대용은 논어의 화이부동和而不同과는 정반대의 뜻이 된다. 명대明代의 신유학인 〈양명학〉에서 동도이업同道異業이라는 말이, '반은 긍정하고 반은 긍정하지 않는다'는 뜻을 내포하고 있다.

문제의 화두 공부는 주체성을 밝히는 것이 되니 가르쳐줄 수도 없고, 가르침을 받지도 못하는 밀의密意고 미묘법문이다. 문제의 '반은 긍정하고 반은 긍정하지 않는다'는 상황을 『벽암록』에서 자주 볼 수 있는데 제5장 『무문관』에서도 볼 수 있으니 그때 다시 보기로 한다. 선사상의 중요한 특징이다.

● 조지프 나이의 『권력의 미래』에서

하버드 대학교 케네디 행정대학원의 석좌교수이자 전임학장인 조지프 나이(Joseph S. Nye Jr. 미美, 1937~)는 보안, 과학, 기술 담당 국무차관보(1977~1979)로 활동했고, 핵무기 비확산 국가안전보장회의 의장을 역임했으며, 국가정보위원회 의장직(1993~1994)을 수행했고, 또한 국제안보담당 국방차관(1994~1995)으로도 재직했다.

그에게는 국제적 명성과 함께 다수의 저술들도 포함되는데 특히 『권력의 미래(The Future of Power)』(2011)는 체용론적 의의가 자못 큼으로서 차제에 그 내용을 조금 소개해 보기로 한다. 이 책은 국가권력을 총체적으로 다루고 있는데 '스마트 파워'라는 핵심적인 용어를 도입하고 설명함에 총력을 기우리고 있다.

여기서 스마트 파워라는 말은 소프트 파워와 하드 파워의 변증법적 종합이라는 논지는 없으나 그런 종합을 은유하는 것 같다. 여기서 하드 파워는 군사력 및 경제력을 포함하는 자원 개념이고 한편으로 소프트 파워는 문화적인 자원으로서 양자의 변증법적 종합이 스마트 파워다. '미래의 권력'은 스마트 파워에 있고 이러한 종합에서 하드 파워와 소프트 파워를 적절히 조합組合해 내는 지혜의 필요성을 저자는 강조하고 있다.

스마트 파워의 결론 구절을 조금 인용해 본다. "스마트 파워 전략은 현실주의와 자유주의 간의 고루한 구분에서 벗어나 자유주의적 현실주의라고 지칭할 수 있는 새로운 통합체를 필요로 한다."

이 문장을 체용론적 버전으로 정리하면 이런 뜻이 된다. "미국적 현실주의도 아니고 또한 자유주의도 아닌 변증법적 종합체, 즉 스마트 파워에서 신자유주의(소프트 파워) 및 신현실주의(하드 파워) 조합이 나와야 한다."

물론 소프트 파워는 무형적 자원이고 하드 파워는 유형적 자원이기도 하다. 어느 한 쪽에만 의존해서는 안 된다는 것이 스마트 파워적 초월이다. 예컨대 기후변화, 마약, 전염병, 인터넷, 문화활동 등은 하드 파워를 넘어서는 문제고, 군사력과 경제력 같은 부분은 소프트 파워만으로는 안 되는 부분이다. 미국이 개입한 중동전이나 월남전에서 겪은 교훈이 바로 이런 점이다.

필자는 『신과학운동』편에서 양자역학은 상대성도 아니고 불확정성도 아닌 종합체에서 불확정성적 상대성을 조합해 내어야 한다는 제언을 했던 바가 있다. 여기서 상대성, 불확정성 그리고 종합체를 각각 하드 파워, 소프트 파워 그리고 스마트 파워(휴먼 파워)로 대체시키면 미래 물리학은 〈권력의 미래〉와 맥락을 같이 할 것이라는 생각이 든다. 마치 도체도 아니고 부도체도 아닌 절대체에서 빛, 온도, 기타 물질 등을 지혜롭게 사용하여 반도체라는 '산업의 꽃'을 피워내 듯 말이다.

휴대용 전자기기로부터 물리철학, 더 나아가서 국가 경영과 인성의 계몽에 이르기까지 미국뿐만이 아니라, 전 세계는 물질문명과 정신문화 간의 진부한 차별에서 벗어난 진정하고 대승적인 통합체에 입각하여 지금까지의 물질문명과 정신문화를 다양하고 새롭게 조합해 내어야 한다고 본다.

조스팽 전 프랑스 총리는 이런 말을 남겼다. "시장에 치우치면 사회가 망가지고 사회에 치우치면 시장이 망가진다."

결국 고루한 사회주의도 아니고 난장판 자본주의도 아닌 변증법적 종합체에서 삶의 활로를 열어가야 한다. 사회와 시장은 그 연후의 방법론적 조합組合의 문제다. 결국 '스마트 파워'는 올바른 인성 교육에서 나온다. 전형적인 예로서 앞으로 중국의 발전을 주목하지 않을 수 없다.

제3장

가아(假我, Ego)로부터
진아眞我에로

헤겔은 나폴레옹군의 예나(독일 튀링겐 주써) 침공의 포성 밑에서 그의 맨 처음의 독창적인 저서 『정신현상학』(1807)을 완성, 그 이듬해에 이 책을 출판하였다. 그는 이 책을 진리를 향한 정신의 탐험 여행이라 일컫고 있다. 인간정신이 하위의식으로부터 순수한 절대정신으로 향하는 영혼의 여정으로서 헤겔판 '참나眞我를 찾아서' 였다.

헤겔은 이 저술을 통해서 절대자의 자기의식, 곧 절대지의 생성 과정의 역사를 기술하고자 하였다. 물론 그러한 절대지의 생성은 인식비판의 험난한 과정을 겪어가지 않으면 안 되는 '천로역정' 이었다. 헤겔에 의하면 인간의 의식수준의 발전은 구체적으로 감각, 지각, 오성, 이성, 등을 경유하여 결국은 절대지와 절대정신의 경지에 오른다. 우리는 이러한 헤겔의 의식수준의 발전과정을 가능한 한 타산지석을 삼아서 선의 최상승 경계를 개진해 보고자 한다.

헤겔은 『정신현상학』 서문에서 이렇게 썼었다. "동서의 비교철학처럼 황당무계한 것은 없다. 그러나 내재적 연관성은 있다."

선불교에서 볼 때, 『정신현상학』은 동양의 선사상과 내재적 연관성이 역시 있다. 그러나 『정신현상학』은 변증법적 논리를 전개하는 과정이 난해하다 못해 황당무계하기까지 하는데 이는 상대성과 절대성을 지해知解만 했지 이에 대한 올바른 통각을 일으키지 못했기 때문인 것으로 보인다.

다시 말하면 선의 난해는 논리의 전개 과정에 있는 것이 아니고 육조혜능의 표현처럼 자성의 깨달음에 있다. 즉 선의 돈오문頓悟門은 혜능과 같은 일자무식도 활연대오豁然大悟할 수 있음에 비해 『정신현상학』의 지해문知解門은 철학의 대가도 손사래를 친다. 이는 인성人性이라는 것이 깨달음(돈오頓悟)에 있는 것이지 지식에 있지 않기 때문이다. 우리는 지금 문제의 인성을 논의하고 있다.

중생심

중세 암흑의 장막을 거둠에 일조한 베이컨(Francis Bacon, 영英, 1561~1626)의 '네 가지 우상론'은 동굴의 우상, 시장의 우상, 극장의 우상, 종족의 우상 등으로 나뉜다. 다음은 『금강경』에 나오는 네 가지 우상에 관한 설법이다. "만약 보살이 아상我相이나 인상人相이나 중생 상衆生相이나 수자상壽者相이 있으면 곧 보살이 아니다."

양자간에 2천여 년의 시차가 나니 많은 견해 차이가 나겠지만 베이 컨의 우상론과 『금강경』의 중생론에서 서로 상통하는 것들끼리 연결 을 시켜보면, 동굴의 우상=아상我相, 시장의 우상=인상人相, 극장의 우 상=중생상衆生相, 종족의 우상=수자상壽子相으로 비유해 볼 수 있다. 이른바 이성 혹은 불보살佛菩薩은 위에 열거된 사상四相들을 초극해야 한다. 우상이 따로 있는 것이 아니라 미망에서 못 벗어나면 나 자신이 곧 우상이다. 우리는 우상에서 벗어나기 위해 공부한다.

『금강경』의 번역에서 구마라즙과 달리 현장법사는 相 대신 想으로 번역하고 있는데 '존재에서 지각을 본다'라는 변증법적 관념론에서 보 면 지각(상想)을 존재(상相)로써 표현함이 현상학적이다. 상想은 보이지 않는 것임으로 보이는 상相으로 형상화해야 한다. 이는 절대성(보리심) 을 작용으로, 부처佛를 불신佛身으로 나타냄과도 같다. 그래서 『금강경』 은 중생심을 중생상으로 표현하고 있다.

여기서 아상은 개아별 아집상, 인상은 인간본위적 고정관념상, 중생 상은 군중심리상, 수자상은 장로들의 이념상 등으로 간단히 의역해 볼 수 있는데 모두를 보살도에 대비시키고 있다. 중생심은 정치적인 것도 있고 철학적인 것도 있고 종교적인 것도 포함되는 셈이되 이러한 중생상을 극복해가지 않으면 결국은 진리를 얻을 수 없다.

헤겔은 앞에서 본대로 중생심(중생상) 극복으로 우선 '감각적 확신'과 '지각의 유희'를 겨냥했다. 실제적으로 모든 고정관념이 중생심에 해당한다. 물론 고정관념은 상대성적 차별심을 전제한다. 상대성을 해체론자 데리다는 차이성, 즉 디페랑스(차연差延)라고 정의하였고 그에 따라 해체론을 전개하였다. 그러나 상대성이란 말이 공인된 철학용어이다. 이의 반대말인 절대성이 통상적으로 남용 및 오해되고 있으나 차제에 바로 이해하면, 결국은 헤겔의 절대지혜의 정체가 스스로 드러나게 됨으로 역시 상대성이라는 용어를 참구하지 않을 수 없다.

차이성, 관계성, 상보성, 모순율, 인과율, 불확정성 그리고 문제의 절대성이 모두 상대성을 전제하고 있다. 비록 헤겔이 절대정신에 도달하여 철학을 마감시켰다고 호언하였으나 상대성을 관찰함에 불실하였고 복잡과 난해를 겸비하여 자체분열과 마르크스의 반역으로 큰 내홍을 겪었다. 이제는 마르크스와 함께 형이상학의 서가에 나란히 전시되고 있다.

마르크스는 말했다. "철학자의 임무는 세상을 설명하는 것만이 아니라 그것을 바꾸는 일이다."

그러나 올바른 변증법은 헤겔처럼 세상을 설명하는 일도 아니고 마르크스처럼 세상을 바꾸는 일도 아님에 있다. 그렇게 말하는 자의 의식을 개발시키고 향상시킴에 있다. 즉 '내가 변하면 세상이 변한다'라는 경우다. 그래서 선은 이천오백 여년이 넘는 역사를 지녔어도 아무도 형이상학이나 고전이라 하지 않고 현실적으로 오히려 철학과 종교와 첨단물리학의 귀감이 되고 있다.

헤겔의 관념변증법에서 단계별 의식수준에 근거를 두고 보면, 감각은 다음 단계인 지각보다 하위의식이고, 지각은 다음 단계인 오성보다 하위의식이며, 오성은 다음 단계인 이성에게 자리를 내어주어야 하고, 이성은 같은 방식으로 절대정신(절대지)에 의해 대체된다.

마르크스는 헤겔을 '머리를 땅에 박고 다리를 하늘로 뻗어서 섰는 사람'이라고 야유하며 이런 정신위주로써 물질문명을 오도했다고 맹비난하며 변증법적 유물사관으로 공산주의 운동을 전개하였다. 이 무모한 승부에 무고한 시민들이 본 피해는 언필칭 역사의 상처라 치고, 선에서 보면 서양철학의 상징인 변증법이 금기 당하다시피 된 것이 남의 일 같지가 않다.

변증법은 헤겔과 마르크스의 몰이해로부터 오해와 누명을 벗어나야 한다. 이를 위해 동양의 선사상을 재조명하고, 서양의 중세 암흑시기에 동양에서는 선이 황금시대를 누렸다는 성찰이 의미가 깊은 줄로 안다. 선사상이란 결국 상대성적 차별심을 절대성이 '없애 가진다auf-heben'는 이상을 추구한다.

이리하여 물질이나 정신이라는 중생상이 아닌 최상승의 '참마음'을 오감悟感하는 법이 된다. 이 경우 자유와 평등이라는 세속적 화두는 부수적으로 해결되어져 버린다. 그 선로역정禪路歷程을 다음 절부터 면밀히 논의해 보자.

삼신불三身佛

사찰의 법당 안을 보면 세 분의 불상이 모셔져 있다. 이 부처들에 대해 약간의 내용을 알아보고 간다.

● 화신불化身佛

교학의 화신불을 구족하게는 천백억화신千百億化身 석가모니불이라 칭한다. 기실 부처 자체는 볼 수가 없는 비심非心 혹은 청정심이기에 천백억화신으로 현상화시킨다. 김병규金秉圭 교수는 노작『법철학의 근본문제』에서 제임스 E. 머레이의 'Understanding Law As Metaphor'를 인용하며 법에 있어서 근본적인 것을 은유隱喩라고 설명하고 있다. 법이 은유하는 근본적인 것은 무엇인가? 물론 자유다. 팔만대장경도 비유품이라 한다. 그것이 무엇을 비유하고 있는가? 물론 대승적 절대성으로서 대해탈이다.

진정한 자유나 이성은 우리의 의식을 초월해 있는 선험적(절대성)인 것이기에 딱 찝어서 말하지 못하고 말길이 끊어진 자리라서 은유하고 비유할 수밖에 없는 것이다. 천백억화신이라는 말은 불확정성인데 석가여래의 무정법無定法을 드러내는 말이다. 육조처럼 응무소주이생기심應無所住而生其心을 깨친다면 무정법에 들게 되고 고정관념, 즉 중생심은 초극된다.

마음(지각)은 정신분석학이나 심리학의 대상이지 선불교에서는 철저히 배제된다. 인간의 마음만큼 간사한 것도 없기 때문이다. 예컨대 우리의 뇌는 우리가 짓는 웃음의 가짜와 진짜도 구별을 못 한다고 한다. 아예 마음을 깨끗이 비워 청정해질수록 무진장한 잠재의식은 그 만큼 개발된다는 내역이 불교 심리학이고 특히 선사상이다.

이 논리의 가부可否로 스승 프로이트와 제자 융은 갈라섰다. 융이 티벳 불교에 찾아간 이유도 무의식의 개발 때문이었다. 여래설이나 여시관은 무의식 혹은 무정법의 현상학이다. 이른바 청정심에서 천백억화신이 연출되는 것이다. 동일성이나 정체성에 갇힌 마음은 요샛말로 소프트웨어 개발에 그만큼 독이 된다. 한국은 소프트웨어 분야에서 걸음마 단계라 노파심에서 한마디 붙였다.

● 보신불報身佛

가령 '마음의 변증법'에서 본다면 중생상은 유정법으로서 정립(心)이며 무정법을 드러내는 화신상은 반립(비심非心)이다. 유정법(심心)도 아니고 무정법(비심非心)도 아닌 종합(비심비비심非心非非心)을 교학에서 특히 원만보신圓滿報身 노사나불盧舍那佛이라 말한다. 원만보신상을 나투는 노사나불은 정토종의 『무량수경』에 나오는 여래불의 이름이다.

화신불인 비심 혹은 청정심이 비심비비심非心非非心이라는 보신불로 향상되는 사연을 『단경』에서 다음과 같이 설하고 있다.

> "이 문(돈오견성문頓悟見性門)의 좌선은 원래 마음을 잡음도 아니요 청정함을 잡음도 아니며 또한 움직임도 아니니, 만약 마음을 잡는 것이라면 마음이 원래 망령된 것이라, 알고 보면 마음이란 곡두(幻)와 같은 것이어서 잡을 곳이 없으며 만약 청정함을 잡는다 함은 사람의 성품이 원래 청정한 것임을 망념 때문에 진여가 파묻힌 것이니 다만 망념만 없으면 성품이 저절로 청정한 것이어늘 마음을 일으켜서 청정하게 한다함은 도리어 청정한 망념을 내는 격이 되나리라. 망령이란 것이 처소가 없으니 잡는 것이 이 망령이며 청정하다함이 형상이 없으니 청정한 티를 내어 공부한다함은 도리어 청정함에 얽매여 제 본성을 막음이 되나리라."

마음이 진정한 비심 혹은 청정심에 들었다고 가정한다면 이미 비심 혹은 청정심이라는 생각이나 마음의 경계를 벗어나서 비심비비심의 상황인데 선에서 이를 광명심이라 칭한다. 불교 심리학에 의하면, 마음은 비울수록 그만큼 밝아진다. 문제는 비우는 방법론이다. 흔히 '마음을 비웠다'라는 말을 자주 듣는데 진짜로 마음을 비웠다면 그런 말도 못 한다.

● 법신불法身佛

서두에서 언급한 바처럼 사찰 법당에는 화신불, 보신불, 그리고 법신불의 세 부처가 주로 함께 모셔져 있는데 중앙의 법신불을 좌우에서 화신불과 보신불이 협시挾侍하고 있다. 법신불이라는 말은 구족하게는 청정법신비로사나불淸淨法身毘盧舍那佛이라고 쓰는데 비로사나는 산스크리트어(범어梵語)의 태양을 한자로 음역한 것이다. 의역으로는 광명편조光明遍照 등의 표현이 있다. 심리적 광명의 극치인 부처다.

『육조단경』에서 설해지는 청정법신불에 관한 부분을 조금 인용해 본다.

> 어찌하여 청정법신불인가? 세상 사람들의 성품이 본래 청정한 것이라 만법이 자성으로 좇아서 나나니 -중략- 사람들의 들뜬 마음은 저 하늘의 뜬 구름과 같고 밝은 지혜는 저 일월日月과 같은지라, 들뜬 마음만 없으면 지혜가 언제나 밝건만 밖으로 마음이 경계에 걸리면 망령된 생각의 구름이 자성의 밝음을 얻지 못하나니, 만약 선지식善知識을 만나서 진정한 법을 듣고 스스로 어두운 망념을 제하면 안과 밖이 밝게 사무쳐 자성 속에서 만법이 다 나타나는 것이라, 견성見性한 사람은 모두 이런 것이니 이것이 청정법신불이라.

위의 법문에서 견성이라는 것이 어떤 것인지를 최상승법인 조사선에서 자세히 밝히는 것이 이 책의 종지이기도 하다. 여기서 중요한 점은 지금까지 보았던 부처는 화신불과 보신불 그리고 법신불로서 삼분법적三分法的이다. 그러나 선에서는 이들을 모두 하나로 종합한다. 그 내역을 다음 절에서 살피도록 한다.

<u>여래관</u>如來關

● 삼신三身의 일체

다음은 방산남원의 『법어록』에서 인용하였다.

> 법신을 본체로, 화신을 작용으로, 그리고 보신을 일체로 삼으니, 삼신불이 실성(實性: 절대성, '하나')이라는 대승적 절대성으로 귀일한다. 이른바 만법귀일萬法歸一이라는 것이다.

일반 사찰에 모셔진 삼신불을 변증법적으로 혹은 체용일체론에 입각하여 하나로 종합시키는 것이 선이다. 종합되기 전에는 일반적으로 삼신불인데 종합 이후는 '불성실성(佛性實性: 비심비비심의 일물一物)'이라고 불려진다. 즉 삼신불일 때에는 비심비비심의 광명심이었는데 종합 이후에는 비심비비심의 '일물一物'로서 삼위일체가 된다. 일물一物이라는 말은 불성실성의 광명심이 구체적으로 일원상一圓相 혹은 원광圓光으로 나타난다는 은유이기도 하다. 결국 삼신불이라는 상대성적 관계를 삼위일체, 즉 절대성(실성實性)으로 종합했다. 이를 만법귀일萬法歸一이라고도 한다.

● 불교적 형이상학

삼즉일三卽一, 즉 삼신(화신·보신·법신)의 삼위일체인 실성(대승적 절대성: 보리반야의 성품)은 엄밀한 의미에서 중생상에 대한 상대성이다. 즉 중생상이라는 원인과 '불성실성'이라는 결과가 불교적 형이상학이 성립되고 있다. 부처의 실성(비심비비심의 일물一物)이라는 대승법도 최상승법에서 보면, 중생상과 상대적 관계를 이루고 있는 처지다. 소위 만법귀일萬法歸一인데, 이는 만법이 하나로 귀납된다는 바, 결국 만법과 '귀일歸一'이라는 인과관계가 성립되므로 형이상학적이다. 어떤 형태이든 간에 인과율이 성립되면 곧 형이상학이 되고 결정론이 되고 만다. 다음은 임제 선사의 만법귀일(삼즉일三卽一)에 대한 설법이다.

● 『임제록』의 삼구三句

다음은 시중示衆 편에서 인용하였다.

임제 선사 법문하시다. "부처란 청정심이고 법이란 광명심이며 도道라는 것은 처처무애정광處處無礙淨光인 바, 이 셋은 하나이되(삼즉일三卽一), 모두가 빈 이름일 뿐(개시허공皆是虛空), 사실 있는 것이 아니다(이유실무而有實無).

임제 선사가 '개시허공皆是虛空 이유실무而有實無'라고 말하면서 '한 물건一物' 혹은 '만법귀일(萬法歸一: 만법은 하나로 돌아감)'이라는 불교적 형이상학을 해체시키고 있다. 조사선에서는 '하나一物'마저도 내세움이 없기 때문이다. 이 상황을 혜능의 표현에 의하면 본래무일물 혹은 자성진공이며 소위 적멸寂滅을 의미한다. 예를 들면, 선찰 양산 통도사의 '적멸보궁寂滅寶宮'에는 '일원상一圓相 혹은 원광圓光으로써 장엄된 부처들'이 이미 보이지 않는다.

여기서 『벽암록』 '제69칙'에 나오는 예화 한 편을 보고 가자.

남전, 귀종, 마곡 스님이 함께 혜충 국사(慧忠, 唐, ?~775)를 예방하러 가는 도중에 남전 스님이 땅 위에 일원상(一圓相: 부처의 광배)을 그려놓고 말했다. "한 마디 하면 가겠다."

귀종 스님이 일원상의 가운데 앉자 마곡 스님은 여인처럼 다소곳이 절하는 시늉을 지었다.

남전 스님은 말했다. "그렇다면 떠나지 않겠네."

일원상 가운데 앉은 귀종 스님은, '이 무슨 수작이야!' 라고 반발했다.

남전의 시험에 두 사람이 걸려 든 것이다. 여기서 '한 물건'이라는 의미의 일원상 혹은 원광圓光은 깨달음의 상징이기도 하지만 불교적 형이상학의 표출이기도 하다. 불교는 무정법이다. 그래서 무한정으로 발전해 가야 한다. 고로 일원상도 응당 해체되고 극복되어야 한다. 위의 선문에서 귀종은 일원상에 귀의했고 마곡은 예배까지 했다. 이것은 역시 남전의 시험대에 걸려든 모습. 물론 일원상('한 물건')마저 해체하고, 개시허공皆是虛空 이유실무而有實無를 일깨우려는 담론이라 하겠다. 이 상황에서 소위 여래선은 부정되고 극복된다. 다음 항의 마조 선사 선문은 지금까지를 잘 정리하고 있다.

● 마조의 즉심즉불卽心卽佛

다음은 『마조록』에서 인용하였다.

대매산大梅山 법상(法常, 당唐, 752~839) 스님이 처음으로 마조 선사를 참례하고 선사에게 물었다. "무엇이 부처입니까?"

마조 선사 가로되, "곧 마음이 부처다(즉심시불卽心是佛)."

법상 스님은 그 자리에서 깨닫고 그때부터 대매산에 머물렀다. 마조 선사는 법상이 산에 머문다는 소문을 듣고서 한 스님을 시켜 찾아가 묻게 하였다.

"스님께선 마조 선사를 뵙고 무엇을 얻었기에 갑자기 이 산에 머무십니까?"

"마조 선사께서 나에게 즉심시불卽心是佛이라 하셨다네. 그래서 여기에 머문다네."

"마조 선사 법문은 요사이 또 달라졌습니다."

"어떻게 달라졌는가?"

"비심비불(非心非佛: 마음도 아니고 부처도 아님)이라 하십니다."

"이 늙은이가 사람을 혼돈시키는구나. 깨칠 경황이 없다. 비록 비심비불非心非非心이라 하드라도 나는 오직 즉심즉불(卽心卽佛: 非非心非非佛)이라 하겠다."

그 스님이 돌아와 말씀드렸더니 선사께서 말씀하셨다.

"대매산大梅山 매실이 익었구나."

위의 법문에서 대매산 매실(법상 스님)이 익은 과정은 다음과 같은 변증법적 '부정의 부정'이다. 즉 '즉심시불(卽心是佛: 卽心非心)☞ 비심비불(非心非佛: 비심비비심의 일물)☞ 비비심비비불(非非心非非佛: 卽心卽佛)' 이를 a, b, c. 단계로 나누어 아래에 설명을 붙여 본다.

a) 즉심시불卽心是佛

여기서 '곧 마음이 부처다'는 말은, 알고 보면 마음(중생상)이 상대성이고 동시에 불확정성이고 해서 무정법이고 곧 비심, 즉 부처佛란 뜻이다. 여래설에서 '마음이 마음이 아니고(비심非心) 이 이름이 마음이다'와 맥을 같이 하는 말이다. 역시 형식논리학적으로는 어불성설이다. 일단은 우리가 품고 산다는 마음은 기실 상대성적이고 불확정성, 즉 객관적이어서 비심(非心: 佛)이라는 뜻이다. 그래서 즉심시불, 즉 마음이 곧 부처라고 했다. 우리는 불심을 안고 살건만 깨닫지 못하고 중생적 환상을 스스로 쓰고 있다는 말이 된다..

b) 비심비불(非心·非佛: 비심비비심非心·非非心)의 '한 물건一物'

전항의 즉심시불卽心是佛의 부정이 비심비불이다. 즉 비심비비심으로서 마음의 2중 부정, 즉 마음(정립)도 아니고 부처(비심非心: 반립)도 아닌 것으로서 마음의 대승적인 절대성(종합: 실성實性)이며, 이를 선에서는 '비심비불의 한 물건一物'이라고 말한다. 진정으로 아니라면, 아닌 것으로부터도 벗어나야 하리라.

그래서 비심이 비비심이 된다. 이 경우 청정에서 광명으로 마음이 한 차원 향상한다. 불조사들의 영정(影幀: Icon)에서 후광 혹은 광배를 보는데 이것이 이른바 일원상一圓相인 원융무애한 대승적 절대성의 상징물로서 교학에서는 보신불 혹은 광명불이라고 하는데 선의 삼위일체론에 입각하면 비심비비심의 '한 물건一物'으로 업그레이드된다. 이 말을 일상언어로 표현하면, '절대심 하나'고 기독교적으로는 '절대주 하나님'으로 된다고 할까나….

『육조단경』의 '기연품'에는 육조가 회양 스님을 제접하는 장면에서 문제의 '한 물건(실성實性)'이 이미 나왔는데, 그 문답 내용이 중요하니 한 번 더 보고 가도록 한다.

(참고: 아래 글은 서산 대사의 『선가구감禪家龜鑑』 제1측부터 나온다. 선가귀감이 아니고 〈선가구감〉이다. 후자가 체용론적이다.)

"어디서 왔는가?" 육조가 물으니,

"숭산에서 왔나이다." 회양이 답하자,

"어떠한 물건이 왔는가?" 육조가 물으니, 회양이 오랫동안 답을 못 했다. 무려 8년이라는 세월이 지난 뒤 드디어 회양은 답했다.

"설사 '한 물건(일물—物)'이라 하여도 맞지 않나이다."

– 중략 –

그 물들어 더렵혀지지 않는 것을 부처와 조사가 지키는 비밀한 법이니 네가 여시(무정법: 해탈)하다면 나 또한 여시(무정법: 해탈)하다고 하겠다.

여기서 육조가 물었던 '한 물건'을 남악회양(南岳懷讓, 당唐, 677~744)이 설사 어떤 '한 물건'이라고 (결정론적으로) 물으면 도리에 맞지 않습니다라고 답하며 인가를 받아 육조의 맏아들이 된다.

변증법적으로 정리해 보자. 의리선義理禪의 보신불에서는 비심비비심의 광명심이었고 여래선에서는 '비심비비심의 일물(—物: 일원상—圓相)'이 되는데 이것은 선불교적 형이상학임으로서 부정되고 초극의 대상이 된다. 역시 변증법적 '2중 부정'으로써 초월되는데 다음 항은 그 첫 부정의 단계다.

c) 즉심즉불卽心卽佛의 '한 물건—物'도 아닌 것

비심非心도 아니고, 비심이 아닌 것(비비심非非心)도 아닌 것(비비불非非佛), 즉 비비심비비불非非心非非佛을 '즉심즉불의 일물—物도 아닌 것'이라고 말한다. 이 적멸한 마조의 '즉심즉불의 한 물건도 아닌 경계'를 『단경』은 자성진공 혹은 본래무일물로 표현하고 있는데, 이외에도 각종 용어들이 많이 쓰이고 있다.

결과적으로 부처의 실성이라는 대승법을 선적으로 다시 업그레이드

('부정의 부정')하는 과정에서 즉심즉불의 '한 물건도 아닌 것(자성진공)'은 첫 부정이고, 이의 재부정은 『육조단경』에서 진여자성으로, 『마조록』에서는 대도大道로 나타나고 있다. 차차로 그 내용을 고찰해 가기로 한다.

여기서 잠깐 사르트르의 〈변증법적 이성비판〉에서 한 구절 읽고 간다.
"만약 변증법이 재차 신성한 법칙, 형이상학적인 숙명이 되어버리는 것을 욕망한다면, 변증법은 사람들로부터 떠날 것이니, 무엇인가 알 수 없는 초개인적인 총체적인 것으로부터 나오는 것이 아니면 안 된다."

여래선의 만법귀일이라는 여래선적 형이상학을 초극하여 '초개인적인 총체'가 이루어지는 그 내용을 참구해 가기로 한다.

조사관祖師關

● 대도무문大道無門

여기서 선의 담론 한 편을 다시 『마조록』에서 보도록 한다. (괄호 안은 필자의 첨언이다.)

어떤 승이 마조에게 물었다. "선사께서는 무엇 때문에 즉심시불(卽心 是佛: 곧 마음이 비심非心)이라는 말을 하십니까?"

"어린아이의 울음을 달래려고 그러네." (중생심, 즉 상대성적 차별심을 무마시킨다는 의도)

"울음을 그쳤을 때는 어찌하렵니까?" (비심일 때는?)

"비심비불(非心非佛: 비심비비심)이지." (소위 부처의 실성佛性實性이다.)

"이 둘이 아닌 사람(비심비비심: '한 물건')이 찾아오면 어떻게 지도하시렵니까?" ('불성실성佛性實性'이 찾아 왔을 때를 말함.)

"그에게는 '아무것도 아니라(불시물不是物)'고 말해 주겠다."
(참조: 즉심즉불의 '한 물건'도 아님에 해당함.)

"홀연히(忽: 다할 홀) 그 사람이 찾아오면 어찌하시겠습니까?" (즉심즉불도 부정하고 온 사람을 은유하고 있음.)

"그런 사람에게는 대도大道를 체회體會하게 해주겠다."

'부처의 실성' 즉 비심비비심의 '한 물건'을 초극한 경계를 마조는 즉심즉불(비비심비비불)이라 말했는데 위의 문답에서 '홀연히 그 사람이 찾아온다'는 말은 '즉심즉불의 한 물건도 아님'도 부정하고 오는 사람이다. 부처의 실성은 선불교적 형이상학임으로 다시 변증법적 2중 부정에 의해 초월하는 데 의의가 크다.

조사祖師의 '부정의 부정'은 활구(活句: 작용을 드러낸 선구)라는 〈선어록〉의 법어처럼 '부처의 실성'을 '2중 부정'한 대도는 물론 본체이며 작용을 필수한다. 교학(의리선)의 보신불(비심비불)에서는 정혜쌍수였고, 여래선(비심비불의 '한 물건')에서는 보리반야였는데 이의 2중 부정인 조사선에서는 여러 가지 체용론적 용어가 나오는데 대도무문大道無門도 그 하나다.

대도무문은 제5장에 나오는 송나라 무문혜계 선사의 저술 『선종무문관』에 나오는 최상승적 체용론이다. 위의 인용문에서 '대도를 체회하게 해주겠다'라는 말은 조사선의 체용론을 체회케 해준다는 뜻이다. 이와 갈음하는 다른 설법의 예를 차제에 『단경』에서 살펴보고 간다.

● 진여자성의 생각생각

〈임제의 삼구〉에서 '삼즉일三卽一 개시허공皆是虛空 이유실무而有實無'
라는 법어, 즉 '셋은 하나로서 모두가 빈 이름일 뿐, 사실 있는 것이 아
니다'란 구절 이후의 결론적 내용은 다음과 같다.

> "진짜 도를 닦는 사람이라면 생각생각의 마음에 빈틈이 없다(염념심불
> 간단念念心不間斷)."

위에서 삼즉일은 '비심비비심의 한 물건(불성실성)'이고 '개시허공 이
유실무'는 삼즉일의 부정인 즉심즉불의 '한 물건'도 없음인데 이 상황
을 육조 혜능은 자성진공 혹은 본래무일물이라 칭했다. 그리고 이 또
한 부정하니 결국 삼즉일(一)의 2중 부정으로서 진여자성이라는 최상
승적인 본체가 드러나는 바, 이는 마조 선사의 대도大道와 같은 차원이
다.

임제의 '진짜 도를 닦는 사람'은 결국 육조의 진여자성이다. 그리고
'생각생각의 마음에 빈 틈이 없다'라는 법어는 진여자성의 작용에 해
당하는데, 이 말은 생각생각의 마음이 오성적이라는 뜻이다. 중생의
생각생각은 상대성적 편견이고 고정관념이라면 진여자성의 생각생각
은 실천이성으로서 오성적임을 말한다. 그래서 조사는 생각생각의 마
음을 진여자성으로 돌이킨 자라고도 말한다.

『육조단경』'정혜품'에 이런 법어가 나온다. "생각생각 사이에 먼저
생각을 하지 말 것이니 만약 먼저 생각과 지금 생각과 뒷 생각이 연신
잇달아서 끊어지지 않으면 이것이 얽매임이라."

진여자성의 얽매임이 없는 생각생각은 여래선의 반야지혜가 한 단
계 업그레이드된 조사 선사의 체용일체다. 여래선은 정적靜的인데 반
해 조사선은 동적動的이다. 위의 문답에서 '홀연히 그 사람이 찾아오면

어찌 하시겠습니까?'라는 물음에 '그런 사람이 찾아오면 대도大道를 체회하게 해주겠다'라는 답은 역시 최상승적 체용론을 두고 한 말이다.

헤겔은 절대정신과 절대지라 했는데『육조단경』에서는 보리반야의 최상승 단계로서 진여자성의 생각생각이라고 구체적으로 설하고 있다. 앞에서 언급했다시피 이 체용론을 선종제일서禪宗第一書라는『벽암록』은 주체대용 혹은 대기대용大機大用이라는 더욱 업그레이드된 용어들로써 표현해 내고 있다. 다음 절에서 좀 더 구체적으로 보도록 한다.

● 아뢰야식阿賴耶識의 상분相分

선문집『벽암록』과 쌍벽을 이룬다는『종용록』에 의하면 주체대용의 내용을 '아뢰야식의 상분相分'이라고 유식론적唯識論的으로 표현하고 있다. 여기서 아뢰야식이란, 잠재의식(여래장식)이 최상승법적 본체와 함께 청정무구한 함장식含藏識으로 순정화된 상태를 말한다. 말하자면 '무무의식無無意識 역무무의식진亦無無意識盡'으로서 이는 무의식(여래장식)의 최상승적인 상황이다.

4) 선의 필경각畢竟覺

정리하면 여래선에서는 지도무난至道無難 (참조:『벽암록』제2칙) 등인데, 조사선에서는 대도무문 다시 주체대용으로 향상된다. 이 점을 마조가 체회하게 해준다고 말한 것이다. 물론 대도를 체회하는 길은 어렵다. 구체적 내용은 점차로 참구해 나가기로 한다.

본 4절에서 가장 중요한 결과는 의리선(교학)의 불성(비심비비심)에서는 광명심이었고, 여래선의 불성실성(비심비비심의 '한 물건')에서는 광명이 일원상 혹은 원광을 이루었는데, 조사선인 대도 혹은 진여자성에서는 '신

령스런 빛의 성품(소소영영疎疎靈靈)'으로서 이른바 선사상의 필경각畢竟覺
이 드러난다는 함의인데 이를 다음 절에서 면밀히 참구해 보기로 한다.

선사상에서 필경각畢竟覺

• '신령스런 빛의 성품'

위의 소소영영(疎疎靈靈: 트일 疎, 신령스런 靈)한 필경각을 『벽암록』 원문
에서는 간단히 저개這箇라고 적고 있는데, 의역하면 '이 깨친 자리'가
된다. 그러나 우리 공부자들은 화두, 예컨대 '이 무엇인고?' 혹은 무無
와 관련하여, '그 자리'라고 지향적인 삼인칭 용어를 쓰도록 한다. 즉
'그 자리'는 비록 이 이름(생각/마음)이 없이 실존하되 초선험적이다.

대승법에서는 보리가 반야를 일으켜서 '원광圓光'을 드러내고 최상승
법에서는 대도가 무문을 일으키고 '그 자리'인 신령스런 빛의 성품을
드러낸다. 여기까지가 귀납적이고 다시 이를 연역적으로 말하면 '그
자리'가 각자의 마음에 심등心燈을 켜서 심광법계心光法界, 즉 광명천지
를 열어내는 것이다. 소위 심광법계류心光法界流인 것이다.

『조주록』의 간결한 문답 한 편에서 메타포다운 메타포를 보도록 한다.
어떤 승이 물었다.
"조주에서 진부鎭府까지 거리가 얼마나 됩니까?"
"3백 리."
"진부에서 조주까지는 얼마나 됩니까?"

"거리가 없다."

윗문에서 3백 리는 이른바 거일명삼擧一明三이라는 용어와 관련이 있는 바,『벽암록』에 자주 나오는 말인데, 부처의 실성('한 물건')☞ 자성진공☞ 진여자성☞ '그 자리'까지 견준 말이다. 한편 진부에서 조주까지 거리가 없다는 말은 조주가 조사관(대도무문)을 투관한 경계를 보이는 메타포다. 여기서 진부鎭府라는 말은 선의 귀납처인 '그 자리'를 은유하고 있다. 이러한 귀결처에서 조주까지 거리가 없다라고 답했다. 조주는 이른바 '빛 사람'인 것이다.

만법귀일(萬法歸一: 만법은 하나로 돌아감)인데 일귀하처(一歸何處: 그 하나는 어디로 돌아감)인가라는 물음에 일귀만법(一歸萬法: 그 하나는 만법으로 돌아감)이라고 말한다면 여래관如來關을 못 벗어난 선사가 된다. 그러나『벽암록』'제21칙 지문연화智門蓮花'의 평창에서처럼 격외구(格外句: 조사선에 해당함)를 변득辨得하여 거일명삼擧一明三하면 문답은 위처럼 된다.

대도무문에서 드러나는 문제의 '그 자리'는 어떤 인위적인 언어문자도 초월한 곳으로 광명심의 극치인 본래성으로서 이 자리가 이른바 '참마음'이고 '인간의 본성'이다.『벽암록』'제60칙'의 평창에서 원오선사가 이르기를, '있다고 하면 눈먼 봉사이며, 없다 하면 죽은 놈이다'라고 하였다. 물론 있다 없다를 궁극적으로 초월했다. '그 자리'를 마조가 표현하길, '그는 나를 아는데 나는 그를 모른다'고 했다. 이것이 사르트르가 말한 개인을 초월한 '총체적인 진리'로서 형이상학을 완전히 초극한 상황이다.

'궁극적 진리의 정의를 인정치 못한다'고 말한 푸코처럼 '그 자리'는 오로지 돈오로써 체회해야 하는 '신령스런 빛의 성품'이되, 체득하면 '빛 사람'이 된다. 선문답에서 '어떤 것이 불법적적대의佛法的的大意입니

까?'라고 묻는 경우, 조사선의 귀납처인 '그 자리'를 물음인데 언어도
단 심행처멸의 영각인 '그 자리'에서 초극한 대도무문을 도로 말하는
것이 조사의 체용론이 된다.

비트켄슈타인이 '모르면 침묵하라'고 했는데 물론 차원이 다른 말이
지만, 선에서는 언어도단言語道斷의 '그 자리'에서 비로소 말 같은 말을
한다. 이런 대도무문을 『벽암록』이나 『종용록』에서는 주체대용 등등으
로 표현한다. '그 자리'의 연역처, 즉 주체대용을 형상화해서 구체적으
로 표현하는 것이 조사선문이다. 그래서 '그 자리' 이전의 방편문과 구
별하여 그 이후를 건화문建化門이라고도 한다. 교학의 상구보리上求菩
提 하화중생下化衆生이 조사선에서는 위처럼 구현된다.

예문으로서 『벽암록』 제1칙에서 '그 자리'의 건화문 내용을 잠깐 보
고 가도록 한다.

> 양의 무제가 달마에게 물었다. "무엇이 성스런 진리의 제일의(성제제
> 일의聖諦第一義)입니까?"
> 달마가 답하다. "확연廓然해서 성제도 없습니다(무성無聖)."
> 양 무제가 또 묻다. "나와 마주한 그대는 누구십니까"
> 달마 답하다. "모릅니다."
> 무제는 이에 깨닫지 못했다. —이하 생략—

남북조시대의 불심천자라고 불리었던 남조의 양나라 고조 무제(武
帝, 양梁, 502~549)가 성제제일의로써 '그 자리'를 물었던 셈이다. 이에
달마가 확연무성廓然無聖이라는 답을 바치지 않을 수밖에 없었다. 말
하자면 '그 자리'를 직접 설명할 수 없어서 체용론에 입각해서 확연무
성이라고 답했다. 확연은 크고 넓음이고 무성은 성제라는 것도 없음

이니 대도무문과 맥을 같이 하는 답이다. 이에 양 무제가 나와 마주한 그대는 누구시냐고 물었더니 '그 자리'인 신령스런 빛의 성품이라서 불식不識, 즉 모르겠다는 답을 또한 바치지 않을 수밖에 없었다는 내용이다.

이 문답은 『종용록』에서도 나오는데 저자 만송 노인은 '차라리 제2두문第二頭問을 물었어야 했을 걸'이라고 '착어着語'를 붙였다. '어떤 것이 부처입니까?'와 같은 질문 말이다. 문제의 귀납과정에서 부정과 전도의 연속으로 상대성은 남김없이 소멸했고 '신령스런 앎'은 홀로 성성하여 생명의 근원으로서 활동작용을 현상하나니, 역으로 말하면 이 최상승법인 영각靈覺 혹은 각황覺皇을 위해 일체의 분별지를 몽땅 죽인 셈이다.

시인 고은은 썼다. "내려 갈 때 보았네. 올라갈 때 보지 못한 그 꽃."

이는 '그 자리'에 귀납할 때는 의단일념이었다는 말이고 연역일 때는 대상들이 '그냥 그대로' 현전한다는 말이다. 생명 주체는 환경세계를 제각각 사이버로 작용시키는데, 생명이라는 것이 문제의 '그 자리'라는 것이 선사상이다.

〈선가구감〉 제2칙의 송은 이런 내용을 잘 반영하고 있다.

건곤실색(乾坤失色: 하늘과 땅이 색을 잃고) 일월무광(日月無光: 해와 달이 광명이 없구나).

소소영영한 '그 자리'는 물리학 및 실재론적 광학과는 별도인 마음의 트임과 광명이다. 이런 신령스런 빛의 성품에서 이른바 '아뢰야식(주체: 무무의식無無意識 역무무의식진亦無無意識盡)'의 작용이 삼라만상으로 현상하는 바, 교학에서 이를 일체유심조라 말한다. 다시 말하지만 '그 자리'로부터의 연역도 또한 대도무문이겠지만 『벽암록』이나 『종용록』에서는 주체대용 혹은 대기대용大機大用 등의 표현이 쓰이고 있다. 자세한 내용은 제5장에서 보기로 한다.

이는 『금강경』에서 '여여부동'이라는 본체에서 '무위법적인 차별을 씀'이라는 작용에 해당된다. 단 하나의 재현(再現: 현상학)이 없음이라서 객관적으로 활무(活無: 상대성과 무상성)라고 말할 수도 있다. 모든 조사선문은 '그 자리'를 드러내기 위한 방편문이고, 한편으로 '그 자리'가 드러내는 현상학 혹은 건화문이다. 선문에는 양자가 혼재해 있다.

중국에 가면 분식점에 방편면方便面이라는 메뉴가 있다. 인스턴트 라면을 말한다. 조사선에서 보면 일체의 법문은 인스턴트 방편문이고 한편으로 '그 자리'의 건화문이다. 소소영영한 실존은 '그 자리'일 뿐이다. 플라톤의 이데아와 그 그림자는 형이상학이지만 '그 자리'는 주체대용과 삼위일체를 이루니 형이상학을 초월했다. 또한 전자는 지해문이지만 후자는 돈오문이다.

신실용주의의 로티는 본체 혹은 주체에 대한 참구도 없이 문화중심주의적 메타포를 구사한다고 말했는데 문화의 충돌을 피할 수 없게 된 것이 역사의 가르침이다. 모든 과학과 학문은 궁극적으로 인성을 규현하기 위한 방편이고 도구이어야 하지 그 자체가 이성이고 목적이 되고 또한 숭배의 대상이 되어서는 안 된다.

물론 종교나 윤리 도덕이라는 것들도 예외일 수가 없다. 그러나 현실은 그렇지가 않다. 경제, 과학, 종교, 민족, 주체사상 등을 지상주의로 삼고 인성을 유린하는 일이 비일비재하다.

각설하고 육조가 물었던 것을 다시 보기로 한다.

"나에게 '한 물건'이 있되 두미도 없고 전후좌우도 없으며 명자名字

도 없는 것이 오인悟人의 동용 중에 있는 것이 뭔가?"

결국 그 '한 물건'은 비심비비심의 '한 물건'이지만, 결국 이를 초월한 '본래성'은 '설사 한 물건이라 해도 맞지 않은 것'이고 이 이름마저도 붙일 도리가 없는 것으로서 오인(悟人: 진불)의 동용(動用: 활동작용, 생각생각) 가운데 드러나고 있다는 뜻이다.

이에 대한 답으로 방산남원은 이렇게 되물었다.
"내게 '한 물건'이 있되, 언설로써도 혹은 언설 아닌 것으로써도 말할 길이 없고 어둡기는 칠흑 같고 밝기로는 일월 같은 것이 오인의 동용중에 있는 것이 무엇인고?"

육조가 물었던 것은 대도무문으로써 드러낸 '그 자리'이며 방산남원이 답한 내용은 다시 '그 자리'에서 드러나는 대도무문 혹은 주체대용 격이다. '그 자리'를 담론하는 도리가 이렇게 최상승법적 '묻고 답'하는 길 외에는 없기 때문에 선은 문답이 될 수밖에 없고 알음알이(지해知解)가 아니고 돈오頓悟라서 어렵다.

차라리 형이상학이라면 결정론이라서 간단하지만, 선은 '그 자리'의돈오문이라서 참으로 보기 어렵다. 담론의 철학자 푸코도 천지만물을담론이라 했지만 '그 자리'를 이렇게 담론함은 꿈에도 몰랐을 것이다. 다만 궁극적 진리는 정의치 못한다고 말했을 뿐이다. 지해知解로써는그 실상實相을 볼 수가 없다.

여기서 원오극근과 불감혜근의 스승인 송의 오조五祖 법연(法演, 송末, ?~ 1104) 선사의 선시 한 편을 보고 간다.

일단풍광화난성一段風光畫難成

동방심처진수정洞旁深處陳愁情

빈호소옥별무사頻呼少玉別無事

지사단랑인득성只使檀郎認得聲

(일단의 풍광 그리려니 어렵다. 깊고 깊은 곳, 이 한 맘 전하려 소옥을 자주 부름은 오로지 내 님에게 내 뜻 전하는 소리라네.)

이른바 '소염시小艶詩'라는 것으로 대궐 속 양귀비가 사랑하는 안록산을 불러들이기 위해 몸종의 이름 소옥少玉을 방편으로서 대신 불렀다는 당나라 현종 때의 실화를 선시로 표현했다. 첫 줄은 '그 자리'인 일단의 풍광을 언어의 그림으로 그리기 어렵다는 뜻을 전제하고 있다. '깊고 깊은 곳'은 주체를 은유한다. 작용으로 주인공 안록산을 직접으로 불러내기가 불가능하니 방편으로 몸종 소옥의 이름을 불렀다는 것. 선사상은 이런 방편을 쓰지 않으면 안 된다는 함의를 지닌다.

만법귀일萬法歸一 일귀하처一歸何處를 다시 보자. '일만 법이 하나로 돌아간다는 데, 그 하나는 어디로 돌아갑니까?'라는 물음에 간단하게 '그 하나는 만법으로 돌아간다一歸萬法'라고 말해버리면 선문이라도 여래선문이라 했다.

방산남원 선사의 답은 다음처럼 조사선적이다.

"흰 소가 시주施主 집에 찾아든다."

여기서 '흰 소'는 진여자성이며 찾아가는 곳은 시주집으로서 '그 자리'를 은유하고 있다. 사찰 대웅전 벽화에 그려진 심우도尋牛圖에서 소(마음)가 어디로 가는지 잘 살펴보시라.

함통 선사는 이렇게 염송하였다.

　　텅 비고 고요하여 한 물건도 없는데 신령스러운 그 빛은 온 누리를
비추고 몸도 마음도 다 없으니 생사의 집에서 벗어났고 가고 옴에 걸림
이 없네.

일귀하처에 대해 진실한 귀납처를 읊었고 또한 연역처를 동시에 노
래했다. 인간의 '본래성'은 인식이나 의식, 혹은 정신과 마음으로부터
바라밀다한 '참마음'인 '그 자리'다. 그런 가운데서 여래장식은 청정무
구한 아뢰야식(무무의식 역무무의식진)으로 내장되고 다양한 상분(相分: 생
각생각)을 드러내나니 이 도리가 『벽암록』과 쌍벽을 이룬다는 『종용록』
적 현상학이다.

활동작용을 변증법에서 현실의 운동이라고 피히테나 헤겔은 강조했
지만 선에서처럼 체용일체임을 구체적으로 밝혀내지 못했다. 가령 진
리라는 것이 있다면 '그 자리'일 뿐이다. 이 진리와 삼위일체로서 예의
주체대용이 저절로 연역된다. 인간의 심리는 절대성에 들면 들수록 밝
아지고 결국은 무의식도 그렇게 현상화한다.

다시 말하지만 프로이트는 무의식을 부정적으로 치부했다. 무의식
의 근원을 성욕이라고도 했고, 특히 불교의 잠재의식을 컴컴한 지하실
에 은유했다. 꿈만 꿈이 아니고 '깬 꿈'도 꿈인 줄을 몰랐다. 그러나
제자 융은 무의식을 긍정적으로 개발하려 했고 티베트 불교에 갔다.
그랬다고 융은 선사상을 그 곳에서 배우지는 못했다.

다음은 고려 대각 국사 의천(義天, 1055~1101)의 문집에 나오는 말
이다.

　　"진리에는 말이나 형상이 없지만 말이나 형상을 떠나면 의혹에 빠지
고 말이나 형상에 집착하면 그 참모습을 모른다."

다음은 고려 보조 국사 지눌(知訥, 1158~1201)의 묘비명에 있는 말이다.

"손가락으로 달을 가리키되 달은 손가락에 있지 않고 말로써 진리를 말하되 진리는 말에도 있지 않다."

교학에서는 태양이 주로 나타나는데 선문에서는 달이 자주 뜬다. 달은 어둡다 밝다라는 비교의 초월을 상징하기 때문이다.

아프리카의 나라 토고에서 온 이야기 하나. 어느 추장에게 사진을 한 장 찍어주었더니 추장은 그 사진이 자신의 얼굴이라는 사실을 전혀 모른다는 것. 중요한 점은 성현들이 찍어주는 우리들 내면의 진면목眞面目을 아무리 설해 보여도 우리는 '그 자리'를 밝혀내지 못한다는 사실이다. '달을 가리키는데 손가락 끝은 왜 보나?'라는 말도 이런 상황을 내보이고 있다.

• 주체대용主體大用

다음 구절은 『벽암록』에 나오는 평창 구절에서 인용하였다.

본성에 딱 들어맞는 곳에 이르러서는 눈으로도 보지 못 하며 귀로도 듣지 못 하며 손가락으로 가리키지도 못 하며 칼로도 자르지 못 하며 불로 태우지도 못하며 물로 씻지도 못한다. 이것은 교학에서 참으로 노파심으로 보살펴준 것이다. 그 때문에 가냘픈 한 가닥 길을 터놓고 제2의문(第二義門: 의리선과 여래선)에서 객과 주, 기틀(기機)과 경계(경境), 물음과 답을 만든 것이다. 그러므로 다음과 같이 말한다. "모든 부처는 세간에 나타나지도 않았고 열반도 없으나 방편으로 중생을 제도하고자 이 같은 일을 나타낸 것이다."

대도무문 혹은 진여자성의 생각생각은 '그 자리'를 드러내는 귀납법에, 그리고 주체대용, 대기대용 등은 '그 자리'에서 드러나는 연역법으로 '그 자리'의 전후를 편의상 구별해 보았다. 이런 의미에서 후자의 제시는 '그 자리'의 건화문建化門인데 선문에서는 말후구末後句라 말한다. 다시 말하면 대도무문 등은 '그 자리'에 귀납하기 위한 방편문方便門이고 이에 반해 주체대용은 '그 자리'에서 연역되는 말후구末後句가 된다.

일체 생명은 모두 '그 자리'인 본성에 들어서 제 각각의 세상을 건립해 본다는 말이 선의 진리관이다. 세상만상은 한마디로 뭇 생명들의 건화문이다. 그래서 석가여래는 '그 자리'를 '팔만대장경'이라는 비유품으로써 설했고 선은 문제의 대장경을 선문답이라는 담론으로 콘텐츠를 향상시킨 것이다. 전자가 불교적 하드웨어라면 후자는 선적인 소프트웨어다. 둘의 초극인 휴먼웨어가 대도 혹은 주체가 된다고 치면 이 상황에서 이른바 소소영영한 '그 자리'가 뜬다고 볼 수 있다.

다음은 『조주록』에 나오는 선문답이다.
어떤 승이 물었다. "낮은 햇빛이고 밤은 불빛인데 어떤 것이 '신령스런 빛(성품)' 입니까?"
조주가 답했다. "햇빛과 불빛이다."

낮과 밤, 그리고 햇빛과 불빛이라는 상대성을 초극한 최상승 차원의 절대성은 곧 신령스런 빛의 성품인 '그 자리'에 귀결한다. 이것을 물어오니, '그 자리'를 조주 선사는 직접 설명하지 않고 '그 자리'의 현상학으로서 상대성을 도로 말한 것이다. 가령 진여자성의 생각생각을 초극한 '그 자리'는 어떠한 곳입니까?라고 물었다면 진여자성의 생각생각을 형상화해서 답했을 것이다.

'무엇이 만고불변의 진리입니까?'라고 물어온다면, 이 만고불변의 진리에 입각한 '주인공'이라면 '하늘은 하늘이고 땅은 땅이 아니더냐?'고 상대성을 '그냥 그대로' 되물을 것이다. 이런 건화문을 객관적으로 말한다면 주체대용이라 말할 수가 있고 일체의 과학과 예술은 '그 자리'의 건화문이고 작용으로써 그 의의를 찾아야 할 것이다.

다음은 『벽암록』의 '제3칙 마조의 일면불 월면불'에서 보는 본칙의 내용이다.

마조 대사가 몸이 편치 못하자, 원주가 문안을 드린다. "화상께서 존후가 여하하시나이까?"

대사가 답한다. "일면불日面佛 월면불月面佛"

여기서 마조 선사에게 존후尊候를 물었다는 것은 '그 자리'를 물었던 것을 은유하고 있다. 선사에게는 생로병사가 없고 열반상락에서 '그 자리'만이 성성하다. 교학에서 말하는 일면불과 월면불이라는 부처의 상대성을 초극하여 '그 자리'인 최상승적 절대성에 올랐는데 원주가 존후여하를 물어오니 '그 자리'를 물었던 것으로 간주하고 '일면불 월면불'이라는 상대성을 무위법에 입각해서 도로 답한 것이다. 〈불설불멸경〉에 의하면 일면불은 수명이 1,800세이고 월면불은 하루살이다. '그 자리'에 입각하면 양측에 모두 구애를 받지 않는다는 뜻으로 그런 답이 가능했다. 단 하루를 살던 천년을 살던 구애받을 일이 없다는 뜻이다.

방산남원의 『법어록』에서 인용해 본다.

학인(의리선)은 공을 증명하고, (색즉시공 공즉시색을 증명함.)

부처(여래선)는 공을 체회하고, (비상비비상처정을 체회함.)

조사 선사는 공을 활용한다. (최상승적 절대성에서 불확정성 및 상대성을 활용하니 삼라만상이 '그냥 그대로'이다.)

학인은 상대성을 논증했고 선객은 불확정성(공空)을 증명했고, 부처는 이 불확정성(공空)마저도 초극하여 본체(절대성)에 들었고, 조사는 부처의 실성(대승적 절대성)을 '부정하고 부정'해서 최상승적 절대성에서 '마음 없이' 중생상(상대성)을 도로 구사한다. '그냥 그대로'인 것이다. 조사 스스로가 볼 때 일체의 사상事象은 활무活無가 되고 환모(晥貌, 광명법계)가 된다.

즉 일체의 상대성을 초월한 최상승적 절대성에서 일어나는 구경각究竟覺에서 초월한 상대성을 다시 무위법으로써 또한 무의식적으로 작용시킨다는 말이다. 니체는 이와 비슷한 경계를 상정하고 〈영겁에의 회귀〉, 그리고 〈운명애amor fati〉의 사상이라 했으나 선의 귀결처인 '신령스런 빛의 성품'에서 '산은 산(山是山, 물은 물(水是水)'과 같은 일상언어를 재현하는 것과는 차원이 전혀 다르다. 니체는 형식논리학적이었고 선은 관념변증법의 발전된 형태고 소크라테스처럼 문답이라는 점이다.

여기서 빛, 즉 광명은 실제로 '광명은 광명이 아니고 이 이름이 광명이다'는 여래설을 조건으로 하니 허명虛明, 망명罔明, 정광淨光이라고도 말하지만 실은 언어도단言語道斷 심행처멸心行處滅이라 개념이나 언어의 길이 끊어진 그런 마음의 소소영영한 경지다.

여래선에서 부처의 실성은, 부정 혹은 항복시킬 중생심을 전제한 경우가 되고, 조사선에서는 전제하고 부정할 마음이 본래 없었다. 즉 조사는 마음을 모르고 사물을 안다. 그래서 조사는 부처를 꾸짖는다. 결과적으로 부처는 '없는 마음'을 전제해서 법을 폈기 때문이다. 마음이 진여자성에 들면 청정무구한 잠재의식이 그만큼 정제되어 현상한다.

마음 혹은 지각이라는 파동을 일으키는 한, 언젠가는 과학과 심리학에게서 발각되고 해부당하기 마련이다. 그래서 마음을 초극해야 그들에게 당하지 않을 것이며 그들의 마음 위에서 호령하고 군림할 수 있을 것이다. 선문으로 말하면, '무정無定이 유정有定에게 설하는 것'이다. 이것이 선의 심리학이다. 자아초월심리학의 대가라는 켄 윌버도 역시 티베트 불교나 인도의 힌두교 대신에 극동의 선불교를 찾아 왔어야 했다는 생각이 든다.

선에서 본 철학적 단상斷想들

• 마이스터 에크하르트

〈위대한 침묵(Into Great Silence)〉(2005)이라는 영화가 있었다. 알프스 중턱 계곡에 남아있는 아주 엄격한 가르투지오 수도원의 일상적 모습을 담은 전무후무할(?) 다큐 영화다. 감독(필립 그로닝)은 이 다큐를 구상하고 허락을 받아내고 혼자서 수도사들과 생활하며 촬영하고 편집하는 데 약 20년 세월을 보냈다고 알려져 있다.

극장 대기실에서 〈위대한 침묵〉이라는 포스터 앞에 서서 공감이라도 하듯 한참을 응시하다가 시선이 다음과 같은 헤드 카피들에 옮겨 갔을 때 눈이 번쩍 뜨이는 느낌을 받는다.

"언어가 사라진 뒤에야 우리는 비로소 보기 시작한다."

"눈이 부시도록 아름다운 침묵의 세계"

그리고 3시간 가까운 시간을 영화 속에서 마치 내가 수도사가 된 느낌으로 보낸다. 대화나 음악이나 감동스런 영상도 없는 데서 마치 법정 스님의 〈무소유〉라도 엄격히 실행하는 듯한 장면들로 시종일관 이어진다.

효과음 대신에 간간이 자막이 나오는데 예를 들면 이런 구절도 있었다.

"봄은 침묵으로부터 온다."

즉 언어라는 상대성이 끊어진 절대성에서 봄이라는 깨침이 온다니, 조사어록에서 인용했을까 하는 마음이 들 만큼 의아해 했다. 나름대로 영화는 필자에게 이런 소감을 안겼다. 누구나 수도다운 수도를 하면 '눈이 부시도록 아름다운 침묵(언어도단言語道斷 심행처멸心行處滅)의 경계'에 들게 되는구나. 문제는 방법론이고 결과론이다. 이야기를 중세의 현실로 돌려보자.

〈빛의 형이상학〉이라는 학문이 있다. 이 사상은 절대자 신神을 시원적인 빛이라 생각하며 이러한 빛으로써 유한한 존재자의 출현 또는 존재를 규정하려 한 형이상학의 전형이다. 플라톤이 선善의 '이데아'를 태양에 비유한 것은 이 사상의 시초이다. 신플라톤주의를 취한 로마의 주교 아우구스티누스(Aurelius Augustinus, 나羅, 354~430) 및 그 경향의 스콜라 철학, 특히 프란시스코(1182~1226)회 학파가 주장하는 인식론의 원리를 조명설照明說이라 한다.

신을 인식하는 데만이 아니라 자연에 대한 인식도 신의 빛을 직접적으로 조명 받아서 가능하다는 설이다. 따라서 아우구스티누스는 철학자란 '신을 사랑하는 자'라고 정의하고 보나벤투라(Bonaventura, 이伊 1221~1274)는 모든 학문이 신학에 귀일한다고 했다. 이 사상이 중세 신비주의에 끼친 영향은 지대하다.

그러나 13세기에 들어서 '스콜라철학의 왕' 토마스 아퀴나스(Thomas Aquinas, 이伊 1225~1274)로부터 반론을 당하기 시작했다. 그는 신비의 베일을 '인간의 이성'이라는 이름으로 벗겨내는 데 큰 공헌을 한다. 문제는 신의 조명설이 발달하면 할수록 반대급부로 인간의 이성은 점점 어두워진다는 점에서 아퀴나스가 '인간 이성의 빛'을 신학에 도입한 것은 의의가 크다. 이즈음 마이스터 에크하르트(Meister Eckhart, 독獨, 1260~1327)의 존재는 시사하는 바가 크므로 선불교에서 주목하는 수도사 중 하나라 해도 과언이 아니다.

앞에서도 잠깐 언급이 있었지만 다시 그의 주장을 반추해 보자.

"하느님의 종지와 속성은 나의 것이다. 예수는 인간 영혼의 성城 안으로 들어온다. 그때 영혼의 불꽃은 시공을 초월한다. 그 영혼의 빛은 창조되지 않고 창조될 수도 없으며 어떠한 중재도 없이 하느님을 소유한다. 인간 영혼의 중심과 하느님의 중심이 하나가 된다. 초탈은 하느님을 돌파함으로써 완성된다. … 자기를 무로 돌려 신의 무와 합일하면 비로소 인간은 완전한 자유에 도달하며, 모든 것을 버리고, 드디어는 신까지도 버리고 최고의 덕을 달성한다. …"

이러한 정신의 자유에 대한 담론이 후에 신플라톤주의나 루터에게 영향을 미쳤다. 인성의 근본인 신비와 이성도 변증법 혹은 선적으로 초탈해 가야 한다. 종교 간의 진정한 화해는 셈족의 종교도 아니고 불교도 역시 아닌 선이나 변증법적 초월에 있다. 영화 〈위대한 침묵〉에서 '눈이 부시도록 아름다운 침묵'과 그런 침묵을 통해 '봄이 온다'는 메시지는 '신령스런 빛의 성품'에 많이 다가선 것 같다.

진광불휘眞光不輝라는 말이 있다. 진실한 광채는 겉으로 나타나지 않는다는 말이다. 진광은 '밝다, 어둡다'를 초극한 마음의 빛이고 물리적 빛은 역시 물리적 빛에 한정된다. 예컨대 광속의 경우, 견우성과 직녀성간의 거리를 물리적 빛은 10년 동안이나 기어가야 한다. 신앙의 신비함으로부터가 아니고 일체의 고정관념적 미망을 초월함에서 스스로 밝아오는 심등心燈은 그런 시간 개념이 없다. 꽃 중에서 웃음꽃이 가장 아름답다는 말이 있다. 그러나 더 찬연한 꽃은 '하늘(참마음: 진광眞光)에서 내리는 꽃비(활무活無)'이다.

노자의 『도덕경』에는 이런 말이 있다.

"도는 하늘과 땅 그리고 인간의 본 바탕이므로 이를 대상적으로 파악할 수가 없다. 그러나 이것이 모든 것의 참된 주인공이다."

결국 상대성적 차별심의 고정관념을 그대로 두고 사량분별심思量分別心 이전의 본래성인 심등을 밝히기만 한다면 만사는 '그냥 그대로' 다양한 심광작용 그 자체가 된다. 즉 심등에서 심광이 법계를 이루며 흐르는 것이다.

루소(Jean Jacques Rousseau, 佛, 1712~1778)는 『에밀』에서 이렇게 말했다.

"자연스런 본성을 회복함이 교육의 본질이니 신이 주신 아름다운 숲속 같은 자연으로 돌아가라는 옳은 교육이 못 된다."

공자는 『중용』에서 '하늘이 명한 것, 이것을 성性이라 한다. 성에 따르는 것, 이것을 도道라 한다.'고 했다. 이 말을 선에 입각하면, 하늘은 '그 자리'이고, 성은 진여자성이며, 도는 생각생각(반야지혜)에 해당하는 바, 곧 주체대용이다. '무지無知의 지知, 즉 '나는 내가 모른다는 것을 안다'를 갈파한 선각자禪覺者 소크라테스는 일방적인 설교가 아니고 쌍방적인 대화법(Dialogos), 즉 담론이었다.

그 가운데서 진리를 창출해 내는 조산술助産術이 있었다. '너 자신을 알라'도 그 중 하나였다. 그의 '악법도 법이다'라는 말은, 법의 선악을 초월했기에 할 수 있었고, 또한 독배도 생사를 초극했기에 마실 수 있었다. 우리 모두 자문해 본다. '소크라테스는 진짜로 죽었는가?' 육체적 노동이 아니고, 밝은 앎의 활동작용이 된다. 이것이 소위 지식근로 산업의 원조가 되어야 하고 『신과학운동』의 지향점이 되어야 한다. 유물사관은 노예철학이라고 헤겔이 올바로 지적하였다.

여기서 역설 아닌 역설 한 줄을 유물론에 부친다. "새는 머리로 날지, 두 날개로 날지 않는다."

비행기도 마찬가지다. 솔제니친의 『이반 데비소비치의 하루』(1962)는 노동 유형자도 진작 노동자가 아님을 보여준다. 주인공 슈호프는 시베리아 유형지에서도 성실한 앎의 활동작용상을 보여주고 있다. 당시 소련 정부는 이 작품과 솔제니친의 노벨상 수상(1970)에 관련하여 이렇게 논평했다. '소련 인민의 우수한 노동력을 과시했다.'

이런 순수한 앎의 활동작용을 국외로 추방한 소련은 노동자들의 생산성 부족으로 인하여 결국 비참하게 파산했다.

● 헬렌 켈러

여기서 빛의 천사 헬렌 켈러(Helen Keller, 미美, 1880~1968)의 어록에서 '신령스런 빛의 성품'이 묻어나는 말들을 몇 구절 인용해 본다.

"세상에서 가장 아름다운 것은 보이거나 만져지지 않습니다. 단지 가슴으로만 느낄 수 있습니다."

"태양을 볼 수 있는 사람은 행복하고 볼 수 없는 사람은 불행한 것이 아닙니다. 중요한 것은 마음입니다. 마음 속에 빛을 갖는 일입니다. 힘과 용기를 가지십시오."

"태양을 바로 보고 사십시오. 그러면 당신의 그림자를 보지 못하시리라."

이쯤 되면 헬렌(Gk: 횃불) 켈러는 플라톤의 이데아와 그 그림자라는 2원론을 무색케 하고도 남음이 있다. 그녀에게 삼중고는 이미 삼중고가 아니고 이 이름이 삼중고인 셈이 된다. 심등을 밝히기만 한다면 시력, 청력 등은 굳이 회복시킬 필요도 없는 것이 된다.

오히려 시청각이 없는 것이 그녀가 마음의 빛을 밝히는 데 큰 도움을 주었을 것 같다. 차제에 우리의 시청각 교육을 한 번쯤 반성하고 회의하는 계기가 되었으면 한다. 역시 인성 공부가 최우선적이다. 당장에 '정직'이나 '솔직담백'을 어린이들부터 철저히 교육시키자.

에머슨(Ralph Waldo Emerson, 미美, 1803~1882)은 이런 말을 했다.

"나는 광채를 얻기 위해 책을 읽는다. 천재들은 우리에게 빛을 던져준다."

설사 알거지라도 마음이 맑고 밝으면 디오게네스(Sinope Diogenēs,

희希, BC 400~BC 323)가 되고, 그런 그를 알렉산더 대왕은 매우 부러워했다. 디오게네스가 대낮에 등불을 밝혀들고 사람을 구하려 다녔다는 일화는 시사함이 크다.

헬렌 켈러는 또 이런 글을 남기기도 했다.
"선조 가운데 왕이 없었던 노예가 없고, 또한 선조 가운데 노예가 없었던 왕도 없다."

이 말에서 선객은 왕과 노예라는 2분법을 일단 불식한다. 헬렌은 나이아가라 폭포 견문기를 쓴 적이 있었는데 눈과 귀와 말을 제대로 갖춘 정상인 보다 훨씬 더 감동적으로 표현했다고 당대의 문필가 마크 트웨인(Mark Twain, 미美, 1835~1910)은 평했다.

다음은 그 내용의 일부다.
"사실 인간이 영혼적이지 못하니까 신이 감각을 다섯 개 씩이나 주었지 영혼에 접근한 사람에게는 몇 개 없어도 되는 액세서리 같은 것들이다."

과연 마크 트웨인다운 탁 트인 말이다. 가령 영혼이라 한다면 선은 그 영혼을 맑히고 밝히는 회광반조의 수행이다. 헬렌에게는 스승 설리번 여사를 빠트릴 수가 없다. 암흑에서 몸부림치던 어린 헬렌에게 글을 가르치며 마음의 광명을 열어서 48년 동안 수족이 되어 주었기 때문이다.

가히 사표의 표본이라 말하지 않을 수 없다. 헬렌의 경우, '보는 것이 믿는 것Seeing is believing'이라는 상황이 아니어서 믿음이라는 고정관념을 보이지 않았고 언어라는 '상대성적 정식情識의 화신' 속에 살지 않았으므로 그 만큼 순수하였으니 이것이 본인의 천재성과 스승의 각고의 지도력으로 문제의 심등을 켠 것이 아닌가 보인다.

● 헤겔의 「정신현상학」과 그 전후

정신에서 육체로 반발한 문학의 전형이 D. H. 로렌스의『채털리 부인의 연인』(1928)이다. 정신 대신에 적나라한 육체의 부름에 부응한다는 내용이다. 외설문학 시비를 떠나서 이것도 절대정신이 일으킨 반작용의 하나로 보인다. 좌파니 우파니 하는 파벌로부터, 니체나 키에르케고르까지도 헤겔의 영향을 받은 철학자들이다.

윌리엄 사하키안은『서양철학사』(권순홍 역, 문예출판사)에서 이런 주장을 편다.

추상적 지식인의 전형은 헤겔주의적 합리론자들이다. 이러한 사람들은 철학적 체계를 사변하거나 이론화하고 정식화시키기는 하지만 정신의 상아탑 속에서, 즉 완전히 실존으로부터 도피한 채, 순수한 추상성이나 보편자의 이론적 체계 속에서 파묻혀 숨어 지내며 현실적인 사건들의 격투장으로부터 동떨어져 살아간다.

추상적 지식인은 세계의 소용돌이 속으로 뛰어들지 못한 채 거저 세계를 초연한 객관적인 방식에서 관찰할 뿐이다. 그는 세계를 구체적이 아닌 추상적으로 사고하면서 그것을 마치 역사가 끊난 양 취급한다. 키에르케고르의 철학과 비교해 볼 때 헤겔주의는 사상가 없는 사상과 다를 바가 없다. …

우리는 인생이 '이것이냐? 저것이냐?'의 결단임을 자각해야 한다.

실존한다는 것은 선택한다 함을, 행동에 뛰어든다 함을, 또 얽혀드는 인생사에 몸소 참여한다 함을 뜻하는 것이다. … '너 자신을 알라!' 는 소크라테스의 명령은 '너 자신을 선택하라' 로 번역되어야 한다.

신神 앞에 선 단독자 키에르케고르는 실존주의의 아버지이자 헤겔 비판에 맨 앞장을 선 철학자이다. 위의 글은 서양철학의 전통인 '보편과 개별' 에서 헤겔을 보편(절대성)으로 몰아붙이고 키에르케고르를 개별 및 특수(상대성)에 가두는 실존주의적 발상의 전형이다. 개별에서 '이것이냐? 저것이냐?' 라는 선택이 나타나고 '죽음에 이르는 병' 에 처하고 신성에 의탁한다. '이것도 아니고 저것도 아니고' 에서 키에르케고르는 상대성의 초극인 절대자를 실존적으로 상상해 보지도 못했다.

즉 '이것이냐?, 저것이냐?' 의 상대성적 선택 혹은 판단은, 상대성(개별)을 초극한 절대성(보편)에서 가장 잘 실행될 수 있다는 도리를 키에르케고르는 꿈에도 몰랐었다. 햄릿처럼 'To be, or not to be, that is the question' 에 처해 있는 것은 과연 비극이다. 키에르케고르의 실존변증법은 신과 인간, 유한과 무한 등의 대립자 가운데 하나를 결정해야 할 순간에 결단을 내리는 법으로서 이는 아리스토텔레스의 『시학』에서처럼 '우리는 선택할 수 있어 괴롭다' 는 역설에 처하게끔 만든다.

결국 대립자를 종합하는 헤겔의 관념변증법에 반대한 키에르케고르의 결정주의론적 주관에 지나지 않는다. 헤겔의 신과 인간은 절대정신에서 만나게 되는 사랑(Eros) 논리이므로 키에르케고르의 신학에서는 통할 리가 없었다. 물론 헤겔은 변증법을 '현실의 동력' 으로 보았으나 절대정신/절대지에서 그것을 주체대용처럼 담론함에 역부족하였다.

실존주의, 특히 키에르케고르 학자들은 헤겔의 주객통일, 사유와 존재의 동일성과는 반대로 양자를 분리시킨다. 즉 키에르케고르는 항상 명백한 반대개념, 예컨대 '자유(성性)와 필연(상相)'을 관계시켜 생각하며 하나가 다른 하나를 규정하게 하는 방법을 사용했다. 칸트는 이율배반, 예를 들면 자연현상의 법칙성과 인간의 자유에서 양자의 모순을 파악 불가능한 것으로 간주하면서 주춤거렸다.

실존주의자들의 가장 급박한 문제는 본래적 형태의 자기의식과 그 자기의식에 드러날 세계의 모습이었다. 그러나 의식 그 자체로써는 관념론적 변증법처럼 본체를 찾지 못한다. 의식은 상대성적이고 불확정성적이기 때문이다. 세계-내-존재의 실존주의자 사르트르는『존재와 무』에서 '존재(유有)도 아니고 비존재(무無)도 아닌 것'인 절대성을 결코 제시도 체회하기도 못 했다. 그의 만년의 대저『변증법적 이성비판』(1960)은 경직되고 교조화된 마르크주의에 반대해서 마르크스주의의 인간주의화와 실존주의화를 도모한다고 한다.

'존재로부터 의식으로'라는 것과 더불어 '의식으로부터 존재에로'라는 것도 성립시킨다. 그러나 변증법에서 이성 혹은 주체 또 혹은 실존이라는 것은, 관념론에서 '부정의 부정'으로부터 시작하지 않으면 안 된다. 연후에 존재와 의식의 관계는, '존재는 곧 의식이고, 의식이 곧 존재인 것이다.

알튀세르(Louis Althusser, 불佛, 1918~1990)에 의하면 구조주의의 문제는 현상들 간의 단선적 인과관계를 밝히는 것이 아니고 한 현상이나 결과에 어떻게 그 배후구조가 작용의 원인으로 내재하고 있는가를 밝히는 것이다. 그러나 인과관계(상대성)의 작용 원인으로서 배후에는 일체의 구조를 헐어버린 대승적 절대성뿐이다. 선은 체용론을 참구함으로써 배후와 현상작용을 한꺼번에 밝혀서 경영해 낸다.

포스트모더니즘의 등장은 가능한 방향 전부에서 세상을 바라보고자 한다. 예컨대 미술에서 사실주의적 대상을 그대로 옮기기에 반발한다. 이는 근대의 도그마에 대한 반기로서 '절대이념'의 거부, 자율성, 다양성, 대중성을 중시하고 구조주의에 대해 반발을 하니 구조는 없다는 것이다. 여기서 우리는 모더니즘도 아니고 포스트모더니즘도 아닌 것을 성찰할 줄 알아야 한다.

오늘날 새롭게 개척된 인문학적 주제나 이론치고 데리다의 해체론 덕을 보지 않은 것은 드물다. 즉 해체론이라는 저수지에서 물을 끌어들이고 있다. 한 때 칸트의 순수이성비판이 그랬던 것처럼 말이다. 예의 미술에서 전형적인 자기위주 관법이 원근법이라면, 객관적 관법은 입체파 그림이 된다. 무엇이 사실인가? 사실주의에 대한 반기로서 데리다는 문제의 차연(차이+지연)을 내세우며 '텍스트 바깥에는 아무 것도 없다'를 선언한다.

그러나 선사상은 그 아무 것도 없다는 텍스트(상대성) 바깥, 즉 절대성에서부터 시작한다. 헤겔의 절대정신과 절대지는 선의 정혜쌍수론에 어긋났지만 가능성을 지닌 철학이다. 피히테의 『지식학』 출발점은 자아는 자신과 대립되는 비아를 항시 자기 내부에 간직하려고 활동하고 있다는 구도이다. '칸트에서 헤겔로' 가는 사다리인 『지식학』은 '나는 행위를 통해서만 나 자신이 될 수 있다. 왜냐하면 나는 자유롭기 때문이다.'라고 했고, 『지식학』의 과제를 '자유와 필연성의 화해'에 두었다.

이처럼 『지식학』으로써는 선에서처럼 본체적 자유를 결코 밝힐 수가 없다. 반복하지만 위대한 지식은 광명심(본체)에서 나온다. 현상과 물자체의 구별이 칸트의 최대 공적이라 평가한 쇼펜하우어(Arthur Schopenhauer, 獨, 1788~1860)의 생철학에 근원을 두는 실존주의는 1·2차 대전의 황폐 속에서 소외, 불안, 절망, 죽음 등이 '실존'으로 적극적으로 살게 하는 추동력을 발휘하여 서구에서 1950~60년대에 유행했으나 보편주의 및 이성주의에 대한 비판에 그치고 결국 대안의 부재로 바람과 함께 사라져 갔다.

결국 주체 중심의 '안으로부터의' 사고가 주체 외부의 보편적 구조를 중심으로 하는 '바깥으로부터'의 사고라는 구조주의로 바뀐다. 물론 변증법은 문제의 안과 밖을 초월한다. 프로이센의 '국가철학자' 헤겔에게서 우리는 몇 가지 사항들을 정리해 본다.

첫째, 헤겔철학은 중세 쿠자누스의 변증법처럼 역사적 시간 개념에 충실한 철학으로 역사주의적 형이상학이 된다. 절대정신에서는 역사 대신에 순수의식이 다루어졌어야 했다고 본다. 키에르케고르는 이 '체계의 철학'에 반대하며 실존의 체험을 주장했다. 헤겔은 마상의 나폴레옹을 보고 절대정신이라고 했다가 다시 프로이센(독일) 국가를 세계정신이라고도 했다. 진정 '올바른 자아실현'에 들면 성상이 여여(쌍명)하여 절대정신이 아닌 자성이 없고 세계정신이 아닌 대상이 없을 것이다.

'절대정신(주체)의 현상학(작용)'에 오성이 드러나고 있음으로 구체적인 세부사항은 분야별 학자들의 몫이다. 예컨대 역사는 역사학자의 몫이고 물론 물리학은 물리학자들의 몫이다. 결과적으로 헤겔식 역사라는 과거사 조명은 본의 아니게 마르크스식 변증법적 유물사관의 아버지가 되고 말았었다. 선에서 보면 역사는 짜깁기고 난마처럼 얽혀있다. 풀어보기 나름이다.

둘째, 다음은 『플라톤의 대화편』에 나오는 구절이다.
"인간은 이치에 맞는 질문에 대하여 이치에 맞는 대답을 하는 존재라고 스승(소크라테스)은 말했다."

그래서 플라톤도 진리는 인간들 사이의 진지한 대화를 통하여 얻을 수 있고 그것만이 참으로 철학하는 방법임을 역설하고 있다. 소위 다이얼로그(Dialogue)인 것이다. 반정초주의에서 말하는 컨버세이션(Conversation)으로부터는 진리도 철학도 거리가 멀다. 더욱이 선문답은 컨버세이션(Conversation)으로써는 귀결처가 전혀 없다. 언어의 갈등에 빠져 영원히 빛(심등)을 못 본다.

가장 좋은 철학적 사유는 가장 좋은 질문과 가장 좋은 대답이라는데 그런 영지靈知가 헤겔의 절대지에서 현실로 살아나지 않고 있다. 담론의 철학자 푸코는 산과 물을 담론이라 했음에 반해서, 선사상은 구경각인 '그 자리'에서 묻고 답하는 최상승적 담론이다. 헤겔에게는 이런 담론이 전혀 없다.

셋째, 다음은 어느 신문의 칼럼에서 읽은 헤겔에 관한 글이다.

> 철학자인 임석진 명지대 명예교수(한국헤겔학회장)가 헤겔의 대저 『정신현상학』을 세 번째로 번역해 냈다. 그는 1980년 첫 번역본을 내고도 25년 동안 두 번 이 책을 새로 번역하는 일에 몰두해 왔다. 이 고심의 세월 속에서 '그 스스로 즉자卽自·대자적對自的으로 실재하는 개체성'이라는 1판의 뜻 모를 일본식 표현을 이번엔 '절대적인 실재성을 획득한 개인'이란 우리말로 다듬어냈다.

『담론의 발견』(한길사)에서 저널리스트 고명섭은 임 교수의 세 번째 역본이 '한국어 결정판'이라는 평가가 헤겔학회 중심으로 나오고 있다고도 말하며, 즉자와 대자에 대한 설명도 곁들였다. 즉자는 '본래적인 것' '자체적인 것'으로, 대자는 '자각적인 것' '의식화된 것'으로, 그리고 즉자·대자는 '완전무결한 전체적·절대적인 것'으로 각각 번역되었다는 내용이다.

피히테의 '정(정립定立)·반(반립反立)·합(종합綜合)'을 헤겔은 왜 굳이 '즉자即自, 대자對自', '즉자即自·대자對自'라는 말로 바꾸었나하는 의문이 든다. 물론 절대정신과 자성에 귀의하려는 데에 『정신현상학』의 목표가 서 있었기 때문일 것이다. 여기서 일본식 표현과 다듬어진 우리말 표현이 또한 무슨 뜻인지 헷갈리게 만든다는 점도 문제다.

'번역입국飜譯立國'을 자부하는 일본인들도 수십 년에 걸쳐 번역했을 거고, 임 교수도 25년이나 걸려 새 번역본을 출간했다는 데도 무슨 뜻인지 잘 모르겠다는 것은 분명 문제다. 헤겔의 '즉자即自an sich, 대자對自fur sich'라는 명제가 피히테의 주관(정립定立)과 객관(반립反立), 그리고 이의 변증법적 종합을 '즉자·대자'라 한다면, 이는 여래선에서 '비심비불의 일물', 즉 '절대심 하나'(참고: 절대주 하나님)라는 종합의 뜻인데, '그 스스로 즉자·대자적으로 실재하는 개체성'이거나, '절대적인 실재성을 획득한 개인'이란 말은 둘 다 어색하기 짝이 없는 말이 된다.

예컨대 선불교의 정혜쌍수가 헤겔에게서 '보편과 개별의 상호침투'라는 형식논리학이 되고 있는 상황에서 보면 헤겔의 절대성은 형식논리학이고 동시에 헤겔의 변증법이 난해한 것은 빗나간 지해문知解門이라서 이해가 잘 안 간다. 선사상이 어려운 것은 돈오문이라서 지해知解로써는 정반합인 선정을 체회하기가 어려운 길이기 때문이리라.

문제는 종합, 즉 절대성(선정)에 입각하여 제상을 여래라는 아나로지 혹은 무정법으로 보는 일이다. 이것을 두고, 논리학에서는 '자유(보편: 절대성)와 필연(개별법칙)의 화해'가 된다. 체용론 앞에서 부끄러운 말이 되지만….

신헤겔파의 F. H. 브래들리(Francis Herbert Bradley, 영英, 1846~

1924)는 말했다. "실재는 하나의 절대적이고 초개인적인 경험(영험靈驗)이며 그 밖의 많은 사물들은 가상(Appearance)에 불과하다."

이 가상에 연관하여 비판적 실재론에서 하르트만(Nicolai Hartmann, 獨, 1882~1950)이 한 말을 상기해 본다. "초객관체와 이에 대응하는 초주관체는 절대적 실재에 의해 필연적으로 통일된다."

변증법에서 정립과 반립이라는 반대는 선사상에서처럼 '이다(시是)'와 '아니다(불시不是)' 혹은 '긍정(유有)'과 '부정(무無)' 또 혹은 '물음'과 '답'이라는, 언필칭 '모순'의 차원 그 이전인 근원적인 상대성에서부터 담론하기 시작되고 결국에 그 일치(부정의 부정)에서 순수한 절대성을 찾아 이를 경영했어야 했거늘, 모든 변증가들은 그렇지 못했다. 절대성의 체득! 이것 없이 변증법은 중구난방이 될 수밖에 없었던 것이다.

예컨대 마르크스처럼 '노동력과 생산관계'와 같이 지엽적인 경제문제에서부터 천착하기 시작해서는 결과적으로 편견이나 자가당착적 혼란을 면치 못하게 된다. 피히테는 정반합이라는 변증법으로 '반대의 일치'를 주장했고 헤겔은 이를 정신현상학에서 의식의 변증법적 발전(즉자, 대자, 즉자·대자)으로 종료시켰다고 호언했으나 '선의 변증법'에 입각해서 보면 논술 자체의 격에 문제가 있었다.

서양철학의 관념변증법은 〈순수이성비판〉과 〈정신현상학〉 그리고 〈정신분석학〉을 재정리하고 선사상을 귀감으로 삼아 피히테의 정반합부터 재출발해야 할 것으로 보인다. 피히테는 우리에게 세계로서 현현하는 모든 것들은 실재로 존재하지 않는다는 결론을 내린다. 우리가 세계에 대해서 보고 있는 것은 창조적 자아의 기획작품일 뿐이라고 말하고 모든 현실은 자아의 현실 활동이라고 지적했다.

제4장

삼종선三種禪과
화두話頭

삼종선三種禪

선법은 대상의 상대성(양의성)을 얼마나 훌륭하게 부정하여 절대성을 깊히 체회하는가에 달렸다. 이른바 의리선義理禪, 여래선, 그리고 조사선도 '부정의 부정(절대성)'의 차원 별로 나타난다. 예컨대, 문제의 절대성을 중생은 단지 필연성만으로, 학생은 상대성의 반대말로, 철학자는 상대성의 (2중)부정으로, 교학의 의리선에서는 비심비비심(비심비불)으로, 참학의 여래선에서는 불성실성으로, 그리고 조사선에서는 진여의 자성으로 향상된다. 여기서 궁극적 단계인 '신령스런 빛의 성품'이 나타남은 앞 장에서 참구한 대로다.

살펴보면, 생즉사生卽死 사즉생死卽生은 외학外學의 말이고 불생불멸不生不滅 및 비심비비심은 부처의 말이고 이 부처의 실성(非心非非心의 일물)을 다시 (2중) 부정하는 것이 조사다. 이 도리를 얼마나 체용론에 입각해서 깊히 체회하느냐가 참선의 핵심이 된다. 선은 교학教學의 초월문이다. 그래서 불립문자不立文字 교외불전教外別傳 직지인심直指人心 견성성불見性成佛이라 말했다.

다시 〈임제록〉에서 법문답 한 자락을 인용해 본다.

어떤 강주가 물었다. "삼승십이분교三乘十二分敎가 어찌 불성을 밝힌 것이 아니겠습니까?"

임제 스님 왈, "거친 풀밭荒草에 호미질 한 적이 없다."

강주가 또 물었다. "부처님께서는 어찌 사람을 속이셨겠습니까?"

임제 스님, "부처가 어디에 있느냐?"

위의 문답에서 3승은 이른바 성문(聲聞: 교법의 소리에 의해 깨닫는 사람), 연각(緣覺: 인연을 관찰하여 깨닫는 이), 보살(覺有情: 불성을 이루었으되 유정인 사람)을 말하며 12분교는 부처의 설법을 12분으로 나눈 것이다. 이렇게 복잡다단한 교학적 논리를 임제 선사는 '거친 풀밭에 호미질하는 격'에 비유한 것이다.

그런 난감한 형식논리학으로써는 선사상의 공부가 아득하다는 뜻이다. 그리고 '부처가 어디 있느냐'고 부처를 부정하는 것이었다. '부처는 부처가 아니고 이 이름이 부처다'는 여래설을 보면 부처는 초극되고 없다. 이른바 적멸에서 조사는 비불비비불(비비심비비불, 즉심즉불의 일물도 아닌 것)도 부정하며 다시 진여정(진여자성)으로 향상하게 된다.

그리고 임제는 이런 설법을 이어갔다.

"그런데 입만 뺑긋하면 벌써 어긋나 버리는 것(개구즉착開口卽錯)이니 어째서 그런가? 불법은 문자도 여의고 인(因)에도 속하지 않고 연(緣: 결과)에도 있지 않다고 하신 부처님의 말씀을 못 들었는가?"

선은 교학적 형식논리를 초월한 변증법적 활동태의 체현으로서 체용일체로서 이는 인과율이 아니다. 참고지만 달마가 중국에 올 때 지참한 경서는 『능엄경』이었고 그 『능엄경』에서 무인론無因論을 강조하고 있다. 교학은 참학參學임에 비해 선사상은 '묻고 답함'과 같은 담론 형태이다. 이에 따라서 선은 여러 가지 선적인 담론 단계가 성립하기 마련이다.

그래서 선은 포괄적으로 의리선과 여래선 그리고 조사선으로 분류해 보는 방법론이 이 시대 변증법의 설명에도 유효하다. 이른바 간화선인 화두법은 체용론에서 본체를 보는 방법의 일환이고 보니, 별도의 분류 대상이 될 필요가 전혀 없다. 선에서 격외선이라는 말은 여래선의 격외란 뜻이니 조사선에 포함된다. 의리선은 선을 뜻과 이치로 풀이함이니 예를 들면, 정반합 혹은 '색즉시공 공즉시색' 또 혹은 '긍정적인 것이 부정적인 것이요, 부정적인 것이 긍정적인 것이다'라는 논리 등이 의리선적이다.

여래선이라 함은, 우리의 자성이 비상비비상(정定)이고 동시에 대상이 오성적 여래광명상(혜慧)으로서, 이 정혜쌍수를 통해서 불성을 드러냄에 해당된다. 즉 의리선에서 여래선으로 선적 오성의 차원이 향상되었다. 남전 선사의 선구절 '마음도 아니고(불시심不是心)', 부처도 아니고(불시불不是佛), 그리고 한 물건도 아닌 것(불시물不是物)'이라는 일련의 부정도 결국 여래선문이 된다. 여래선은 보리반야의 성품(실성)을 밝혔으되, 형이상학적이라서 초극되고, 조사선에서 진여자성과 문제의 '참마음'이 드러난다.

『선거구감』을 역주한 용담 스님은 삼종선을 각각 다음처럼 설명하고 있다.

"의리선은 말이나 글로 해석하는 선을 이름이니, 마치 인장으로써 진흙에 찍으면 인장이 분명하게 드러나 있는 것과 같다. 여래선이란 것은 생각과 알음알이가 아주 끊어지지 않아서, 말 자취가 있고 이치의 길이 남아 있어서, 마치 인장을 물에 찍은 것과 같다. 조사선이란 것은 말 자취와 생각이 끊어져, 이치나 일에 모두 다 걸림 없는 것이 마치 인장을 허공에 찍은 것과 같은 것이다."

해인海印이란 말은 여래선. 말과 사물이 바닷물에 찍은 인장처럼 무상하다는 말이다. 해인삼매란 말은 무상을 깊이 깨달아서 진상眞常,

곧 삼매에 들었다는 뜻이 된다. 문제의 여래선문이 한국 불교계에 유례 드문(?) 화제를 불러 일으킨 적이 있다. 2003년 5월 8일 부처님 오신 날 특집방송으로 〈선객禪客〉이라는 TV 프로그램이 방영된 바 있었는데, 선객들의 실제 스승인 강정기 거사의 저서 『영원한 대자유인』에서 향엄지한의 여래선 게송 한 편의 해설이 물의를 빚었다.

우선 향엄의 게송 원문을 인용해 보자.

거년빈去年貧 미시빈未是貧 금년빈今年貧 시시빈始是貧 거년빈去年貧 유유탁추지지猶有卓錐之地 금년빈今年貧 추야무錐也無

이 게송을 직역한다. "작년 가난은 가난이 아니고 금년 가난이 비로소 가난이네. 작년 가난에는 송곳 꽂을 땅이라도 있었든 것 같은 데도 금년 가난에는 송곳마저도 없구나."

위의 게송에서 문제를 일으킨 부분은 유유탁추지지猶有卓錐之地에서 유유猶有에 있다. 『경덕전등록景德傳燈錄』(1004)을 비롯한 거의 모든 조사어록들에서 무탁추지지無卓錐之地, 즉 유유猶有가 무無로 되어 있다. 우리말로는 '송곳 꽂을 땅이라도 있었든 것 같다'라는 표현에서 '송곳 꽂을 땅이 없다'로 된 것이다.

말하자면 '여시如是'라는 말이 '없다'라는 표현으로 바뀐 것이다. 이런 한문학적 표현을 가지고 우리 한글나라에서 왈가왈부하는 것, 그것도 천년이 넘게 조사의 공안(公案: 공인된 선문안)으로 전해져온 것을 모두 부정하여 그들을 모조리 '착각도인'으로 몰아서 비판하니 강 거사의 착각이 도를 넘었던 듯하다.

『무문관』 제28칙 '구향용담久響龍潭'을 보면 『금강경』 박사 덕산 스님이 깨닫는 장면이 나온다.

덕산은 기쁜 나머지 용담 선사에게 곧 큰 절을 올렸다. 용담은 물었다. "그대가 무슨 도리를 봤는가?"

덕산이 답한다. "저는 이제부터 천하 노승들의 설두舌頭에 의심을 두지 않겠습니다."

『벽암록』에서 가장 많이 모습을 드러내는 운문 선사도 설봉 선사에게 이렇게 아뢰고 있다.

"저의 경지는 예로부터 내려오는 성인들과 더불어 실낱만큼도 틀리지 않습니다."

그런데 천 년이 넘는 지금에 와서 그들 모두를 '착각도인'이라는 거사가 한국에서 나타났다. 문제점을 구체적으로 보자. 여기서 송곳을 번뇌로, 가난을 번뇌의 평정으로 해석하고 '착각도인'들의 와전으로서는 여래선이 성립될 수 없다는 주장이다.

각종 선문집에서 직접 여래선이다 혹은 조사선이다라는 구체적으로 분류하는 선문은 흔한 경우가 아니어서 후세에 여래선이라는 말이 나오면 흔히 문제의 '가난 이야기'가 여래선의 전형 격으로 인용된다. 선문에서 가난은 부정을 의미한다. 그리고 땅은 상相에, 송곳은 비상非相을 각각 은유되고 있다.

'가난 이야기'가 여래선인 까닭은 '부정의 부정'만 있고, 즉 본체(절대성)와 내현來現하는 법상만 드러나는 협의의 체용론이니 광의적으로는 주인공과 활동작용이 없으니 조사선이 못 된다. 작년 가난에는 땅(상相)이 '있었던 것 같았지만' 실재는 없었고, '금년 가난에는 송곳(비상非相)마저도 없다'니 이 말은 비상비비상이고 여래를 보이고 있다.

땅(상相)도 없고 송곳(비상非相) 꽂을 땅도 없다(비상비비상)는 구절이 키워드가 된다. 참고지만 낭중지추囊中之錐라는 말이 있다. 주머니 속에 들었던 송곳으로, 비록 감춰져 있으나 '무상의 상'으로써 뾰족히 뚫고 나온다는 뜻이다. 동국(東國: 고려와 일본)에서 임제종의 초조初祖였던 태고보우(太古普雨, 1301~1382)가 원나라 스승 석옥청공(石玉淸珙, 원元, 1272~1352)(임제 18대 적손)에게 보낸 편지를 보면 낭추초로囊錐稍露라는 말이 나온다.

주머니 속의 송곳이 뾰족히 나온다는 말로 비상의 상(반야지혜)에 비유되고 있다. 향엄의 선문이 쉬운 말처럼 보여도 여래선으로 읽어내기가 상당히 어렵다. '거년빈에 땅(상相)도 없었고 금년빈에 송곳(비상非相)마저도 없다', 즉 비상비비상처정非相非非相處定에서 여래상을 드러내고 있다. 정定에 들면 곧 혜慧를 일으키고 불성을 드러낸다. 즉 불정혜 삼위일체는 여래선이 된다.

다음 구절은 영가현각의 〈중도가〉에서 인용하였다.

돈각료여래선(頓覺了如來禪: 여래선을 단박 깨치니)

육도만행체중원(六度萬行體中圓: 육도만행이 본체의 원융무애함이라.)

선禪이란 말은 전도顚倒의 뜻으로서 상대성적 마음을 전도시켜 대승적 절대성인 비심비비심을 보는 도리를 말한다. 여기서 부처의 실성도 보고, 이를 다시 2중 부정하면 최상승적 절대성인 진여자성 혹은 대도를 체회하고 조사관에 진입한다. 교학의 진여연기眞如緣起라는 용어로 조사선에서는 진여자성의 생각생각 혹은 아뢰야식의 현상이라고 체용론적으로 설명한다.

세상만사는 무의식의 작용으로 관념론적이지 실재물이 아니다. 조사祖師는 참으로 쉬었던 대해탈자이다. 세상에서 제일 어려운 일이 '참으로 쉬는 일'이고 곧 활무를 보이는 일이다. 이 일이 진정한 대자유와 광명('그 자리')이고 곧 진여작용으로 이어진다. 진정한 의미의 자유에는 소극적인 평등이라는 말 대신에 적극적 지혜작용을 드러낸다.

예컨대 진정한 의미의 자유 광명이라면 남녀평등이라는 말 대신에 남녀 활동작용이라고 해야 한다. 물질적 평등한 분배나, 생리적 평등한 기회를 넘어서 현실적 활동작용이어야 한다. 이 경계를 주체대용이라 말한다. 칸트의 용어를 빌리자면 '순수이성'과 '실천이성'이 본체와 작용, 즉 체용론이 된다.

『벽암록』제40칙의 수시垂示는 이런 말로 시작된다.

"휴거헐거休去歇去 철수개화鐵樹開花"

(쉬고 또 쉰다는 것마저 쉬어버리니 쇠나무에 꽃이 핀다.)

'그 자리'에 들어서 진정으로 쉬면, 그 경계에서는 '쇠나무에서 꽃이 핀다'는 말. 즉 진정으로 고정관념을 버린다면 안 될 일이 없다는 뜻이기도 하다. 철수鐵樹는 본체고 개화는 작용이다. 쇠나무를 비롯하여 돌사람, 나무닭, 돌사자, 운월雲月 등등은 모두 '반대의 일치'로써 나름대로 본체를 은유하고 있다.

여기서 C일보의 칼럼에 실린 글 〈100세 노인의 죽음〉에서 한 부분 인용해 본다. 2013년 박근혜 대통령이 방중 때 존경하는 중국 철학자라 거명한 분이기도 하다.

펑유란(馮友蘭, 중中, 1894~1990)은 젊은 시절 서양학자로부터 '중국에도 철학이 있느냐?'는 놀림을 받았다. 분발한 그는 7권짜리 『중국철학사 신편』을 쓰는데 평생을 바쳤다. 95세에 세상을 떠날 때에도 원고가 손에 들려 있었다. 그 마지막 모습은 그가 생전에 자주 읊조렸다는 이상은李商隱의 당시唐詩 구절 그대로다. "봄 누에는 죽어서야 실뽑기 그치고(춘잠도사사방진春蠶到死絲方盡) 촛불은 재 돼야 비로소 눈물 마른다(납촉성회시건蠟燭成灰始乾)"

'중국에도 철학이 있느냐?'라는 질문에는 '서양에는 철학뿐이지 않느냐?'고 반문했어야 했다. 이렇게 역문할 수 있는 근거는 무엇보다 당·송대에 꽃을 피운 선사상일 진대, 평유란은 이 '하늘에서 내리는 꽃비' 격인 당시唐詩의 게송(偈頌: 선시禪詩) 한 구절 쯤 읊지 못하고 하필이면 이상은을 읊조렸다는 것이 안타깝기만 하다. 이에 비해 후스(胡適, 중中, 1891~1962)는 실용주의자가 되어 서방세계에서 중국철학의 백과사전이 되었었고 선사상에도 일가견을 보였다. 평유란은 중공에만 머문 것이 원인인지도 모르겠다. '죽고 그치고, 재되고 마른다'는 것은 동양의 도道의 특징이 아니다.

제자가 공자에게 물었다. "죽음이 뭡니까?"

공자가 답했다. "삶도 모르겠는데 죽음을 어찌 알겠느냐?"

인생에 만약 진리라는 것이 있다면 아이러니하게도 이 '죽고 살고'라는 상대성의 초극인 이른바 '죽고 살고가 없다'는 주체사상, 즉 불생불멸이라는 절대성에 개안開眼해야 한다. 그 연후는 '죽고 살고'가 그리 큰 문제가 되지 않는다.

화두話頭

'인생이 그리고 세상이 무엇인가'라는 본질적 물음보다 '그 세상에서 이 인생을 어떻게 꾸려갈 것인가'라는 '실존'에 관한 질문이 앞서야 한다는 논리는 인간의 본성에 대한 불신이나 회의에서 출발하는 실존주의 철학이고 모더니즘 문학의 밑바닥에 깔린 형이상학적 사상이다. 그러나 철학사는 이미 해체론 혹은 포스트모더니즘으로 추세가 바뀌었다. 그렇다고 해체론에 천착하면 결국 해체라는 또 하나의 고정관념의 늪에 빠지게 된다. 진정한 해체는 해체라는 개념 자체도 해체해야 한다는 것이 선사상이다.

최인훈의 소설 『광장』(1960)은 남과 북이라는 2항 대립의 초극에 뼈저리게 고민한 작품성으로 1992년도 노벨상 후보군에 올랐었고 최근에는 제1회 박경리문학상을 수상한 바도 있다. 밀실도 아니고 광장도 아닌 그런 경지(절대경계)를 진실로 참구하는 방법론으로 선에서 소위 화두話頭라는 의문사를 생명처럼 보듬어 안는다.

다음 인용문은 최인훈의 해체적 글쓰기 징후가 두드러진 『화두』(1994)에 나오는 소절이다.

> "무대에서 빈 그릇에 숟가락질을 하면서 밥을 먹는다고 할 때 그는 마음 밥을 먹고 있다. 무대에서 실지로 밥을 먹을 때도 그는 마음의 밥을 먹고 있는 것이며 말하자면 마음속의 장면들의 흉내를 내고 있다는 말이다. 이렇게 해서 밖의 물질은 지워지고 (마치 밑그림을 지우듯), 마음이 선명하게 보이게 된다. 그렇게 해서 무엇을 하자는 것인가? 자기 본질을 그렇게 해서 분명히 알자는 것. 그래서 연극은 마음의 거울이다."

이런 맥락에서 인생을 연극 한 바탕에 비유하는 선객도 있다. 연극에서 연기에 열중하다 보면, 자기 자신의 마음은 밑그림 지워지듯 없어지고 대본 속 인물의 일거수 일투족에 전심전력하게 된다. 대본대로 울며 웃고, 뛰고 굴리고 하다가 작중 인물 노릇을 중단하고, 자기 자신의 마음으로 되돌아오면 그것으로 끝나는 것이다. 연극인들의 매력은 이런 일상적 나와 작품 중의 나를 번갈아 거울 대하듯 볼 수 있다는 점이 된다.

연기자들은 마음공부를 많이 하는 직업인들이다. 연기자에 비해 화두자는, 같은 마음의 공부이지만 성질을 많이 달리 한다. 연기자는 원본 속의 마음의 작심에 전전긍긍하고 농수능란해야 하고 다시 자기 일상으로 되돌아오겠지마는, 화두자는 화두라는 원본이 없는 생면부지의 '마음 없는 마음'에 빈틈없이 전념해야 한다는 것이고 자기 일상에로 돌아와도 돌아온 바가 없이 돌아온다는 것인데 이것이 연기하듯 마음대로 잘 안 된다는 점이 큰 특징이다.

즉 마음자세 중에서 '마음 비우기'라는 제로(0) 혹은 백지(tabular rasa) 자세가 가장 어렵다. 더 어려운 일은 '비우기 및 백지'라는 마음마저 지워내야 한다는 점이다. 화두話頭라는 말은 축자 해석 그대로 말(話: 언어작용)의 머리(頭: 본체)이다. 즉 화두는 체용론에서 본체를 묻는 선종 특유의 의문사이다. 정반합에서 종합(절대성)을 말하기는 쉬우나 그 경지를 체회하기는 참으로 어려우니 선에서 화두라는 특수한 시설을 두고 있다. 변증법에는 없는 용어다. 있다면 정과 반의 종합(Synthesis)이 곧 화두가 된다. 종합이라는 말만큼 흔히 쓰는 말도 없으나 진정한 종합을 체득하기란 보통 어려운 일이 아니다. 절대자 헤겔도 끝까지 질문할 것을 강조했지만 존 휠러가 양자론에 대해 '묻고 묻고' 한 것처럼 근본으로 삼았어야 했다. 비록 선의 화두같은 시설을 두지는 못했어도 말이다.

방산남원 선사는 말한다.

"이 의문이 '이름 없는 종자'를 각覺 속에 심는다."

그렇다. 선에서 선객이 자성에 깊이 투관할 수 있는 길은, 예컨대 불교의 유식론적 발달이 끊임없이 이루어졌기 때문이 아니고 질문하는 방법과 그 답을 찾는 데 필요한 방법, 즉 화두법을 개발한 덕택이다. 선에서 조사관을 투관한다는 당위가 화두라는 구체적인 방식에 따라 이루어진다. 예컨대, 『금강경』의 여여부동은 선의 화두가 아닌 경론으로써는 체회하기가 불가능하다. 다만 지식적으로 암기했을 뿐이다. 자유와 이성 그리고 정의란 말도 마찬가지다.

화두로써 예컨대 '이 무엇인고?'라는 의심의 구렁텅이에서 회광반조廻光返照를 일으켜 정광淨光의 성품에 들게 된다. 여기서 '이 무엇인고?'는 그 내용이 '마음도 아니고(비심: 不是心), 부처도 아니고(비비심: 不是佛), 일물도 아닌 것(본래무일물: 不是物)'인데, 과연 이것이 뭔가?'에 해당한다고 볼 수 있다. 선종사에 의하면, 화두는 선불교 종장宗匠들의 공인 받은 선문안(공안公案)에서 인용한 참선자가 참구해야 할 질문 혹은 과제이다. 세간에서 흔히 듣는 명상冥想이란 말은 화두가 아니다. '생각을 비운다'는 생각이다.

선종사에서 공인된 종장들의 수효가 당시 1,700여 인에 이르고 있었음으로 이들에게서 고칙古則 혹은 공안이라는 선적 구경각究竟覺을 드러내는 검증된 선의 문안들을 한 구절씩만 발췌해 의단을 일으켜도 화두가 무려 천칠백이 넘는다. 그러나 그런 화두가 제 아무리 많을지라도 지향하고 있는 선의 귀결처는 동일한 것이니 수량 자체가 그리 신경 쓸 일이 아니다.

누누이 말하지만 광의로 보면 우리의 지각이라는 것은 '질문과 답'이라는 상대성으로 구성된다. 물론 철학이나 물리학도 질문이고 그 답이다. 즉 일체유심조에서 마음이 일체를 조작하는 방법은 '묻고 답함'이라는 기본적인 상대성에 있다. 선의 화두는 최상승적 질문으로서 자신의 본래풍광에 돌아가기 위한 끝없는 물음의 길…, 이른바 선로역정禪路歷程으로서 끝없는 Question Trip(질문 여행)이다.

과연 일대사에 대한 질문이되, 그 답을 아무도 가르쳐 주지 않는다는 점, 그리고 가르쳐 줄 수도 없다는 점, 벙어리가 꿀맛을 설명하기 어려운 점에 종종 비유되기도 한다. 즉 자문자답을 통해서 소기의 결과를 체회해야 한다는 점에서 과학이나 철학의 질문과는 성질이 많이 다르다. '물음이 곧 답이고 답이 곧 물음'이라는 조사어록에서 화두는, 소크라테스의 대화법이나 플라톤의 변증법에서 전형적으로 볼 수 있는 '정의 내리기(Chorismos)'를 위한 '이것은 무엇이냐?'와는 근본적으로 다르다.

소크라테스는 'X는 무엇인가?'라는 질문을 통하여 그가 얻고자 한 답변은 경험적이거나 상식적인 사례들을 여러 가지로 나열하는 열거적 정의였다. 그러나 서양철학에서도 화두와 비슷한 질문이 있었다. 근세철학의 아버지라고 불리우는 데카르트의 『방법서설』에서 〈방법적 회의〉, 즉 '회의懷疑하는 정신'이 바로 그런 것으로서 이 내용을 로티는 『반정초주의反定礎主義』에서 명증明證에 치중한다고 부정했다.

그러나 명증에 치중을 잘만 하면 반정초주의 보다 앎이 훨씬 더 밝아지지 않을까라는 생각이 든다. 물론 데카르트의 〈방법적 회의〉는 선의 '회의하는 정신'과는 차원이 다르지만…. 선은 지각과 존재라는 상대성을 초극한 절대성에 들기를 겨냥하고 있기 때문이다. 즉 '부정의 부정'에 맥을 대고 있기에 선의 화두법인 의단일념疑團一念에는 의심하고 있다는 우리 자신도 그리고 그런 생각마저도 염두에 두어서는 안 된다.

예컨대 화두 '무無'나 '이 무엇인고?'에 몰두할 때, 선입견이나 불확실한 것 등을 일체 그대로 두고 오로지 화두에 정진한다. 문제의 화두 가운데서 '일상 아닌 일상'에 종사한다. 고로 화두 공부 중에는 '아무 일도 못 한다'는 소리는 말도 안 된다. 즉 행주좌와行住坐臥 어묵동정 語黙動靜 가운데 '화두가 남느냐?' '내가 남느냐?'를 승부한다. 조사관문 은 360골절 8만4천 털구멍 몸 전체가 곧 바로 대의단을 일으켜야 통과 된다고 『선종무문관』은 처음부터 강조한다. 니체처럼 '권력 혹은 힘에의 의지意志'가 아니고 '회의하는 마음'에의 의지가 화두의 특징이다.

다음은 휴정의 『선가구감』 제13칙에 나오는 구절이다.
"자기가 참구하는 공안(화두)에 대하여 간절한 마음으로 공부하기를 마치 닭이 알을 품은 것과 하며, 고양이가 쥐를 잡을 때와 같이 하고, 주린 사람이 밥 생각하는 듯하며, 목마른 사람이 물 생각하는 듯하고, 아기가 어머니 생각하는 듯하면 반드시 꿰뚫을 때가 있으리라."

그러나 이것이 말대로 잘 되지가 않는다. '모기가 무쇠를 뚫을 때까지 묻고 또 묻고를 해야 한다'는 고언이 조사어록에 나온다. 그야말로 진아眞我 발견을 위한 일생일대를 건 오디세이인 것이다. 화두법에서 회의 혹은 의심이라는 말은 객관성과 절대성을 전제한 경우라 했는데 이것이 우리의 마음과 잠재의식에서 이미 묻혀버리고 이름만 남았기에 구체적 내용을 부활시켜야 하는 간절한 주술 아닌 주술(?)이 곧 화두 공부다.

불교교의학을 진실로 이해하였다면 곧바로 화두공부에 매진해야 한다는 것이 선사상이다. 그래서 아예 사경입선捨經入禪하는 선객들이 많다. 형식논리학 혹은 형이상학적 개념 체계에서는 성립할 수가 없는 말이다. 세르반테스나 신실용주의의 로티는 '회의하는 정신'을, 예컨대 수학같은 명석판단을 전제한다는 이유로 인정하려 들지 않았다. 양자는 물론 비교의 대상이 전혀 아니다. 변증법과 형식논리학을 비교하는 우를 범하지 않아야 할 것이다.

데카르트의 '나는 생각한다. 고로 나는 존재한다. I think, therefore I am.'라는 명제는 철학사에서 큰 의미를 지닌다. 비록 진리의 절대성을 보지는 못했지만 신神 중심에서 나我 중심으로 철학의 지축을 옮겼기 때문이다. 예컨대 물리학에서 코페르니쿠스(1473~1543), 갈릴레이(1564~1642), 케플러(1571~1631), 뉴턴(1643~1727)으로 이어지는 물리학적 계몽과 연결된다.

이는 스콜라 철학이 무력화되기 시작한다는 것을 의미했다. 한편 현상학의 후설(Edmund Husserl, 오奧, 1859~1938)은 '판단중지'나 '괄호 안에 묶기'를 제시하며 선험적 환원의식을 이루기 위하여 고행을 해야 한다고 했지만, 화두법이 선문답과 함께 제격이니 최선의 방법이 된다. 결과적이지만 화두는 고정관념이라는 중력으로부터의 탈출에 그 의의가 있다. 그래서 화두선이라는 말까지 등장하는 것이다.

예컨대 '무無'라는 '회의하는 정신'에 대한 최종 결과를 보기까지 데카르트는 보증인이 되는 신과 같은 존재가 필수적이라 했지만, 선에서는 종장의 공안들이 이미 그런 것이며 작가 선지식善知識들의 지도편달이 또한 그런 것이었다. 석가 여래로부터 대략 천칠백 년 동안에 대략 천칠백 선사들이 공인을 받았고 이들이 남긴 조사어록들이 보증서가 되니, 막연한 신神의 보증서가 필요 없는 화두자들은 대단히 다행스런 일이다.

데카르트는 신의 보증을 보장받지 못해서 '자기포기와 자기회귀'를 '회의하는 정신'으로써 이루지 못했다. 헤겔은 절대정신을 상정시켰으나 절대성이라는 선험성의 근본을 바로 체회하지 못했다. 이 역시 서양철학의 한계인 것. 화두는 합리론자 데카르트의 '회의하는 정신'과 경험론자 흄의 '회의론'도 흔적없이 의단일념疑團一念에 들게 한다.

구체적으로 『위앙록』에 나오는 화두 이야기를 우선 하나 보고 간다.
스승 위산영우(潙山靈祐, 당唐, 771~853) 선사가 하루는 향엄지한에게 물었다.

"그대는 백장 스님의 처소에 있을 때, 하나를 물으면 열을 대답하고 열을 물을 때, 백을 대답했다고 하던데 이는 그대가 총명하고 영리하여 이해력이 뛰어난 줄로 안다. 여기 생사의 근본이 되는 물음이 하나 있다. 부모미생이전父母未生以前의 그대 '본래면목本來面目'을 한마디 일러보라!"

향엄은 이 질문을 받고 말문이 막혔다. 온갖 참고서를 열람하고 참구하였으나 허사였다. 향엄은 이런 독백을 하게 된다. "그림속의 떡은 주린 배를 채워주지 못하는구나."

여기서 부모미생이전의 본래면목이란 말은, 축자해석을 하면 부모라는 상대성이 생겨나기 이전의 절대성을 뜻한다. 『벽암록』을 보면 '이 무엇인고?'라는 화두성 질문이 나온다. 이 질문은 '마음도 아니고(불시심不是心), 마음 아닌 것도 아니고(불시불不是佛), 한 물건도 아닌 것(불시물不是物)도 아닌 것이 무엇인고?'라는 진여의 자성(대도)을 물음이다.

화두라는 의단疑團을 타파한다는 것은 총명이나 이해력으로 해결되지 않는 선험적 본체인 최상승적 절대성을 체회했다는 것을 말한다. 향엄은 여러 번 위산 선사에게 찾아가서 가르쳐 주기를 애원하였다. 위산은 그럴 때마다 이렇게 말하는 것이었다. "만일 그대에게 말해 준다면 그대는 뒷날에 나를 욕할 것이네. 무엇이던 내가 설명하는 것은 나의 일일 뿐, 결코 그대의 (화두)수행과는 관계가 없느니라."

과학도 그렇겠거니와 특히 선은 가르치는 것이 아니고 참구하는 방법을 가르치는 것일 뿐이다. 마치 생선을 바로 주는 것이 아니고 생선을 잡는 방법을 가르치는 것과 같다. 데카르트가 말했던 신이 있었다면 과연 위산과 같은 계시(?)를 했을가. 향엄은 이윽고 평소에 보았던 책들을 다 태워버리고 눈물을 흘리면서 스승을 하직하였다. 말을 물가에 끌고 가도 말이 물을 먹고 안 먹고는 말 제 마음이다.

위산이 어찌 할 수가 없었던 것이다. 그 이후 일은 앞절에서 살폈고, 더 향상일로는 조사선 차원에서 차차 보도록 한다. 항간에 화두라는 말이 난발되고 있다. 대의단大疑團의 반대 뜻인 결정론으로 와전되고 있다. 우리들 화두는 진보, 너희들 화두는 보수, 어제의 화두는 이념, 오늘의 화두는 중도, 실용 등등, 참으로 옮겨쓰기가 거북한 것들까지 화두가 화두가 아니고 어쩌다 화근까지 된 듯한 느낌마저 준다.

질문이 죽은 사회도 문제고, 회의는 없고 답만 있는 사회도 큰 문제지만 회의가 없이 답이 나온다거나 이미 결정되어져 있으면 그건 인간이 아니고 로봇이거나 바보다. '존재는 지각'에서 지각은 태초부터 '묻고 답함'이니 푸코의 지적처럼 세상만상은 모두가 '묻고 답한 것'이다. 미생물로부터 영장류까지 나름대로 묻고 답함(상대성)으로써 제각각의 환경세계를 열어보고 있는 셈이다.

선의 최상승적인 '묻고 답함'에서 영각이라는 돈오(최상승적 절대성)를 일으킨다. 선에서 화두는 결국에 '진여자성'을 겨냥하는 것이고 '진여자성'을 스스로 체회하게 하는 특유한 방편이다. 다만, 화두는 선지식 善知識으로부터 받는 것이되, 중간중간에 선지식으로부터 문답을 통해 점검을 받아야 한다. 화두가 본 궤도에 올랐다고 선지식이 판단하면 위산의 경우처럼 화두자는 더 이상 어떤 조언도 받지 못하게 된다.

공자를 한 줄 인용해 본다. "'어찌할꼬?'를 자문하지 않는 사람은 나도 어찌 할 줄을 모른다."

소크라테스도 일렀다. "질문되지 않는 삶은 살 가치가 의심스럽다."

다음은 영화 〈Top Hat〉에서 옮긴 말이다.

"좋은 철학자가 되기 위해서 필요한 유일한 능력은 Faculty of Wonder(궁금해 하는 능력)이다."

서양철학과 서양의 종교는 이미 결정론에 재미를 붙여서 객관성, 더 나아가서 절대성을 기대하기가 무척 어렵게 되었다. 체용론에서 본체 (절대성)를 서양철학에서 찾기는 그렇다지만, 그 대신 과학과 경제라는 활동작용이 있다. 물론 본체가 없는 작용은 선악이라는 양극을 품지 않을 수가 없게 된다. 요즈음 각광받고 있는 빛나는 '브레인 파워'와 '창조경제'는 본체라는 순수이성에서 나와야 하리라.

『서구의 자멸(Suicide of The West)』(리처드 코치/크리스 스미스 지음)에서 저자들은 자멸의 요인으로 기독교를 비롯하여 과학만능주의, 쾌락주의와 개인주의가 독이 되는 경우를 설명하고 있다. 그래서 작금에는 새삼스레 인성(인간의 자성) 교육에 더 많은 관심이 집중되고 있다. 좋은 질문은 아무나 아무렇게 하는 것이 결코 아니다. 선의 화두라는 질문은 동서양 철학사상의 그 정점에 있다.

캘리포니아대 의대 루이스 이그나로 교수는 1998년 노벨생리의학상을 공동 수상했는데 다음은 '연세노벨포럼'에서 행한 연설문의 일부이다.

"과학은 9시 출근, 4시 퇴근하는 일이 아닙니다. 일주일 내내 24시간 내내, '왜, 어떻게'가 머리를 떠나지 않고 생각하는 열정이 있어야 합니다. 노벨상을 타려면 어떻게 해야 하느냐에 대한 답은 이것뿐입니다."

한마디로 과학도 영원히 의단일념이라야 한다. 특히 기초과학부터 회의하는 마음으로 시작해야 한다. 엄밀히 말하면 질문이 아닌 것이 없다. 옛날에 어느 필생의 '어느 날의 팡세'라는 글이 어떤 잡지에 실렸다. 거기에 이런 팡세도 들어있었다. "고졸은 단정하고 대졸은 회의한다."

그러나 세계에서 대학진학율이 가장 높다는 대한민국에서 '왜?', '어떻게?' 등의 질문에 그 만큼 매진하는 분위기는커녕 '빨리빨리' 같은 결정론이 판치는 요즘 추세는 초등교육에서부터 속도를 더 붙였던 감이 들기마저 한다.

포린 폴리시(Foreign Policy)와 프로스펙트(Prospect: 영국 정치평론지)가 공동으로 실시한 2005년 100대 공적 지식인 5위에 올랐던 저널리스트 크리스토퍼 히친스는 『자비를 팔다』(김정환 역, 모멘토)에서 신神과 테레사 수녀를 인정사정 없이 비판해서 서구 지식인 사회를 벌집 쑤시듯 뒤집어 놓았다.

그는 다시 『신은 위대하지 않다』(김승욱 역, 알마)를 통해서 셈족의 사막에서 일어난 유일신을 하찮은 지혜라고 진단하며 종교라는 이름 뒤에 감춰진 잔인한 폭력을 고발하고 있다. 그리고 이 같은 횡포를 조금이나마 줄이기 위해 '인류의 견본은 인간 그 자체'라는 의식을 바탕으로 하는 계몽주의 운동을 벌여야 한다고 주장했다.

그리고 이는 평범한 사람들의 능력 범위 안에 있는 것으로서 '회의하고 탐구하는 능력'을 끊임없이 사용하면 된다고 충고한다. 포춘지紙가 세기의 경영자로 지목했던 전 GE의 회장 잭 웰치는 저술『위대한 승리(WINNING)』(김주현 역, 청림출판)의 수백 쪽 분량 전체를 '질문과 답변' 형식으로 구성시키고 서문도 '언제나 새로운 질문은 있다'라는 제목으로 시작한다.

특히 리더십의 란에서는 이런 항목도 있다.

"리더는 회의주의자에 가까울 정도로 집요하게 질문을 던지고 의문
은 반드시 행동을 통해 풀게 해야 합니다."

한국의 큰 스님 법문은 저리 나가라할 정도다. '선의 구경각'을 찾는 일생일대의 질문이 되는 화두라는 말이, '귀신처럼 빨리 풀어내야하는 결정론적 정답'이라는 뜻으로 와전된 판국이니 '질문은 없고 답만 있는 한국사회'라고 말한다. 그래서 그런지 남의 논문을 표절하고 모방하는 학자나 선사들이 유난히 많은가 보다.

노벨상을 종합 150개(전체의 약 1/3) 가량을 차지한 유대인들의 '왜?' 교육을 우리는 벤치마킹을 해야 할 줄 안다. 참고지만, 조사에 의하면 한국인의 IQ가 약 105 정도라면 유대인의 IQ는 대략 94 정도인 것으로 나타나고 있다. 우리 교육 풍토는 문답하고 토론하는 데 초점이 맞춰지면 '천지창조'나 '창조경제' 또 혹은 단순한 '브레인 파워'보다 더한 무엇이 발휘될 것으로 보인다. 진정한 창조파워는 화두에서 나온다.

어느 주한 이스라엘 대사 부인이 언론에 전한 충언을 한 마디 옮겨 본다.

"한국 엄마들은 아이가 학교에서 오면 무얼 배웠는지 물어본다지요?
선생님께 '왜?'라고 물으면 건방지다면서요. 대다수 유대인 엄마들은

선생님께 무엇을 물었는지 아이에게 묻습니다. 세상에는 쓸모없는 질문이란 없기 때문이지요."

지식을 몰입시키려는 교육이 아니고 스스로 지식에 물음표를 다는 습관을 기르는 교육이 진정한 창의성이 나타나는 교육일 것이다. 유태인들의 질문하는 정신은 대화와 소통으로 이어진다. 희랍어 Dialogos(대화)는 둘이서(Dia) 소통하는 가운데 진화(Logos)를 찾는 능력이란 의미도 포함된다는 바, 이 해석은 선문답에서 높이 평가되는 부분이다.

예외적인 경우를 제외하면, 사람은 나이가 들수록 무상과 회의하는 정신을 더해가기 마련이다. 이와 관련하여 토론토 대학의 심리학과 린 헤서 교수는 창의성은 나이가 들수록 발달한다고 주장한다. 즉 이미 뇌 속에 담겨있는 다양한 정보를 활용해 통합적 추론을 하는 지혜(메타 컨셉)와 이의 바탕인 창의력(소프트 파워)은 오히려 늘어난다는 논리를 펴고 있다.

선불교는 공감하는 바가 크다. 초고령화 사회를 눈앞에 두고 있는 우리는 새겨들어야 할 줄 안다. 화두는 물음의 물음으로서 물음의 왕이다. 화두에 선의 생명력이 걸렸다. 이 생명력을 이제는 한국의 납승들이 사수하고 있다. 화두는 서양철학의 회의론과는 전혀 궤를 달리한다. 화두는 대승적 절대성을 찾아가는 방법론이고 일반 회의론은 진리의 절대성과 궁극적 진리를 회의한다.

다시 향엄의 이야기를 계속해 본다. 남양지방의 혜충 국사의 탑을 참배하고는 우연히 그곳에서 머물게 되었다가 지나가는 납승들의 시중이나 들어주고 청소일 같은 것을 하던 중, 빗자루 질에 튕겨나간 기왓조각이 대나무에 부딪혀서 '탁!' 소리를 내며 굴러가는 것이었다. (참

고: '탁'이라는 의성어를 한자로 폭지爆地라고 썼음에 유념함.)

향엄은 이 때 온 몸에 번쩍! 섬광을 일으키는 것을 오감悟感하였다. 이는 유레카(Eureka: I have found it)!와는 전혀 차원이 다른 깨달음이다. '부모미생이전'의 화두를 타파한 순간이었다.

향엄은 급히 거처로 돌아와 목욕분향하고 멀리 위산 선사를 향하여 절을 올리며 독백하였다.

    "스승의 덕망을 흠모하여 드리는 예배라기보다 당시에 스승이 저의
    물음에 가르쳐주시지 않은 것에 대하여 감사드립니다."

여기서 향엄의 독백 내용에 관하여는 이미 앞장 〈체용론〉에서 논의한 바가 있다. 왜 '스승의 덕망'과 '가르쳐 주지 않은 것'을 굳이 구별하며 특히 후자에 대한 예배만 강조하고 있는가하는 논의였다. '가르침 없는 것에 대한 예배와 감사' 이것이 선의 또 다른 진면목을 보이는 진장면이다. 화두는 물음표(?)에서 시작하고 느낌표(!)에서 끝난다지만, 끝이 없는 길이고 또한 '끊김이 없는 길'이다. 자세한 내용은 제5장에서부터 구체적으로 들어가 보기로 한다.

『간화선 대토론회』

본절에서『간화선看話禪 대토론회』라는 책자 하나를 보도록 한다. 이 책자는 조계사와 불교신문사가 발행한 것으로 2000년(불기 2544년) 시월 어느 날 조계사 대웅전에서 있었던 토론회의 내용을 담고 있다.

그런데 이 토론이 선불교적 통념에 끼칠 영향을 고려하여 주마간산 격으로 보아 넘기기에 한국 선학계가 그리 여유롭지 못하다고 보이기에 좀 면밀히 짚고 넘어간다. 발제자와 평자의 면면들을 주제와 함께 보자. (존칭 생략)

제1주제 발표는 정성본(한국선문화연구원)의 〈간화선 수행과 공안공부의 문제〉였고 평자들은 도법(실상사 주지), 종호(동국대 선학과), 이덕진(고려대)이다.

제2주제 발표는 한형조(한국정신문화연구원, 동양철학)의 〈한국불교의 새 화두: 간화와 돈오를 넘어 새 정체성 만들기〉였고 이에 평자들은 종림(장경연구소장), 명진(조계종중앙종회), 김태완(부산대, 철학)이다.

본 책자는 100쪽을 족히 넘는 분량이니 내용을 모두 소개할 수가 없고 중요 부분만을 간추려 보도록 한다. 간화선이란 말은 선에서 화두법을 말한다. 선에서 화두는 일단 절대성, 즉 비상비비상처정을 밝히려는 의단일념이다. 우리의 의식구조는 상대성으로 엮어져 있기 때문에 그 초극인 절대성을 체회하기가 여간 어렵지 않다. 예컨대, 적개심에서 자비심으로 바뀌는 것보다 더 어렵다.

중언부언이지만 선이란 그러한 절대성(스마트 파워)에서 상대성(하드웨어와 소프트웨어)을 구사하는 길이다. 로티는 인식론적 절대성과 가치론적 상대성이라고 했는데 실제로 절대성은 인식론을 초월한 선험적인 자성자리이다. 이른바 '산이 높아 봉우리가 보이지 않으니' 올바른 체험자인 선지식의 지도편달과 함께 문제의 화두라는 의단일념疑團一念을 품고 향상일로의 등정에 임해야 한다.

만약에 선에서 화두라는 것이 없었다면 불교는 암기나 믿음 위주가 되어서 세속적 기복 종교로 추락했을 것이다. 이는 마치 기초과학이라는 인프라도 없이 응용과학에 탐닉하다 보니 노벨상이 물 건너가는 것을 닭 쫓던 개처럼 쳐다봐야만 하는 처지를 못 면함과 같다.

차제에, 〈간화선 대토론회〉를 주제 별로 개괄하고 필자의 소견을 붙여 본다.

[제1주제] 〈간화선 수행과 공안 공부의 문제〉(정성본 한국선문화연구원)에서 발제자 정성본은 대혜종고(大慧宗杲, 송宋, 1088~1163)의 『대혜서大慧書』를 여러 구절을 인용하며 공안 공부를 설명하였다. 인용문 중에는 다음과 같은 구절도 있다.

> 오조법연(五祖法演, 송宋, ?~1104) 선사가 백운 선사에게 머물고 있을 때, 어느 날 영원 화상에게 보내는 답장에 다음과 같은 글이 쓰여져 있었습니다. "이번 하안거에 여러 장원이 벼 수확을 하지 못 해도 근심 걱정이 되지 않았습니다. 걱정해야할 것은 한 승당에 수백 명의 납자가 이번 하안거에 한 사람도 구자무불성狗子無佛性의 화두를 투득하지 못 한 것입니다. 불법이 장차 멸망될까 염려스러울 뿐입니다."

문제의 '구자무불성'의 공안에 대한 내용이 역시 『대혜서』에서 인용되었는데 다음과 같다.

> "다만, 어떤 승이 조주에게 묻기를, '개(구자狗子)도 불성이 있습니까?' '없습니까?' 라는 질문에 조주 스님이 '없다(무無)' 라고 대답한 공안을 참구하시오. 부디 쓸 데 없는 사량분별의 마음을 '無' 위에 올려놓고서 시험 삼아 사량해 보시오. 눈 깜짝할 사이에 사량을 초월한 곳에서 (의단) 일념이 타파된다면 그것이 바로 삼세에 통달하는 것입니다."

여기서 발제자 정성본은 『대혜서』와 『무문관』에 나오는 화두 '無'에 국집한 나머지 다른 화두들, 예컨대 '이 무엇인고?' 등은 화두가 못 된다고 했다. 화두공부란 '상대성적 차별심의 고정관념'을 초극함에 일차적 목적이 있다. 이 의단일념은 공부자로 하여금 무념, 무상, 무주의 성품인 절대성에 귀결시키기 위한 방편으로『금강경』의 보리심으로부터 육조의 '한 물건도 아닌 것', 남전의 '마음도 아니고 부처도 아니고 일물도 아닌 것', 혹은 향엄의 '부모미생이전' 등의 예를 보았었다.

모든 선적 의단일념은 결국 일체의 기존 고정관념을 해체함에서 해탈 및 광명심을 불러 일으킴이니 대혜종고가 대혜서에서 무자無字 공안을 강조한 것이고 무문 선사가『무문관』'제1칙'에 문제의 '구자무불성'을 시설하였다. 자세한 것은 다음 장에서 면밀히 살피기로 한다.

문제의 대혜서에서 무無의 설명에 선문다운 구절 한 줄을 보도록 한다.
"곧 바로 쥐가 소의 뿔(상대성) 가운데 들어가 진퇴할 수 없을 때, 곧 바로 미혹함과 전도망상이 끊어지게 되는 것입니다."

'물소의 뿔 속'에 들어간 쥐는 진퇴할 수가 없어진다는 말은, 쥐가 더 나아가도 못하고 후진하지도 못한다는 불진불퇴의 절대성을 은유하고 있다. 원효대사(617~686)에게는 이런 얘기가 있다. 무열왕이 원효에게 입궐하여『금강삼매경』을 설하라고 하매, 원효는 소를 타고 두 뿔 사이에『금강삼매경』을 펼쳐서 궁궐로 향하였다. 여기서 두 뿔 사이에『금강삼매경』이라는 말은『금강경』의 비상비비상을 은유한 말이다. 또『위빠사나경』에서 '무소의 뿔처럼 혼자서 가라'는 설법도 절대성(독로獨露)의 은유다.

간화선의 대혜종고는 원오극근(圜悟克勤, 송宋, 1063~1135)의 법제자로서 스승이 쓴『벽암록』이 스승의 입적 후 종문에서 곡해되고 악용되는 점을 슬피 여겨서 불태워 버렸다. 그 뒤 200여년이 지나서 원나라 때 장명원 거사가 여러 절에 비장된 것을 모아 간행하여 다시 햇빛을 보게 되었으니 유서 깊은 책이 되었다. 여기서 우리는 대혜종고가 간화선을 주장하고 조주의 무자 공안만을 참구케한 연유를 짐작하게 된다.

잡다한 세간의 화두를 조주의 무無로써 통폐합 시킨 격이다. 방치하면 화두가 더 화근이 될까 두려워 그랬을 거다. 無는 결국 주체자리를 보이기 위한 방법론이되 발제자가 말하는 '문제제기'가 아니고 그 뜻이 '의단일념'에 있다. 이것은 데카르트의 '회의하는 정신'의 극치다. 이것을 데카르트처럼 조금이나마 스스로 할 수 있는 사람이 있고, 모든 시설이 갖추어진 선에서도 못 하는 사람이 있다. 아무나 갈 수 있는 길이 아니다.

발제자 정성본은 '필경각'의 표현을 근본지根本智라 했고 그 뒤를 후득지後得智라 말하고 있다. 이런 말들은 교학이나 형식논리학적이지 선문은 전혀 아니다. 선의 본체는 근본도 아니고 후득도 아니고 또한 지智도 아니고 부지不智도 아닌 곳이다. 문제는 하드웨어적 이름이 아니고 소프트웨어적인 내용도 초극함에 있다. 투관하면 이른바 진정한 휴먼웨어인 진여자성이다.

도법 스님은 발제문에 대한 소견의 일단을 이렇게 내놓았다. "간화선을 주제로 하고 있을 뿐 실제 간화선을 바라보고 이해하는 발제자의 관점과 태도는 주관적이고도 자의적이며 교학적으로 접근하고 있다."

동국대 선학과 종호는 조주의 무자 공안만이 화두가 될 수 없음을 예를 들어가며 반증했다. 그리고 현상계에 존재하는 일체의 대상들이 (데카르트가 그랬던 것처럼) 화두가 될 수 있다고 주장했다. 과연 그럴까. 고려대 이덕진은 발제자에게 주로 묻고 있다. 물음에 대한 답을 필자가 대신해 본다.

첫째: 지관止觀이 선수행의 기본구조가 되는 것이 옳은가에 대해 물었다. 지관(止觀: 멈추면 보인다)은 교학이고 선은 정혜다.

둘째: 평자는 구자무불성의 해석을 문제제기하였다. 이것을 필자는 제5장에서 〈무문관 48칙則〉의 경우들에 걸쳐 해설하였다.

셋째: 평자의 질문은 발제자의 주제발표와 함께 간화선의 한계로 인한 여래선 차원과 조사선 차원을 간과하고 있다. 본론에서 논의되었지만 조사선에서는 부처의 성씨인 의단이 없다. 불성이라는 것은 보리반야의 성품으로서 여래선이다. 체용론에서 여래선은 소극적인 본체(보리)와 작용(반야)이지만 (참고: '언어그림이론') 조사선에서는 적극적인 주체대용이다. (참고: '언어게임이론'). 조사에게 부처를 물으면 '마른 똥 막대기'라는 답을 듣기도 하고 방을 맞기도 한다. 여래선의 초극이 조사선이다.

넷째: 평자는 지금 우리에게 선이란 무엇인가를 물었다. 그리고 선이 비판 받는 것 가운데 가장 중요한 것은 깨달음이 개인적 개안에 그치고, 사회구조와 제도개선이라는 개안에 대해서 언급하지 않는다는 한계성이라 했다. 그리고 모든 문제의 시작은 사회구조와 제도의 모순에서 비롯되고 따라서 사회구조와 제도의 개선이라는 명제는 현대 모든 철학의 '화두'라고 말했다.

필자는 생각한다. 만약에 철학의 화두가 사회구조와 제도개선이라면 선의 화두는 철학의 의식구조와 제도개선에 있다. 말하자면 철학과 종교와 제도는 인간이 만든 것이며 선불교는 그런 것들을 만드는 주인공을 회광반조廻光返照시키는 방법론이다. 오늘날 사회가 절실히 반성하고 있는 것은 구조와 제도 보다 그 주체인 인간이고 인성이다.

공산주의의 붕괴에서 그리고 구미에서 발생한 글로벌 금융위기에서 그런 것을 볼 보는 듯했다. 즉 자유주의도 아니고 신자유주의도 아닌 것이다. 물론 (신)실용주의도 아니다. 오바마 대통령은 실용주의를 기회주의라고 비아냥거린 적이 있다. 결국 인성이 문제다. 근착 외신 보도에 의하면 우주인들의 최고 덕목 및 자질도 인성인 것으로 나타났다.

그렇다. 비근한 예를 들자면, 우리 국회나 정부가 제도의 불비로 후진국 모습을 못 면하고 있는 것일까. 결국 인성과 민도의 문제 때문이지 않을까. 경제가 우선 1%씩만 상승하더라도 인성이나 민도가 10%씩 올라가면 얼마나 바람직스러운 일일까를 상상해 본다.

[제2주제] 〈한국불교의 새 화두: 간화와 돈오를 넘어〉(한형조 한국정신문화연구원)에서 발제자 한형조는 본론에 들어가기 전에 이런 주해를 전제하였다.

> "이 글은 간화선 중심의 한국불교를 비판적으로 점검하고 불교와 선의 새로운 정체성을 모색하자는 취지의 글이다. 나는 『무문관, 혹은 너는 누구냐』에서 선의 전통과 화두의 방법을 적극적으로 기술한 바가 있다. 이 글을 읽기 전에 그 책부터 일별하기를 권한다. 그 가운데 특히 〈책을 묶으며〉에서 전시한 장문의 몇몇 논설들은 다음에 전개하는 논지의 토대이다."

발제문에서 말하는 논지들을 몇 항목 거론하며 평가해 보기로 한다.

(1) 불교의 도구적 실용주의
[평]: 불교는 『금강경』에서 본 것처럼 여여부동에서 무위법적인 차별

을 지혜롭게 쓰는 법, 이른바 정혜쌍수 혹은 보리반야에서 부처의 실성을 드러내 보려는 수행이지 무슨 이즘이나 주의가 아니다. 흔히 구설수에 오르는 말이지만, '부처를 만나면 부처를 죽이고 조사를 만나면 조사를 죽인다'는 말은 과격한 '신성모독'과는 거리가 먼 선의 화두 공부에서 나오는 말로서 달마의 '확연무성廓然無聖'에서처럼 화두자가 의단일념 중에 혹시 신성이라는 결정론을 만나거던 초극해 버려라는 말이다. 이는 비불비비불(즉심즉불)을 형상화한 말이다.

(2) 선은 불교의 혁신적인 처방전 가운데 하나이다

발제자의 견해를 본다. "선은 불교가 지혜의 이름으로 발전시킨 고원한 형이상학이나 심원한 심리분석에도 불구하고 인간은 여전히 무명속에서 구원을 얻지 못하고 있다는 자각에서 지혜를 버리고 계율을 밀치며 오직 선정에 집중했다."

[평]: 불교는 소승적으로 계정혜이고, 대승적으로 불정혜, 더 나아가면 보리반야성(부처의 실성)을 이루고 더 발달하면 조사의 주체대용이니 지혜는 지혜이고 계율은 계율이 된다. 선은 교학의 처방전 가운데 하나가 아니고 교학의 초월 경계다. 불교는 무정법이라서 무한정으로 향상하기 마련이다. 결국 선에는 아무런 정체성이 없다. 있다면 선이 아니다. 진정한 해탈자는 해탈이라는 말도 이미 해탈했다.

(3) 돈오의 발전과 화두의 등장

발제자는 계속 주장한다. "선은 집단적으로가 아니라 개인적으로 발전되었다. 교단을 조직하거나 교설을 체계화하지 않았고, 더구나 일정한 방법적 지침에 대한 합의도 마련되지 않았다. 선의 발전은 오로지 선사들의 개성적 지도력에 맡겨져 있었다. 이것이 선의 영광이면서 또한 쇠퇴를 예비했다."

[평]: 선장禪匠들의 공안(公案: 공인받은 선문안)은 개인적도 아니고 집단적도 아니고 교단도 아니고 지침도 없으니 영광도 쇠퇴도 예비하지 않았다. 선은 정체성도 동일성도 없고 형이상학도 아니다. 선의 최상승 경계를 중생들이 얼마나 관심하는가 혹은 무관심하는가는 중생의 몫일 뿐이다. 선은 유행품도 아니고 이념도 없어서 흥했다 망했다도 없고 선사 개인적인 지도력에 맡겨져 있지도 않다.

'초인간적인 것' 너무나 '초인간적인 것'을 깨치기만 한다면, '참으로 인간적인 것'이다. 이것은 인간의 정신을 훨훨 초월하는 인성의 진면목을 보는 도리이다. 화두를 들면 점수이고 화두를 타파하면 돈오이다. 강조하지만 선에는 쇠태와 영광이라는 상대성적 차별이 없다. 그런 말은 단지 중생지견일 뿐이다. 단지 선은 맑고 밝은 인성 공부에 있다.

(4) 정리: 불교와 선 그리고 화두와의 관계
[평]: 발제자는 두서없이 여러 가지를 정리하고 있으므로 필자는 본 항에서 공감하지 못 하는 전형적인 구절 몇 곳을 인용하고 단답식 평을 붙여본다.

(예 1) "불교와 선의 정신은 일치한다."
[평]: 법학에서 '특별법은 일반법에 우선한다.'고 말한다. 국가에서 가장 특별법은 헌법이다. 이처럼 불법도 무려 49년간에 걸쳐 여러 단계

별로 설해진다. 가정의 기본인 〈부모은중경父母恩重經〉으로부터 선의 최상승법인 조사선까지 단계가 상당히 많다. 그리고 불교와 선은 헤겔이 말하는 형이상학적인 〈정신〉이 없다. 굳이 말하자면 〈정신〉으로부터 해탈이 불교고 더 나아가면 선적 구경각인 이른바 '신령스런 빛의 성품'이다.

(예 2) "달마의 이입사행론二入四行論에서 행입行入 이전에 이입理入이 있어야 한다."

[평]: 이입은 본체이고 행입은 작용이다. 여기서 어느 것이 이전이고 어느 것이 이후라고 말하는 것은 체용일치의 도리에 걸맞지 않다. 이입이 먼저라면 결정론이고 형이상학이 된다. 천평으로 달아도 이입과 행입은 어느 쪽으로도 기울지 않는다. 이것이 불이문不二門이고 이사무애理事無礙이고 곧 선의 체용론이다. 절대성이 상승할수록 마음없는 마음(이理)에 무행의 행(사事)이 저절로 수연한다.

(예 3) "화두는 돈오의 발전이면서 위축이다."

[평]: 조사선의 돈오돈수에서는 화두(의단일념)인 점수가 타파되고 없다. 화두는 돈오의 방편이다. 고로 화두가 발전하면 돈오가 촉진되고 화두가 위축되면 돈오는 그만큼 멀어질 것이다. 모든 학문에서도 질문 혹은 의문은 기본이지 않던가.

(예 4) "선이 그렇게 꺼리던 문자로 정착되어 공적인 규범으로 정착되었다."

[평]: 선이 어디에 정착되었다는 주장은 터무니 없다. 특히 조사선에는 어떤 정체성도 없다. 공안公案은 '공적인 규범'이 아니다. '공인받은

선문안'이라는 뜻이다. 공안들은 최상승적 절대성과 활무를 보이고 있어서 정착이나 규범과는 전혀 무관하다. 흔히 말하는 '산은 산이고, 물은 물이다'라는 선문의 예에서 볼 때 '산은 산으로, 물은 물'로 정착되었다는 뜻으로 보았다면 선을 전혀 모른다는 말이다.

문자에 정착하면 중생의 지해문이고 언어문자라는 방편을 활용한다는 도리가 선의 체용론이다. 『육조단경』에는 '모든 부처님의 묘한 이치는 글자와 관계가 없는 것'이라는 구절이 나온다. 역시 불립문자不立文字 교외별전敎外別傳이다. 보조 국사가 그의 비명에 남긴 말을 반복해 본다. "손가락으로 달을 가르키되, 달은 손가락 끝에 있지 않고 언어문자로써 진리를 말하되 진리는 언어문자에 있지 않다."

이런 조사선구가 있다. "몰랐을 때 중생이었는데 알고 보니 중생이다."

깨달았다고 해서 당장에 '슈퍼맨'처럼 된다는 것이 선이 아니다. '그냥 그대로'인 것이다. 물론 중생도 중생 나름이겠지만…. 예컨대 아인슈타인은 '시간이 없다'고 했다. 그러나 그는 일반인들보다 시계를 잘 활용하였다. 선은 언어문자에 있는 것이 아니고 인성 개발에 있다.

(예 5) "화두에는 〈의미〉와 〈무의미〉의 두 차원이 공존한다."

[평]: 화두는 '의미도 아니거니와 무의미도 또한 아니다.' 화두는 철두철미한 의단일념疑團一念이어서 전혀 두 차원이 공존하고 있지 않다. 화두는 어떤 형태의 두 차원(상대성)이던 이를 초월함에 그 목적이 있다. 선학은 이른바 '대칭성의 파괴' 혹은 '반대의 일치'인 절대성의 창조론이고 연후에 잠재의식의 개발이다.

(예 6) "나는 화두를 들기보다 차라리 서암의 주인공을 부르는 성성법惺惺法을 권하고 싶다."

[평]:『무문관』제12칙 〈암환주인공巖喚主人公〉에서 서암(瑞巖, 당唐, 850~910)의 스님의 "주인공아!" "예."의 반복은 화두의 변용이다. 자세한 내용은 제5장에서 논의키로 한다. 참고지만『무문관』의 저자 무문 선사도 이 화두는 본받지 말라고 경고했다. 모방하면 '야호의 짓'이라고 나무라고 있다. 하필이면…

(예 7) "화두는 인위적인 공간을 설정하고 자기 자신을 가둔다. 화두를 들면 아무것도 못한다. 농사, 독서, 상담, 제조도 할 수 없다. 산속 수도승에게나 요청할 수 있다"

[평]: 학생이 질문이 없으면 옳은 학생이 아니고 학자가 회의하지 않으면 옳은 학자가 아니라고 강조해 왔다. 기업에서 연구개발도 마찬가지임을 앞에서 여러 분야에서 누누이 강조해 보았다. 아마추어식 좌선과 명상공부를 혼돈하면 안 된다. 선에서 화두법은 중요한 방법론(방편문)이다.

이것이 없으면 암기나 주입식 공부일 뿐이니, 유교는 될런지 몰라도 선은 안 된다. 무릇 화두란, 어묵동정語默動靜 행주좌와行住坐臥 가운데 '이 무엇인고?' 혹은 '무無'를 드는 것이지 아무것도 안 하며 화두라는 주술에 걸려 자기 자신을 가두고 있는 것이 아니다. 화두와 맹신을 구별하지 못하는 것 같다. 조선시대 유생들은 논어를 앞으로도 외우고 다시 뒤로부터도 외었다고 한다.

물론 아무런 화두가 없었다. 화두(의단일념)가 없으면 마음이 열리지 않고 고정관념에 갇힌다. 조선이 망한 주요 원인 중 하나였다. '회의하는 정신'의 원조는 지중해 무역/해운업자라는 설이 있다. 마치 그들이 가만히 앉아있지 않았던 것처럼 화두자도 아무 활동을 못 하고 앉아 있지 않다. 실은 그 반대이다.

(예 8) "아인슈타인의 E=MC²를 껴안고 있는다고 해서 그 의미를 알 수 있는 것은 아니다. 그것은 물리학의 기초부터 차근차근 밟아나간 이후에 그 이해를 기약할 수 있다. 화두도 또한 그렇다"

[평]: 아인슈타인이 들었다면 웃을 말이다. 발제자는 지식과 인성을 혼돈하고 있다. 선불교는 지해문이 아니고 돈오문이다. 인간은 우선 인간성이지 않을까. 선은 인성의 계몽이지 지식 쌓기가 아니다.

최근에 방한한 데보라 로제베어 OECD 교육훈련수석은 한국의 유아교육이 학업적인 측면은 뛰어나지만 인성교육을 더 늘리는 것이 바람직하다고 조언했다. 특히 북유럽 국가는 인성과 사회성 발달에 초점을 맞추고 있기 때문에 '한국도 지식교육 위주로 흐르지 않기를 바란다'고 말한 것은 귀담아 들을 일이다.

인성교육이야 말로 국가 브랜드를 키우는 기본이다. 한국의 미래는 한국인들의 인성에 달렸다. 과학기술이나 경제성장에만 인간의 미래가 달린 것이 아니다. 인성이 없는 과학이나 경제 성장은 혼란일 뿐이다. '창조경제'라는 캐치프레이즈도 중요하지만 '창조인성'이 더 중요하다고 본다. 이런 면에서 『서구의 자멸』은 시사하는 바가 크다.

왜 서양문명은 자멸의 길로 가고 있는가? 저자들은 기독교, 낙관주의, 과학만능, 성장위주, 자유주의, 개인주의에 초점을 맞추어 서구문명을 분석비판하고 있다. 알고 보면 한국인도 여기서 별로 자유롭지 못한 것 같다. 결국은 인성 이외에서 문명의 르네상스를 찾을 길은 없을 것이다. 예컨대 경제는 심리라 말한다. 그런데 이 심리는 어디서 오는가, 인성에서 연역되는 것이 아닌가. 경제심리만 어디 그렇겠으랴?

(예 9) "한국불교의 정체성을 재건축해야 한다"

[평]: 불교에는 국적도 없고, 철학적 형이상학이 아니어서 정체성도

없고, 해체론도 아니어서 재건축도 없다. 단지 비심비비심 및 비불비비불의 깨달음일 뿐이다. 주제가 〈간화선, 문제는 없는가?〉인데 간화선(화두법)에는 오직 '의단일념'만 있고 문제가 있다면 '질문'이 있을 뿐이다. 어려운 거야 세상만사가 다 어렵지 쉬운 것이 어디 있으랴.

특히 화두는 목숨을 걸고 승부한다고 말했다. 다시 말하지만 '내가 남는가?, 화두가 남는가?'인 격이다. 한국불교의 현실참여를 두고 정체성을 말하고 있는 모양인데 조선 성리학, 한국 기독교에는 정체성이 강하게 작용하고 있지만 선불교에는 '걸레 스님'같은 분도 있었는데 정체성이 없어서 그대로 두었다. 그야말로 'Let it be'였다. 정체성이나 동일성은 이념이다. 선불교에는 아무런 이념이 없다. 즉 '없다無'는 말로부터도 벗어난 그런 상황일 뿐이다.

(예 10) "선의 독자성은 〈돈오의 방법〉을 제창한데 있다. 혜능을 기점으로 돈오를 기축으로 하게 되면서 다양한 수련법이 제시되었다. 이 돈오의 방법에는 선장禪匠마다 나름의 개성을 보이는데 그 기본 발상과 토대는 비슷하다. -중략- 이전까지 불교는 중생이 부처가 되기 위해서는 수백억 겁에 걸쳐 선근을 닦고 제업諸業을 정화해야 비로소 엿보일까 말까 하다고 말했다.

그런데 돈오의 선은 이 거리를 일소에 부침으로써 명실상부한 독자적 전통을 구축했다. 이 길은 위태롭다. 지속적이고 가열찬 수련의 의미자체를 무화시키고 작용시성作用是性, 인간을 그 자체로 긍정하는 낙관론의 비도덕적 위험이 가로 놓여 있는 것이다. 내가 간화와 돈오의 방법을 비판하는 근본취지가 바로 여기에 있다"

[평]: 이에 대하여 김태완(부산대, 철학)의 논평에서 요점을 정리하며 답을 대신한다. "이러한 주장은 납득하기 어렵다. 무반성적 비도덕적

낙관론이 돈오선을 제대로 공부한 사람에게 발생하는 돈오선에서는 피할 수 없는 위험이라는 것인지, 아니면 돈오선의 공부를 제대로 하지 않고 피상적으로 그 말을 이해하여 자신의 행위를 합리화하려는 사람이 취하는 태도인지를 분명히 해야 한다.

평자는 후자라고 본다. 돈오선은 견성이라는 체험이 그 생명이며, 견성을 목적으로 화두를 참구하는 것이다. 견성을 목적으로 화두를 참구하는 사람에게 요구되는 기본자세는 경건하고 간절하고 진실하고 열린 마음이다. 화두(본체)가 활구로서 작용케 하는 데는 이런 태도가 필수이다. -이하 생략-"

발제자의 글에서 작용시성作用是性은 곧 체용론이다. 예컨대 성품(실성)이라는 주체가 곧 작용을 겸비하는 상황인데 '가열찬 수련의 의미를 무화시킨다'니, '비도덕적 위험과 연관된다'니 하는 것은 작용시성(체용론)을 잘 모르고 하는 말인 것 같다.

본 항을 마감시키면서 화두와 돈오에 관련하여 '아주 비근한' 예를 하나 이렇게 들고 싶다. 이른바 명품名品 혹은 진품眞品에게 대중성을 위해 더 케주얼화하라고 했다 치자. 이것은 명품시장을 모르고 하는 소리다. 명품은 아무리 가짜에 시달리고 판매량이 줄고 드디어 가게의 셔터를 내린다 해도 명품 고유한 특징을 고수하고 더 명품으로 업그레이드 되어야 한다는 것이 명품의 상도이다. 명품은 대중상품이 아닌 것으로 인해 대중에게 어필하고 군림하고 있다.

선과 돈오와 화두는, 난해하고 말도 많고 탈도 많고 가짜도 타락도 많다는 이유로 그 종지와 방법론을 구조 조정하라는 요구는 전혀 선의 생리를 모르는 소리다. 알고 보면 건드릴게 하나도 없다. 무슨 정신과 구조가 있어야 건드릴 수 있지 않는가. 상대성적 정식情識과 인지認知의 사바세계를 초월한 마음을 원상복귀시키려고 '이 무엇인고?' 혹은 '무無!'라는 화두에 매진하는 것인데 '그 이후'인 중생지견이 계속 왈가왈부를 일삼는 것은 결국 '서울 안 가 본 놈이 서울 가 본 놈을 이긴다'는 넌센스를 반영하는 꼴 밖에 안 될 일이다.

일찍이 고형곤(1906~2004)은 영국에 유학가서 당시 철학의 총아 격인 〈현상학〉을 공부하려 했다. 담당 교수는 고형곤이 한국에서 온 것을 알고 '현상학은 별 것이 아니야 귀국하여 선을 공부하라'고 조언했다. 그는 귀국하여 참선하였고 『선禪의 세계世界』(운주사, 1971)는 이렇게 쓰였다. 이 책은 김태길의 『윤리학』(박영사, 1964)과 더불어 광복이후 한국 현대철학사에서 대표적인 저서가 되었다.

한형조의 동양철학이 불교의 정체성 운운하고, 선을 이래라 저래라 하는 것은 조선시대 유생들을 보는 느낌이 든다. 일세기 전에 고형곤에게 귀국하여 선을 공부하라고 돌려보낸 에든버러 대학의 스승과 제자 고형곤에게 새삼 경의를 보낸다. 차제에 화두공부와 관련하여 요즈음 세간의 유행이 된 좌선 및 명상冥想에 대한 얘기를 하나 붙인다.

『감옥으로부터 사색』(돌베개, 1998)의 신영복은 인터넷 신문 프레시안에서 이런 취지의 강의를 했다. "20년 20일 동안의 옥살이 중 5년간의 독방살이를 할 때 명상冥想, 면벽, 단전호흡, 등을 열심히 수행했다. 그러나 우주의 정보 진리 및 체계와 소통된다는 일은 아무 것도 없었다."

신영복 성공회 석좌교수는 경제사회학 이외에도 동양 고전에 조예가 깊다고 알려져 있다. 그러나 세간에서 흔히 말하는 좌선, 명상 등은 화두공부와 혼돈되어서는 안 된다. 화두공부는 선지식의 지도편달에 의해서 해결 보는 일대사이지 감옥의 독방에서 혼자서 면벽, 단전호흡, 좌선, 명상 등으로 하는 일이 절대로 아니다.

진정한 소통다운 소통을 다음 장에서 보도록 한다. 진정한 소통은 우주나 타자와의 소통이기 이전에 자기 자신의 인간성을 해탈시킴에 우선권이 있다. 정반합(반대의 일치)의 주체는 나 자신이기 때문이다.

여기서 소통이라는 교섭을 끝내는 모습을 보이는 선문답 한 단락을 보고 간다.

> 선객: "교섭(상대성)을 마쳤을 때(최상승적 절대성: 진여자성, 현리玄理, 순수이
> 성)는 무슨 화두를 들라고 하시렵니까?"
>
> 선사: "무無!"

진정으로 교섭(상대성)을 마치고 의단疑團을 깨친 자는 화두話頭라는 '말 머리'를 새삼스레 꺼내지 않지만 그래도 애오라지 화두라는 본체 고 여기에 작용이 수연하기 마련이다. '물음이 곧 답이고 답이 곧 물음에 있다.' 이것이 선이다.

다음은 작가 박상우의 칼럼 '그림읽기'(동아일보 2009.12.26)에 소개된 글이다.

> (영국인 비구니로서) 인도에서 24년간 수행하고 서양 여성 최초로 티베트 수도승의 계를 받은 사람이 있습니다. 그녀의 이름이 텐진 팔모입니다. 그녀는 아무리 많은 생애를 거칠지라도 반드시 완전한 깨달음에 이르 겠다는 서원을 세우고 1년 중에 8개월이 눈과 얼음에 뒤덮여 세상과 완 전히 단절되는 히말라야 1만 8000피트(약 5,500미터)의 동굴에서 12년 동안 은거 수행을 했습니다.
>
> 엄청난 노력과 궁핍, 자기 단련과 금욕을 감내한 뒤 그녀는 자신이 깨 달은 것에 대해 명약관화하게 대답했습니다. "인간은 이미 완전합니다. 그것을 못 보게 가로 막는 것은 착각에 사로잡힌 우리의 지각입니다. 더 많이 깨달을수록 깨달을 것이 없다는 사실을 더 깊이 깨닫게 됩니다."

니체의 말처럼 이런 '무서운 깊이'가 없이 아름다운 표면은 없는 법이다. 깨달음이 어떻다는 것을 시사하는 좋은 체험담이다. 결국 진리는 아이러니하게도 너무 간단명료하기에 어렵다. 즉 비교와 차별을 초극함에서 완전한 진리를 발견한다. 그 만큼 우리의 의식은 복잡다단하게 얽히고 섞이고 오염되어 있음을 말한다. 범상凡常 자체를 바로 보기만 하면 바로 비범함이 된다. 이를 위해 화두라는 특유한 시설이 선에는 있다. 아무리 비범해도 결국은 '그냥 그대로'인 것이다. 이른바 '산은 산이고 물은 물인 것이다.'

제5장

『선종무문관禪宗無門關』
선해禪解

불조사들의 초월 어록을 담은 문집들은 대단히 많다. 그 중에서 송대에 저작된 원오극근의『벽암록碧巖錄』(1117)과 만송노인의『종용록從容錄』(1223) 그리고 무문혜개無門慧開의『선종무문관禪宗無門關』(1229) 등이 대표적이다.

『벽암록』은 임제종의 종지에 근거한 돈오돈수를 담론하고 있는 선문학이다. 이에 쌍벽을 이룬다는『종용록』은 조동종계 선문학으로 일본에서 중흥했으나 중국에서는 쇄락하였다. 그 이유 가운데 하나는 '아뢰야식의 상분相分'이라는 인과율로써 주체대용을 삼고 달마가 손수 가져온『능엄경』의 무인론無因論을 부정함에 있지 않나 판단된다.

송宋의 무문혜개無門慧開 선사는 1229년에 문제의 선문집『선종무문관禪宗無門關』을 저술했다. 그는 이 책의 서문을 불어심위종佛語心爲宗 무문위법문無門爲法門이라는 문구로써 시작하고 있다. 이는 불어(佛語: 불어불불어不語不不語)를 본체(대도)을 종지로 삼고 무문(無門: 해탈문)을 법문法門으로 삼는다는 뜻인데 이 법문은 최상승적 체용론인 바, 위의 두 구절은 소위 대도무문大道無門이다.

무문無門이 곧 혜개慧開라는 저자의 첫 게송은 이렇게 읊어진다.

대도무문(大道無門: 대도에는 문이 없다)

천차유로(千差有路: 천차만별로 길이 있으니)

투득차관(透得此關: 이 관문에 투철하면)

건곤독보(乾坤獨步: 천지간을 독보하리)

위의 게송은 마조 선사가, '즉심즉불의 한 물건도 아닌 것을 깨친 자'가 홀연히 찾아오면 대도를 체회하게 해주겠다고 한 법문에 맥락을 대고 있다. 견물생심見物生心이라는 중생의 속성에서 벗어나기 위해 참선

수행을 한다. 이 공부가 성공한 경우 견물생심 없이 오로지 '빛 사람'이 되고 곧 '그 자리'에서 연역되는 대도무문(주체대용)을 열 뿐이다.

임제종계의 무문혜개가 엮은 『선종무문관』의 특징은 『벽암록』에서 보는 심오한 은유성을 대폭 경감시키고 있다는 점이다. 여기서 화두는 돈오에 이르는 기본자세이고 그 위에서 문답을 통해 자성 자리를 열어나가고 있다. 구체적으로 『선종무문관』에 들어가서 보도록 하자.

『무문관』 제1칙 조주구자趙州狗子

아래는 본칙이다.

승이 물었다.   "개에게도 불성이 있습니까? 없습니까?"
조주가 답하다.   "무無"

[해설]: 본칙은 대혜서大慧書의 구자무불성狗子無佛性에서 이미 본 내용이다. 여기서 '무無'는, 구자狗子·불성佛性·있다·없다라는 명제와 경계를 모두 부정으로 초극함을 함의한다. 문제는 지적 직관이 아니고 오감悟感이다. 여기서 불성이라는 말은 중생상도 아니고 화신상도 아닌 비심비비심(의리선)을 말한다.

참고 삼아서, 조선시대 이야기를 하나 해보자. 조선 후기의 성리학자들 간에 거의 일세기 동안에 걸친 대토론이 있었는데 그것은 개에게도 인간과 같은 이성이 있다 혹은 없다라는 내용이었다. 인간의 이성을 동서고금의 철학에서 정의 내리지 못하면서 칸트의 『순수이성비판』도 성공을 거두지 못한 판국인데 조선의 유자들이 개에게 이성이 있다 혹은 없다로 백년을 토론했다니 저간의 탁상공론이 어떠했는지가 짐작이 간다.

조선조 초기에서도 성리학자들은 사단칠정(四端七情: 理와 氣)으로 역시 대토론을 벌였는데 거의 백년의 세월을 보냈었다. 개의 이성과 함께 조선시대 양대 토론으로 알려져 있다. 지금도 이기理氣는 일원적이냐 2원적이냐는 시비가 남아 있다. 이성은 불교에서 정등정각正等正覺이라는 보리심, 즉 대승적 절대성이고 더 나아가면 대도와 주체로 이어지는데 그 내용을 차차로 참구하기로 한다.

다음은 『무문관』 제1칙의 본칙에 대한 무문혜개의 [평창(評唱: 총평의 말)]이다. (참고: 괄호 안은 필자의 첨언임.)

무문혜개 선사가 말하기를, 참선은 모름지기 조사관을 투관하라. 묘오(妙悟: '그 자리')는 마음의 행로(상대성)를 다하고 근절함(절대성)을 요한다. 그렇지 못한다면 이것(상대성적 편견)이 모두 짚으로 만든 허수아비와 같으리라. 곧 말해 보라. 어떤 것이 조사관인가. 다만 이 하나의 무자無字가 곧 종문(선종문禪宗門)을 일관함이라. 이를 가리켜 『선종무문관』이라 한다.

터득한 자는 비단 친히 조주 선사를 볼 뿐만 아니라 역대 조사와 더불어 함께 가고 눈섶을 맞대고 같은 눈으로 보고 같은 귀로 듣는다. 이 어찌 경쾌하지 않으랴. 투관을 요하는 자 있나 없나. 360 골절과 84,000 털구멍으로써 전신에 이 의단을 일으켜 이 무(無라는 화두)를 참구하고 주야로 제시(提撕: 휴대)하라. 허무에 빠지지 말고 유무를 짓지 말라(절대성).

열철환(熱鐵丸: 뜨거운 쇠알)을 삼킨 것과 같아서 토하고 또 토해도 나오지 않도록 종전의 악지악각(惡知惡覺: 상대성)을 탕진(부정)하고 오래오래 두고 순숙하면 자연히 내외(상대성)가 명철하여 하나(실성實性: 절대성)일

때, 벙어리가 꿈속에서 얻어, 다만 스스로 앎을 이루는 것과 같이 언뜻 깨치면 경천동지(驚天動地: 천지라는 상대성을 2중 부정)하리라.

관우 장군의 큰 칼(부정의 부정)을 탈취함과 같아서 부처를 만나면 부처를 베고 조사를 만나면 조사를 베니(非佛非祖: 비불비비불), 생사의 상대성을 잘라 절대성의 꼭대기에 올라 대자재를 얻어 육도사생(六道四生: 중생적 상대성) 가운데 유희삼매(빛나는 절대성적 활동작용)하리라. 그러자면 어떻게 화두를 들꼬? 평생의 기력을 다하여 이 '무無!' 화두를 들라. 만약 끊임이 없으면 심광(작용)의 일점(心燈: 심체)을 밝혀 법열法悅에 들리라.

[해설]: 불성이라는 말은 유무심有無心이라는 상대성을 초월한 절대성의 경계인데, 이를 두고 승이 도로 유무를 물어오니 조주가 이 질문에 무無로써 일단 제압한 것이다. 이로써 화두 무無의 고난의 여정이 시작되었다. 중언부언했지만 화두가 남는가, 내가 남는가. 그것이 화두자에게 필생의 문제가 된다. '부처를 만나면 부처를 죽이고 조사를 만나면 조사를 죽인다'는 말은 비비심비비불(즉심즉불의 '한 물건'도 없음)의 뜻으로 최상승적 절대성을 은유하고 있다. 데카르트처럼 '회의하는 정신' 가운데 '나는 생각한다. 고로 나는 존재한다'와 같은 잡념은 일으키지 않아야 한다.

무문혜개는 송왈(頌曰: 짧은 시구로 말함)에서 일렀다.
개의 불성 전부(불정혜)를 들어 령(체용일체)을 바로 함인데 조금이라도 유무(상대성)에 걸리면 목숨(체성: 자성 자리)을 잃으리라.

[해설]: 화두를 좌고우면左顧右眄함이 없이 참구하면 할수록 비유비무(非有非非有: 無無無)의 대승적 절대성에 든다. 이러한 절대성에 투철하

면 할수록 성품은 맑고 밝아진다는 것이 선사상의 종지로서 이것이 진정한 순수이성이라고 여겨진다. 『무문관』'총 48칙'을 보아가면서 내내 화두 무無를 마치 호흡처럼 뱃가슴 속에 품고 간다. 특히 여기서 무無를 일관되게 화두로서 채택한 것은 예컨대 자성진공까지 마음을 비우며 적멸보궁에까지 들고 더 나아가서 각황전覺皇殿을 이룰 때까지 용맹전진 하시라는 무문혜개 선사의 신신당부다. 다시 말하면 화두 '무'가 끝까지 익어서 '無無無無無'가 최상승적 본체, 즉 진여자성에 부합함을 올바로 오감할 수 있도록까지 정진하시라는 염원이 담겼다.

『무문관』 제2칙 백장야호百丈野狐

백장회해(百丈懷海, 당唐, 749~814) 선사의 『무문관』 제2칙의 본칙에 나오는 '전설 따라 삼천리' 같은 이야기 내용은 다음과 같다. 그런데 본칙은 전설과는 달리 그 중요성이 화두와 함께 『무문관』 전체를 압도한다. 면밀히 보도록 한다.

백장 스님이 설법 때마다 모습을 드러내는 한 노인이 있었는데 어느 날 마주친 기회에 백장이 뭘 하는 사람이냐고 묻게 되었다. 노인은 다음과 같은 사연을 말하였다. "지금으로부터 500년 전 저는 이 절의 주지였습니다. 어떤 학인이 묻기를, '수행한 사람은 인과에 떨어집니까? 혹은 안 떨어집니까?' 라는 질문을 해오니, '인과에 떨어지지 않는다不落因果' 라고 대답한 결과로 저는 여우가 되었습니다. 실제로 저는 여우입니다. 선사께서 저를 여우로부터 구해주십시오. 제가 묻겠습니다. '많이 수행한 사람도 인과에 떨어집니까? 안 떨어집니까?'"

이에 대한 백장 선사의 일전어─轉語는 이러하였다. "불매인과不昧因果."

드디어 노인은 500년간의 여우 몸을 벗어나서 한 사람의 승으로서 열반(생사의 상대성을 벗어남: 불생불멸)에 들게 되었다.

[해설]:『무문관』의 제2칙은 제1칙의 화두에 이어서 곧 체용론을 암시하는 의미 깊은 담론이다. 요체를 정리하면 다음과 같다.

1) 중생은 인과라는 상대성에 입각하여 이분법적 편견과 이의 고정관념의 늪에 빠져 있음.

2) 수행자는 불락인과不落因果로서 인과라는 상대성 혹은 형이상학을 부정함. 이런 비결정론적 차원에서 해체론 혹은 양자역학에서는 인과율을 부정하고 있음.

3) 그러나 참 수행인은 불매인과不昧因果라는 뜻인데, 여기서 불매는 불락의 일전어(한 번 뒤집는 말: 불락불불락)로서 '부정의 부정'을 함의하니 곧 절대성이다. 문제의 절대성을 불매로써 은유하고 있는 상황이다. 불매不昧라는 말은 밝다라는 본체의 뜻을 암시하고 있다.

4) 결국 변증법적으로 정립(인과율)과 반립(불락인과)의 종합(불매인과)을 담론하고 있는 선문임. 키워드는 역시 불매不昧(어둡지 않음, 밝음)라는 두 글자인데 체용론에서 체성을 말함. 즉 인과율 A에서 불락인과는 非A 혹은 反A가 되는데, 이는 인과를 부정하는 말, 곧 인과라는 상대성에 떨어지지 않는다는 뜻. 여기에 일전어를 더해야 진짜 상대성에 떨어지지 아니 한다는 뜻임.

5) 본칙은 인과율(A)을 부정(非A)만 했다가 500년 여우의 몸을 받았는데 이에 非A를 한 번 더 전도하면, 非非A라는 본체(절대성)인 바, 이를 깨쳐서 여우의 몸을 해탈시켰다는 이야기. 결국에 불매인과는 철학에서 말하는 '인식론적 절대성 그리고 가치론적 상대성'을 형상화

한 선어로서 체용론적임. 물론 체용을 통해 불성이 드러남.

6) 통상적으로 불매인과를 '인과에 매昧하지 않음'이라고 직역하지만 체용론에 입각해 보면, '절대성(본체)에서 인과를 작용한다'는 뜻. 해체론이나 양자역학도 '불매인과'를 참구해야할 것 같다. 인과율이라고 해서 마냥 형이상학으로 치부하지 않고 활용도 할 수 있음을 보이는 말이 불매인과다.

즉 불매인과라는 체용은 광명심(대승적 절대성)에서 도로 인과를 작용시킨다는 뜻임. 『무문관』제2칙은 '불매인과'에서 끝나지 않고 좀 더 이야기가 계속되고 있으나 요체를 밝혔으니 이하는 생략한다.

평창에서 무문 스님이 말했다.

> 불락인과라고 했는데 무엇 때문에 여우에 떨어졌으며 불매인과에서는 무엇 때문에 여우로부터 벗어났는가? 만약 여기에 대해 일척안(一隻眼: 절대성)을 착득했다면 백장 스님의 뜻을 알아 500생 여우의 생활이 오히려 풍류이었을 것이다.

[해설]: 인과율(상대성)은 소승적 언어이다. 이에 대해 일전一轉하면 불락인과이며, 다시 일전시키면 불불락인과(불매인과)라는 체용론이 된다. 정리하면, 인과因果를, '비인과非因果 비비인과非非因果'라 보면 곧 불매不昧를 이루고 결국 문제의 일척안(一隻眼: 대승적 절대성)에서 인과를 활용한다. 위와 같이 일척안의 주인공인 부처가 되어 보면 여우 생활도 오히려 풍류적이 아니겠으랴하는 역설이다. 선문은 이렇게 대긍정적이다. 호오好惡와 선악을 초월한다.

[송왈頌曰]에서 무문 스님이 읊었다.

불락불매이니不落不昧 양면이 한 물건이고兩彩一賽 불매불락은不昧不落
천착만착으로 다 글렀다千錯萬錯.

[해설]: 송왈에서 불락불매는 불락불불락으로서 일척안(절대성)을 밝
힘이다. 후자 불매불락은 불불락 불락인데, 이 말은 변증법도 체용일
치도 아니라서 다 글렀다는 뜻이다. 알고 보니 인과율인 뉴턴의 고전
역학도 단지 활용의 대상이지 진리 자체는 아니다. 건곤일척乾坤一擲이
라는 말이 있다. 그 뜻은 '주사위를 던져 승패를 건다' 혹은 '운명을 걸
고 단판 걸이로 승부를 겨룸'으로서 과감한 양자택일을 말한다. 그러
나 선불교나 변증법은 양자를 종합한다. 이를 불락불매不落不昧 양채일
새兩彩一賽라고 했다. 여기서 새賽는 양면을 가진 윷 같은 물건으로 보
인다.

다음은 『종용록』 제8칙에 나오는 '백장야호' 편에서 만송 노인의 [시
중示衆: 머릿말]을 참고로 인용했다.

"일점일획箇元字脚만이라도 마음에 기억해 두면 쏜살같이 지옥에 들어
갈 것이요 여우의 침 한 방울만이라도 목구멍에 넘기면 30년을 토해도
나오지 않나니 서천의 영슙이 엄해서가 아니라 단지 어리석은 사내의
업이 무겁기 때문이다. 일찍이 속이고 범했던 적이 있는 자는 없느냐?"

[해설]: 윗말에서 일점일획 운운 하는 말은 고정관념을 두고 한 말이
고 여우의 침은 간교한 마음일 것이고 서천령西天슙, 즉 본체가 엄하지
않다는 말은, 이것은 엄하고 안 엄하고가 없는 절대성에 입각해 있기
때문이다. 어리석은 사내의 업이 무겁다고 했는데, 이는 아뢰야식(선업

식 악업식의 초월적 무의식)의 상분(相分: 현상학)을 중요시하는『종용록』의 종지에서 본 상대성적 차별의 잠재의식의 발로를 말한다. 깨우치면 모든 여래장속의 업식(홀로그램)들은 결국 아뢰야식의 현상학으로서 불매인과로 나타난다.

이어서『종용록』에서 천동각 화상의 [송고](무문관의 송왈에 해당함)도 보고 가자.

> "닦음과 증득함에 차별을 세우고 원인과 결과의 형태를 나눈 것이니 한 자의 물, 한 길의 파도는 오백 생 동안 여우의 몸을 받았다고 한 것이다. 갈등의 구덩이인 것이다."

[해설]: '한 자의 물, 한 길의 파도'는 같은 물이지만 차별과 인과를 초극하지 못했다는 뜻. 모든 상대성(인과)을 불매(절대성)가 없애가지면 '아뢰야식(진여자성의 의식)'에서 인과적 상분相分을 도로 현상시킨다는 것이『종용록』의 종지가 된다. 그러나 임제종에서는 '이름없는 종자를 각覺 속에 심는 도리'니까 '아뢰야식'과 같은 구체적인 명칭이 없다. 그냥 본체라는 대명사로 대신하거나 선문학적으로 형상화해서 표현한다.

정리하면, 변증법적 양비론兩非論에서 불매(선정)에 들면 다시 인과라는 상대성을 깊은 무의식(잠재의식)이 도로 작용시킨다는 뜻이다. 일체의 이분법을 초극한 그런 자성 자리에서 다시 이분법을 양의성 혹은 다양성으로 허물없이 현상하게 한다. 결국 이분법 자체에 모순이 있는 것이 아니고 인성의 매·불매에 모순의 근원이 도사리고 있었다.

불매하면 그저 '산은 산이고, 물은 물'인 것이다. 매(어둠)에서는 모순이 기어 나온다. 고로 모순을 치료하기 전에 불매를 키워야 한다는 것, 더 나아가면 불매불불매를 깨침이 선의 종지다. 그래서 조사는 마음 없이 사물은 안다고 했다.

『무문관』제3칙 구지수지俱胝竪指

아래의 글은 본칙이다.

　　구지 스님은 누가 뭐라고 물어도 다만 손가락 하나를 들 뿐이었다. 어느 날 동자가 혼자 절을 지키고 있었는데 외부 인사가 방문하여 스승님 법의 요체가 무엇이냐는 질문에 손가락을 하나 들어보였다. (스승이 항상 그렇게 하는 것을 보고 그대로 흉내를 낸 것임) 돌아와 이를 알게된 스승이 곧 동자승의 손가락을 잘라 버렸다.

　　통곡하며 달아나는 동자승에게 스승은 그를 불렀다. 그 상황에서 머리를 돌려 보는 순간 스승은 동자에게 손가락 하나를 번쩍 들어 보였다. 그때 동자는 대오하였다. 구지 선사는 세상을 떠나려 할 때 대중에게 일러 가로되, '나는 천룡의 일지두선一指頭禪을 배워 일평생 쓰고도 남았다' 라고 일렀다.

[해설] 간단하게 말하면 손가락의 유무를 초극한 절대성에서 도로 손가락을 들다라는 작용을 은유하는 선문이다. 조사선에서 보면 손가락을 잘랐다는 것은 한 물건一物도 아닌 것을 가르킨다. 손가락을 잘리고 달아나는 동자승을 불러 그가 '고개를 돌리는 순간'에 스승은 그에게 다시 손가락을 들어보였다.

위의 글에서 인용 부호로 표시한 '손가락 잘린 와중에 고개를 돌리는 순간'이 곧 서래의西來意처럼 부정의 부정임을 보아 내는 것이 요체다. 말하자면 손가락은 '한 물건一物'이고, 없어진 것은 자성진공에 비유되고 그 상황으로부터 고개를 돌리게 했다는 것은 진여정, 곧 진여자성에 은유된다. 스승이 자성진공을 혹독하게 가르킨 것이고, 이어서 진여자성으로 눈을 돌리게 했다는 것.

향엄지한의 여래선에서도 '고개를 돌린다'는 구절이 나왔다. 여기서 구지 선사가 손가락을 들어 올린 것은 물론 작용인 셈. 결국 본칙의 선문은 '설사 한 물건—物이라 해도 맞지 않습니다'인 진여정에서 대도 (진여자성) 무문(혜개작용)까지 심진여문의 도리를 보이고 있다. 여래선에서 수지豎指는 정혜를 가르키지만 구지수지라는 제목은 대도무문을 은유한다. 물론 무문은『무문관』의 저자 이름에서 보듯 혜개慧開 작용을 함의한다.

참고지만 헤겔은『정신현상학』에서 '현실의 운동'을 주장했지만『금강경』에서는 여래장식의 현상학이고 조동종계의『종용록』에서는 '아뢰야식의 현상'으로서 주체대용이라 한다. 물론 임제종계의『벽암록』에서도 같은 주체대용 등의 용어를 쓰고 있지만 '아뢰야식' 대신에 화두를 통하여 '이름 없는 종자를 각覺 속에 심었다'는 표현이 제격이다. 성성한 각성만 살았고 생각 및 마음은 모두 소멸했다는 뜻이 된다. 선은 직접 '브레인 파워'를 키우는 공부가 아니고 그 방법론을 가르치는 공부다.

무문의 평창은 아래와 같다.

> 구지와 동자의 오처悟處가 손가락 끝('한 물건')에 있지 않다. 만약 이
> 에 향하여 견득했다면 천룡과 구지와 그리고 동자와 자기를 한 줄에 꿰
> 어 버리리라.

[해설]: 깨달음이 손가락 끝에 있지 않고 대도무문에 있다고 알아차린다면 모두를 한 반열에 올려놓을 수 있다는 뜻이다. 여기서 천룡은 구지의 스승이다. 구지가 무주 땅의 금화산 주지로 있을 때의 일이다. 어느 때 실제實際라는 비구니가 찾아와서 인사 한 마디도 없이 삿갓을 쓰고 석장을 짚은 채, 스님의 주위를 세 번 빙빙 돌면서, 한 마디 말하

면 갓을 벗고 인사하리라고 했다.

이때 구지는 벙어리 모양 한 마디도 못 한다. 비구니가 돌아가려고 할 때, 구지가 비구니에게 해가 이미 서산에 떨어져 컴컴한데 어디로 가느냐? 하루 쉬었다 감이 어떠냐고 하니, 실제實際가 다시 한 마디를 하면 묵고 가리오라 했다. 구지는 역시 한 마디도 못한다. 실제 선사가 석장을 짚고 구지 주변을 세 번 빙빙 돌았다는 것은, 心도 아니고 非心도 아니고 非非心도 아닌 것(비불비비불: 자성진공)을 은유한다.

여기서 석장을 쿵하고 내리쳤다면 자성진공의 부정인 진여자성이다. 곧 진여자성의 생각생각을 한마디 일렀어야 했던 것이다. 『육조단경』에서 일숙각―宿覺의 사연에서도 이런 장면이 나왔었다. 『금강경』으로 치면, 삼세심 불가득한데 무슨 마음에 점심하느냐는 질문과 같다. 말문이 막힌 것이다.

해가 이미 서산에 떨어져 컴컴한데 어디로 가느냐는 말은 비구니 선사에게 핸 말이 아니고, 도리어 자기 자신의 처지를 반영시킨 역설적인 물음이 되고 있다. 이런 참담한 대장부 꼴을 실감하고 절을 떠나겠다고 결심하며 보따리를 싸다가 잠깐 눈을 붙여 잠에 들었는데 꿈에 백의단장의 산신이 나타나서 좀 기다리라고 하는 것이었다.

이후 나타난 자가 천룡 선사였다. 이 천룡에게 모든 사정을 설명하고 가르침을 청했는데 천룡은 아무 소리 없이 손가락 하나를 번쩍 드는 것이 아닌가. 이에 구지는 대도무문을 대오하게 된다. 실제 선사에게 못한 한 마디가 꿈속에서 깨쳐진다는 선문이 역설적이다. 벙어리가 꿈속에서 꿀맛을 아는 것과 같은 해탈이 선적 깨달음이다.

구지 선사는 평생을 이 손가락 하나 번쩍 세우는 작용으로 설법을 대신하였다. 죽으면서도 이 손가락 하나를 번쩍 들었다. 선문에서 죽음은 불생불불생(본체)을 은유한다. 손가락 하나에 생사귀천이 다 꿰

뚫어져 있었다는 것도 꽤 역설적이다. 임제 선사가 행한 삼신의 설명에서 이런 설법이 나왔었다. "이 셋은 하나로서 모두 빈 이름인 것으로서 실제로 있는 것이 아니다."

한 물건도 아닌 것이 동자의 끊어진 손가락이었고 '아닌 것도 아닌 것(대도)'에서 손가락 하나 세움이 곧 작용이다. 이른바 본체와 작용이다. 참고지만 방산남원의 심진여문(조사선문)에 이런 구절이 나온다. "모든 보살의 손가락이 서로 좇아서(상대성적으로) 생긴 것이 아니고 봄뜰(절대성: 본체)에 나선 것이다."

반복하지만 실제 선사가 와서 구지 주위를 세 바퀴 돈 뒤 주장자를 쿵하고 치며(진여자성을 은유함) 한마디 이르라고 했을 때, 구지 선사(대도)가 잡소리 없이 손가락을 하나 듦(작용)이 적절했다는 선문이다. 더 자세한 내용은 『벽암록』 제31칙 '마곡의 주장자'에 나오는데 여기서는 그 내용을 생략한다.

무문의 송왈은 다음과 같다.

구지 스님이 노승 천룡을 그냥 방치했구나. 이해관계의 손가락을 끊고서, 손가락 하나를 들어 올려 어린 동자를 감정하였네. 거령巨靈이 손을 들 때 손가락 하나만 들어 올려도 천만 무게의 화산華山을 분파하구나.

[해설]: 여기서 육조 혜능의 법맥 한 줄기를 참고로 보고 간다.

육조혜능☞ 남악회양☞ 마조도일☞ 대매법상☞ 불일천룡☞ 구지.

송왈에서 거령은 대도고 손가락 하나 듦은 무문 작용에 비유된다. 거령이 손가락 하나만 들어 올려 분파한 천만무게의 화산은 일체의 상대성이 고정관념화한 것을 상징하고 있다. 그리고 노승 천룡을 방치할 뻔했다는 것은 여래선에서 조사 선사를 방치할 뻔했다는 뜻.

참고로 여기에서 『벽암록』 제18칙 '구지수지'에 나오는 [수시]를 한 번 들여다 보고 가기로 한다.

한 티끌이 일어나니 온 대지가 그 속에 들어가고 꽃 한 송이 피어나니 그 속에 세계가 열린다. 그런데 한 티끌도 일어나지 않고 꽃 한 송이도 피지 않을 때는 어떻게 해야 할까? 그러므로 한 타래의 실을 자를 때, 단 한 번 끊으면 모두가 끊어지고 한 타래의 실을 물들임에 단 한 번 담그면 모든 실타래가 물드는 것과 같다고 하였다. 이제 언어문자를 끊어버리고 자기 자신 속에 있는 보배를 드러낸다면 이리저리 두루 응하고 앞과 뒤에 차별이 없어 각각 고스란히 드러나게 된다.

[해설]: 한 티끌이 일어나니는 상대성이 한번 일어난다의 뜻이다. 그래서 온 대지가 그 속에 들어간다는 말이 뒤따르게 된다. 꽃 한송이는 보리(절대성)꽃을 상징한다. 그래서 피어나면 그 속에 세계가 열린다는 말이 뒤따르고 있다. 독로금풍獨露金風이라는 선어가 있는데 체로금풍體露金風처럼 보리(대승적 절대성)와 꽃비(작용)같은 체용론을 표현한다.

'티끌 하나도 일어나지 않고 한 송이 꽃도 피어나지 않을 때는 어찌할까?'는 즉심즉불의 '한 물건'도 아닌 때(자성의 진공)를 두고 하는 말. 이때 어찌 할까는 물론 재부정하여 대도무문이 나타나도록 참구해야 함이 필수라.

만약 그렇지 못하면 구지의 손가락을 보아라고 주문했다. 보아하니 조사는 부정의 부정에서 활구, 즉 작용을 구사하고 있다. 한 타래의 실은 총체적인 상대성에 은유되고 있다. 이것이 최상승의 절대법에서는 단 번에 끊기는 것이고 그리고 활용하기가 역시 한 번으로 해결된다는 뜻으로 대기대용大機大用을 은유하고 있다.

『무문관』제4칙 호자무수胡子無鬚

본칙 내용은 다음처럼 간단하다.

　　흑암(黑巖, 송宋, 1108~1107)이 말했다.　"서천西天의 호자胡子는 왜
　무수無鬚인고?"

[해설]: 조사서래의는 부처佛에 있었는데 여기서 서천西天의 털보도
부처佛를 은유한다. 서천에서 서西도 부정의 대명사고 천天도 역시 그
러하니 수염쟁이(달마)에게도 수염이 없는 것은 당연지사. 물음이 곧
답이다. 즉 서천의 수염쟁이(호자胡子: 달마를 은유)에게는 당연히 수염이
없다.

　　무문 스님은 평창에서 다음처럼 노래했다.

　　참(參: 참구參究)은 모름지기 실참하라, 오(悟: 오도悟道)는 모름지기 실오
　하라. 이 호자는 누구일까? 곧 모름지기 친견 일회하여 비로소 얻으리
　라. 친견이라 설함도 이미 두개가 되리라.

[해설]: 서천의 호자는 실참하면 불佛이다. 고로 친견 일회한다 했고
친견이라는 두 단어(상대성)가 허용되지 않는다고 일렀다.
　송활을 보자.

　　천치 바보 면전에서 꿈 얘기를 하지 말라. 호자무수胡子無鬚는 성성(惺
　惺: 고요하고 고요함, 보리)에 불몽(不懜: 반야)을 첨添한 거라.

[해설]: 무수는 무수무무수(비상비비상처정)라 성성(선정)이며 이에 불몽
(지혜)을 첨한다고 했다. 즉 불정혜 삼위일체가 된다. 천치 바보 면전에

서 꿈 얘기 하지 말라는 것은 정혜가 여래환상如來幻相이라 그런 말을 한 것이다.

『무문관』 제5칙 향엄상수香嚴上樹

본칙은 아래와 같다.

> 향엄지한이 말하기를, 가령 사람이 나무에 올라가서 입에 나무가지를 물고서 손은 나무가지를 휘어잡지 않고, 또한 발은 나무에 디디지 않고 있는데 나무 아래 사람이 서래의西來意를 물을 때 대답치 않으면 묻는 사람에게 그릇될 것이고 만약 대답하면 떨어져 죽을 것인즉 이때 어떻게 대할 것인가?

[해설]: 이런 상대성적 극단, 즉 모순을 묻는 경우는 옳은 선문이 아니다. 선과 불교는 이분법을 전제하고서 한 쪽을 택하는 길이 아니기 때문이다. 가령 그런 사람이 발견된다면 119에 신고할 일이지 서래의 (부처)를 물어서는 안 된다.

우리는 살다 보면 한없는 무상이나 허무에 빠질 때가 있다. 이런 경우 어떤 사람은 허무의 질곡에서 못 빠져 나오는 사람도 있고, 간신히 기어 나오거나 세월이 약이 되어 조금씩 잊고 사는 사람도 있다. 그러나 지혜로운 사람은 그런 허무감마저도 고정관념상相이라고 부정하며 비상비비상에서 선정에 든다.

'죽느냐? 사느냐?'라는 상대성에 끌려 다니지 않고 오히려 상대성을 처단하여, 죽고 살고가 없다라는 절대성을 참구한다. 본칙은 향엄지한의 시험대이다. 상대성에 걸려들지, 혹은 절대성에 입각할지를 시험하는 구절이다. 조사에게 이런 질문을 꺼내다가는 방棒을 억수처럼 맞을 것이다. 누가 그렇게 매달려 있느냐라는 역문을 이해하면 삼라만상이 서래의西來意다.

필자는 방산남원 선사를 처음으로 친견하였을 때 이렇게 물었다. "아래 마을 고아원과 양로원에는 불쌍한 사람들도 많은데 왜 이렇게 그냥 앉아 계십니까?"

그러자 즉시 선사는 이렇게 되물었다. "하아! 누가 불쌍합니까?" 이에 필자는 입을 다물고 곰곰이 생각해 보았고 그 이후 30여 년 동안 화두를 참구하며 법문을 들었다. 졸서가 쓰여진 기연을 차제에 이렇게 조금 밝힌다.

무문 스님의 평창을 보도록 하자.
　　무문이 말하기를, 강물을 현수막처럼 매어다는 말이 있어도 모두 소용이 없고 석가의 일대장교를 설득해도 역시 소용이 없다. 만약 '그 자리'에 향하여 착득했다면 종전의 죽은 화두도 살리고 또한 종전의 살은 화두도 죽이리라. 그가 혹 아직 그렇지 못하다면 56억 7천만 년을 기다려 미륵에 물어라.

[해설]: 어떤 승이 조사에게 물었다. "활구活句와 사구死句가 무엇입니까?"

조사가 답했다. "깨달으면, 사구도 활구이며, 활구도 사구가 된다."

여기서 활구는 살아 있는 말이고 사구는 죽은 말인데 구체적으로 활구는 비상비비상과 같은 절대성을 말하고 사구는 생로병사 빈부귀천과 같은 상대성을 뜻한다.

그런데 대도무문 더 나아가서 '그 자리'를 깨닫고 보니 절대성은 이미 죽은 말이 되고 상대성이 다시 살아난다는 뜻이다. 깨닫고 보면 모든 것이 '그냥 그대로'인 것이다. 그래서 '산은 산이고, 물은 물'이라고 말한다. 정확하게는 말하면, '산은 산 같은 것'이고 '물은 물 같은 것'이다. 56억 7천만년을 기다려 미륵에게 물으라는 말은 화두가 순숙할 때까지 참구하라는 말이다. 마음의 미륵이 나타날 때까지….

무문의 송왈은 다음과 같다.

> 향엄 진의 두찬(杜撰: 잘못된 선문안을 말함)은 악독하기 그지없고 납승의 입을 딱 막아버렸다. 무엇이라고 대답해야 할지? 두 눈을 껌벅거리며 전신에 식은 땀을 흘리게 했네.

[해설]: 향엄의 선문에 대답하려 들면 위와 같이 된다. 모순(상대성)에게 서래의를 물었으니 악독하기 그지없다고 송왈한 것이다. 이는 '죽고 살고가 없다'는 절대성을 깨쳐 두찬(불법에 맞지 않는 질문)을 타파하라는 함의가 있다.

『무문관』 제6칙 세존염화世尊拈花

본칙은 다음과 같다.

세존이 옛날 영상회상에서 꽃을 들어 대중에게 보이니(세존염화世尊拈花) 이때 중생이 모두 그 뜻을 몰라 묵묵했는데(중개묵연衆皆黙然) 가섭 존자가 파안미소破顏微笑를 보였다. 세존께서 말씀하셨다. "나에게 정법안장正法眼藏 열반묘심涅槃妙心 실상무상實相無常 미묘법문微妙法門 불립문자不立文字 교외별전教外別傳이 있으니 마하가섭에게 부촉하노라."

[해설]: '세존이 꽃을 들다世尊拈花'는 부처와 본체에 은유된다. 특히 연꽃은 응무소주이생기심을 은유하기에 좋은 꽃이다. 가섭의 파안미소破顏微笑는 중개묵연衆皆黙然도 아니고 또한 박장대소도 아니다. 파안破顏에서 비상(불취어상不取於相)과 비비상을 그리고 미소微笑(통상의 媚笑가 아님)에서 작용을 보아야 한다.

여인의 미모는 미소로써 마무리된다고 했는데 세존염화는 가섭의 파안미소로써 마무리 된 것이다. 부처님의 염화에 가섭이 파안하며 좀 웃었다는 직역과 체용일체라는 의역을 함께 보는 것이 중요하다. 세존염화가 여래선이라면 파안미소는 조사선이다. 여시가 여래선이라면 여시여시가 진여자성으로 조사선이 되는 것처럼….

이어지는 정법안장正法眼藏, 이하 교외별전教外別傳까지 사자성어가 모두 체용일체임을 보는 것이 중요하다. 열반(불생불멸)이나 실상(비상비비상)도 그리고 정법은 물론 비법비비법(보리법)이고 안장眼藏은 여래장식如來藏識이다. 말하자면, 자성자리를 은유한다. 교외는 교외외教外外라는 절대성이고 별전은 전달이 오성적이란 말이다.

선문이 표의문자인 한자와 잘 조화를 이루는 전형적인 장면을 본다. 불립문자는 축자해석을 하면 문자를 세우지 않는다라는 일상언어가 되는데, 말 그대로라면 정작 불립문자라는 말도 세워서는 안 되는 것이 아닌가. 체용론을 적용하여 불립불불립이라는 절대성(본체)에서 문자라는 작용이 내현한다는 것이 선적 해석이 된다.

이어지는 평창을 보자.

> 황면黃面의 석가는 방여무인(傍如無人: 방약무인傍若無人)하게 마치 곁에 사람이 없는 것처럼 선량함을 누르며(압량壓良) 천함을 위하고, 양두를 걸어 놓고(현양두懸羊頭) 구육을 파는 격이로다. 더욱이 다만 무슨 기특한 수나 있는 듯 당시 대중이 모두 웃었다면 정법안장을 어떻게 전했을까?

> 만약 가섭이 웃지 않았다면 정법안장을 또 어떻게 전했을까? 그리고 정법안장에 전수할 것이 있다고 하면 황면의 석가는 여염(閭閻: 마을) 사람들을 속였다고 할 것이고 만약 전수할 것이 없다고 하면 무엇 때문에 홀로 가섭에게 허하였을까?

[해설]: 위의 글에서 황면이라는 수식어를 석가에게 붙이고 있다. 황면은 황색의 얼굴이다. 여기서 황색은 적도 청도 아닌 것, 혹은 백도 흑도 아닌 것(절대성)으로 여래이니 황면의 석가는 석가여래다. 위의 문구 중에서 무인, 압량, 현양두 등에서 첫 글자 무無, 압壓, 현懸 등은 모두 변증법적 부정, 즉 '부정의 부정'으로 본체며 이하 부수하는 문구들은 작용을 뜻한다.

보리반야의 작용에는 선악이 없으니 양두구육이라는 은유도 성립할 수 있다. 정법안장(진여의 자성자리)이 실재한다면 실상무상(여래환상)을 설한 일반 사람들을 속이는 짓이며, 가령 없다면, 없는 것도 없는 것, 즉 '부처의 실성'을 가섭에게 홀로 허용하였다는 뜻이 된다. 선이 중국의 표의문자를 만나서 꽃을 피웠다고 한 말을 이 평창에서도 절감케 한다.

무문 선사의 송왈을 본다.
꽃가지를 들어 대중에게 보인 것(염기화래拈起花來)이 꼬리까지 이미 드
러내 놓았다(미파이로尾巴己露). 가섭의 파안破顔에는 인천人天도 망조(망지소
조罔知所措)라 어찌하지 못하여 허둥지둥할 것이다.

[해설]: 석가세존은 『팔만장경』을 설하고도 한 법도 설함이 없다고
말했다. 이는 가설 불가설을 초월한 불어심佛語心에서 나온 말이다. 염
기拈起는 집어올리다라는 뜻이지만 본체고 화래花來는 작용이다. 몸체
와 꼬리에 관한 얘기는 『무문관』 제38칙에서나 『종용록』 제66칙 등에
서는 좀 더 구체적으로 나온다.

체용론이 아니면 설명이 불가능하다. 가섭의 파안도 역시 본체로서
진면목에 해당하니 인천이라는 상대성은 어찌하지 못한다는 것. 역시
미소微笑는 꼬리작용에 해당된다. 석가세존은 칠불의 마지막 부처고 가
섭존자는 인도의 제일대 조사가 되는 장면을 본 것이다. 제2대 조사가
나오는 장면은 『무문관』 제22칙에서 다른 측면에서 또 볼 것이다.

다음 게송을 참고로 붙인다.
세존께서 내밀한 뜻 계셔도(세존유밀어世尊有密語)
가섭은 숨김없이 알아챘나니(가섭불부장迦葉不覆藏)
하룻밤에 꽃비가 내려(일야락화우一夜落花雨)
온 성안에 물향이 흐르는구나(만성유수향滿城流水香)

앞의 두 구절은 본체를, 뒤의 두 구절은 오성적 작용을 노래한 것.

『무문관』 제7칙 조주세발趙州洗鉢

본칙을 본다.

> 승이 아뢰다. "제가 처음 총림에 왔습니다. 잘 지도해 주십시오."
>
> 조주 스님이 묻다. "죽을 먹었느냐 아직 안 먹었느냐?"
>
> 승이 답하다. "죽을 먹었습니다."
>
> 조주 스님 말하다. "그러면 발우(바리때)를 씻었을 테지?"
>
> 그 승이 이 말에 곧 깨쳤다.

[해설]: 이 선문을 해설하기 전에『조주록』에서 문답 한편을 우선 보고 가도록 한다.

> 조주가 새로 온 두 납자에게 물었다. "승들은 여기에 와 본 적이 있는가?"
>
> 한 승이 대답했다. "와 본 적이 없습니다."
>
> 조주, "차나 한 잔 마시게."
>
> 조주, 또 한 승에게 물었다. "여기에 와 본적이 있는가?"
>
> 그 승이 대답했다. "와 본 적이 있습니다.
>
> 조주, "차나 한 잔 마시게."
>
> 원주가 물었다. "스님께서는 와보지 않았던 사람에게 차를 마시라고 하신 것은 그만 두고라도 무엇 때문에 왔던 사람도 차를 마시라고 하십니까?"
>
> 조주 스님께서 "원주야!" 하고 부르니 원주가 "예!" 하고 대답하자 "차나 한 잔 마셔라!" 하셨다.

이상에 소개한 문답은 조주 선사의 유명한 끽다거喫茶去 공안이다.

여기서 '차나 한 잔 들게'라는 말은, 오고 감에 아직 꺼둘린 승들에게 상(相)을 지우라는 뜻으로 '차를 마시게'라 한 것이다. 한 잔의 차가 '오고 감'이라는 상대성을 은유하니 삼켜버리고 비상비비상(定)으로부터 시작하라는 뜻이다.

체용론의 진면목은 끝 구절에서 드러난다. 조주가 '부르고' 이에 원주가 '답함'이 주객일치로서 체를 은유해 넘이라서 '차나 한 잔 마셔라'는 작용이다. '부름과 답함'이 인과(상대성)적이지만 선문에서는 주객일치(절대성)를 은유하는지 그대로 상대성적인지는, 앞으로도 계속 나타나니 그때그때 보기로 한다.

본칙에서 처음 온 승이 죽을 먹었다니까 발우를 씻었을 테지라고 말한 것은, 죽을 먹었음과 먹은 빈 발우를 씻었음이 비상비비상처정(定)에 은유되고 있다. 그 다짐의 말에 승이 부정의 부정을 깨우쳤다는 뜻이다.

참고지만 F. 카프라의『현대물리학과 동양사상』에 위의 선문답이 인용되고 약간의 설명이 붙여져 있다. 물론 그들 식의 해석이다. 영문으로써 선문집을 해석한다는 것은 참으로 어려운 일일 것이다.『조주록』(혹은『벽암록』제50칙)에는 이런 문답이 나온다.

> 어떤 승이 물었다. "어떠한 것이 부처(佛)입니까?"
> 조주가 답했다. "바리때(발우) 속의 밥, 물통 속의 물."

부처(佛)는 곧 성품이되 보리반야(체용론)를 통해 드러난다. 한편으로 보리반야를 드러내고 있다. 결국 삼위일체다. 위의 묻고 답함에서 부처(佛)를 물으니 정혜(체용)로써 답했다. 물음이 곧 답이고 답이 곧 물음인 것이다. 빈 바리때와 물통은 여기서 정(비상비비상)이고 밥과 물은 혜를 은유하니 정혜일치로써 불(佛)의 물음에 답한 것이다. 어떤 것이 불성이냐는 질문에 직접 청정광명심을 설명하지 않고 대신에 체용론에 담아내는 것이 선불교적 현상학이고 이른바 선의 알레고리다.

평창에서 무문 선사는 일렀다.

조주가 입을 여니 담(膽)이 보이고 간(肝)을 드러냈다. 이 승이 듣고도 모른다면 종(鐘)을 가리켜 항아리라고 부르는 격이 된다.

[해설]: 조주가 입을 여니, 간과 담을 드러냈다는 말은 체용론을 은유한다. 이에 반해 종을 가리켜 항아리라 부르는 격이 된다는 말은 정혜쌍수(체용론)를 모른다는 뜻이다. 사찰에서 종이라는 몸체는 종소리라는 작용을 일으키며 불성을 드러낸다. 은유함이 항아리의 체용과는 전혀 다르다.

『장자』〈천지〉 편에 이런 구절이 나온다. "이처럼 고귀한 담론이 대중의 마음에 와 닿지 않으니 참된 말은 나타나지 않고 속된 말만 기승을 부린다. 옹기소리와 종소리가 엇갈리니 갈 곳을 모른다."

좀 더 자세한 종소리의 내용은 제16칙 〈종성칠조〉에서 계속된다.

송왈에서는 이렇게 일렀다.

너무 분명하기 때문에 오히려 깨침이 더디다. 심등(心燈)이 곧 심광(心光)인 줄을 재빠르게 알아 차려야지 밥이 된 지는 이미 오래다.

[해설]: 여기서 분명하기 때문에 오히려 깨침이 더디다라는 말은 분명(分明)이라는 말이 이분법(상대성)적 명백을 뜻하기 때문이다. 심등(心燈)

은 주체(자성자리)고 심광心光은 작용인데 밥은 후자로서 된 지 오래지만, 심등이 곧 심광인 체용론을 재빠르게 알지 못한다고 했다. 『육조단경』에서도 심등과 심광으로 설명하고 있다. 물론 분별자리가 아니다.

물리에서는 빛이 중요하지만 선의 심리학에서는 심등과 심광이 바로 화두가 된다. 심등과 심광의 일치를 성상여여性相如如 혹은 쌍명성상雙明性相이라 했다. 다시 반복하지만 환경세계의 전개를 심광이 법계(환경세계)를 이루며 흐르고 있는 것心光法界流으로 선적 표현을 한 것이다. 참고지만, 여여如如가 곧 쌍명雙明인 것을 보아내면 일가견을 이루었다고 볼 수 있다. 붓다의 최초의 깨침은 쌍명성상이었다.

『무문관』 제8칙 해중조차奚仲造車

본칙을 인용해 본다.

> 월암 스님이 어떤 승에게 묻는다. "해중이 수레를 100대나 만들었는데 두 바퀴는 제치고 축을 뽑아내니 무엇인고?"

[해설]: 월암 스님의 법손이 무문혜개로 알려져 있다. 해중은 수레를 중국에서 가장 잘 만들었던 사람이었다. 수레의 두 바퀴를 제치고 축을 뽑아낸다는 말이 요체인데 수레에서 그 두 가지를 뽑아내면 남는 것은 핵심(Hub)인 빈 구멍쏲이 있을 뿐이다. 무거운 짐과 사람 그리고 자체의 중량을 실은 수레의 질주가 핵심인 빈 구멍에 근본을 두고 있다는 사실은 대단한 아이러니다.

철학에서 현존의 작용을 차이성(데리다) 혹은 관계성(마르크스)으로부터 추구함에 비해 노자는 '빈 골짜기에 나섬'이라는 비유법을 쓰기도 했다. 이런 말은 도인만이 할 수 있는 말이다. 깨달아 보면 천지만물

이 '빈 산골짜기에 나선 것'. 모르는 사람은 현존이 산둥성이(상대성)로
서 나섬이라 여기는데, 실은 상대성이 끊어진 빈 산골짜기, 곧 절대성
에서 나온 것이다.

물리학적으로 말하면 절대성(양자론)에서 불확정성이 나오고 이 불확
정성에서 상대성이 나오고 결국에 이 상대성으로써 대상을 직조織造
해 낸다. 맨 처음의 절대성은 인간의 참마음(본래성)에서 나온 것이라
서 유심론이라 말한다. 비상대성(불확정성) 비비상대성(정定)에서 내현한
것이 여래광명상이다. 이 체용일치 논리가 본칙에서 수레에 적용된 것
이다.

수레에서 바퀴, 바퀴살, 그리고 심봉이라는 메커니즘이 모두 공심
(hub)에 근거하고 있다. 수레를 아무리 많이 타고 다녀도 통상 주목하
지 않는 자리지만 공심은 시사하는 바가 대단히 크다. 공으로 인해서
수레가 수레답게 되는 것은, 마치 비심(객관성)이 심(心: 주관성)으로 하여
금 심(心: 보리반야성)답게 만드는 것과 맥이 상통한다고 하겠다. 무문 스
님은 평창에서 만약 곧 알아챘다면 눈이 유성같고 기지가 번갯불과
같다라고 했다.

참고로 『법안록』에 나오는 법문을 한 구절 보고 가자.
　　남전(南泉, 당唐, 748~834) 스님이 유나維那에게 물었다.
　　"오늘은 무슨 보청(普請: 작업)을 하려는가?"
　　"연자방아를 돌리렵니다."
　　"연자방아는 그대를 따라 돌겠지만 연자방아의 중심목(定)은 움직이
　지 못할걸."
　　유나는 대꾸가 없었다.

다음은 『종용록』 제63칙의 평창에서 인용하였다.

허공 속(환중環中)이라 함은 장자에 이르기를, 지도리(중추中樞)는 허공 속의 자리를 찾아야 무궁한 사물에 응할 수 있다고 하였는데, 이는 빙글빙글 끝없이 도는 데서 한 복판을 찾는다는 뜻이니 환중에서 빈 곳은 체體요, 빙글빙글 끝없이 도는 것은 용用이다.

다음은 무문 선사의 송왈이다.

수레바퀴가 구르듯이 재빨라도 그로 만족하지 말라. 세상천지는 넓고 넓다.

[해설]: 제아무리 체용론이라 한들 그것은 여래선이고 세상에서 제일 넓은 공간은 '그 자리', 즉 심등에서 펼쳐지는 심광의 법계인 사이버 공간이 넓고 넓다.

『무문관』 제9칙 대통지승大通智勝

본칙은 다음과 같다.

흥양양 스님에게 어느 때 승이 물었다. "대통지승불이 십겁十劫이나 좌선도량에서 공부했으나 불법을 이루지 못했다고 하니 불도를 이루지 못한 때에는 어떠합니까?"

스님, "그 물음이 바로 답이 되겠다(기문심체당其問甚諦當)."

승, "이미 이곳이 좌선도량이거늘 무엇 때문에 불도를 이루지 못했을까요?"

스님, "그대가 성불 못했기 때문이다."

[해설]: 견성하면 보리반야이며 또한 진여자성에 계합하는 것이지, 좌선도량 혹은 大通智勝佛 운운하지 않는다. 그래서 물음이 곧 답이 된다고 말했다. 즉 불법을 이루지 못한 때는 마치 대통지승불처럼 십 겁이나 좌선도량에 앉아 있다는 뜻인데, 이는 도량에 제 아무리 오래 앉아 있어도 견성을 못 하고 또한 못 한다는 말.

즉 어묵동정語黙動靜 행주좌와行住坐臥 가운데 화두를 꾸준히 들어야 한다는 것으로서 행위 가운데 깨치고, 깨친 가운데 그대로 행위를 이어간다는 도리가 선불교다. 마조가 좌선을 하고 있으니 스승 회양이 곁에서 벽돌을 갈아 거울을 만드는 흉내를 내었다는 일화를 앞에 소개한 바가 있다.

무문 선사의 평창을 보자.

다만 노호老胡의 지知는 허용하되 회會는 허락하지 않는다. 범부가 만약 지승(보리반야)하면 성인이고, 성인이 체회하면 곧 범부니라.

[해설]: 노호는 대통지승불은 말한다. 그의 앎은 인정하지만 보리반야의 체회는 인정 못 한다고 했고, 범부가 보리반야(절대지)를 얻으면 성인(부처)이고, 이 경우 성인은 곧 범부의 작용(중생상)을 행한다. 조사가 되어도 중생상(상대성)을 그대로 활용하니 〈백장록〉의 구절처럼, '배고프면 밥 먹고 피곤하면 쉰다'가 된다. 즉 몰랐을 때 중생이었는데 깨닫고 보니 '그냥 그대로' 중생이라는 뜻이다. 그래서 깨치면 활구(절대성)도 사구가 되고 사구(死句: 상대성/불확정성)가 '그냥 그대로' 대용적 활구가 된다.

송왈을 보자.

몸을 완전히 하기는 맘을 완전히 함만 못 하고 맘을 완전히 하면 몸은 걱정 없을 것이다. 만약에 몸과 맘이 다 같이 온전하다면 신선이니 무엇 때문에 고관대작이 부러울 것인가.

[해설]: 몸과 마음이 다 같이 온전하다는 말은 함은, 체용일체를 두고 한 말로서 여여부동 더 나아가서 진여자성을 보기에 달렸다. 자성 자리를 보면 성현이 되어 안팎(상대성)이 없이 무위법으로써 차별(고관대작)을 보니 무엇이 부러울손가라는 뜻이다.

『무문관』 제10칙 청세고빈淸稅孤貧

본칙은 아래와 같다.

조산(曹山, 당唐, 839~901) 선사에게 어느 날 청세라는 승이 찾아왔다.

청세淸稅, "제가 대단히 외롭고 가난합니다(고빈孤貧). 스님께서 한 턱 쓰십시오."

이때 조산 선사, "세稅사리야!" (사리는 존칭어)

청세, "예."

조산 선사, "청원靑原의 백가주白家酒를 서 되나 먹고도 아직 입술도 젖지 않았다고 하겠느냐?"

[해설]: 조산은 스승인 동산(洞山良价, 당唐, 807~869) 스님과 함께 선종 5가의 하나인 조동종曹洞宗을 창설한 유명한 선사다. 본칙의 청세淸稅라는 이름은, 청정심淸과 핑계 혹은 구실(세稅)의 합성어로서 청정심을 구실로 삼는다라는 뜻. 이런 청세가 고빈(孤貧: 외롭고 가난함)으

로써 본체를 제시한 형식이지만, 조산 스님이 알아차리지 못 할 리가 없다.

아무 소리 없이 '세사리야!' 하고 불렀다. 이에 청세가 무심히 '예'라고 답했는데, 이 '부르고 답함'이 주객일치로서 체성과 또한 작용을 함의한다는 내용이고, 이어지는 조산의 법어는 설명에 해당한다. 술 얘기는 우리나라로 친다면 경주의 법주를 서 되나 마셨다는 것으로서 청세에게 진정한 본체와 작용을 펼쳐보인 셈이다.

하필이면 서 되인가? 이는 체용과 성품이 삼위일체임을 은유하고 있다. 이러한 상황에서 청세가 고빈孤貧하다고 말할 수 있겠느냐는 뜻을 지닌 선적 텍스트다.

(참고: 청원靑原의 백가주白家酒는 청원지방에서 빚은 당시 명품 술의 일종이지만 선문에서는 체용을 형상화하는 말.)

무문 선사는 평창에서 이렇게 일렀다.

"청세의 설문, 이 무슨 심산인고? 안목을 구비한 조산 선사는 그가 온 뜻을 잘 알고 있다. 그러나 얼른 말해보라, 어떤 점이 청세가 술을 먹은 곳인가?"

[해설]: 조산이 '세稅사리야!'라고 부름으로써 그로 하여금 '무심결에 답하게 한 것', 이곳이 곧 너나가 없는 본체(주객일치)로서 술을 먹는다는 작용을 일으킨 곳이다. 중언부언이지만 본체가 작용을 일으키고 불성을 드러냄이라.

송왈을 보자.

"빈도貧道는 범단范丹과 같고 기세는 항우라, 활계活計가 없다 할지라

도 부富와 맞서도다." (참고: 범단은 당시의 청빈한 학자)

[해설]: 청세가 말하는 고빈 대신에 송왈의 빈도貧道는 주체며 기세는 대용이다. 소위 주체대용이다. 이 빈도는 (범단 같은) 활계가 없을수록 항우 같은 기세로 부(富: 상대성)와 맞서 모자람이 없다란 뜻. 범단이 항우의 기세를 이루는 것이며 또한 부(富: 상대성적 차별심)와 맞선다. 이 경계에서는 활계가 활계가 아니고 부도 부가 아니고 이 이름이 활계고 또한 부다.

『무문관』 제11칙 주감암주州勘庵主

본칙은 다음과 같다.

> 조주 스님이 한 암주를 찾아서 "있습니까?(유마有麼)" "있습니까?(유마有麼)" 하고 물으니 암주가 주먹을 들어올렸다.
>
> 조주 스님, "물이 얕아서 배를 띄우지 못하겠네."
>
> 다른 암주를 찾아서 "있습니까?" "있습니까?" 부르니 역시 주먹을 들었다. 이에 조주 스님, "능통능란하고 살활자재하다" 고 칭찬하였다.

[해설]: 위의 선문에서 있습니까·있습니까라는 물음의 뜻은 '없네·없네,' 즉 무무無無를 은유하는 물음이다. 『벽암록』 제4칙을 보면 덕산이 법당을 둘러보고 아무도 없으니 무무無無라고 하는 장면이 첫 구절부터 나온다. 무무는 부정의 부정으로 본체를, 그리고 이에 주먹은 작용을 은유함인데, 첫 번째 주먹에 조주는 물이 얕아 배를 띄우지 못하겠다고 말한 뜻은 여래선이고, 두 번째 주먹을 능통능란하고 살

활자재하다고 칭찬했다. 두 번째 주먹은 역시 여래선을 부정하고 재부
정한 것으로서 조사선이란 의미다. 조사의 활구活句는 부정의 부정이
라 했는데 아래 송왈에서 다시 구체적으로 형상화되어 나온다.

평창을 본다.

　무문 스님은 가로되, 쌍방이 주먹을 들었는데 무엇 때문에 한 쪽은
긍정하고 한 쪽은 부정했을까? 얼른 말해 보라 잘못이 어디 있는가? 만
약 이에 대하여 일견식을 얻었다면, 즉 조주 스님의 혀에는 뼈가 없고
살활에 자유자재함을 얻으리라. 비록 이러하나 어찌 할꼬? 조주가 두
암주에게 도리어 감파 당했소. 만약 두 암주에 우열이 있다면 아직은
공부한 실력이 없고 만일 우열이 없다고 해도 공부한 실력이 없소.

[해설]: 불교적 형이상학이 되는 실성의 첫 부정은 비실성이고 둘째
부정은 실성의 2중 부정이니『무문관』에서의 대도무문이다. 상대성적
고정관념을 부정하는 뜻으로 혀에 뼈가 없고 살활자재殺活自在라 했다.
조주 스님 도리어 두 암주에게 감파 당했소라고 말한 것은 한편으로
그렇게 감파한 것이며 또 한편으로 그렇게 감파 당했소라는 것은 묻
고 답한 것으로 소통을 두고 한 말이다. 즉 암주들의 두 주먹은 조주
의 본체의 제시에 대한 작용이라는 은유. 앞뒤의 주먹들에 우열이라
는 상대성이 있다고 하면 아직 공부(절대성)가 미진하고, 만일 상대성이
없다고 해도 공부(불시심·불시불·불시물)가 미진하다 했다.

무문 스님이 이런 송을 읊는다.

　눈은 흐르는 별과 같고 기는 번갯불과 같아서 살인도殺人刀 활인검活
人劍이다. 살활을 자재하다.

[해설]: '조사의 활구活句는 부정의 부정에 있다.' 즉 불성·실성(대승적 절대성)의 2중 부정은 이른바 빛나는 활구活句다. 여래선(비심비비심의 한 물건)의 부정인 자성진공(적멸)을 살인도에, 그리고 재부정인 대도(진여자성)를 활인검에 은유했다. 즉 조사 선사는 '불佛의 실성(여래선)'을 살활(부정의 부정)함이 자유자재한 자이다.

『무문관』 제12칙 암환주인巖喚主人

본칙은 다음과 같다.

　　서암언 스님은 매일 스스로 '주인공!' 하며 부르고, 스스로 '예!' 라며 답하고, 이내 말하기를, '성성착惺惺著했는가?' 고 물었으며, '예!' 라고 답했다. 그리고 '금후 남에게 속지 말라!' '예!' '예!' 자답하는 것이었다.

[해설]: 위문에서 성惺은 깨닫는 것이며 착著은 명확히 나타난다는 뜻이다. 선은 상대성, 예컨대 '부름(혹은 물음)'과 '답'에서 이를 초극한 대승법(체용)을 보는 도리이다. 본칙은 『무문관』 제일칙의 화두 '무無' 대신에 '주인공'을 부르고 있다. 이 경우는 마치 '하나님! 하나님! 불렀더니 기적으로써 응답해 오더라'는 서양 신앙과 대단히 빼닮았다. 그런 기적 같은 환각들이 옛날이나 지금이나 얼마나 많은 사람들을 황당한 세계로 몰아 넣었던고… 과연 우리의 정식(情識: 두뇌와 감정)은 착각 투성이인 것이다. 얼른 이 책이 떠오른다. 『나는 생각한다. 고로 실수한다』(장 피에르 랑탱 저, 이재형 옮김, 문예출판사) '찬란한 과학문명'도 이런 착각의 휴지통에서 건져 올린 것이다. 더 큰 차원에서 보면 문제의 '찬

란한 과학 문명'도 일종의 착각 투성이임이 밝혀질 것….

무문 스님은 평창에서 이렇게 지적하고 있다.
　　서암언 늙은이 상대도 없이 스스로 부르고 스스로 대답한 것이 마치
　도깨비 무리 장난 같다. 하나는 부르고 하나는 대답하고 하나는 알았
　냐하고 하나는 남에게 속지 말라고 나누어 말했다. 그러나 이러한 구별
　에 집착해서는 안 된다. 만약 서암언 스님을 모방하면 모두 야호의 짓
　이리라.

[해설]: 중생의 '부르고 답함'은 상대성에 그치지만 선에서는 주객일
치로서 체성과 작용을 은유한다. 서암언 스님은 화두도 몰랐고 체용
일체, 즉 정혜쌍수도 몰랐다는 이야기. 선의 황금시절인 당시도 그랬
거늘, 지금처럼 감정하는 선사가 귀하고 드문 시절에 서암언 스님을
모방하여 '부르고 답함'이라는 분별심(상대성)으로 깨우쳤다고 주장하
면 무슨 방법으로 진위를 가릴지, 혼란이 이만 저만이 아닐 일이다. 당
시도 이를 모방하면 여우의 짓이라 했거늘 지금이야 말할 것도 없건
만 현실은 꼭 그렇지가 않다. 앞에서 동양철학자 한형조도 문제의 '주
인공아!'를 화두로 삼자고 제의했으니…,

무문 스님은 송왈에서도 지적하고 있다.
　　도를 닦는 사람이 진리를 모르고 다만 종전의 정식(情識)을 위주하고서
　무량겁으로 전래한 생사의 근본을 이룬 '본래인'을 사칭하는 바보들이
　있다.

[해설]: 여기서 '본래인'이라 함은, '신령스런 빛의 성품'인 '참마음' 혹

은 '빛 사람'을 말한다. 여기서 노자의 〈도덕경〉 구절을 다시 보고 간다. "주인공을 깨달아서 모든 감각이나 의식이, 주인공을 떠나서 제 멋대로 날뛰지 못하게 하는 일이 필요하다."

물론 선은 문제의 '주인공 참구하기'인데, 이를 서암언 스님처럼 '종전의 정식을 위주하고서' 주인공을 바로 부르고 스스로 답해서 '본래인'을 사칭하는 바보들이 있다에 해당한다고 볼 수 있다. 선이라는 명품에는 자고로 가짜가 많아 왔는데 현실은 감정사가 거의 사라진 세상이 되었다.

『무문관』 제13칙 덕산탁발德山托鉢

본칙을 본다.

설봉이 덕산 스님의 회상에 있으면서 밥 짓는 일을 하였는데 하루는 공양이 늦자 덕산 스님이 바리때를 들고 법당으로 내려오니 설봉이 말하였다. "종도 울리지 않았고 북소리도 울리지 않았는데, 스님 어디로 가십니까?"

덕산은 아무런 말도 없이 머리를 숙이고 방장실로 돌아가 버렸다. 설봉이 이를 암두 스님에게 말하자 암두는 말하였다. "아이고! 가엾게도 덕산 스님이 말후구를 몰랐구나."

덕산 스님이 이 말을 전해 듣고 시자에게 그를 방장실로 불러오게 한 후 물었다. "네가 노승을 인정하지 않느냐?"

이에 암두가 밀계기의(密啓其意: 그 뜻을 은밀히 전달)하였다. 덕산 스님이 다음 날 상당하여 법문을 하였는데 평소와 같지 않았다. 암두는 승당 앞에서 박장대소하며 말했다. "반갑구나, 말후구를 알았구나. 이제부터는 천하의 그 누구도 덕산 스님을 당해내지 못할 것이다."

[해설] 여기서 '종도 치지 않고 북도 치지 않았다'는 말은 2중 부정인 본체를 말한다. 본체에는 작용이 따르건만 덕산은 도로 방장실('그 자리'에 은유됨)로 되돌아 가버렸다. 조사는 작용을 일으키던 혹은 안 일으키던 대자유인이기 때문이었다. 『벽암록』제4칙에서도 덕산은 작용이 없다. 여기서 암두의 밀계기의密啓其意(『벽암록』에서는 밀계기어密啓其語)를 축자 해석하자면 '은밀한 그 뜻을 알리다'인데 내밀스런 본체와 그에 부합하는 작용을 은유하고 있다. 그러나 여래선이다. 조사선의 말후구가 아니란 말이다.

그래서 무문 선사는 그의 평창에서 이렇게 말한다.
"만약 이것이 말후구라면 덕산, 암두 두 사람은 아직 꿈도 꾸어보지 못하고 있다. 자세히 알고 보면 덕산, 설봉, 암두 모두 선반위에 진열해 놓은 인형과 같다."

여래선에서 보면 모두가 여래상, 즉 인형이라는 말이다. 인형은 철학에서 '그림 이론'에 속한다. 물론 조사선의 활구는 소위 '게임 이론'적이다. 말후구에 대해서는 송왈을 본 뒤 [참고] 항에서 면밀히 고찰해 보기로 한다.

자, 우선 무문 선사의 송왈을 본다.
"최초구를 알아차렸다면 곧 말후구를 보리라. 그러나 최초구와 말후구는 일구가 아니다."

위에서 최초구는 '보리반야의 성품(일원상)'을 말하고, 이에 반해 말후구는 '신령스런 빛의 성품'에서 비롯하는 주체대용이다. 물론 최초구의 '부정의 부정'에서 결국 말후구를 보게 됨으로 두 구절은 일구가 아니다.

[참고]『벽암록』에서 말후구에 관한 설두 선사의 송을 점검해 본다.
(괄호 안은 필자의 첨언임)

　　말후구를 그대에게 말하노니 (주체의 작용을 말함)

　　명암(상대성)이 쌍쌍(작용)을 이루는 시절이구나. (상대성적 작용을 보이는 경계임)

　　같은 가지에서 난 것은 모두 알지만 (부처의 실성. 즉 한 물건(一物)에서 같이 나온 것을 모두 안다.)

　　죽음(부정의 부정)을 서로 달리 하니 (주체에서 대용을 제각각 달리함.)

　　도리어 빼어남이어(還殊絕: 상대성을 두고 한 말임.)

　　도리어 빼어남이어(還殊絕: 돌아온 상대성을 두고 하는 말. 반복하고 있음에 유의함.)

　　황두(黃頭: 석가여래)와 벽안(碧眼: 보리달마)도 모름지기 견별(甄別: 뚜렷이 나눔)한다네. (황두는 황두, 벽안은 벽안)

　　남북동서로 돌아가련다. (중생의 상대성/불확정성으로 돌아감.)

　　한 밤중(어둠)에 일천 바위를 뒤덮은 흰 눈(밝음)을 함께 보노라. (어둠과 밝음의 상대성을 주체대용적으로 견별해 봄.)

　　다음 문답은 역시『벽암록』에서 설두 선사의 송에 대한 원오극근 선사의 평창에서 인용하였다. (참고: 괄호 안은 필자의 첨언임)

초경 스님이 어느 날 나산 선사에게 물었다.

"암두가 이렇다 저렇다 하는데 무슨 뜻입니까?" ('설봉이 나와 같은 가지에서 나오긴 했어도 나와는 그 가지에서 함께 죽기(살활)를 하지 않는다' 라고 한 말, 즉 대도무문을 은유함.)

나산 선사가 '대사!' 하고 불러서, '네!' 하고 대답하니, (부르고 답함이라는 상대성의 초월인 절대성(본체)을 이끌어 냈음이니,)

나산 선사는 말하였다. "쌍명역쌍음(雙明亦雙暗: 함께 밝기도 하고 또한 어둡기도 한 것이요." (구체적으로 명암의 상대성을 드러내 작용을 보임.)

그러자 초경 스님이 감사의 절을 올리고 갔다가 사흘이 지난 뒤에 또다시 물었다. "전일에 스님께서 베푸신 자비를 입긴 했으나 간파하지 못하였습니다."

나산 선사, "마음을 다하여 그대에게 일러주었다오." ('그 자리' 인 '참마음' 에서 일러주었음.)

초경 스님, "스님께서는 분명하게 설명해 주십시오."

나산 선사, "그렇다면 대사께서 의심나는 곳을 물어보시오."

초경 스님, "어떠한 것이 한편으로는 밝기도 하고 한편으로는 어둡기도 합니까?" (주체가 그런다. 그렇다고 『종용록』에서처럼 아뢰야식이라고 말하면 체용론에 어긋난다. 역시 주체의 작용을 보여야 한다.)

나산 선사, "같이 나기도 하고 또한 같이 죽기도 합니다." (同生亦同死: 보리반야성性에서 동생했지만 또한 동사하게 되니 조사의 활구 작용이 됨. [참고: 같은 가지에서 낳지만 역시 그 가지에서 죽는다. 안 죽으면 여래관을 못 벗어난다.])

초경 스님은 다시 감사의 절을 올리고 떠나갔다. 그 뒤 어떤 승이 초경 스님에게 물었다. "같이 나기도 하고 또한 같이 죽기도 하는 때는 여하합니까?" (물론 비심비비심의 '한 물건' 에서 같이 났고 다시 부정의 부정인지라 주체대용임.)

초경 스님, "개 주둥이 닥쳐라." (단지 작용만을 거칠게 말했음.)

어떤 스님, "대사께서는 입을 닫고 식사를 드시지오." (체용론적임.)

그 승은 다시 나산 선사를 찾아와 물었다. "같이 나서 같이 죽지 않을 때는 어떠합니까?" (동생부동사同生不同死: 이는 보리반야성, 즉 비심비비심의 일물에 머물고 있음. 조사의 활구가 없음을 은유함. 본칙의 평창에서 무문 선사가 덕산, 암두 설봉을 모두 선반위에 인형을 올려 놓은 것과 같다고 한 말처럼 된다.)

나산 선사, "뿔 없는 소와 같은 격이지." (몸이란 그림만 있고 뿔이라는 상대성적 작용이 없음을 은유함. 여래선임.)

그 승이 다시 묻는다. "어떠한 때가 같이 나기도 하고, 같이 죽기도 합니까?" (조사의 활구가 됨.)

나산 선사, "호랑이에게 뿔(상대성)이 있는 것과 같다." (주체대용을 은유하는 바로서 이를 말후구라고 함.)

『무문관』 제14칙 남전참묘南泉斬猫

본칙은 다음과 같다.

남전 스님, 어느 날 선원에서 동당 서당 간에 고양이 한 마리로 서로 시비가 벌어졌기에 문제의 고양이를 잡아들고 말했다. "한 마디 하면 살리고 그렇지 못하면 베어버리리라."

대중이 한 마디도 못하자 남전은 고양이를 베어버렸다. 늦게 조주가 돌아왔기에 스님은 조주에게 있었던 일을 말하니 조주는 아무 말 없이 신발을 벗어 머리위에 이고 나갔다.

남전 스님이 말했다. "조주가 만약 그때 있었더라면 고양이를 살렸을 텐데."

[해설]: 남전(南泉, 唐, 748~834) 스님은 육조의 법손이고 조주를 제자로 둔 스님이다. 본칙에서 동당과 서당 간의 싸움이라는 것은 상대성적 차별의 고정관념으로 인해 생긴다. 이것은 자성이 흐려졌기 때문이며 그래서 차별상을 짓는다. 남전이 문제의 고양이를 치켜들고 '한 마디 일러라'고 했을 때 대중이 한 마디도 못하자 남전은 고양이를 베어버렸다. 『벽암록』에서는 구체적으로 두 동강을 내어버렸다고 되어 있다.

참묘斬猫는 역시 두 동강을 은유하니 상대성(생과 사)를 의미한다. 늦게 돌아온 조주에게 이 얘기를 했더니 조주는 아무 말도 없이 신발을 벗어 머리 위에 얹고서 나가버렸다. 머리 위와 신발은 상대성인데 조주는 종합(반대의 일치)을 보이고 나가버렸다(작용). 그래서 남전이 '조주가 만약 그때 있었더라면 고양이를 살렸을 텐데'라고 말한 것이다.

다시 무문 스님이 평창에서 일렀다.

"얼른 말해보라, 조주가 신발을 머리 위에 얹고 나간 뜻이 무엇인가? 만약 이에 대해 말 한 마디 한다면 조주의 한 일이 헛되지 않았을 것이니 만약 그렇지 못하다면 그는 위험하리라."

[해설]: 양당의 승들이 상대성에 집착했으나 남전은 절대성을 보였다. 그래서 만약 그랬지 못했다면 스승은 위험했다고 했다. 못 할 짓(이분법)을 저질렀기 때문이다.

송활에서 무문 스님은 이렇게 읊었다.

만약 조주가 있었더라면 도리어 남전 스님을 보고 얼른 한 마디 해보시라고 했을 것이다. 그리고 칼을 빼앗았으면 남전은 '나 살려 주시요' 라고 애원했을 것이다.

[해설]: 양당 승들의 고양이라는 상에 대한 집착에 대해 남전이 칼을 들고 비상(살인도)을 의미함이었는데, 이에 조주가 얼른 '한 마디 일러 보시오'라고 했다면 비비상(활인검)에 해당한다. '그리고' 이하 구절은 살인도를 빼앗기면 활인검일터이니 '나 살려 주시요'라고 애원했을 것이라는 해학적 역설이다.

본칙은『벽암록』제63칙과 제64칙, 두 칙에 걸쳐서 그리고『종용록』에서는 제9칙에서 나온다.『벽암록』의 평창에서 원오 선사는 이런 평을 가하고 있다. "하늘 밖으로 머리를 내밀어 살펴보라 누가 그 경지에 있는 사람인가를. 실은 당초부터 벨 것이 없었던 것이다."

그리고 이런 구절도 평창에 나온다. "궁窮하면 통하고 통하면 변한다."

여기서 궁하다는 것은 비상이며, 통한다는 것은 비비상처정(본체)이고, 변한다는 것은 혜(작용)를 은유하고 있다.『종용록』의 만송노인은 평창에서 참묘와 머리위의 짚신을 '젓가락질(상대성의 극복과 활용)'에 비유한다.

그리고 만송 노인은 평창에서 이렇게 일렀다.

『요조상인遼朝上人』진은『경심록鏡心錄』을 지어 꾸짖되, 남전의 무리는 살생을 방자로이 해서 죄를 지었다고 하였고, 문수좌는『무진등無盡燈』을 지어 잘못을 바로잡고 허점을 돕되, 옛날 책에는 손으로 베는 시늉을 했다고 되어 있다. 어찌 한 칼에 두 토막을 내어 유혈이 낭자하게 했겠는가?라 하였다. 이렇게 옛사람의 비판한 두 가지 주장에서 후자 문공의 죄는 무겁고 전자 진공의 죄는 가볍다 하겠으나, '남전은 여전히 수고우(암무소: 중생상) 무리 속에서 득의양양하게 고개를 흔들고(본체) 꼬리를 휘두르고(작용) 있다.'

윗글에서 문공이나 진공의 죄는 고양이를 육체적인 실재로 보고 있다는 점이다. 즉 실재론의 죄과를 말한다. 선에서 부처를 죽이고 조사를 죽이는 것도 모두 관념론을 전제하는 것이다. 암무소는 중생상이다. '암무소 무리 속에서 고개를 흔들고 꼬리를 휘두르고 있다'는 말은 중생심(상대성) 속에서 본체(고개를 흔들어 부정함)와 작용(꼬리를 휘두르며 활동함)을 함께 행하고 있다는 뜻이다. 이런 표현은 선문에서 자주 보는데 『무문관』에서도 다시 볼 수 있다.

『무문관』 제15칙 동산삼돈洞山三頓

본칙은 다음과 같다.

운문 스님에게 어느 때 동산이 참배하니 물었다.

운문, "어디서 왔는고?"

동산, "사도査渡에서 왔습니다."

운문, "그대 여름철은 어디서 지냈는고?"

동산, "호남 보자사報慈寺에서 지냈습니다."

운문, "언제 그곳을 떠났는고?"

동산, "8월月25일日 떠났습니다."

운문, "그대에게 3돈 방을 놓노라."

명일明日에 이르러 드디어 동산은 운문스님을 찾아 물었다.

동산, "선사께서 3돈 방을 놓으신다니 제가 어디에 허물이 있습니까?"

운문, "이 밥통아! 강서호남에 어디를 그렇게 돌아다닌단 말이냐?"

동산은 이때 크게 깨쳤다.

[해설]: 본칙의 문제점은 사도, 보자사, 8月月25일日이다. 3돈頓이라는 것은 20방식 세 번이니 말하자면 도합 60방을 놓는다는 뜻이다. 밤 새워 궁금해 하면서 잠을 설쳤다. '명일明日에 동산이 무슨 허물이냐?' 고 어필하니, 사도査渡(마음)도 아니고 보자사에서 지냄(불佛)도 아니고 8月月25일日(한 물건)도 아닌 것인데 어디에 집착하고 돌아다녔더냐라는 꾸지람이었다.

여기서 동산이 '불시심, 불시불, 불시물'을 깨달았다. 참고로 『벽암록』 제12칙 '동산 마삼근麻三斤'의 평창에 위의 본칙이 나오는데 동산 스님이 크게 깨치고서 이렇게 말한다. "제가 후일 인적이 끊긴 곳에 암자를 세우고 한 톨의 쌀도 저축하지 않고 한 포기 채소도 심지 않고서 항상 시방에 왕래하는 대선지식을 맞이하여 그들에게 못과 문설주를 모조리 뽑아주고 기름때에 절은 모자와 노린내 나는 적삼을 훌훌 벗겨버려 그들 모두가 그지없이 쇄쇄락락灑灑落落한 청정경지에서 무사인無事人이 되게 하겠습니다."

이에 운문은 이렇게 말한다. "몸은 야자씨 만한 게 주둥이는 커다랗게 벌리는 구나."

말하자면 몸이 야자씨 만하다는 것은 불시물(무사인)의 다음 단계인 파정방행이 없음을 은유하고 있다. 즉 진여의 자성자리에서는 무사인에 머물지 않기 때문이다. 무사인은 작용이 없다. '몸이 야자씨 만하고 주둥이는 커다랗게 벌린다'는 말은 대도무문이 못 된다는 은유다.

무문 선사의 평창으로 돌아가 보자.

운문 스님이 그때 본분초료本分草料를 주어 동산에게 생기일로를 열었더라면 가문이 적료(寂寥: 자성진공)하지 않았을 것을. 동산이 밤새도록 의단에 들게 한 결과, 명일에 다시 찾아 들게 하여 한 마디로 동산을 깨치게는 하였으나 아직 완전하지는 못하다.

여러분에게 묻노니 동산이 삼 돈의 방을 더 맞을 일인가? 맞지 않을 일인가? 만약 맞을 것이라면 초목은 물론 누구든지 맞을 것이고, 그렇지 않다면 운문이 헛소리(진공의 도리)만 한 것이 된다. 이에 대해 알아냈다면 동산과 더불어 호흡할 것이다.

[해설]: 윗 문에서 본분초료(가축에게 먹이는 일정량 사료)를 주어 동산에게 적료(자성진공: 무사인)로부터 생기일로를 연다함은 물론 대도무문을 말한다. 즉 여래선의 자성진공에 방을 더 놓아야 진여자성(대도)에서 결국에 '그 자리'를 체회하게 된다는 은유다. 무문이 묻는 말에서, 만약 맞을 것이라면 초목은 물론 누구든지 맞는다는 말은 선불교에서 대상이 여래상이나 여래관에 머물고 있는 한, 방은 예비해 둔 것과 같기 때문이다. 참고지만 여시여시 혹은 여여부동인 경우는 작용이 활무라서 방을 칠 수가 없다.

무문의 송왈은 다음과 같다.

사자가 새끼를 가르치는 비결과 같이, 어찌 할 수 없는 처지를 당해 재빨리 몸을 뒤쳐서 끝없이 다시 순서를 밟아 '진여자성' 자리에 마주치니 화살 앞은 경쾌하나 화살 뒤는 의미심장하다.

[해설]: 수행자는 모름지기 사자 새끼처럼 절벽을 기어올라 한사코 어미를 만나 생기일로를 얻은 듯, 혹은 화살이 과녁에 명중하듯 경쾌함을 체회해야 한다. '진여자성'의 본체에 부합하면 화살촉은 경쾌하기 그지없고, 한편 화살 뒤는 의미심장하다 했다. 화살 뒤는 작용으로서 건화문(建化門: 말후구)이라 의미심장하지 않을 수 없다.

참고로 『종용록』 제86칙 임제대오臨濟大悟의 본칙을 아래에 소개해 본다.

　　임제가 황벽에게 묻다. "어떤 것이 불법적적대의佛法的的大義입니까?"

　　이에 황벽이 방을 쳤다. 이렇게 세 번을 당하고 임제는 황벽을 하직하고서는 대우에게로 가니 대우가 묻다. "어디서 왔는가?"

　　임제, "황벽에서 왔습니다."

　　대우가 다시 묻다. "황벽이 무슨 말을 하던가?"

　　임제가 대답했다. "제가 불법적적대의佛法的的大義를 세 차례 물었는데 세 차례 모두 방을 맞았으니 허물이 있는지 없는지 모르겠습니다."

　　대우가 일렀다. "황벽이 그토록 그대를 위하여 노파심으로 애를 썼는데 다시 와서 허물이 있는가 없는가를 묻느냐?"

　　임제가 이 말끝에 크게 깨달았다.

　여기서 '불법적적대의'를 물었다는 것은 대승법인 '비심비비심의 한 물건'의 물음이 된다. 여기서 방을 세 번 쳤다는 뜻은, 부처의 실성에 첫 방을 놓고, 다시 자성진공에도 방, 그러면 진여정(진여자성)인데, 최후로 여기에도 방을 쳐서 드디어 언어도단 심행처멸의 '그 자리'를 보이기 위함이었다는 것을 은유함. 부처의 실성에 세 번의 방을 계속 놓아서 허물이 있고 없고를 초극한 '그 자리'를 가르킴과 관련하여서 거일명삼擧—明三이라는 용어가 『벽암록』에 여러 번 나오고 있다.

『무문관』제16칙 종성칠조鐘聲七條

본칙은 다음과 같다.

　운문 가로되, "세계가 이렇게 광활廣闊하거늘 무엇 때문에 종소리 나
는 가운데 칠조가사를 입는고?"

[해설]: 칠조가사七條袈裟는 스님들의 옷이다 5조條, 7조條, 9조條 등의
승복이 있다. 갖가지 오락지로 꿰어 맞춘 옷이다. 본칙에는 3개의 명
제가 나온다. 넓게 트인(광활廣闊) 세계, 종소리, 그리고 칠조가사 입기이
다. 첫째, 광활한 세계는 '그 자리'를, 종소리는 주객일체(본체)를, 칠조
가사(상대성) 입기는 작용의 도리다.

　본칙으로 돌아가 보자. "세계가 광활하거늘 종소리 나는 가운데 왜,
칠조가사를 입는가?"

　답은 이 물음 자체에 있다. "세계가 광활함으로('그 자리'에서) 종소리
(주체) 나는 가운데 칠조가사를 입는다(상대성적 작용)."

　『벽암록』제2칙에서는 이렇게 '물음이 곧 답이다'를 문사즉득聞事卽得
이라는 표현을 쓰고 있다. 『무문관』제9칙에서도 '물음이 곧 답이다'는
말이 나왔었는데, 이는 색공불이 차원에서 아주 중요한 선구다. '화두
에서도, 물음이 곧 답이고, 답이 곧 물음'이기 때문이다. 즉 물음과 답
이 반대의 일치를 이룰 때, 이를 본체라하고 이 본체를 체득하기 위해
화두를 품은 것이다.

무문 선사는 평창에서 이렇게 말했다. (참고: 괄호 안은 필자의 첨언이다.)

　대범한 참선 학도는 성색을 따르고 뒤좇음을 금기한다. 그런데 소리
를 듣고 도(道: 무지무무지)를 깨치고, 색을 보고 마음을 밝힘(비색비비색)은

흔히 있는 일. 선도(禪道)인 수부지(殊不知: 부지부부지)의 납승가에서 소리를 올라타고 색을 덮으니, 두두상명(頭頭上明: 보리)하고 착착상묘(著著上妙: 반야지혜)이다.

연수여시(然雖如是: 그러하다 할지라도 불이법문)이니 얼른 말해보라. 소리가 귀 바퀴에 오면, 귀가 음향 변에 간다 하나, 곧 바로 도(道: 부지부부지)를 더해가서 음향과 적요를 다 함께 망각(비상비비상)할지니 이에 이르러서는 어떻게 얘기할까? (본체인 두두상명과 작용인 착착상묘를 체용일치 시킨다.)

만약에 (이 체용론을) 귀로 듣는다면 알기 어려울 것이고 눈(불안佛眼)으로 종소리(체용론)를 듣는다면 이에 비로소 친할 것이다.)』

[해설]: '세상이 광활하거늘 종소리 나는 가운데 칠조가사를 입는다(종성칠조)'의 뜻은 결국 선의 주체대용이다. 종을 친다는 것은 본체고 울림은 작용이다. 그 가운데서 칠조가사를 입는다는 말. 윗 글에서 소리가 귀 바퀴에 오면, 귀가 음향 변에 간다는 것은 물리적 실재론을 말한다. 선은, '존재(상相)는 지각(성性)'이라는 관념론에서 성상이 여여하다는 부동심(본체)에 들고 다시 생각생각의 재현작용을 드러낸다는 체용론이다.

이어지는 송왈은 이렇다.
　　회통하면 만 가지가 한 집안이고(회즉사동일가會卽事同一家)
　　불회통하면 천차만별을 이룬다(불회만별천차不會萬別千差)
　　불회통하면 만사가 하나이고(불회사동일가不會事同一家)
　　회통하면 천차만별이 벌어진다(회즉만별천차卽萬別千差)

[해설]: 여래선에서 보면, 비심비비심의 '한 물건' 즉 대승적 절대성을

회통하면 만 가지가 하나(만법귀일萬法歸一)이고 그렇지 않으면(불회통이면) 천차만별이다. 조사선에서 보면, 즉심즉불의 '한 물건도 아님(자성진공)' 을 회통 못 하면 만사가 하나(부처의 실성)이고, 회통하면 천차만별(대도무문)이 벌어진다. 다시 말하면 부처의 실성을 회통하면 만법귀일이고 더 나아가서 진불(진여자성: 대도)을 회통하면 다양성이란 뜻. 여래선과 조사선의 차이를 은유하고 있음.

「무문관」 제17칙 국사삼환國師三喚

본칙은 다음과 같다.

　　국사가 세 번 시자를 부르니, 시자가 세 번 답하다.

　　국사 가로되, "말하자면 내가 너에게 그르쳤지만, 원래는 도리어 네
　가 나에게 그르쳤다."

[해설]: 여기서 국사는 당의 현종, 숙종, 대종의 3대 임금의 국사를 담당한 혜충 선사를 말한다. 육조의 인가를 받았으며 775년에 입적했다. '부르고 답함'은 역시 상대성인데 인식의 근원적인 상대성으로서 이 상대성을 초월하면 곧 주객일치로서의 절대성(체성)을 단계별로 업그레이드된 경지를 체회하게 된다. 선문에서 '부르고 답함' 혹은 '묻고 답함'이라는 말이 자주 나온다.

본칙에서 '부르고 답함'은 전형적인 상대성인데 국사는 시자와의 주객의 일치, 즉 절대성(본체)를 위해 국사답게 마음을 비우고 시자를 불렀는데 시자는 여의치 못한 답을 했다는 뜻. 즉 반대의 일치가 일어나지 않은 경우다. 그래서 원래는 마음이 없는 것인데 마음으로 답한 시

자가 국사에게 그르쳤다는 것이다.

『벽암록』제16칙에 줄탁지기啐啄之機라는 말이 있다. 세상 밖으로 나오려는 알속 병아리의 쪼아대기와 바깥 어미닭의 쪼아주기가 딱 맞아떨어져 알 껍질이 깨어지고 병아리가 부화해 나온다는 뜻이다. 이 뜻이 '부르고 답함'에 비유된다. 그래서 화두 지니기를 닭이 알을 품듯한다는 말이 나온다. '묻고 답함'이라는 화두를 해결하지 않고 반야를 섬김은 참선자가 아니다.

여기서 황벽희운(黃檗希運, 唐, ?~850) 선사와 배휴(裴休, 唐, 797~870) 거사의 '부르고 답함'에서 줄탁지기의 예를 한 번 보기로 하자.

　　황벽 대사께서는 일찍이 대중을 흩으시고 홍주 땅의 개원사에서 허드렛일이나 하며 머물렀다. 이즈음의 일이다. 상공(相公: 재상宰相) 배휴거사가 이 절에 찾아들어와 참례하고 벽화를 구경하며 주지 스님에게 물었다.

　　"이것은 무슨 그림입니까?"

　　"고승들의 영정입니다."

　　"고승들의 겉 모습은 여기에 있지만 고승들은 진작 어디에 계십니까?"

　　주지승이 이 물음에 아무 대답을 하지 못하자 배휴가 물었다.

　　"이곳에 선승은 없습니까?"

　　"한 분 계시는 듯합니다."

　　배휴는 마침내 대사를 만나서 주지 스님에게 한 질문을 되풀이 한다.

　　그러자 대사는 '배휴거사여!' 하며 불렀다.

　　"예!"

　　"그대는 어디에 있는고!"

　　배휴는 이 물음에 크게 깨침을 얻으니, 대사를 청하여 개당해서 설법을 하시게 하였다.

이 이야기는 배휴가 훗날에 쓴 『전심법요傳心法要』와 『완릉록宛陵錄』
에 전해져 오고 있다. '부르고 답함'에서 체용을 깨쳐서 자성을 보게
되었다는 실화 한 토막…. 부르고 답함은 본체가 되기도 하고 한편으
로 작용이 되기도 한다.

다시 무문의 평창으로 돌아가 본다.

국사가 세 번 부르니 시자가 세 번 대답했다. 국사가 처음 불렀을 때
시자가 알아 차려야 할 터인데 그는 알지 못했다. 그래서 국사가 세 번
이나 부른 것이 친절(親切: 상대성을 친히 끊음)이 지나쳤다. 세 번 부른 혀가
땅에 떨어질 지경이었다고 했다. 그리고 시자가 세 번 '예!' 하고 대답
한 것이 사실은 화광和光을 몽땅 드러냈다.

국사가 나이가 많아서 법을 넘겨주려고 먹기 싫다고 하는 소에게 억
지로 풀을 먹이려고 했으나 시자가 그 뜻을 알아차리지 못하였다. 어떠
한 산해진미도 배부른 사람에게는 체하기 쉽다. 얼른 말해봐 어디가 그
르친 데인가? 나라가 깨끗하면 인재가 귀하고 집이 부하면 자식들이 교
만하다.

[해설]: '부르고 답함'에서 주객일치 및 체용일치가 일어나지 않은 경
우를 말하고 있다. 즉 국사의 부름과 시자의 답함은 체용에 해당하는
데, 평창에서는 시자가 체용일체를 모르고 답(작용)을 했다는 것. 그러
나 사실은 화광(和光: 불성)을 몽땅 드러냈다는 것은 아이러니다. 무문
선사는 '부르고 답함'에서 본체와 작용을 보고 아무 허물이 없다고 했
다. 그리고 설명을 붙였다.

국사가 나이가 많아서 법을 넘겨주려고 먹기 싫다고 하는 소에게 억지로 풀을 먹이려 한 것이라고. 이를 무문 스님은 나라와 가정에 비유하여 설명하였다. "나라가 청정광명(절대성)하면 인재가 귀하고(절대성), 한편으로 집이 부귀(상대성)하면 자식들이 교만하다(상대성)."

앞 구절은 선문에서 인식의 절대성이(본체: 자성자리)의 귀함을 은유했고 뒷 구절은 상대성의 가치론(작용)이 무의미함을 나무라고 있다.

다음은 무문 스님의 송왈이다.

죄인 목에 거는 쇠칼에는 구멍이 있어야 할 터인데 구멍이 없으니 어찌할꼬. 자손에게까지 누를 끼치게 되니 보통 일이 아니다. 문을 버티고 집을 버티려면 맨 발로 칼날 위에 서야 한다.

[해설]: 첫 구절에서 구멍 없는 쇠칼은 본체가 없는 작용을 은유하고 있다. 자손에게 체용론을 전해야 누를 끼치지 않는다고···. 맨 발로 칼날 위에 서는 것은 '무위無爲의 위爲'인 체성과 작용을 역시 동시에 은유한다.

『무문관』 제18칙 동산삼근洞山三斤

본칙 내용은 다음과 같다.

동산수초(洞山守初, 당송唐宋, 910~990) 스님에게 어느 때 중이 묻다. "어떤 것이 불佛입니까?"

동산 스님 대답하되, "마삼근麻三斤이니라."

[해설]: 이 선문답은 헤겔의 표현을 빌리자면 '이성적인 것이 현실적인 것이요, 그 역도 진이다'라는 [이성=현실]의 정혜쌍수(보리반야)를 표현하고 있다. 본칙처럼 여하시불(如何是佛: 어떠한 것이 부처입니까?)이라는 질문이 선문에는 대단히 많이 나온다. 다른 종교에서는 볼 수 없는 질문이다.

제2장 본론 편에서 불佛은 정定(선정)과 혜慧(반야지)의 삼위일체임을 논의하였다. 또한 제16칙 종성칠조의 평창에서 선정을 두두상명頭頭上明이라 했으며 이에 해당하는 반야지혜 영상(작용)을 착착상묘著著上妙라 표현했고.

본칙에서처럼 부처나 성품을 물으면 정혜쌍수 혹은 보리반야, 구체적으로 두두상명과 착착상묘(著: 분명히 드러나다)를 거증해 보이는데, 이를 동산 스님은, 마침 마를 저울에 달고 있었던지 '마麻 3근'이라고 형상화해 내고 있다. 여기서 마麻는 비상非相으로 정定 혹은 본체에, 그리고 삼근三斤은 혜慧 혹은 작용에 은유되고 있다. 여래선문이다. 마麻라는 비상은 마麼(무엇)라는 함의를 은유하고 있기도 하다. 본칙도 묻고 답함의 전형으로서 주객일치를 보이고 있다.

무문 선사의 평창은 아래와 같다.

동산 스님이 방게조개와 같은 수작으로 오장육부를 모두 들어냈구나. 이와 같은 상황에서 어서 일러보라! 동산 스님의 뱃속을 어떻게 보아내야 할 것인가를.

[해설]: 방게조개 이야기는 『벽암록』 제90칙의 본칙에서 구체적으로 나온다.

"어떤 것이 반야의 체입니까?"

"방조개가 명월晛月을 머금었다"

여기서 대보름에 방조개가 오장육부를 다 드러내어서 달빛을 듬뿍 흡수하는 이유는 진주를 만들기 위함이다. 물론 반야의 체는 진주(여 의주)다.

"어떤 것이 (보리)반야의 작용입니까?"

"토끼가 명월에 새끼를 뱄다."

명월(본체)에 새끼를 배는 것이 반야의 작용이다. 평창에서 동산 스 님이 오장육부를 다 들어낸 뱃속은 비상비비상(본체)을 은유하고 있 다. 숨길 것이 하나도 없는 투명성(여의주)이 영글어서 아름다운 오성 적 작용(상대성)이 나온다.

무문 선사는 송왈에서 이렇게 읊었다.

　　난데없는 마삼근이라 친절한 말일 뿐만 아니라 뜻도 또한 친절하다.
　　시비(상대성: 희노애락 등)를 발설하는 것이 바로 시비를 거는 사람이다.

[해설]: 말도 친절하고 뜻도 친절하다는 것은 말(기표)과 뜻(기의)이 모 두 상대성인데 친히 상대성을 끊으니(친절親切하니), 불어심佛語心이고 곧 부처이다. 문제의 마삼근을 들고 나온 것이 체용이며 곧 부처의 현상 학이다. 여래 현상을 보여주니 친절하고 또한 뜻(절대성)도 작용으로써 보여주니 친절하다고 했다.

『무문관』 제19칙 평상시도平常是道

본칙은 이러한 내용이다.

어느 때 조주 스님이 남전 선사에게 물었다.

"어떤 것이 도道입니까?"

남전 선사, "평상심이 도니라"

조주 스님, "도리어 취향하는 겁니까? 아닙니까?"

남전 선사, "의향(擬向: 알려고 함)하면 곧 어긋난다."

조주 스님, "의(擬: 비교하고 헤아림)하지 않으면 어찌 이 도임을 알까요?"

남전 선사, "도道는 지知에도 속하지 않고 부지不知에도 속하지 않는다(부지부부지: 수부지殊不知). 지知면 이 망각이요, 부지不知면 이 무기(무기공無記空)니라, 만약에 정말 불의(不擬: 헤아릴 의)의 도道에 달하면, 오직 태허太虛의 확연(廓然: 클 확)함에 통활(洞豁: 다 통, 넓을 활)함과 같을 지리니 무엇 때문에 굳이 시비할 것인가?"

조주가 이 말에 돈오했다.

[해설]: 위의 문답에서 도는 지知에도 속하지 않고 부지不知에도 속하지 않는다는 설법이 중요하다. 이른바 부지부부지이며 이것이 곧 절대지(絕對知: 수부지殊不知)이기 때문이다. 또한 이것이 태허의 확연(廓然: 탁 트임)에 통활(洞豁: 꿰뚫음)함으로 이어진다.

상대성적 사량분별심이 다해서 평상심에 들면 도가 열리는 바, 임제 선사는 한 차원 높은 진도眞道를 처처무애정광處處無碍淨光으로 표현하였다. 더 높은 차원은 물론 대도(진여자성)이다. 진도의 정광은 적멸하고 청정한 여래 경계이고 대도의 '그 자리'는 소소영영한 자성 자리이다.

마조는 대중에게 설했다. "도는 닦는 것이 없으니 물들지만 말라. 무엇을 물듦이라 하는가? 생사심 혹은 선악심으로 무엇인가를 하려면 모두가 물듦이다. 그 도를 당장 알려고 하는가? 평상심이 도다. 무엇을 평상심이라 하는가? 조작이 없고, 시비가 없고, 취사선택이 없고, 단상斷常이 없으며(진상眞常), 범부와 성인이 없는 것이다."

우리가 평소에 평상심이라는 말을 쓸 때가 많은데 실은 선어로서 참 어려운 함의를 지닌다. 이것이 마음대로 된다면 화두공부가 끝난 것과 다름이 없다.

무문 스님은 평창에서 일렀다.

조주가 남전에게 물어서 불에 얼음이 녹듯 깨쳤다고 해도, 그로써 만
족할 수는 없다. 조주가 가령 깨쳤다 하더라도 다시 30년 참구한 후에
라야 비로소 얻는 게 있으리라.

[해설]: 비록 도(대승적 절대성)를 깨쳤다 하더라도, 다음 단계인 대도무문과 그 대도무문에 나타난 일천 성인도 전하지 못한 '그 자리'를 회통해야 한다. 하필이면 30년인가? 부처의 실성(도道)에서 자성진공에 10년, 자성진공에서 진여자성까지 10년, 그리고 구경각인 '그 자리'까지를 10년에 은유하고 있다. 이른바 거일명삼擧一明三을 30년의 공부에 은유하고 있다. 통상적인 '깨쳤다'는 말은 '그 자리'에 들게 하는 징검다리일 뿐이다.

만약 '그 자리'에 들게 되면 깨친다는 말이 모두 다 구설수가 된다. 고로 설사 어떤 경계를 깨쳤다 해도 거기에 머무름이 없어야 한다. 깨침이 깨침이 아니고 이 이름이 깨침이라는 진여자성(진불眞佛)에 통활해야 한다. 그러면 대도무문에 들고 '그 자리'가 드러나며 다시 '그 자리'에서 대도무문을 드러낸다. 결국은 '그 자리'인 영각靈覺에 든 자는 대도무문을 쓰기도 하고, 안 쓰기도 하니 자유자재다.

무문 스님은 송왈에서 이런 구절을 읊었다.

봄에 백화가 피고 가을에 달이 밝고 여름에 양풍이 서늘하고 겨울에 눈
이 희다. 만약 한가함을 심두에 두지 않으면 이것이 인간의 호시절이라.

[해설]: 송왈에서 무사인無事人의 한가한 모습은 활동작용이 없어서
체용론이 아니니 이러한 한가함 혹은 무사함을 심두에 두지 않고 진
여정과 진여용에 들면, 대도무문 가운데 '그 자리'가 뜨고, 다시 '그 자
리'가 춘하추동이라는 말후구(상대성/불확정성)를 재현(대용)하나니, 이것
이야 말로 인간의 호시절이 아니겠느냐는 뜻.

『무문관』 제20칙 대역량인大力量人

본칙을 보자.

송원(松源, 송宋, ?~1202) 스님이 말했다. "대역량인이 무엇 때문에
다리를 들어올려서 일어나지 않는고? 또한 입을 여는 것이 혀에 있지
아니 하느라."

[해설]: 불교 관념론(유심론)의 경우 대역량인의 작용은 결국 활무이기
에 육체적인 다리를 들어올려서 일어나는 것도 아니고 혀를 움직여서
말하는 바도 아니다. 선은 육체적 실재론이 아니다. 그래서 대도무문
을 심등과 심광에 비유한다. 심광은 불신, 보리, 열반, 해탈을 초월하
였음으로 육체적인 다리나 혀를 활무活無로써 쓴다.

육체가 육체이고 음식이 음식으로 결정론적 실재라고 한다면 움직
이고 먹고를 하지 못한다는 역설이 선에서는 진리다. 결정된 기의記意

는 없고 단지 기표이기 때문에 상대성(불확정성)이며 일체의 활용을 행함이 없이 행할 수가 있다.

신령스런 빛의 성품인 '그 자리'가 주체대용을 드러내고 있는 한, 일체가 활무고 고로 대용이다. 말하는 것이 혀끝에 있지 않다는 말은 언어가 불어불불어不語不不語로서 불어佛語임을 말한다. 대역량인은 불어심佛語心에서 '무행의 행'과 '무언의 언'을 언행한다.

무문 스님은 평창에서 일렀다.

송원이 잘도 말했다. 창자를 기우리고 뱃속을 거꾸로 함(傾腸倒腹: 부정의 부정)이다. 다만 사람들이 그렇다고 인정함을 결핍할 뿐. 가령 직하에 승인해도 진작 무문처에 오면 방棒을 맞으리라. 진금을 알려하면 화덕 속에 넣어보라.

[해설]: 송원 스님이 역설의 진리를 말했을 뿐인데 사람들이 인정을 못 한다고 했다. 가령 직하에 인정을 해도 무문처에 오면 방을 맞는다고 했다. 위의 '경장도복'은 체성을 의미하나 작용이 없어서 방을 맞는다는 뜻. 이어서 진금은 작용을 그리고 화덕은 본체를 은유하고 있다.

무문 스님은 송왈에서 이렇게 읊었다.

다리를 들고 향수해香水海를 밟고 다니며 머리를 숙여서 아래로 사선천四禪天을 내려다 본다. 하나의 몸 전체(혼신渾身)가 처소가 없어 현저함이라. 청컨대 일구를 부쳐보라.

[해설]: 대역량인은 다리를 듦이 없이 향수해를 밟고 다니며 머리를 숙임 없이 사선천을 내려다 본다. 무행의 행으로 바다 위를 다니고 또

한 하늘을 내려본다. 사선천은 4선정의 색계 사천이고 향수해는 수미산에 있는 8해중 하나이다. 하나의 몸 전체(일개혼신—箇渾身)가 처소가 없어서 현저함이라(무처저無處著). 즉 일체 상이 상이 없어 창문에 나타난 것이라. 또한 푸른 산은 몸이 없게 드러났다青山無體現. 이런 것이 일구라.

중국 고어에 무근수無根水라는 말이 있다. 이것은 하늘에서 내려왔으나 땅에 닿지 않은 깨끗한 물인데, 처소가 없이 현저함(무처저無處著)을 은유하는 말. 세상만물은 깨치고 보면 무근수無根水처럼 결정론적이거나 집착함이 없다는 뜻. 대역량인의 전형이 현재로서는 우주인이라 해도 무방하리라. 또한 영화나 컴퓨터 게임 속의 아바타가 현실화가 되어가고 있는 실정에서 대역량인의 편모를 보고 있다.

『무문관』 제21칙 운문시궐雲門屎橛

본칙을 보자.

운문 스님에게 어느 때 중이 물었다. "어떤 것이 불佛입니까?"
운문 스님의 답. "마른 똥 막대기!"

[해설]: 제1장의 체용론에서 운문 선사의 대일설과 도일설을 보았다. 『벽암록』에 가장 많이 인용되는 선사인데 그의 간단한 대답은 특히 유명하다. 불佛(성품)과 선정(보리)과 지혜(반야)의 삼위일체에서 불(성품)은 어떤 현상이 아니라서 내 보일 수가 없다. 고로 불佛을 물을 때, 보리반야라는 지혜를 내보인다.

보리가 반야지를 일으키고 불성을 드러내기에 보리반야지를 현상시킴이 곧 불성을 보임에 상응한다. 간시궐(乾屎橛: 바짝 마른 똥 막대기)이 보리반야지에 은유되고 있다. 똥 막대기는 옛날 농가에서 필요한 농기구 중 하나였다. 불佛을 정혜로 대답한 것도 반어법적이며, 정혜를 '마른 똥 막대기'로 대답한 것도 역시 반어적이다. 불佛(비심비비심非心非非心)을 미사여구로 장엄함에 대한 반어가 간시궐이다. (이런 의미에서 간시궐은 불에 대한 방棒의 뜻을 내포하기도 한다.)

마른 똥 막대기가 정혜쌍수임을 보고 불佛을 나타냄은 과연 운문선사답다. 간시궐에서 乾이란 글자의 뜻에는 마르다를 비롯하여 하늘 그리고 텅 비어서 없다는 뜻도 있어서 부정(본체)을 은유하고 시궐이라는 농기구는 물론 작용이다.

무문 스님은 평창에서 말했다.
　　운문 스님 말 잘했다. 집이 가난해서 밥 먹기 어렵고 일이 바빠서 천천히 글씨를 쓸 겨를이 없다. 자칫하면 간시궐로써 문을 버티고 집을 버티니 불법의 흥쇠를 가히 보도다.

[해설]: 선도는 빈도(貧道: 선정)를 더 할수록 바쁜 집(활동작용)이다. 마른 똥 막대기가 가문(보리반야성품)을 버티니 불법의 흥쇠(상대성)를 가히 본다고 했다. 만법귀일이라는 부처의 실성은 여래선 단계다. 여기서 간시궐은 방棒을 은유하기도 한다. 물론 조사선은 흥망성쇠를 초극했다. 오늘날의 법당에서도 이 선문은 시사함이 크다. 간시궐로써 대웅전을 짓고 목탁을 치며 소원성취를 기원하고 있으니 말이다.

또한 송왈에서 이렇게 읊었다.
　　전광석화이고 보니 눈 깜박할 사이에 그르치고 만다.

[해설]: 본칙의 간시궐은 방棒이고 보니 불법은 순간에 그르치고 만다고 했다. 선의 '그 자리'는 진여자성에서 드러나니 홍쇠라는 상대성을 초극했다. 본칙에서 간시궐은 체용론적이다. 이 경우 불법을 간시궐이 버티는 격이 된다는 은유이다.

그러나 조사선에서 보면 '무엇이 불佛이냐'는 물음에 '마른 똥 막대기'로 한 방棒을 갈긴 것과 같다고 하겠다. 『금강경』의 종지는 '불은 불이 아니고 이 이름이 불이다'는 여래설이다. 조사선에서 불佛은 초극의 대상이다. 그런 점에서 본칙의 제목 '운문시궐'은 주체대용을 보이고 있다. 똥을 휘휘 젓는 농기구 막대기는 말후구라는 작용을 형상화하고 있기 때문이리라.

『무문관』 제22칙 가섭찰간迦葉刹竿

본칙을 보자.

가섭 존자에게 어느 때 아난이 물었다. "세존께서 금란가사를 전한 것 외에 따로이 어떤 것을 사형師兄에게 전하셨습니까?"

가섭 존자가 이때 "아난아!" 하고 불렀다.

아난은 "예!" 하고 대답했다.

가섭 존자는 말했다. "문전의 찰간대(사찰 표시 깃대)를 꺾어버려라."

[해설]: 본칙은 세존염화에서 가섭이 정법안장正法眼藏의 징표로 금란가사를 전해 받았다고 했는데 여기서 정법이란 비법비비법인 본체이고 안장은 무진장한 안목으로서 작용이다. 선에서 정법안장은 '그 자리'를 드러내는 대도무문이다. 아난이 '금란가사金襴袈裟 외에 무슨 전

하는 바가 없었습니까?'라고 사형에게 물었다.

이때 '아난아!'라고 가섭이 부르고 '예!'라고 아난이 대답했다. 이 문답은 역시 주객일치인 본체, 즉 진여의 자성자리를 보이고 있다. 제10칙의 '청세'나 제10칙의 '시자'는 화두가 순숙하지 못했고 본칙의 아난은 의단일념이 무르익었었다. 이에 가섭의 '부름'에 아난의 '답'이 변증법적 정반합을 이루었다는 이야기. '묻고 답함'에서 결국 주체인 자성자리가 나왔으니 문전의 찰간대를 이제 꺾어라고 말한 것이다.

깨치면 절집 표시가 무슨 소용이 있겠는가. 이 선구는 아난 존자가 인도 선의 제2대 조사로 승인 받는 장면을 형상화시키고 있다. 또한 불교가 선으로 업그레이드가 되는 장면이라 하겠다. 향엄지한의 조사선문에서 '모르면 사미승을 불러 보이겠다'라는 말이 있다. '사미야!' 부르면, '예!'라고 대답할 것이다.

이렇게 '묻고 답함'(상대성)에서 최상승적 절대성을 깨우치고, '주인공'이 드러남을 보이는 법어다. 물론 선의 기본인 화두라는 '회의하는 정신'이 절절하지 않다면 백 번을 부르고 답해도 거기서 소기의 체용일체를 볼 수 없을 것이다.

관념철학에서 삼라만상이라는 인식은 태초에 스스로 '묻고 답한 것(상대성)'이지 신의 창조물도 아니고 자연적 실재도 아니다는 것을 이해하고 들어가는 것이 중요하다. 선문에서 이 '부르고(묻고) 답함', 즉 문답이 주류를 이루고 있는 이유가 나변에 있는 것이 아니다.

무문 스님은 평창에서 이렇게 일렀다.

만약 이에 향하여 일전어─轉語를 하여 친절(親히切함: 절대성絶對性)하다면, 영산의 모임이 아직 흩어지지 않음을 보리라. 그가 혹 그렇지 못하다면 비바시불佛이 일찍이 마음을 두어도 지금에 이르기까지 묘오妙悟

를 얻지 못한 것과 같으리라.

[해설]: '부르고 답함'이라는 상대성에서 일전어하여 절대성에 들면 석가여래의 영산회상靈山會上이 아직 해산하지 않았음을 보리라 했다. 법화경의 비바시불(정관淨觀)처럼 부처 자리에만 머물면 영원히 두두상명 착착상묘를 얻지 못한다.

송활은 다음과 같다.(괄호 속은 필자의 첨언임.)
　　물음이 어찌하다 답함과 친밀해도, (너나가 없는 선정의 작용이 일어나지 않으면)
　　모든 사람들 눈에 근이 생겨서, (눈에 티가 생겨서)
　　형이 부르고 아우가 응답해도 가추家醜가 들어나나니, (상대성이 그대로이다.)
　　음양의 차별에 속하지 않아야 이것이 봄(선정의 깨달음)이니라.

[해설]: 음양의 차별(상대성)에 속하는 여름과 겨울을 벗어나면 선정이라는 봄, 즉 깨달음의 활동작용이 일어난다는 은유가 제격이다. 눈에 근처럼 마음에 고정관념이 없이 화두 가운데 묻고 답함이 반대의 일치를 밝힘인 데도 사람들은 거의 다 상대성적 차별심이 굳어서 그렇지가 못 하다는 말. 비록 형제간에도 '묻고 답함'에 친밀하다해도 선가에서는 추함이 드러난다고 했다. 상대성적 차별심을 친히 끊음을 친절親切이라….

친절하자. 친절하자. 너나가 없도록 친절하자. 법정 스님은 자기의 종교는 친절이라고 말했다. 선문에서 봄이라는 말은 선정을 형상화한 말이다.
이하 구절은 좋은 예문이 된다. "도처춘래(到處春來: 도처에 봄이니) 유록화홍(柳綠花紅: 버들은 푸르고 꽃은 붉다.)"
봄이라는 말이 조사어록에 자주 등장하는데 물론 선정(본체)을 은유한다. 예컨대 『조주록』의 다음 문답도 그런 차원이다.

"흰 구름이 자재로이 노닐 때는 어떻습니까?"

"봄바람이 곳곳마다 한가로이 부는 것만이야 하겠느냐?"

전자는 작용만을 말했고 후자는 체용쌍창을 읊고 있다.

『무문관』 제23칙 불사선악不思善惡

본칙 이야기는 아래와 같다.

그때 명明 상좌가 육조를 쫓아 대유령에 다다르니 육조는 명明 상좌가 가까이 왔음을 보고 곧 의발(衣鉢: 오조 홍인이 선양의 표시로 준 가사와 바리때)을 바위 위에 던지며 말하기를, 이 의발은 신의를 표한 것인 바, 완력으로 다툴 것인가? 그대가 가져가려면 가져가거라고 하였다. 명 상좌가 들려고 하니 산과 같아서 움직이지 않는지라 깜짝 놀라 벌벌 떨면서 명 상좌가 말하기를 내가 법을 구하려 왔지 의발 때문은 아니오. 원컨대 육조는 가르쳐 주소서라 하였다.

육조가 물었다. "선善도 생각하지 말고 악(惡: 비선非善)도 생각하지 말라. 이러한 때 어떤 것이 명 상좌의 본래의 면목인고?"

명이 이 말에 대오하여 전신에 땀이 흐르고 눈물을 흘리며 물었다. "위의 밀어밀의密語密意 외에 다른 의지가 있습니까? 없습니까?"

육조가 말했다. "내가 지금 그대를 위하여 설한 것은 '밀密'이 아니다. 그대가 만약 면목을 도리켜 보면 밀(密: 비상비비상처정)은 그대에게 있느니라." (암두의 밀계기의를 상기시키는 대목이다.)

명이 말하였다. "내가 황매(오조) 회하에 있어서 대중을 따랐으나 실은 아직 나의 면목을 발견 못했는데 이제 가르침을 받아 깨치게 되니

사람들이 물을 마시고 차고 따뜻한 것을 스스로 아는 것과 같도다. 행
자는 나의 스승이시오."

육조가 일렀다. "그대가 진정 그렇다면 나와 그대와 함께 황매의 스
승을 섬길 거니 잘 보호하여 지키시라."

[해설]: 본칙에서 육조가 말하기를 '선도 악도 생각하지 마라. 이러한
때 어떤 것이 명 상좌의 본래 면목인고?' 선사상은 선악설도 아니고
성선설도 아니다. 그리고 '내가 지금 그대를 위해 설한 것은 비밀이 아
니다. 그대가 만약 자기면목을 도리켜 보면 비밀스런 일은 그대에게
있느니라'고 하였다. 이런 비밀스런 '그 자리'를 밀양(密陽, The Secret
Sunshine)이라고도 부른다.

선악이라는 분별심과 상대성을 여의면 절대성의 비경(密陽, The Secret
Sunshine)이 나의 본래면목임을 알게 된다는 뜻이다. 이 경우 물을 마
셔 차고 따뜻한 것을 느끼듯 스스로 알게 된다고 했다. 선은 이런 점
에서 오감법悟感法이 된다.

무문 스님은 평창에서 말하였다.

육조가 잘도 말했다. 매사는 급한 때 이루어진다. 육조가 친절(상대성
을 스스로 단절)했다. 비유컨대 과일을 껍질도 벗기고 씨도 빼서 입에 넣어
주어 굴꺽 삼키게 했다.

[해설]: 돈오가 순간 일어나는, 이른바 돈오돈수의 모습을 보인다. 이는
명明 상좌의 집요한 의단일념에 육조의 친절이 주효한 것이다. '껍질도 씨
도 빼버린 과일'은 대승적 절대성을 말하며 이는 자성자리를 은유함이니
꿀꺽 삼키게 했다는 상황을 두고 매사는 급할 때 이루어진다고 말했다.

무문 스님은 송왈에서 이렇게 읊었다.

본뜰 수도 없고 그림으로도 되지 않고 딱히 밝힐 수가 없다고 해서
그냥 꿀꺽 삼키지 말라. 그러나 본래의 면목은 감출래야 감출 곳도 없
으려니와 세계가 깨트려져도 '그 자리'는 상하지 않으리.

[해설]: 선에서 진면목은 체득해야 하며, '그 자리'라고 그대로 수용
하는 것이 아니다. '그 자리'는 대도무문에서 뜬다. 이렇게 드러난 '그
자리'는 현상계가 깨트려져도 상하거나 영향받음이 없다고 했다. 불
사선악不思善惡이라는 말은, 불선불악不善不惡 혹은 불선부부선不善不不
善이라고도 분석된다.

선에서 '태초의 말씀'은 '그 자리'에서 나온 보리반야지혜인 언어작
용을 말한다. 보리반야의 언어행위는 비록 말했다 해도 말함이 없이
말했고, 또한 들었다 해도 들음이 없이 듣는다. 기억이나 추억은 얼마
든지 있어도 선입견이나 고정관념이 없기 때문이다. 선은 의식 상태를
바꾸는 것이 아니고 무의식 상태를 올바로 가꾸는 근본적인 의식개
혁, 즉 『반야심경』에서 설해지는 '무무의식無無意識 역무무의식진亦無無
意識盡'의 개발법이다.

『무문관』 제24칙 이각어언離却語言

본칙은 아래와 같다.

풍혈 화상에게 어느 때 승이 묻다. "어묵(語黙: 유언과 무언)이 이미離微
에 섭(涉: 미치다)합니다. 어떻게 하면 범하지 않도록 합니까?"

풍혈화상이 한 수 읊었다. "장억강남삼월리長憶江南三月裏 자고제처백

화향鷗鴣啼處百花香.”

[해설]: 어묵이라는 상대성이 이미離微라는 절대성에 간섭하고 있다는 사실에 풍혈 화상은 간섭이 아니고 본체의 작용일 뿐임을 한 수 읊어 보였다. “장억강 남쪽 춘삼월 자고새 지저귀는 곳에 백화가 피어 향기롭다.”

여기서 ‘장억강 남쪽 춘삼월 자고새 지저귀는 곳’은 본체를 은유하고, ‘백화가 피어 향기롭다’는 작용을 드러내고 있다. 참고지만 선문에서 ‘비가 내린다’나 ‘새가 지저귄다’는 ‘부정의 부정’을 은유한다. 시구 전체가 상대성으로 가득 찬 것처럼 보이지만, 실제로는 체용론을 선문학적으로 나타내고 있다.

조법사(승조僧肇)의 『보장론寶藏論』에 이미체정離微體定이라는 항목이 있다. 여기서 이미체離微體는 미미함(상대성)을 떠난 자리로서 정定을 뜻함. 깨달음(절대성)의 봄날에는 사구(死句: 상대성)도 활구(活句: 상대성을 활용함)이고, 활구도 사구로 돌아간다. 선정은 어언도 아니고 그렇다고 침묵도 아닌 것. 여기서 참다운 어묵을 작용시킨다. 그래서 ‘태초(최상승적 본체)에 말씀(언어작용)’이 있었다고도 한다.

무문 스님은 평창에서 일렀다.

풍혈의 선기禪機는 전기보다 빨라서 갈 길을 열어 나갔다. 어찌할런가? 앞 사람의 혀끝에 앉아 상대성을 단절하지 않고, 이미체정을 견득해 친절하다면 스스로 몸을 빼낼 길이 있으리라. 언어의 상대성을 여의어서(이각어언離却語言) 절대성(삼매三昧)에 들어 일구一句를 일러보라.

[해설]: 친절하다는 말은 상대성을 친히 끊어버렸으니 너나가 없다

는 절대성을 뜻하나 결과적으로는 상대성을 끊음이 아니고 (화두로써) 초월하며 절대성을 깨침인데 이런 절대성에서 초월해 버린 무의식에 내장된 순수한 상대성을 '그냥 그대로' 재현시킨다는 말이 된다.

이는 플라톤이 말한 상기론想起論이나 혹은 니체가 주장한 운명애運命愛의 사상과는 차원이 다르다. 일구를 일러보라고? "내가 변하면 세계(지각/언어)가 변하고, 내가 깨우치면 변할 세상(언어)도 없다."

사명대사는 『선가구감』에서 위의 선구를 다음처럼 패러디하고 있다. "상억강남삼월리常憶江南三月裡 자고제처백화향鷓鴣啼處百花香(자고새 노래하고 온갖 꽃 곱게 피는 저 강남 삼월 놀이 언제나 그리워…)"

무문 스님의 송왈로 넘어간다.

풍골의 구를 드러내지 않고 아직 말하기 전에 분부함. 더욱 입이 남
남(喃喃: 재잘거림)하지만 그대가 크게 망조(罔措: 허둥대는 것)인 줄 알라.

[해설]: 풍골의 구를 드러내지 않고 아직 말하기 전이라 함은 자성 자리를 지칭하며 분부分付는 상분相分을 드러냄이다. 조사어록에서 주체대용 혹은 대기대용 등등의 용어가 많이 쓰인다. 자성 자리를 떠나서 지껄이면 크게 망조이다. 승이 풍혈 선사에게 물었던 말도 깨닫지 못한 주절거림이다.

알고 보면 어묵(語黙, 상대성)이 이미(離微, 절대성)에 섭하고 범함이 없다. 선은 어묵동정語黙動靜의 상대성을 초극한 절대성에 투철한 투명성에서 활무(대상)를 자유자재로 작용하기 때문이다. 제24칙의 제목 [이각어언離却語言]도 체용론적이다. 이離(부정)의 각却(부정)인 절대성과 어언이라는 상대성(불확정성)이 체용론을 이룬다.

마치 불매인과(제2칙 백장야호)에서처럼 일반 언어를 이각한 선적 초월

가운데서 일반언어(인과)를 도로 활용함이란 뜻.

『무문관』 제25칙 삼좌설법三座說法

본칙은 이렇다.

앙산 스님이 꿈에 미륵불이 계신데 가서 세 번째 좌석에 앉았는 데, 한 존자가 아뢰는 것이다. "오늘은 세 번째 자리에 앉은 이의 설법이 있 겠습니다."

앙산이 곧 일어나 말하다. "마하연의 법은 이사구절백비離四句絶百非 하니 자세히 들어라, 자세히 들어라"

[해설]: 앙산(唐 ?~890) 선사는 위산의 법을 이어받은 앙산혜적을 말한다. 즉 육조혜능☞ 남악회양☞ 마조도일☞ 백장회해☞ 위산영우 ☞ 앙산혜적의 순으로 육조로부터 5대 법손이 된다. 위산과 앙산은 위앙종을 창설하기도 했다. 미륵불은 부처님 돌아가신 후 56억 7천만 년 후에 나타나신다는 꿈의 부처님이다. '마하연(摩訶衍)의 법'은 대승적 불법을 뜻한다.

내용 중 '이사구절백비離四句絶百非'한다는 구절에서, 사구四句는 유무 有無·비유비무非有非無·비비유(非非有: 즉유卽有)·비비무(非非無: 즉무卽無)의 네 가지 범주다. 백비百非는 이의 각 범주가 사비四非를 생기게 한다는 설인데, 일일이 풀이하기가 여간 난해하지 않다.

요체는 '사구'를 부정(이離)하고 '백비'를 부정(절絶)하는 데서 절대성 을 보아내는 점이다. 『벽암록』(제73칙)과 『종용록』(제6칙)에서도 이사구 절백비가 나오는데 그 풀이법이 제각각 다르다. 그러나 이사구절백비

離四句絶百非가 '부정(이離)의 부정(절絶)'인 절대성(본체)이라는 점은 공통된다. 결국에 마하연의 법은 비법비비법으로 대승적 불법(진법眞法)이다.

무문 스님은 평창에서 다음처럼 말했다.

어서 말해보라. 이것이 설법인가 설법이 아닌가? 입을 열면 곧 아니고(실失) 입을 닫는 것도 또한 아니다(상喪). 그렇다고 열도 닫도 안하면 십만 팔천 리 떨어진다.

[해설]: 평창의 뜻은, '설법이다·설법이 아니다'도 초월한 진법眞法을 의미한다. 입을 열고 닫고가 모두 아니다. 결국은 절대성(본체)이고 연후에 상대성적 작용이다. 사구백비四句百非를 공히 이절離絶한 상황(본체)에서 일어나는 현상은 일단은 여래장식에서 내현하는 오성적 언어작용이 된다.

『종용록』에서 만송 노인도 경고했다. "만일 그들이 선뜻 사구와 백비를 여읜다(이절離絶)는 생각만을 했다면 그 승과 함께 한 구덩이에 쓸어 묻어버림이 좋을 것이다."

무문 스님은 송왈에서 이렇게 일렀다.

백일청천에 꿈속에서 꿈을 얘기하니 괴이하고 괴이하다. 사람을 속이지 말라.

[해설]: 여기서 백일청천白日靑天은 신령스런 빛의 성품인 '그 자리'를 말한다. 물론 조사선이다. 여기에서 이사구절백비라는 (괴이하고 괴이한) 꿈 이야기(여래선구)를 해서 안 된다는 꾸지람이다. 조사는 부처의 실성(實性: 대승적 절대성)을 부정하고 재부정한 경계에 들었다. 이로써 최상

승적 절대성에서 작용을 드러냄이 된다.

반복하지만, 『무문관』에서 평창은 여래선이 주를 이루고 송활은 조사선적이다. 이미 본칙에서, 오늘은 세 번째 앉은 이의 설법이라는 말에 암시가 있었다. 세 번째는 불시심不是心 불시불不是佛 그리고 불시물不是物의 자리이고 물론 재부정은 조사의 활구인 대도무문이기 때문이다.

『무문관』 제26칙 이승권렴二僧卷簾

본칙 내용은 다음과 같다.

　　청량의 법안 스님께 승이 점심 공양 전에 입실하니 법안 스님이 손으로 발을 가르킨다. 그때, 두 중이 함께 가서 발을 말아올렸는데(권렴捲簾), 법안 스님이 말씀하셨다. "하나는 득得하고 하나는 실失이라."

[해설]: 청량의 대법안(885~958)은 법안문익으로 육조혜능 밑의 청원행사로부터 9대 법손에 해당하는데 선종 7개종의 하나인 법안종의 창설자이다. 본칙에서 발의 재료는 대나무이다. 대나무는 죽비竹篦에서처럼 공즉시색 색즉시공을 상징하기에 적절한 물건이다.

죽세공품인 발簾도 역시 그렇다. 있으면서 없고 없으면서 있음에, 즉 비상비비상처정을 은유하기에 좋은 물건이다. 결국 본칙에서 수렴이라는 비심비비심의 '한 물건'(불성실성)을 함께 걸어 올린다는 말은 '부정의 부정'을 의미하는데 여기서 하나(불성)는 실성을 얻었고 또 하나(실성)는 실성을 잃었다는 뜻을 가진다.

참고로 『종용록』 제27칙 법안지렴法眼指簾에서 만송 노인의 법문을 본다. "오직 이해(利害: 상대성)의 조짐을 깊히 밝힐 줄 아는 자(절대성: 본체)만이 그 손해와 이익(상대성)을 분별할 수 있을 것이다."

무문 스님이 평창을 붙이다.
　　얼른 말해 보라. "이것이 누구의 득이며 누구의 실인가?" 만약 이에 대하여 일척안(一隻眼: 절대성)을 착득했다면, 청량 국사의 패궐敗闕을 알리라. 그러하다 할지라도 여시如是인 불이(不二: 절대)법문이라, 득실에 향하여 상량함을 꺼린다.

[해설]: 불성실성의 수렴을 걷어올리니(부정하니) 본래무일물이고 다시 진여정(진여자성: 일척안)이고 여기서 상대성적 작용을 보니 예의 차별이 나왔다고 했다. 이를 청량 국사의 패궐(실패)이라고 했지만 여시관에서 보면 무정법이라 곧 무위법적 차별이니 득실이라 말하기를 꺼린다고 했다.

무문 스님은 송왈에서 이렇게 읊었다.
　　"걷어 올리면 밝고 밝아서 태공에 투철하나 태공(太空, 자성의 진공)도 선증(여기서는 조사선)에 합당치 않다. 그러니까 공에서 뛰쳐나와 바람 한 점 통할 길이 없이 면밀하고 면밀해야 한다."

[해설]: 수렴이라는 불성실성을 걷어올리니 본래무일물 혹은 태공이라고 했다. 문제는 태공에만 머물면 안 된다는 것. 뛰쳐나와서 진여정에 면밀하고, 다시 진여자성大道에 면밀해야 한다는 뜻. 그래야 '그 자리'가 드러난다는 게송이다.

『무문관』 제27칙 불시심불不是心佛

본칙의 문답 내용을 보자.

어떤 승이 남전에게 묻다. "사람에게 설하지 못 하는 법이 있습니까?"

남전, "있다."

승문, "어떤 것이 사람에게 설하지 못하는 법입니까?"

남전, "마음도 아니고 부처도 아니고 '한 물건'도 아닌 것(불시심不是心

불시불不是佛 불시물不是物)."

[해설]: '사람에게 설하지 못하는 법'이 가령 있다면, 화두 그리고 더 나아가서 '그 자리'인데 이는 아이러니하게도 '있다·없다'를 초월한 법이므로 '있다고 말하면 눈 뜬 봉사'고 혹은 '없다고 말하면 공부한 실력이 없소'라 했다. 그런데 남전은 '있다'라고 답하고서 그 내용으로서 '불시심(심즉시불心卽是佛) 불시불(비심비불非心非佛) 불시물(즉심즉불卽心卽佛)'이라는 여래선 구절을 설했다는 것은 대단히 잘못 되었다. (괄호 안은 마조선사의 여래선 전개 구절)

즉 인간의 언설(명칭과 말, 개념과 문장)은 상대성적임에 반해 소위 궁극적 절대법인 진여자성은 언설을 초월했기에 '일천의 성인도 전하지 못한 성전聲前의 소식'이라서 입만 뗐다 하면 어긋난다(개구즉착開口卽錯)고 했건만, 남전은 언어도단 심행처멸의 '그 자리'를 '불시심·불시불·불시물'이라고 설했다. '마음도 아니고, 부처도 아니고, 일물도 아닌 것'은 여래선문으로 그 결과적 뜻은 즉심즉불의 일물도 아닌 것, 본래무일물, 혹은 자성진공 등을 전개하는 과정인데 물론 지금까지 설해온 법이다.

무문 선사 평창에서 일렀다.

"남전이 이 물음을 받아 곧 답문을 제시했으나 이는 가문의 일에서
사사롭게 비용을 남발한 일이다."

[해설]: 이 평창은 본칙의 문답이 선적 담론이 아니고 우문우답이라
는 뜻이다. 본칙은 『벽암록』 제28칙에서도 좀 더 구체적으로 나오는데
저자 원오극근은 평창에서 혹평을 가한다. "예로부터 많은 성인들이
남에게 설하지 않은 법이 있느냐고 물었는데 산승이 그 경우였다면
귀를 막고 뛰쳐나와 이 늙은이가 한바탕 부끄러워하는 꼴을 보았을
것이다. 남전이 작가 선지식이었다면 이처럼 묻는 말을 듣고서 곧 그
를 간파했어야 했는데 남전은 자기 소견에 따라서 '있다'라고 말하였
다. 참으로 어리석은 놈이라 하겠다. … 이놈은 하늘의 달을 탐내어 바
라보다가 제 손아귀의 구슬을 잃어버린 놈이다."

무문 스님은 송왈에서는 이렇게 읊었다.

"친절도 지나치면 덕에 손상을 입고 무언이 도리어 공을 세운다. 사실
상 창해가 변해도 불법의 진리('그 자리')에는 통하지 않는다."

[해설]: 남전의 대답을 덕에 손상을 입는 지나친 친절이라 했고 차라
리 대답을 안 한 것이 좋았다고 했다. 이 경우 무언은 방棒이라도 된
다. 창해가 변해도 불법의 진리에는 통하지 아니 할지니 본칙 같은 설
명은 선법이 아니다. 설하지 못하는 '신령스런 빛의 성품', 즉 '일천의
성인도 전하기 어려운 성전聲前의 일구'는 '그 자리'일 뿐이다. 이는 언
어도단 심행처멸의 경계이니 일단 (화두)깨침으로써 살려낼 수밖에 도
리가 없는 데, '불시심 … …' 운운하며 여래선을 설했다는 것은 실수

였다는 내용.

『무문관』 제28칙 구향용담久響龍潭

본칙 이야기는 다음과 같다.

　　용담숭신(龍潭崇信, 당唐, 850년 전후)에게 어느 때 덕산이 가르침을 청하고 있었다. 용담 스님 말하기를, '밤이 깊었는데 물러가도록 하거라' 라고 일렀다. 덕산이 드디어 인사드리고 나가다 다시 들어와 '밖이 깜깜하여 어디가 어디인지 잘 모르겠습니다' 라고 하였다. 용담 스님이 기름종이에 불을 붙여 주었다. 덕산이 받으려고 할 찰나에 용담 스님이 확 불어서 꺼버린다. 덕산이 이때 깨쳤다. 덕산은 기쁜 나머지 큰 절을 하였다.

　　용담 스님, "그대가 어떤 도리를 봤기에?"

　　덕산 스님, "저는 오늘부터 천하의 노승들의 설법에 의심을 두지 않겠습니다."

　　다음날 용담 스님이 법좌에 올라 설했다. "이 가운데 대장부가 하나 있어 이빨은 나무 베는 칼과 같고, 입은 혈분血盆과 같아서 한 방 먹여도 꿈쩍도 안한다. 후일 고봉정상孤峰頂上에 향하며 나의 도를 크게 일으키리라."

　　덕산은 『금강경』 해설서를 법당 앞에서 불사르고 용담을 하직하며 외쳤다. "모든 현변玄辯에 통달할지라도 털끝 하나를 허공에 놓은 것만 같고 세상의 경론을 다 안다고 할지라도 물 한 방울을 깊은 골짜기에 던진 것과 같다."

[해설]: 덕산 스님이 선적 깨달음이 없었을 때 남방지방에서 불립문자 교외별전의 선풍이 한창 일고 있다는 소문을 듣고 괴이하게 여겨 찾아가기로 결심하게 된다. 그는 북방에서 주덕산이라는 이름 보다 '주 금강'이라는 별명이 더 유명한 『금강경』 박사였다. 드디어 남방 예주 땅에 이른 어느 날 점심을 하려고 떡집에 들렀더니 떡장수 노파가 물었다. "스님의 바랑속에 무엇이 들었습니까?"

덕산은 답했다. "『금강경』 해설서라오."

노파는 이렇게 묻는 것이었다. "『금강경』에, '과거심 불가득 현재심 불가득 미래심 불가득'이라 했는데 스님은 어떤 마음에 점심(點心: 작용)하시겠습니까?"

덕산은 이 질문에 벙어리가 되고 말았다. 물음에 답이 있는 데도 말이다. 덕산은 항복하고, '부근에 큰 스님이 계시나요?'라고 묻게 된다. 노파는 용담 스님이 주석하는 절을 가르쳐 주었다. 노파의 지시로 숭신을 찾아 용담에 갔다. 용담사 법당에 들어가 덕산은 '용담의 소문을 들은지가 오랜 데 와서 보니 용도 없고 못도 안 보이네(무용무담無龍無潭: 절대성)라고 하자, 숭신이 병풍 뒤(보이지 않는 절대성)에서 나오며 '자네가 참으로 용담(상대성)에 왔구려'하였다.

이에 덕산은 또 입이 막혔다. 이렇게 덕산은 숭신용담을 만났고 떡집 노파 얘기도 하게 되었다. 불립문자 교외별전의 선문을 분쇄하려고 머나 먼 남방행각에서 불립문자 교외별전이라는 체용론에 압도 당하게 된 꼴이다. 그래서 손수 써서 내내 짊어지고 다닌 『금강경』 해설서를 법당 앞에서 불을 질렀다. 『금강경』은 선의 소의경전所依經典이 아니라 일종의 방편이 될 뿐이었다.

덕산은 고백했다. "경문이나 언구의 해석을 횡설수설하여 제 아무리 교묘하다 할지라도 털끝하나를 허공에 놓은 것만 못하고 세상 이

치를 다 안다고 떠들썩하여도 물 한 방울을 깊은 골에 던지는 것만
못하구나."

무문 스님은 평창에서 이렇게 일렀다. (앞부분은 본칙의 해설에서 나왔음
으로 끝 부분만 보도록 한다.)
그래서 용담 스님은 덕산을 가엾게 여겨 덕산에게 아직 불씨가 남아
있는 것을 보고 급히 물을 끼얹어 그 불씨마저 없애 버렸다. 이를 냉정
히 관찰한다면 일장의 웃음꺼리 밖에 지나지 않는다.

[해설]: 기름종이에 불을 붙여주고 덕산이 받아들자마자 확 불어서
꺼버린 것을, 일단은 본래무일물(자성진공)의 경계라 하겠다. 그리고 이
경계마저도 부정하는 것이 변증법적 2중 부정이라. 즉 물을 끼얹어 그
불씨마저 없앴다고 했다. 진정한 이성은 최상승적 절대성을 말한다.
선은 해탈이고, 실천이성이고 철두철미한 절대성의 향상일로에 그 의
의를 둔다.
최상승적 절대성이 곧 진여자성이되 결국 우리의 무의식 속 상대성
(불확정성)이 실천이성의 작용으로 나타나는 격이니 '하늘은 하늘, 땅은
땅'이라 한다. 결국엔 '그냥 그대로'인 것이다. 여기서 이를 냉정히 관
찰한다면 일장의 웃음꺼리 밖에 되지 않는다고 말한 것은 가장 광명
정대한 경지인 '그 자리'에서 보면 삼세심불가득도 우는 애기를 달래
는 소리고 웃음꺼리라는 말. 여래선의 종말이었던 것이다. 결국 대도
무문도 '그 자리'에의 관문일 뿐이다.
다음은 무문 스님의 송왈이다.
이름을 듣느니 보다 얼굴 보느니만 같지 않고,
얼굴 보느니 보다 이름을 듣느니만 같지 않다.

비록 그러하나 콧구멍을 얻었다 할지라도 눈동자를 잃었으니 어찌할꼬?

[해설]: 첫행에서 이름 듣는 것은 남방지방의 선법이고 얼굴 보기는 용담숭신이다. 둘째 행에서 얼굴(相)보는 것보다 이름 듣느니만 같지가 않다라는 말은, 용담숭신의 여래상보다 여여부동이라는 이름 듣기보다 못 하다는 뜻. 상이 상이 아니고 이 이름이 상이기 때문이다. 끝행에서 콧구멍을 얻었다는 말은 호흡(체용론: 대도무문)을 뜻하고, 눈동자를 잃었다는 말은 '그 자리'가 아직 드러나지 않았음을 은유한 말. 화룡畵龍만 있고 점정點睛이 없다는 격.

『무문관』 제29칙 비풍비번非風非幡

본칙의 이야기를 보자.

사찰 깃발이 바람에 날리는데, 두 승이 서로 대론하기를, 한 승은 깃발이 날린다고 하고 다른 한 승은 바람이 움직인다고 하며, 서로 간에 자기의 의견을 주장할 때, 곁에서 보던 육조가 평하기를, '바람이 움직임도 아니며 깃발이 날리는 것도 아니며 그대들의 마음이 움직인다' 고 했다. 두 중이 송구스러워 했다.

[해설]: 육조혜능이 오조홍인의 도하(道下)를 떠나 남해 땅의 법성사에 이르러 인종 법사의 〈열반경〉 강의가 있었을 때의 일이었다.

평창에서 무문 스님이 일렀다.

바람이 움직이는 것도 아니고 깃발이 흔들리는 것도 아니고(비풍비비

풍: 비풍비번), 마음이 동하는 것도 아니니(여여부동) 어디에서 조사의 뜻을 보려는고? 만약 이에 대하여 견득친절하면 바로 알지어다. 두 중이 철을 사고 금을 얻은 것은, 육조가 참다 못한 것이 일장의 실수가 된 결과였다.

[해설]: 여래선이 되는 '비심비비심의 하나(일물一物)'를 2중 부정한 조사선에서 마음을 들먹거린 것은 육조의 실수고, 그 덕에 두 승은 진리(조사선)는 못 얻어도 귀금속(여래선)을 얻은 격이라 했다.

무문 스님은 송왈에서도 이렇게 일렀다.

승들이 '바람이 움직이고 깃발이 움직이고 마음이 움직임을 종이 한 장에 써서 고백했는데', 육조가 입을 연 것이 자신도 모르게 실수했다.

[해설]:『금강경』에서 가장 중요한 설법중 하나가 이거다. '여래설에 의하면, 마음이 마음이 아니고 이 이름이 마음이다.' 언필칭 마음이라는 것은 마음이 아니고 명칭과 개념일 뿐이다. 쉬운 예로 귀신에 비유하면 이런 말이 된다. "귀신은 귀신이 아니고 이 이름이 귀신이다."

고로 마음이나 귀신의 실상을 알고 보면 허망한 것이고 이 작위적인 이름 하나일 뿐인데 사람들이 어둠(망념)으로 인해 이 이름에 홀리고 끌려다닌다는 거다. 문명이 많이 발달하여 귀신이 없다라는 사회적 통념은 많이 확산되었다. 그러나 신神 혹은 마음心이 없다라는 세상은 언제나 올지 장담하기 어렵다.

과연 육조가 실수한 근거는 무엇인가? 일체유심조에 해당하는 설법을 했기 때문이다. 일체유심조는 유물론자에게 한 말이고 이미 선에서는 효력정지가처분이 내려졌다. 부동의 진제不動眞諦에 제법이 입처

諸法立處한다는 도리가 조사 선사의 경지이다. 부동진제는 심등이고 제법입처는 심광법계류이다. 세계를 불확정성의 법계(환경세계)라고 표현함이 관념론적이다.

『무문관』 제30칙 즉심즉불卽心卽佛

다음은 본칙이다.

> 마조 스님에게 대매가 묻다. "어떠한 것이 부처(佛: 비심비불의 일물)입니까?"
> 마조 스님 답하다. "즉심즉불(卽心卽佛: 비비심비비불)"

[해설] 통상의 '여하시불(如何是佛: 어떠한 것이 부처입니까?)'이라는 질문에 '뜰앞의 잣나무' 혹은 '마삼근' 등의 답은 여래선문이다. 또한 운문의 '간시궐'은 체용론적임에 더하여 부처의 부정이기도 했다.

『벽암록』을 보면 어느 날 대수진여 선사가 어떤 승이 하도 말이 없기에, '부처가 무엇이냐라도 물어보거라'고 했는데 그 승은 그때 선사 입을 막아버리는 것이었다. 선사는 말했다. "이 이후에 자네 같은 승을 또 다시 내가 만날 수 있을까?"

물론 본칙의 즉심즉불은 '부처의 실성(비심비비심)'을 부정하는 말이다. 역시 이 부정도 부정하면 비로소 조사관문에 든다. 이 내력은 이미 제2장에서 충분히 논의한 바가 있다. 여기서는 변증법적 단계를 다시 한 번 정리해 본다.

부정과 초월을 포함하는 전도顚倒와 전도가 단계별로 나타나는 데, 아무리 지식인이라 해도 첫 단계를 넘기기 어렵고 아무리 무식자라 해도 마지막 단계를 투관하여 전신처를 찾은 사람이 적지 않다. 이는 인성이 지식知識으로 이루어지는 것이 아니고 깨달음으로 얻어진다는 것을 선은 말해주고 있다. 아인슈타인은 말했다. "평생 머리를 썼어도 극히 일부분만 썼을 뿐이다."

물론 머리가 전부는 아니다. 이를 더 많이 활용하기 위해 마음을 밝혀 왔던 것이다. 이시형 박사처럼 '브레인을 강화하라'고 해서 결코 마음대로 강화되지 않는다. 이른바 본체를 강화(?)해야 하리라.

이 단계를 한 줄로 말하면 아래와 같다.

심心 ☞ 비심非心(불佛) ☞ 비비심非非心(비불非佛) ☞ 비비불非非佛(자성진공)
☞ 진여자성(진여정) ☞ '그 자리' ☞ 주체대용

『무문관』 제30칙의 평창을 보자.

만약 즉심시불卽心是佛을 즉심즉불卽心卽佛이라고 곧 알아차린다면 불의佛衣를 입고 불반佛飯을 먹으며 불화佛話를 설하고 불행佛行을 행하여 즉시 부처佛이리라. 과연 이러하여 부처佛에 들었다 해도, 대매가 사람들로 하여금 정반성定盤星을 바로 보이지 못함을 어찌할꼬? 이 부처佛란 것을 설하기 위해 3일간이나 양치질해도 이놈이 즉심시불卽心是佛이라 하면 귀를 막고 도망하리라.

[참고] 정반성: 대저울에서 빈 쟁반과 이에 균형을 이루는 제로 눈금, 여기서는 조사의 활구인 '부정의 부정'을 은유함

[해설]: 즉심시불(마음이 곧 부처)이 되는 사연은 마조 선사 편에서 설명을 붙인 바 있다. 그리고 그 부정인 '비심비비심의 일물一物'이 '즉심즉불의 일물도 아닌 것'이 되는 상황도 논의했다. 평창에서 불의佛衣는

불의不衣의 의衣, 불반佛飯은 불반不飯의 반飯, 불화佛話는 불화不話의 화話, 불행佛行은 불행不行의 행行을 뜻한다.

즉심시불에서 즉심즉불을 보았다 할지라도 그 다음 단계에 들어서 진불(眞佛: 진여자성, 대도)의 작용을 보이지 못하고, 계속 여래선 단계에 머물며 설법하면 가추(家醜: 선가문의 추태)일 뿐이니 귀를 막고 도망친다 했다. 즉심즉불에서 대도무문을 보고 결국은 귀결처인 '그 자리'에서 주체대용까지 드러내어야 한다는 뜻이다.

송왈에서 무문 스님은 일렀다.

청천백일에 찾아구함을 극히 꺼린다. 다시 무엇이냐고 묻는다면 장물臟物을 안고 크게 부르짖는 것과 같다고 했다.

[해설]: 이 송에서 청천백일은 '그 자리'를 상징한다. 찾아구함을 기피한다는 것은 인위적이고 작위적이지 않는 소소영영한 '그런 자리'이기 때문이다. 그래도 다시 물으면 대도무문이라 하지만 마치 장물(臟物: 여래장식如來藏識)을 안고 크게 부르짖는 것과 같다고 했다. 이는 『금강경』에서 대상을 여래장식의 내현으로 보는 것과 같고 『종용록』에서 제8식(아뢰아식)의 상분相分이라 했음과 바로 관계가 있다. 우리가 말하는 모든 언어도 잠재의식(홀로그램)의 발로인 것이다. 물론 마음(본체)이 맑고 밝을수록 좋은 언어가 구사된다. 강조하지만 '브레인 파워'가 아니고 '자성자리 밝히기'이다.

「무문관」 제31칙 조주감파趙州勘婆

여기서 '조주감파'는 『종용록』 제10칙의 '대산노파臺山老婆'와 본칙의 내용이 같으나 평창과 송이 다르니 상호 참고해서 보도록 한다. 본칙은 다음과 같다.

길 가던 승이 어느 때 찻집 노파에게 오대산 가는 길을 물었다. 노파가 '곧 바로 가시오(맥직거驀直去)'라고 답했다. 승이 몇 걸음 옮기는 데 노파가 '점잖은 스님 어디 가시오?'라고 (판잔을 주며) 중얼거렸다. 승이 이 사실을 조주에게 얘기하니 조주가 이 노파를 직접 감정해 보겠노라고 했다. 조주가 현장에 가서 똑같이 물으니 노파는 똑 같은 말을 하였다. 조주가 돌아와서 대중에게 말했다. "오대산 할머니를 그대들을 위해 감정했노라."

[해설]: 본칙에서 오대산은 교학에서 말하는 문수 보살의 정토인 영산이 아니고 대도무문에 드러나는 신령스런 각성인 '그 자리'를 은유하는 말이다. 선문에서 '산이 높아 봉우리가 보이지 않는다'는 그런 자성의 귀결처를 상징한다. 말하자면 진여자성의 초월처를 의미하지 교학적 영산을 일컫지 않는다.

흔히 세속에서 말하는 성지순례가 아니기 때문이다. 성지가 어디에 있는가? '자성 자리' 이외에는 없지 않은가. 몇 걸음을 채 옮기지도 안 했는데, '저 스님 어디로 가는거요'라는 말은 '스스로의 영산 성지를 두고, 무엇을 참배하려고 어디로 찾아가느냐'는 힐책인 것. 원문에서 맥직거驀直去는 '곧 바로 가시오'라는 뜻이다.

수도승에게 마음의 오대산(법신)의 고봉孤峰으로 '바로 그리고 빨리 찾아가라'고 주문한 것이다. 조주 스님이 '감정을 끝냈다'라는 말은 위 사실을 확인했다는 의미가 된다. 선은 스스로 '물어 물어서' 참나眞我를 찾아가는 선로역정禪路歷程 소위 Question Trip(질문 여행)이다.

평창을 보도록 하자.

> 할머니가 휘장 속에 앉아서 셈대를 놀릴 줄은 알아도 적임을 몰랐다. 조주 노인은 영내에 잘 침투하여 급습의 기를 썼으나 역시 대인의 모습을 못 보였다. 잘 점검하면 둘 다 잘못이 있다. 속히 말해 보라. 어디에서 조주가 이 할머니를 감정했던가?

[해설]: 물론 '맥직거驀直去'란 말에서 조주가 할머니를 감파했던 것이다. 둘 다 잘못이 있다고 말한 것은 조주와 할머니가 문답이 없었다는 뜻.

무문 스님은 이렇게 송왈을 했다. (참고: 괄호 안은 필자의 첨언임)

> 물음도 같고 대답도 꼭 같으나 노파의 밥(맥직거)에는 모래(부정)가 들어 있고 조주의 진흙(급습의 기) 속에는 가시(부정)가 들어있다.

[해설]: 평창에서 무문 스님은 잘 점검하면 둘 다 잘못이 있다고 한 것은 선적 담론이라는 소통이 없었던 것. 즉 서로 서로 탐색전만 있었음을 말한다. 참고로 『종용록』에서 보는 본칙의 평창은 대략 이렇다. "오대산五臺山은 일명 청량산清凉山이라고 불리는 산으로 지리적인 일개 산 이름을 지칭하고 있지 않고 오대육신으로 화현한 '신령한 빛의 성품'을 은유하고 있다."

마치 서천이 이미 인도가 아니고 조계가 이미 중국의 어느 지방 계곡을 뜻하고 있지 않음과 같다. 즉 스님이 묻는 오대산에 있는 어느 절로 가는 길은 노파에게 있어서 성품자리 찾아가는 것으로 의미되었기 때문에 '곧 바로 가시오(맥직거驀直去)'라고 했지만 스님은 지형적인 방향을 잡아서 발걸음을 옮겼기에 노파가 '멀쩡한 스님이 또 저렇게 가는구나'라고 나무랐다.

제 마음의 청량산인 '신령스런 빛의 성품'에로 길을 재촉해야 하거늘 그 반대(실재론) 짓거리를 한다는 뜻이다. 응당 수도자는 구도의 길을 맥직거해야 한다. 노파가 실제로 가리킨 길은 장안대도를 가르쳤다고 하는데 장안대도長安大道나 오대산 가는 길이나 모두 참나眞我에의 길을 은유함에는 마찬가지일 것이다.

노파처럼 모든 색신(色身: 실재물)을 법신法身의 화현으로 보도록 공부해야 한다. 『벽암록』 제24칙의 본칙을 보면 제자 유철마가 오대산의 큰 재齋에 가기를 묻자 위산이 큰 대大 자로 누워버린다(방신와放身臥). 말하자면 이 오대산(청량산)을 두고 어디로 재를 올리러 가느냐는 되물음에 유철마가 그대로 발길을 돌린다는 내용이 나온다. 『무문관』의 맥직거驀直去와 『벽암록』의 방신와放身臥는 좋은 은유다.

『무문관』 제32칙 외도문불外道問佛

본칙은 아래와 같다.

세존에게 어느 때 외도가 와서 '유언도 묻지 않고 무언도 묻지 않습니다'라고 하니, 이때 세존은 거좌據座하셨는데 외도가 찬탄하기를 '세존의 대자대비로 나의 어두운 구름을 걷어 나로 하여금 깨닫게 했습니다'라고 하며 절하고 물러났다.

아난이 세존에게 물었다. "외도가 무슨 일이기에 찬탄하고 갔습니까?"

세존이 답하셨다. "세상의 준마가 채찍 그림자만 보아도 달리는 것과 같다."

[해설]: 본칙에서 외도外道란 불법 외의 모든 교학을 말하며 부처님 당시 6종의 외학이 있었다고 한다. 범어로 Tirthaka를 말하는데 존경할만한 은둔자라는 의미를 지닌다. '유언도 무언도 묻지 않는다'라는 말은 유언도 아니고 무언도 아닌 것을 보여 달라는 뜻이다.

언어를 지각의 틀이라 할 때, 무지무무지의 도(선정)를 보여 달라는 주문이다. 그래서 세존이 거좌로써 도에 대응되는 작용을 보였다. 외도가 이 뜻(체용론)을 감파하여 찬탄하고 돌아갔다는 내용임.

'채찍 그림자'는 본체를 은유하고 있다. 준마가 달리는 것은 물론 작용이고…. 참고지만 『벽암록』65칙에서는 거좌(據座: 좌석에 앉음) 대신에 양구良久다. 양구라는 말은 '이렇다 저렇다 말이 없이 그냥 한참 기다려 보다'라는 뜻으로서 역시 무언무무언에 대한 작용의 알레고리이다. 침묵도 작용이 되는 도리를 보인 셈이다.

평창에서 무문 스님은 이렇게 일렀다.

"아난은 부처님 직제자로서 어찌하여 외도의 견해와 같지 않은가? 얼른 말해보라, 외도와 불제자의 차이는 얼마나 되나?"

[해설]: 외도는 본체(정定)와 작용(혜慧)을 보았는데, 불제자는 그랬지 못했다.

무문 스님은 송왈에서 이렇게 일렀다.

"칼날 위를 걷고 살얼음을 탄다. 사닥다리를 밟지 않으니 낭떠러지에 손을 잡지 않는 격이로다."

[해설]: 칼날 위나 살얼음은 모두 본체를 은유하고 있다. 이것은 색신과 공신을 초극한 비색비비색의 몸, 곧 불신(佛身: 不身의 身)이기에 사닥다리를 밟지 않으니 낭떠러지에 손을 잡지 않는 격이라고 했다. 즉보리심과 무애행이고 '무위無爲의 위爲'이다. (참조: 「무문관」제20칙 대역량인)

관념론(유심론)을 선적인 초월을 하면 이러한 귀결처가 드러난다. 변증법적 유물사관에서는 〈노동가치설〉이다. 이 길은 지식정보 산업사회의 철학이 못 된다.

「무문관」 제33칙 비심비불非心非佛

다음은 본칙이다.

승이 마조 스님에게 묻다. "어떤 것이 부처입니까?"

마조 스님 답하다. "비심비불非心非佛"

[해설] 제30칙에서는 즉심즉불의 '일물(불성·실성)도 아닌 것'을 답했는데, 본칙에서는 비심비불을 답하고 있다. 제30칙의 답은 대매 스님에게 한 답이고 본칙은 일반 스님과의 문답이니 상대에 따라 답을 달리 한다.

무문 스님의 평창은 다음과 같다.

"만약 비심비불(비심비비심)을 체득했다면 참학參學의 일을 마치리라."

[해설]: 여기서 참학의 일(참학사參學事)을 다 마쳤다는 말은 비심비비

심, 즉 불성·실성 공부를 필했다는 뜻으로서 이 경우 통상 교학, 즉 보리반야의 성품을 이루어 (초기)견성했다고 말한다. 물론 여래선적이다. 이 경우 만법귀일萬法歸一로 끝난다. 일반의 말로는 '절대심 하나'이지만 기독교식으로 말하면 '절대주 하나님'이다. 물론 조사선에서는 부처의 실성(한 물건)을 다시 '부정하고 부정'하여 대도 혹은 진여자성을 체회하게 된다. 여래선의 일원상 혹은 광배가 조사선에서는 소소영영한 빛의 성품으로 업그레이드된다. 전자도 어렵지만 후자는 참으로 어려운 길이다.

무문 스님의 송활을 보자.

길에서 검객을 만났을 때 칼을 쓰고, 시인이 아닌 사람에게는 헌사獻辭하지 말라. 사람을 보고 삼분三分을 설하고 전부를 설함은 불가하느니라.

[해설]: 검객을 만났을 때 칼을 쓴다에서 검객은 비실성(살인도)에, 그리고 이에 칼을 쓰면 비비실성(활인검)이고 곧 조사를 은유한다. 여기서 시인은 작가 선지식으로 조사를 말하고 있다. 그런 사람이 아니면 헌사하지 말라고 했다. 사람에게 불성·실성, 본래무일물, 그리고 대도 무문까지 세 부분을 설하고, 총체적인 '그 자리'를 설함은 불가하다고 말했다.

『무문관』 제34칙 지불시도智不是道

본칙은 아래와 같다.

남전이 설하다. "마음은 이 부처佛가 아니고心不是佛, 지智는 이 도道

가 아니다智不是道."

[해설]: 앞에서 본 마조의 즉심시불(卽心是佛: 곧 마음이 이 부처)이라는 말은, '마음이 마음이 아니라'는 여래설을 전제한 경우에 성립하는 말이고 여기서 심불시불(心不是佛: 마음이 이 부처가 아님)은 '마음은 마음'이라는 결정론을 전제한 말이다. 지불시도智不是道라는 말은, 일반적인 슬기(지智)가 도(道: 부지부부지不知不不知), 즉 절대지(보리반야지)가 아니라는 뜻. 선불교에서의 진정한 슬기는 보리반야라는 체용으로 현상되기 때문이다.

무문 스님은 평창에서 이렇게 일렀다.
　　남전이 잘도 말했다. 수치스러움을 참고 잠깐 입(취구臭口)을 열어 가추
　　家醜를 드러냈다. 그러나 이와 같다고 할지라도 그의 은혜를 아는 사람
　　이 몇이나 될까?

[해설]: 남전은 선사로서 여간해서 강사처럼 논리학을 펴지 않지만 부득불 본칙 같은 형식논조를 간단히 폈는데 그의 의중을 알아주는 사람이 얼마나 되랴고 무문 스님이 안타까워 했다.

송왈에서 이렇게 읊었다.
　　"하늘이 개이니 해가 솟고天晴日頭出 비가 내리니 땅이 젖다雨下地上濕.
　　모든 정을 다하여 설했으나 오직 믿음이 부족함을 두려워하노라."

[해설]: '하늘이 개이니'는 '그 자리'를, 그리고 '해가 솟다'는 광명심(비심비비심非心非非心)을 은유한다. '비가 내린다'는 서래의처럼 이중부정

이다. 즉 '비(우雨)'는 물이 산산이 부서진 것으로 비상非相이라는 함의와 '내린다' 또한 부정을 뜻하니 비상비비상처정(정定)이고 '땅이 젖는다'는 것은 생명력의 활력(반야지혜작용)에 은유된다.

이 상황(불佛·정定·혜慧)을 모든 정을 다해 설했으나 오직 믿음이 부족함을 두려워한다고 했다. 선사는 정견(情見: 감성적 지견)을 졸업했음인데 모든 정을 다하여 설한다는 자체가 체용론적이다. 이런 도리를 보이고 있는 데도 믿음이 부족함을 어찌하랴는 뜻.

『무문관』 제35칙 천녀리혼倩女離魂

본칙은 이런 질문이다.

오조산 법연(法演, 송宋, ?~1104) 선사가 어느 승에게 묻는다. "천녀 리혼인데, 어느 쪽이 진짜배기인가?"

[해설]: 오조산 법연 선사는『벽암록』의 저자 원오극근의 스승이다. 이 법문은 다음의 사연을 배경으로 해서 나온 것이다.

장감이라는 사람의 장녀에 천량이라는 미녀 딸이 있었고 한편 장감의 외생질에 광주라는 미남이 있어서 서로 사촌 간에 허혼한 사이였다. 그런데 장감은 훗날에 딸 천량을 부잣집 아들 빈료에게 출가시키기로 번복하였다.

이에 딸 천량은 한사코 거절하였으나 엄한 아버지의 명령이라 어찌할 도리가 없어서 고민하다가 지쳐 병석에 눕게 되었다. 애인 광주도 화가 나서 고향을 떠나 먼 타향에 가서 살기로 작정하고 배를 탔다.

강 언덕에 배가 닿으려고 할 무렵에 어떤 아가씨가 '광주님!' 하고 부른다. 광주가 돌아보니 천량이지 않은가? '이 일이 어찌 된거냐' 며 두 사람은 얼싸안고 기쁨의 눈물에 흠뻑 젖는다. 이후 촉나라에 가서 두 사람은 5년이란 세월을 지냈다.

그 동안 아들 하나를 두어 단란한 가정을 꾸렸다. 어느 날 천량은 고향의 부모가 그리워서 광주에게 말하기를, '우리가 아들까지 낳아 살았으니 지금에 와서 부모인들 어찌 할 수 있으리요?' 고향으로 돌아가서 과거를 사과하고 정식 부부가 되자고 간청하기에 광주도 이에 동의하여 고향으로 돌아가기로 작정했다.

광주가 배에서 내려 장인이 되는 장감을 찾아뵙고 지나간 일들을 이실직고 하였다. 그런데 장감은 깜짝 놀라며 하는 말, "천량은 그 후 병석에 계속 누워 있었는데 무슨 말이냐?"

광주는 그럴 리가 없다고 하며 대문 밖 천량을 데리고 들어오니 이 때 병석의 천량은 이를 맞아 한 몸이 되었다.

법연 스님이 이런 사연에서 물었다. "천량의 혼(몸)이 분리되었는데 어느 쪽이 진짜배기 천량인고?"

체용론에서 볼 때, 천량의 청정법신은 본체에 해당하고 화신이 작용으로서 이야기처럼 두 가지 몸(혼)이 되었었다. 여기서 처음 보는 말은 몸을 혼이라고 말하고 있다는 점이다. 문제는 비불비비불에서 보면 천량의 몸(혼)만이 아니라 삼라만상이 모두 청정법신불의 무한한 화신작용이니 일정한 색신도 공신도 아니다.

'어느 것이 진짜인고?'는 물론 시험 질문이다. 법신불의 화신은 아퍼서 누운 천량으로서도 몸을 나투기도 하고, 결혼하여 아들 딸 낳는 천량으로서도 몸을 나투어 낸다. 더 나아가서 천량의 몸은 무진장한 변신작용을 일으킨다. 시쳇말로 여자의 변신은 무죄다. 장난감 트랜스포머(Transformer)도 변신을 잘하고 많이 할수록 고급품이다. '아바타'는 물론이고 영화 배우를 비롯한 모든 사람은 변신(작용)을 잘 할수록 유능한 소프트 인人이 된다. 단 선정(본체)에서 그렇다.

무문 스님은 평창에서 일렀다.

만약 본칙에 대해 진짜로 깨달았다면 알리라, 즉 껍질에서 나와 껍질에 들어감은 객사(客舍: 여관)에 들락거리는 것과 같은 나그네의 무주無住 행각임을 말이다. 비유比喩가 혹여 부실하다 해도 논란을 피우지 말라. 곧장 껍질이 지수화풍으로 산산이 흩어지면 뜨거운 물에 들어간 방게가 지리멸렬되는 것과 무엇이 다를까? 이 도리를 스스로 깨달아야 하리라.

[해설]: 부처는 선에서 체용론으로 드러난다. 이렇게 드러난 '성품 자리'에서 본다면 체용론인 '무위의 위'는 객사와 이에 들락거리는 나그네의 행각 작용에 지나지 않게 된다. 결국은 각성 자리에 입각하면 여래고 무주無住고 활무로 볼 수밖에 없어진다.

무문 스님은 다시 송왈에서 이렇게 일렀다.

운월雲月은 같이 있는데, 계산溪山은 각기 다르다. 만복 만복이여, 하나고 둘이다.

[해설]: 운월雲月은 흰 구름과 광명으로서 반대의 일치, 즉 본체를 은유하고 골짜기溪와 산등성이山는 상대성 작용이다. 결국 체용론을 두

고 만복 만복이라 했고, 다시 하나(절대성: 본체)이고, 둘(상대성 작용)이라
고도 송했다.

『무문관』 제36칙 노봉달도路逢達道

본칙은 아래와 같다.

오조법연 설하다. "노상에서 달도인(도통한 달인)을 만나거든 어묵으로
대하지 말라. 얼른 말해봐, 무엇으로 대할 것인가?"

[해설]: 여기서 도道는 어(語, 지知)도 아니고 불어(不語: 부지不知: 묵黙)도
아닌 것(不語不黙: 不知不不知)이며, 달도인達道人은 어묵을 초월한 절대지
자, 즉 지도至道 혹은 불성을 이룬 자를 말한다. 노상이라는 현실에서
달도인(만법귀일萬法歸一)을 만나거던 어묵(일귀만법一歸萬法)으로 대하지 말
라고 주문하고 있다. 길을 가다 달도인, 즉 여래 선사를 만나면 조사
선사는 이를 어떻게 대할 것인가를 묻고 있다.

평창에서 무문 스님은 일렀다.

만약 이 상황에서 대답해 친절하다면 어찌 경쾌하지 않으리요. 혹여
그렇지 못할진댄 모름지기 일체처一切處에 착안하라."

[해설]: 이 상황에서 대답해 친절親切하다는 것은 여래선을 친히 끊
는다는 뜻. 여래선의 초극이 곧 조사선이다. 물론 일체처는 최상승적
인 절대성으로서 본체인 진여자성을 말한다.

무문 스님은 송왈에서 이렇게 말했다.

"노상에서 달도인을 만나거든 어묵語默으로 대하지 말라. 볼따귀를
한 대 갈겨야 알아차리리라."

[해설]: 볼따귀를 한 대 갈긴다는 것은 방棒을 의미한다. 즉 노상의
달도인(여래선사)은 방을 맞는다. 이런 선문이 있다. "법사는 중생속에
서 드러나지만 조사는 중생 속에 섞여도 찾을 수가 없다."

그만큼 조사선은 현실적이다. 물론 깨치면 '그냥 그대로'인 것이기
때문이다. 한편으로 그만큼 달도인은 노상이라는 작용 현장에 나타날
수가 없다는 말. 만약 노상에서 달도인(상대성: 비심비불의 일물)을 만난다
면 조사는 어묵(상대성)으로 대하지 않는다. 방棒을 놓거나 할喝을 하거
나 해서 부정해야 한다.

『무문관』제37칙 정전백수庭前栢樹

본칙은 아래와 같다.

조주 선사에게 승이 묻다. "어떤 것이 조사서래의祖師西來意입니까?"
조주 선사가 답했다. "뜰 앞의 잣나무."

[해설]: 속칭 '달마가 동쪽으로 간 까닭'을 연상시킨다. 조사서래의를
축자 해석하면, '달마대사가 서쪽 인도에서 동토 중국에 온 뜻'으로서,
물론 선불교를 전하러 왔음에 그 뜻이 있다. 그러나 선리에서 보면 조
사의 뜻이 서래西來에 있는데 이는 '부정의 부정'인 바, 여기서는 비심
비비심(보리반야성), 즉 불성을 함의하고 있다. 부처를 물으니 '뜰앞의 잣

나무'라고 체용을 말한 것이다. 뜰 앞(정전庭前)은 절집의 깨끗한 뜰과
그 앞으로서 역시 본체를 은유하고 있다.

참고가 되는 선문을 소개해 본다.

　　조주의 제자 각철자에게 어느 날 법안 선사가 물었다. "조주 스님 말
　　에 정전백수자라는 것이 있다고 하는데 그것이 사실이냐?"

　　각철자가 대응하였다. "스님, 스승을 비방하지 마시오. 조주 스님에게
　　는 그런 말이 없습니다."

　　법안이 다시 물었다. "그대는 왜 없다고 하는가?"

　　각철자는 끝내 없다고 버티었다.

조주의 유명한 정전백수자를 각철자가 끝내 없다고 한 까닭은 무엇
인가? 법안이 정전백수자라는 보리반야의 성품(비심비불의 한 물건: 여래
선)을 들추어 내니, 이를 눈치 챈 각철자가 끝내 스승의 조사선을 내세
워 여래선을 부정했다는 뜻이다.

평창을 통해 무문 스님은 이렇게 일렀다.

　　"만약 조주가 대답한데 대하여 정말 알았다면 앞에는 석가가 없고 뒤
　　에는 미륵이 없으리라."

[해설]: 『육조단경』의 정혜품 무주無住의 설명에 이런 말이 있다. "생각
생각 사이에 먼저 경계를 생각하지 말 것이니 만약 먼저 생각과 지금
생각과 뒷 생각이 연신 잇달아서 끊으지지 않으면 이것이 얽매임(상대
성적 구속: 인과율)이라."

평창에서 말하는 앞뒤가 없다는 말은 물론 선정이고 본체다.

송왈에서 무문 스님은 이와 같이 송했다.

"언들은 일(대용大用)에 나아가지 못하고 어話는 기(機: 主體)를 옮길 수가
없다. 말을 받아들이는 사람은 중심을 잃고 구에 걸리는 사람은 대의에
혼미하리."

[해설]: 조사서래의를 조사선이라는 오해가 있다. 비록 조사라는 말
이 들어있어도 여래선이다. 위에 인용한 참고문에서 각철자가 스승의
여래선을 없다고 버티었었다. 언어는 대기大機에 옮길 수도 없고 대용
大用에 나아가지도 못한다. 물론 언어도단 심행처멸의 소소영영한 '그
자리'에 투철해야 비로소 대기대용 혹은 주체대용이 나온다는 뜻.

『무문관』 제38칙 우과창령牛過窓欞

본칙이다.

오조법연 선사 설법하다. "비유컨대 소가 외양간 문턱을 지나간다.
머리와 사족은 모두 지나갔는데 왜 꼬리가 지나가지 못할꼬?"

[해설]: 『육조단경』에 무념, 무상, 무주라는 말이 나온다. 여기서 종宗
인 무념은 부처(비심非心)이고, 체體인 무상은 본체이며, 본本인 무주는
작용을 말한다. 위의 삼위는 물론 일체를 이룬다. 본칙에서 소가 머리
(종宗)와 사족(체體)과 꼬리(용用)로 구성되고 있는데 이 경우 모두가 통
과했는데 꼬리(작용)는 통과하지 못했다는 것은 대단히 아이러니다.

그러나 위의 삼위일체에 투철하다면 '이미 지나갔다'라고 답하며, 일
전어를 구사해야 한다. 제6칙 '세존염화'에서 가섭의 파안미소를 몸뚱

이와 꼬리에 은유한 바가 있다. 그리고 제14칙 '남전참묘'에서, 남전은 여전히 수고우(중생) 속에서 고개를 흔들고(부정의 부정) 꼬리를 휘두르고 있다(작용)를 본 바 있다. 참고지만 『종용록』제66칙 구봉두미九峰頭尾의 담론에서도 꼬리 얘기가 같은 의미로 나온다.

　무문 스님이 평창에서 일렀다.

　　'만약 이에 대하여 뒤쳐(전도顚倒)서 일척안(一隻眼: 절대성)을 착득하여, 일전어一轉語를 구사하면 위로는 사은四恩에 보답할 것이고 아래로는 삼유三有를 도우리라. 그가 아직 그렇지 못하다면 다시 소꼬리를 참구하여 비로소 얻을 것이리라.'

　[해설]: 전도해서 일척안을 착득한다는 말은 '머리도 지나갔고 사족도 지나갔다는 것(본체)을 은유한다. 선은 체용일체인데 본체에서 작용(꼬리)은 아직 지나가지 못 할고라는 질문은 아이러니다. '이미 지나갔다'라고 일전어를 구사해야 한다. 여기서 사은은 부모의 은, 국왕의 은, 삼보의 은, 중생의 은혜를 각각 말한다. 삼유는 삼계(생사유전이 쉴새 없는 미계)를 말한다. 공부는 왜 하는가? 진실로 삼유를 이해하고 도우기 위함이라.

　무문 스님의 송왈을 보자.

　　지나가면 구덩이에 빠지고 돌아오면 도리어 괴멸한다. 이 조그만 꼬리 매우 기괴하다.

　[해설]: 소꼬리 하나만 두고 보면 『금강경』의 표현처럼 불취어상不取於相 여여부동如如不動이라서 지나가고 돌아오고가 없는 것이다. 조사선

에서 보면 '흰 소'의 꼬리는 '통과 불통과'를 초연한 환상(幻像: 활무活無)이 된다. 알고 보면 처음부터 지나가고 돌아 오고가 없는 것이었다. 『선禪의 심수心髓 무문관無門關』의 저자 이희익李喜益 스님은 『무문관』 48칙 가운데서 본칙이 가장 보기 어렵다고 했다. 정말 그런가는 차치하고 본 담론에서 소꼬리의 난이도難易度가 모두 극복되길 바란다.

『무문관』 제39칙 운문화타雲門話墮

본칙 내용은 이러하다.

　　운문에게 어느 승이 다음 문장을 음운하기 시작했다. "광명적조편하사(光明寂照遍河沙: 광명이 고요히 비추어 황하사 모래를 두루 드러내니)"

　　계속 이어 가려던 때, 운문이 급히 중단시킨다. "이 시는 장졸수재(張拙秀才)가 쓴 것이 아니오?"

　　승답, "그렇습니다"

　　운문, "화타(話墮: 아니다)로구나"

　　훗날 사심오신死心悟新 스님이 이 이야기를 끄집어 내어 거론하기를, '얼른 말해 보라. 어디가 이 승이 그르친데뇨?' 라 하였다.

[해설]: 승이 읊는 장졸의 시구를 운문이 중단시키고 틀렸다고 한 것은 두 가지 이유 때문이다. 하나는 운문도 아는 남의 시를 모창하는 것이요. 또 하나는 시구 자체가 자연주의적 시조로서 선적 게송이 아니기 때문이다. 제현상은 모두 심등에서 나온 심광의 법계류心光法界流라 했거늘, 자연주의는 선이나 관념변증법의 장르에 들지 못한다.

　　본칙 장졸수재의 송시는 색빛과 만물을 자연주의로 노래하는 형식에 속한다. 장졸수재의 문제된 시구 끝부분을 보면 이렇다. "세상을 인연따라 살다보면, 두려움도 어려움도 없을 것이며 열반과 생사가 있음이 모두 같이 공화空花이네."

이처럼 자연을 벗 삼아 인연따라 살면 무상과 공화에 빠지지 않을 사람이 거의 없을 것이다. 사심오신死心悟新이 묻는다. "그 승이 어디가 잘못된 것이오?"

물론 장졸수재張拙秀才는 사심死心해서 오신悟新하지 못한 점이 잘못되었다. 우리가 사는 시대는 선문의 검증이 유명무실해져서 선이라 하면 거의 모창이고 사심오신(死心悟新: 체용론)을 거의 보지 못하는 실정이다.

평창에서 무문 스님은 평했다.

만약 이에 향하여 운문의 고위孤危한 용처에 이 승이 화타한 데를 잘 견득했다면 대중을 위하여 스승됨이 충분하리라. 그러나 만약 아직 명확하지 못하다면 자신도 구제하지 못하리라.

[해설]: 선은 일단 불매인과라서 그저 인연따라 산다는 중생적 의식은 '화타!'가 마땅하다. 공부자는 마땅히 화두 공부에 매진하여 사심(死心: 본체)하고 오신(悟新: 작용)해야 하리라.

무문 스님은 송왈에서는 이렇게 읊었다.

급류에 낚시를 드리우니 미끼에 탐하면 걸린다. 입을 조금이라도 열면 성품은 생명을 잃으리라.

[해설]: 조주 선사의 어록에 이런 말이 나온다. "급류에 종이 공을 던

지거라." 즉 급류가 은유하는 것은 심광법계류心光法界流라 세상만사는 심광으로 이루어지는데 장졸수재처럼 견물생심하여 입을 열고 있으면 작은 낚시에도 성품자리를 빼앗긴다는 뜻. 선문에 개구즉착開口即錯이라는 용어가 자주 나오는데 특히 본체(화두)를 체득하지 못한 처지에 입만 열면 곧 틀린다는 말이다.

『무문관』 제40칙 적도정병趯倒淨瓶

본칙 내용은 아래와 같다.

위산영우(潙山靈祐, 당唐, ?~853) 선사는 처음 백장의 회하에서 전좌역(주방장)을 맡고 있었다. 하루는 백장이 대위산의 주인을 선발하려고 수좌와 함께 대중에 대해 하어下語하며, 출격出格하는 사람을 선발코저 정병(淨瓶: 빈병)을 땅위에 놓고 설문한다. "정병이라고 불러서는 안 된다. 그대는 무어라고 부를 것인가?"

먼저 화림 수좌가 말했다. "목돌(문턱나무)이라고 부르지 못할 것입니다."

이번에는 백장 선사가 위산에게 물으니, 위산은 정병을 차 넘어뜨리고 나간다.

백장이 웃으며 말했다. "화림 제일좌가 위산에게 졌다."

그래서 위산에게 말하여 개산開山케 했다.

[해설]: 백장이 문제를 출제하고 단서를 하나 붙였다. '정병이라고 불러서는 안 된다는 것'이 그것이다. 수좌의 답, '목돌(정병의 반대말)이라 부르지는 못할 겁니다.' 이를 정리하면 '정병은, 정병이 아니고 정병이 아님(목돌)도 아니다'라는 비상비비상의 논리에 해당한다.

즉 백장이 정병을 비정병이라 했고, 화림 수좌가 비비정병이라 말한 격. 이러한 소견은 여래선으로 비심비비심의 '한 물건'으로 정리된다. 위산은 이 실성實性을 '차서 넘어트리고(약도蹋倒) 나가버렸다.'

결과적으로 '즉심즉불의 한 물건도 아님'인 자성진공을 보이고 곧 나가버린 것(부정함)으로서 실성의 2중 부정인 대도(무문)를 보였다는 이야기가 된다.

무문 스님이 평창에서 이렇게 일렀다.
　　위산이 일대의 용기를 활용시켜 화림 수좌를 극복했으나 백장 선사
　　의 위엄에는 미흡했다. 장래를 점검해 보건데 무거운 직책에 편승하고
　　가벼운 일상을 따르지 않았다. 어찌하여 주방장을 마다하고 대위산 개
　　산주가 되어 쇠사슬을 목에 건 꼴인고!

[해설]: 백장 선사는 조사 선사이다. 위산은 이제 조사선 첫 단계인 대도를 체득하고 일천 성인도 전하지 못한 '그 자리'를 드러내야 하는 막중한 직책에 편승했다는 말이다. 진리('그 자리')는 가깝고 가벼운 일상(주체대용)에 있는데 대위산 개산주가 되어 쇠사슬을 목에 건 꼴이라고 동정심 아닌 동정심을 보인다.

한편 송왈에서 무문 스님은 이렇게 찬양했다.
　　주방 도구를 모두 손 놓고 몸 주위를 정리하여 백장 선사의 슬하를
　　떠나오니 발이 땅에 닿을 겨를이 없네. 정병을 발끝으로 차버리고 감이
　　여! 부처佛가 삼麻처럼 나리라."

[해설]: 발이 땅에 닿을 겨를이 없다는, 바쁘다는 뜻만이 아니고 '강

물에 비친 달'처럼 본래 만행에 정체성이 없다는 말이다. '무행의 행'
이며 대도무문이다. 도하道下에 부처가 삼대처럼 무성할 것이라고 치
하했다.

『무문관』 제41칙 달마안심達磨安心

본칙을 보자.

　　달마 면벽하다.

　　혜가가 눈 위에서 한 쪽 팔을 끊으면서 말하다. "제자가 마음이 편치
못하니 바라옵건대 스님께서 편안케 해주십시오."

　　달마, "그 마음을 이리 가져오라. 그대를 위해 편안케 해주리라."

　　혜가, "가져 가려해도 그 마음이 없습니다요."

　　달마, "그럼 이제 편안케 되었구려."

[해설]: 달마는 남인도 향지국 왕의 셋째 아들로서 그의 스승은 제
27대조사 반야다라 존자다. 달마는 세존으로부터 제28대 법손이고
중국 선종 제1대조다. 대사는 인도 향지국에서 100여세 고령으로 중
국에 건너왔다. 이때가 양나라의 무제 보통 원년(서력 520년)이었다. 역
대 황제치고 양무제만큼 불심이 지극한 사람도 드물었다고 전해지고
있다.

　그러한 불심천자佛心天子도 달마와 기연機緣이 맞지 않았다. 이를 확
인한 달마는 양자강을 건너 숭산에 들어가 면벽하기 9년 만에 혜가
라는 승이 찾아온 것이다. 여기서 면벽은 절대경(선정)을 의미한다. 앞
뜰에 서서 밤새 선법을 구하러 왔다고 하여도 달마는 대답이 없었다.

혜가가 섰던 뜰에 밤새 눈이 쌓여 무릎까지 덮었다. 그래도 계속 대답이 없었다. 혜가는 별도리가 없어서 칼로 한 쪽 팔(상대성)을 잘라 내보이며 법(절대성)을 구하는 일편단심을 보였다. 본칙 내용은 그런 상황부터 일어난 얘기이다.

선의 관문만 아니라 무슨 학문에도 대신근大信根 대용근大勇根 대의근大疑根이라는 삼대근성三大根性을 갖춤이 없이는 좋은 결과를 맺기 어렵다. 후에 신광혜가(593년 입적)는 중국 선종 제2대 조사가 되었다. 중생은 희로애락, 빈부귀천에 사무쳐 울고 웃기를 평생하며, 그 주역으로이 마음의 노예로 살건만, 이 마음의 내력을 정확히 모르고 산다.

선의 참구를 이러한 이유로 '마음 비우기'다. 비워야 마음이 깨끗해지고 밝아지며 진리를 깨치고 연후에는 '그냥 그대로'에 회귀한다.

달마가 드디어 입을 떼었다. "그 마음을 이리 가져오라!"

혜가가 답변했다. "그 마음을 가져가려 해도 찾아지지가 않습니다".

달마가 마무리를 짓다. "그럼 그대 마음이 편안케 되었구려."

이렇게 마음으로부터의 자유를 찾게 되었고 혜가는 대오(비심비비심)를 체득했다. '마음이 없는 것'이련만 귀신처럼 마음을 만들어 부둥켜안고 살아온 우리의 중생들에게도 무언가 시사함이 큰 설법임에 틀림이 없다. '직지인심直指人心 견성성불見性成佛'의 귀감이 된다.

무문 스님이 평창에서 이렇게 말했다.

"이빨도 빠진 달마(결치달마缺齒達磨)가 거친 바다(만경창파萬頃蒼波) 십만 리를 항해해서 문득 동토東土에 이르니 가히 바람 없이 풍파를 일으켰도다(무풍기랑無風起浪). 노후에 한 제자를 얻었으나(말후접득末後接得) 그가 육근이 불구이니, 아(咦: 놀라는 소리 이)!, 사삼랑謝三郎이 넉 사자도 모르는구나(불식사자不識四字)."

[해설]: 결치달마缺齒達磨, 만경창파萬頃蒼波, 무풍기랑無風起浪 등등의 사자성어는 모두 체용론을 은유하는 미묘한 말이다. 결치달마는 조주의 '판치생모板齒生毛'처럼 부정의 부정과 작용이다. 〈선가구감〉 제2칙의 본칙은 불조출세佛祖出世 무풍기랑無風起浪이라고 나오는데 역시 체용론적이다.

불조의 출세에서 무풍은 본체, 기랑은 작용으로서 만유가 무심(본체: 아뢰야식)의 파동(상대성+불확정성)이다. 노후에 한 제자를 얻었는데 육근이 불구라는 말은 상대성이 끊어졌음에 은유된다. 아~! 어부 사 씨 집 삼남三男이 넉 사四자를 모른다(불식사자不識四字)의 뜻은 혜가가 부지불각 중에 사지四智를 밝혔다는 뜻이다.

선문은 일반 문장과는 달리 내용은 내용이지만 얼마나 체용론을 많이 구사하고 있는 내용인지가 포인트다.

무문 스님은 송왈에서 다시 이렇게 읊었다.
　　서래직지西來直指를 전달하니 총림叢林을 요괄케 했다. 　'원래 그대로' 인 것이다.

[해설]: 서래西來의 뜻은 불(佛: 비심비비심)에 있고 직지는 여기서 사물을 직관케 함인 여래이다. 이 도리가 총림을 요괄케 했다. '원래 그대로'라는 말은 이른바 '산은 산이고 물은 물이다'란 뜻이다. 천지를 뒤흔드는 법이 있다손 치더라도 문제는 사람이고, 사람은 성품(인간성人間性)이다. 이럴진대 산은 산이라는 이름이고 물은 물이라는 이름 '그냥 그대로'인 것이다.

풍습인이 이름(기표記表)을 그대로 두고 기의記意를 만방으로 활용할 뿐이다. 반복해 본다. "몰랐을 때 중생(상대성적 차별심의 고정관념)이었는데 알고 보니 중생(절대성적 보편의 활동관념)이다."

제 아무리 큰 깨달음을 얻었다손 치더라도 평상심으로 돌아옴이 도이다. 그리고 중생상을 '그냥 그대로' 굴리는 것이다. 기독교 성경 구절에 이런 말이 나온다. "절대주 하나님은 없는 것을 있는 것처럼 부리신다."

기독교 교인들은 새겨들어야 할 구절이다.

『무문관』 제42칙 여자출정女子出定

본칙 내용을 보자.

옛날 세존 시대에 문수가 제불이 모인 곳에 이르니 모임이 끝나고 제불들은 각자 처소로 돌아가고 있었다. 그런데 한 여인만이 부처님 가까이에서 삼매에 들어 있었다. 문수가 부처님께 아뢰어, "왜, 이 여인은 부처님 가까이에 있는데 저는 못합니까?" 물었다. 부처님이 문수에게 고하신다. "일단 그대가 이 여인을 삼매로부터 깨워 일으켜 그대 스스로 물어라!"

문수는 여인의 주위 돌기를 세 번하고 손가락을 한 번 퉁겨 탁托하여서 범천에 이르러 그 신통력을 다해도 일으킬 수 없었다. 세존께서 말씀하시기를, '백천의 문수도 이 여인의 선정을 일으키지 못하리라. 땅속 12억 항하사 국토를 지나 망명罔明 보살이 있는데 그가 능히 이 여인의 정定을 일으키리라'고 하였다.

잠깐 사이 망명罔明 대사大士가 땅 속으로부터 용출하고 세존께 예배한다. 세존이 망명에게 칙령하여, 망명이 여인 앞에 이르러 손가락을 한 번 퉁기니 곧 정에서 일어났다.

[해설]: 옛날부터 성현들은 공안에 난이도가 없다고 했으나 공부자들에겐 없을 수 없다. 이 공안도 이런 점에서 볼 때 상당히 어려운 화두다. 삼매는 각 단계별 선정 중에서 최고 단계에 속한다. 교학에서는 삼매가 사지 밝음을 일으키고 청정법신불을 드러낸다.

정이 혜를 일으키고 불을 드러냄보다 물론 차원이 높은 상황. 육조는 이 삼매에 즉하여 자재신통·유희삼매라는 표현을 쓰기도 하였고 임제는 삼매가 일으킨 법신불을 처처무애정광이라고도 하였다. 정광무애는 청정심도 아니고 광명심도 아닌 것으로서 망명罔明으로 상징되고 있는 것처럼 보인다.

문수 보살은 교학에서 '지혜제일'의 별명을 지닌다. 본칙에서도 그 신통력이 대단하다. 그러나 본칙에서 여인을 여인으로 보는 우를 범함으로서 상대의 삼매경을 처방할 수가 없어 보인다. 삼매는 지혜제일이 일깨울 수 있는 경지도 물론 아니고…. 차라리 망명 초지 보살이 깨운 것이라는 아이러니다.

망명罔明 보살은 지혜가 없는 애기 보살 혹은 초지初地 보살인데 조금 앞에서는 대사大士라는 표현도 붙었는 것으로 보아 통상적으로 우리가 알고 있는 여성 보살이 전혀 아니다. 선에서 불성은 여성도 남성도 아니다. 여기서 주목을 요하는 점은 망명罔明이라는 이름이 지닌 함의다.

이 함의는, 명도 아니고(無明: 청정심), 무명도 아니고(無無明: 광명심: 定), 또한 무무명도 다한 것(亦無無明盡: 처처무애정광: 삼매)마저도 다한 바(진여정), 즉 조사선의 초지初地 애기 보살에 있다. 선적 향상일로에서 상승 단계일수록 인간본위적 혹은 상대성적 분별지가 평정됨을 우리는 내내 논의하였다.

화두법에서도 화두가 타파되는 단계에 접근하면 할수록 소위 '광학적 무의식'에 깊이 든다는 것을 『법어록』들을 인용하며 설명하였다. 지혜제일이 아닌, 그 반대인 망명_{罔明}의 애기 보살이 여인의 선정, 더 나아가서 삼매를 깨웠다는 아이러니다. 선의 정라라_{淨裸裸} 활발발 _{活鱍鱍}함을 적절히 표현했다고 보아진다.

즉 선정과 삼매 그리고 진여정이 지혜제일이라는 상대성을 초월하는 모습을 반어적으로 들여다 보도록한 선적 텍스트이다. 즉 순일무 잡_{純一無雜}한 망명의 손가락 한 번 튕김이 진여정과 진여용을 보인다는 선문이다. 이는 문수 보살의 체성이 낮은 지혜작용과는 대조적이다.

무문 스님은 평창에서 이렇게 말했다.

"석가 노자가 일장의 잡극을 연출하니 사소함을 통치 못했다. 잠깐 생각해 보라. 문수 보살은 칠불의 스승인데 왜 여인의 삼매를 깨우지 못하고 망명은 초지 보살인데 어째서 깨울 수 있었나? 만약 여기에 대해 그 뜻을 잘 알았다면 업식이 망망_{忙忙}히 나가대정_{那迦大定}이리라."

[해설]: '업식이 망망히 나가대정이다' 는 말은 이 공안을 타파하면 바다속 용왕의 나가대정과 같이 진여정에 빠르게 들게 된다는 뜻. 그러나 여래선을 간신히 극복만 하고 있는 텍스트라고 (석가 노자가 연출한) 일장의 잡극이라 했다. 대도 혹은 진여자성에 비하면 그렇다.

무문이 송왈에서 이렇게 읊었다.

"일으키고 안 일으키고는 그들의 자유다. 신두_{神頭}에 귀면_{鬼面}이여 패 궐_{敗闕}이 도리어 풍류_{風流}로다."

[해설]: 조사관을 투관하면, 일으키고, 안 일으키고는 '그 자리' 의 자

유다. 교섭交渉을 끝마친 자리인 조사는 불신佛身, 보리, 열반, 해탈을 쓰기도 하고 또한 안 쓰기도 하니 진정한 대자유인이다. 이러할 경우 귀신 머리에 악귀 얼굴을 한 패작도 도리어 풍류라 했다. 돈오하면 중생상도 귀신도 하나님도 도리어 풍류라…. 이런 대긍정심이 또 달리 있으랴.

『무문관』 제43칙 수산죽비首山竹篦

본칙은 다음과 같다.

수산 스님께서 죽비를 들어 대중에게 보이면서 그대들이 만약 이를 죽비라고 부르면 어긋나고(촉觸) 죽비라고 부르지 않으면 위배違背하게 되느니라. 그대들은 얼른 말해보라. 무어라고 부르겠는가?"

[해설]: 부처님께 외도가 찾아와서 "유언도 묻지 않고 무언도 묻지 않습니다"라고 질문한 것과 비슷한 데가 있다. 본칙에서는 구체적으로 죽비를 가지고 묻는다. 죽비를 가령 A라 한다면, 'A도 아니고 非A도 아닌 것'이란 말 자체가 자성자리에서 나오는 것임을 알았음으로 이에 작용으로서 갈음하는 소리를 이렇게 한 수 읊는다.

"한 소절 긴 젓대 소리가 석양(본체: 자성자리)에서 울려 오네"

무문 스님의 평창을 보도록 한다.

"수산이 죽비를 들어 보이면서 그대들이 만약 이를 죽비라고 부르면 저촉되고, 죽비라고 부르지 않으면 위배되리라. 유언으로서도 안 되고 무언으로서도 아니 되리라. 속히 말해보라."

[해설]: 같은 질문을 본칙에서도 했고 다시 평창에서도 하고 있다. 물론 반복일 리가 없다. 본칙에서는 색즉시공 공즉시색과 같은 의리선을 말했고 다시 평창에서는 여래선에 입각한 답을 요구하고 있다. 여래선은 불성실성에 입각한 보리심에서 반야지혜의 일환으로 주먹을 들어 보임이 일책이리라. 혹은 "손뼉을 치며 한 손으로는 소리가 나오지 않는다."라고 답한다.

계속 송왈을 보도록 한다.

죽비를 집어 일으키며 살활령殺活令을 행하니 배촉교치라 불조도 생명을 구해달라 애걸하리라.

[해설]: 죽비로써 살활령을 행한다는 말은, 여래선(불성실성)의 '부정의 부정'에서 첫 부정은 살인도殺人刀에 그리고 재부정은 활인검活人劍에 은유되는 바, 전자는 여래선적이고 후자는 조사선적이니 이를 배촉교치背觸交馳(등지지만 서로 같이 간다는 뜻)라 하는데 여기서 불조는 살인도로서 초극되었고 조사의 활구뿐이라는 뜻임. 칼은 부정을 함의하고 있다. 그리고 조사의 활구는 부정의 부정이라서 활인검이라 한다.

「무문관」 제44칙 파초주장芭蕉拄杖

본칙은 아래와 같다.

파초 화상이 대중들에게 말했다. "그대에게 주장자拄杖子가 있으면 내가 그대에게 주장자를 주고 그대에게 주장자가 없으면 내가 그대의 주장자를 뺏으리라.

[해설]: 파초 선사는 파초산 혜청 선사인데 백제인으로 입당하여 앙산 선사의 법손이 되었다. 우리나라에 선법이 들어오기는 650년 신라 승 법랑 선사 때인데 중국의 4대조 도신 스님의 법을 받아온 것으로 전해지고 있다. 본칙에 나오는 주장자는 불화나 법회에서 흔히 보는 노승들의 지팡이다.

소림사를 배경으로 하는 무술영화 따위에서 이 주장자를 가지고 상대를 자유자재로 무찌르는 것도 많이 볼 수 있다. 주장자를 '쿵' 하고 치면 대중이 고요하고 또 '쿵' 치면 설법이 끝났다고 하는 선사도 있다. 본칙에서 주장자는 보리반야의 성품에 은유된다.

즉 주장자는 여래선인 비심비불의 '한 물건'으로서, 보리반야라는 체용을 겸비한다. 주장자가 있다고 하니 체용을 주겠다고 했고, 주장자가 없다고 하니 체용을 빼앗겠다고 했다. 주장자(보리반야의 성품: 실성)의 있고 없음을 초월한 경지에서 이런 법어를 행할 수 있다.

무문 스님의 평창은 이렇다.

주장지를 붙잡고 다리가 끊어진 물을 지나고 함께 무월촌無月村으로 돌아감. 만약 불러서 주장자라 한다면 지옥에 들어가기가 화살 같으리라.

[해설]: 비심비불의 '한 물건(주장자)'으로써 물에 다리가 없고, 하늘에 달이 없다는 즉심즉불의 '한 물건'도 없는 곳(자성진공)으로 돌아감. 이후 대도무문에서 드러난 '그 자리'에 들게 된다. 연후에 주체대용에서 주장자 운운한다면 결코 용납되지 안 된다. 이미 주장자는 고문와자(敲門瓦子: 문을 두드린 기와조각)라는 방편이었을 뿐이기 때문이다.

무문 스님은 다시 송활을 이렇게 붙였다.

"제방의 깊음과 얕음이 모두 손바닥 안에 있음이라 이것으로 하늘을 버틸 수도 있고 땅을 버틸 수가 있다. 가는 곳마다 선풍을 일으킬 수 있구나."

[해설]: 여러 선방의 공부 실력이 주장자의 이해 여하에 달렸는데, 이 주장자가 조사의 손바닥 안에 있다고 했다. 일찍이 손으로써 체용 쌍창을 표현하길, 손등은 본체에 손바닥은 작용에 비유했는데 조사의 손바닥은 (주체)대용을 은유한다.

마술사가 빈 손바닥 안에서 비둘기도 끄집어 내고 불도 붙여내고 하는 것처럼 조사는 손바닥 안에서 하늘을 내걸고(탱탱撑) 땅을 어울리게(병幷)하는 것이다. 이것이 조사의 장풍掌風으로서 곧 선풍인 것이라.

『무문관』 제45칙 타시아수他是阿誰

본칙은 다음과 같다.

　　동산연(오조법연) 사조는 말했다. "석가와 미륵이 이 모두 그 자의 종
　　이다. 속히 말해봐라. 그 자란 이 누구인가?"

[해설]: 무문 스님은 동산연(東山演, 송宋, ?~1104)의 5대 법손이다 그래서 사조師祖라는 존칭을 붙인 것이다. 위의 공안은 최초에 개성각 로라는 승이 동산연 선사를 찾아뵙고 가르침을 부탁했을 때 질문당 한 내용이다. 이때 각로는 대뜸 '호장삼흑이사胡張三黑李四'라고 대답하여 맞았다고 인가를 받았다.

호장삼흑이사라는 말은, 오랑캐 장가의 셋째 아들, 검둥이 이가의 넷째 아들, 곧 중생상(상대성적 차별심)을 보인 것이다. 그런데 그때 같은 휘하에 있는 원오극근(『벽암록』의 저자)에게 이 얘기를 했더니, 원오가 말하기를, '그 대답이 좋기는 좋으나 아직은 답이 못되니 잘 생각해 보라'고 했다.

그런데 그 이튿날 각로가 다시 연 사조에게 입실한즉 어제 했던 질문을 또 하는 것이었다.

　　법연 선사, "석가와 미륵이 이 모두 그 자의 종이다. 속히 말해보라,
　　그 자란 이 누구인가?"

　　개성 각로, "어제 하신 질문이고 제가 답했던 겁니다."

　　법연 선사, "어제 무어라고 답했던가?"

　　개성 각로, "호장삼흑이사라고 말했습니다."

　　법연 선사, "글렀어! 글렀어!"

　　개성 각로, "어제는 인정하시지 않았습니까?"

　　법연 선사, "어제는 맞았지만 오늘은 틀렸어!"

　　개성각로가 이때 대오한다.

[해설]: 여기서 필자는 이런 문답을 하나 만들어 본다. '어떤 자가 석가와 미륵을 초월하였습니까?' 이 물음에 대한 직접적인 답은 각자의 자성자리가 된다. 그렇다고 '자성자리!'라고 바로 답한다면 선불교의 알레고리를 모르는 선객이다. 물론 자성자리에서 연역된 상대성(불확정성)을 구체적 작용으로 답해야 한다. 예컨대 '석가와 미륵'이라고도 답할 수 있다.

　　그 자는 물론 자성자리를 말한다. 즉 부동진제不動眞諦인 진여자성

이 제법의 입처入處이다. 장삼이사張三李四도 '자성자리'에서 드러난 것이고, 시간적으로 어제와 오늘도 그 자의 종이다. 여기서 '어제는 맞았는데 오늘은 틀렸다'라고 말한 점이 역시 제격이다. 기업에서도 그렇다. 쉬운 예로써 듀퐁은 변신에 변신을 거듭해 살아 남았고 코닥은 그렇지 못해 비실거린다.

즉 어제는 장삼이사(상대성)가 답이 되었으나, 오늘은 아니다. 어제와 다르게 오늘은 오늘의 답을 해야 한다. 즉 오늘은 어제와 달라야 한다. 한국 최초의 종합대학교 여성 총장에 오른 인하대학교 최숙자 교수도 언론에서 그런 말을 했는데 인상적이었다. 역사와 전통도 오늘의 여건과 상황에서 보아야 하리라.

무문 스님은 평창에서 일렀다.

이 타他란 누구인가를 '분명히 알았다'면 마침내 네 거리 가두에서 찾던 아버지를 만난 것과 같아서 다시 남에게 물어서 '이다(시是) 아니다(불시不是)'라는 것(상대성/불확정성)을 말하지 않으리라.

[해설]: 제일의제第一義諦인 최상승의 절대성을 깨닫게 된다면 네 거리 가두에서 아버지를 만난 것과 같이 명확하다고 했는데 역시 돈오는 현실에 소소영영하게 실존함을 은유한 말이다. 결국 최상승의 절대성을 찾았으니 남에게 물어 시시비비(상대성)를 말하지 않고 상대성, 즉 불확실성을 활용하게 된다. 그래서 객관적으로 다양성 그 자체인 것이다.

무문 스님은 이런 송을 읊었다.

"남의 활을 당기지 말고 남의 말을 타지 마라. 남의 비리를 말하지 말고 남의 일을 알려하지 말라"

[해설]: 일체의 상대성이 끊어진 '그 자리'라는 실존에는 '너와 나'가 없고 천백억 화신하는 너와 나가 활무할 뿐이다. 남의 일, 남의 것에는 상대성뿐이니 참마음의 절대성에 매진하라는 뜻이다. 과학발전으로 인한 정보화 시대가 잘못 흘러서 남의 사생활이나 개인정보 수집에 혈안이 되고 있다는 바, 그 만큼 정보통신의 눈이 발달할수록 '참마음'의 불안佛眼과는 점점 멀어져 간다고 하겠다.

『무문관』 제46칙 간두진보竿頭進步

본칙 내용은 다음과 같다.

석상경제(石霜慶諸, 송宋, ?~1040) 스님이 말하다. "백척간두에서 어떻게 걸을 수 있을 것인가? 또 옛 어른들이 말씀하시길 백척간두에 앉을 수 있는 사람이라도 아직 진짜는 못 된다. 백척간두에서 모름지기 걷는다. 그렇다면 시방 세계에 전신을 현전하리라."

[해설]: 본칙에서 백척간두는 직역하면 백 척이나 되는 높은 장대 꼭대기를 말한다. 그러나 선문에서는 땅도 아니고 하늘도 아닌 곳, 혹은 무근수無根水, 즉 본체를 은유한다. 가령 백척간두 자리에서 작용도 없이 그냥 그대로 있으면 새가 새장에서 나와 장대 끝에 앉았는데도 날지 못하는 것과 같다.

삼매를 얻어서 새가 장대 끝에 올라앉았으니 자재신통·유희해야 한다. 참선에 정진하여 모든 상대성의 사슬을 끊고 절대경지(불성·실성)에 올랐는 사람은 해탈자로서 진보해서 작용을 행해야 한다. 참선자는 가령 이러한 질문을 당하면 자리에서 곧장 일어나 '왔다갔다' 활동작용을 보이리라.

선에서 백척간두는 아슬아슬하고 위험한 꼭대기가 아니고 본체 혹은 독탈처를 은유한다. 그래서 독탈무박獨脫無縛이라는 선문이 나온다. '여기에 그냥 앉아 있으면 진짜가 아니다'는 여래선을 두고 한 말이다. 응당 진보해야 한다는 것이 조사선의 체용론이다.

무문 스님은 평창에서 말했다.

"진보하고 번신翻身한다면 다시 어디를 꺼리고, 존칭하지 않을꼬. 그러나 이와 같다 해도 백천간두에서 어떻게 걸을까?"

[해설]: '물음은 답에 있고 답은 물음에 있다' 했다. 향상인은 백척간두(자성진공)도 걷어차서 대도를 얻어서 시방(십방十方)으로 진보하고 번신한다. 대도무문인 것이다.

무문 스님은 이렇게 송왈했다.

정문안頂門眼을 할각瞎却하여 정반성定盤星을 착인錯認하였다. 몸을 던지고 명을 버리니 한 장님이 여러 장님들을 인도한다.

[해설]: 불화佛畵에서 정문안을 많이 본다. 이 정문안과 일척안一隻眼이라는 말이 선문에 자주 나온다. 중생의 눈은 두 눈으로서 대상을 상대성(이분법)적으로 봄에 반해 부처의 정문안은 절대성적 눈, 즉 불안佛眼으로서 일체 대상을 여래광명상으로 본다.

송왈에서 정문안을 할각한다는 말은 결국 일척안이 잘못되어 중생안으로 되었다는 뜻이다. 그리고 정반성은 대저울의 첫 번째 눈금인데 이 눈금에서 저울대와 빈 저울접시가 균형을 이룸이니 색공불이(비색비공)를 은유하고 있다. 결국 중생은 비색비공 더 나아가면 불생불멸을 올바로 인식하지 못 하고 있다는 뜻.

본칙에 나오는 고덕 스님은 남전 문하의 장사경잠 선사다. 어느 때 중이 고덕 스님에게 묻기를, '백척간두에서 어떻게 걸음을 걸을 것입니까?' 하니, 고덕 스님은 '낭주朗州의 산 풍주灃州의 물'이라고 '왔다·갔다' 하는 대답을 했다.

승이 무슨 뜻인지 잘 모르겠다고 하니, 다시 '사해오호왕화리四海五湖王化裏'라고 덧붙여 주었다. 사해오호의 왕으로 화현한 가운데 무애행을 은유한 것이다. 신자유주의 경제학자 하이에크(Friedrich August von Hayek, 오奧, 1899~1992)는 경제학의 대가 케인즈(John Maynard Keynes, 영英, 1883~1946)를 'Flying Bird(날으는 새)'라고 비유한 바가 있다.

요즘 복잡계의 경제학 시대에 얼마나 공과를 끼친 경제학자들인가는 잘 모르겠으나 트인 사상가들임에 틀림이 없어 보인다. 세간의 말에 '백천간두에서 진일보進一步'라는 말이 있는데 대단히 위태롭고 절박한 상황에 처해서 진일보하기를 죽는 것에 비유하거나 간 큰 용기에 빗대는 말인 것 같다.

물론 백척간두진보進步라는 선문을 패러디한 것이다. 뒤 구절 장님(중생의 눈) 얘기는 이를 비유하고 있다. 우리나라 정가에는 오래된 경구 하나가 있는데, 현애철수장부아懸崖撤手丈夫兒라는 말. 그 뜻은, 절벽에 매달렸을 때 손을 놓는 것이 대장부라는 뜻. 역시 백척간두진보와 비슷한 뉘앙스를 풍기는 말이지만 그 의미는 전혀 다르다.

현애철수는 노무현 전 대통령이 그랬던 것처럼 차라리 죽는 길을 택한다는 뜻이지만 백척간두진보는 대도무문을 말하고 있다. 진보를 이념으로 삼고 있다는 사람들은 백척간두진보進步라는 선문을 새겨

들어야 할 일이다. 겉으로 진보라는 미명을 표방하면서 실은 백척간
두라는 본체와는 거리가 먼 작용을 자행하는 무리들이 우리 사회의
음지에는 아직도 많다.

참고로, 장사경삼 선사의 게송 한 수를 붙인다.

　　백척간두부동인不動人이여!
　　비록 한 경계 얻었다한들 아직 멀었네
　　백척간두에서 응당 걸음을 내 걸치니
　　시방세계가 모두 내 몸이구나

앞의 두 구절은 여래선문이며, 뒤의 두 구절은 조사선적이다.

『무문관』 제47칙 도솔삼관兜率三關

본칙의 내용은 다음과 같은 세 가지 질문들로서 구성되고 있다.

　　도솔종열(兜率從悅, 송宋, ?~1091) 선사가 3단계 관문을 설치하며
상인上人에게 묻다.
　　제1관: "발초참현撥草參玄은 단지 견성을 도모함인즉 즉금 그대의 자
성은 어디에 있는가?"
　　제2관: "자성을 보면 바로 생사를 벗어난다. 눈빛이 탈락할 때 어찌
하여 생사를 벗어날까?"
　　제3관: "생사를 벗어나면 곧 갈 곳을 알지니 사대분리하여 어디로

갈까?"

[해설]: 제일관에서, 발초참현이라는 말은 잡념을 제거하여 현리에 참여한다는 뜻. 네 글자로써 본체를 나타내고 있다. 물론 자성은 본체와 같은 말. 마치 불성과 선정이 다르지 않은 것처럼. 여기서 자성(본체)을 바로 설명하려 들면 선리를 모르는 사람이 된다.

답, "성상이 여여부동한데 부질없이 '너·나'라고 하시네."

혹은 '화두도 모르십니까?'라는 역문이 제격이기도 하다.

제2관에서, "자성을 보면 바로 생사를 벗어난다(방탈생사方脫生死). 안광이 탈락할 때 생을 어떻게 벗어날까?"

답, 방탈생사方脫生死는 불생불멸처럼 자성자리(본체)에 든 말. 이 경우 작용을 붙이자면, '자성으로 이룬 법은 실재법이 아니라서 실재상을 짓는 사람 그림 칼에 몸(법신) 잃는다네'라고 답할 수 있다. 즉 불매생사를 보면 삶은 삶이라는 이 이름 혹은 그림일 뿐이고 죽음은 죽음이라는 이 이름 혹은 그런 그림일 뿐이다. 탈락할 안광은 이미 없다. 벽암록 제2칙의 송왈에 '해골바가지 속의 두 눈동자(촉루리안정髑髏裏眼睛)'라는 말이 나온다. 이는 보이는 것이 보이지 않을 때와 같다는 말이다.

제3관에서, "탈득생사脫得生死하면 곧 거처를 알지니 사대분리四大分離면 어디로 갈꼬?"

답, 3관의 탈득생사는 자성(본체)과 작용을 드러내는 말이니 조사선적이다. 거처를 안다는 것은 돌아갈 상대성(작용)을 안다는 말. 앞에서도 보았고 다시 〈맺음말〉에서도 보겠지만 반복해 본다. "동서남북으로 귀거래사를 읊으며 한 밤 중에 삼라만상을 뒤덮은 흰 눈을 함께 보노라"

무문 스님이 다음처럼 평창하다.

만약 이 삼전어三轉語를 능히 체득하면 언제 어디를 가도 주인이 될
것이요. 연(然: 세계환경)을 만나면 종지가 될 것이다. 그가 아직 그렇지 못
하다면 거칠음과 세밀함을 취급하기 어려워 체하기와 허기를 다스리기
어려우리라.

[해설]: 삼관의 물음들이 삼전어 형태라는 바, 이는 발초참현과 방탈
생사 그리고 탈득생사를 각각 초극해야 한다는 말씀. 연然이라는 말
은 불매인과에서 과果에 해당하니 인연(체용: 인과)에서 불매라는 종지
에 든다는 말. 즉 무인無因이라는 본체에서 연然이라는 인간의 업적인
환경세계를 보면 오성 작용을 일으키고 불매라는 광명심을 드러냄이
된다.

끝말에서 거칠음과 세밀함은 역시 상대성이고 여기서 종지(최상승적 절
대성)를 세우지 못하면 그 양변(兩邊: 상대성)을 다스리기 어렵다고 했다.

무문 스님은 송왈에서 일렀다.

"일념이 보편에 들어 무량겁을 관하니 무량겁이란 곧 여금如今이다. 여
금如今이 이 일념을 처파하면, 여금如今을 엿보며 처파하는 사람이 있다."

[해설]: 중세 서양철학사에서는 '개별과 보편'을 두고 서로 우선한다
는 유명한 '보편논쟁'이 있었다. 훗날 헤겔은 '개별과 보편의 상호침투'
를 거론했다. 그러나 선에서는 절대성적 보편(주체)이 뭇 개별들을 대
용大用한다. 이렇게 본체 가운데서 무량겁을 관하니 무량겁이 곧 여금
(如今)이라, 삼세심이 곧 여금(여래상)임을 말한다.

이 경우 여금이 일념(고정관념)을 처파하면, 이 여금(여래선)을 엿보며
역시 여금을 처파하기도 한다. 물론 진여자성에 근거한 말이다. 진정

한 여금에 든 자는 여금이라는 생각도 일찍이 버렸다.

(참고: 삼세심불가득하다는 금강경 구절마저 처파한다. 처파한 가운데 진여자성에서 '점심'이라는 작용을 한다. 역시 체용론적이다.)

『무문관』 제48칙 건봉일로乾峯一路

본칙은 다음과 같다.

건봉 화상에게 어떤 승이 묻다. "시방의 박가범(薄伽梵: Bhagavat, 佛)이 한길一路로 드신 열반문이라 하니 미심합니다. 노두路頭가 어디에 있는가요?"

건봉 화상이 주장자를 일으켜 일획하며 답했다. "여기에 있다"

후에 승이 운문 스님에게 가르침을 청하니 운문 스님이 선자(扇子: 부채)를 일으켜 세워 말하였다. "부채가 튀어올라 33천에 올라가 제석천의 콧구멍을 찔렀고, 동해의 잉어를 한 방棒치니 빗줄기가 동이로 붓는 것 같았느니라."

[해설]: 이 법문은 『종용록』에서도 나온다. 건봉 스님은 조동종(종용록의 종지)을 창설한 동산양개의 법을 이어 받은 분이고 운문 스님은 본칙의 건봉 스님 밑에서 공부했다. 승이 물었던 것은 선도에 들어 열반상락을 체회하고저 한 것이었는데 그 길에 드는 노두路頭를 주장자(보리반야의 성품: 비심비불의 '한 물건')로써 한 일자一字를 그어 가르쳤다.

'비심비비심의 한 물건'으로부터 열반문에 들라는 뜻이다. 결국 만법귀일이며 일귀만법을 겨냥한 것으로 보인다. 여기까지는 여래선문이 된다. 이 물음은 본래 『능엄경』 제5권에서 '이 아비달마(대법對法, 경經의 논부論部)는 시방의 박가범께서 외길로 열반에 드신 문이다'라고 말한 데서 나온 것인데, '그 길과 문호가 어디에 있느냐?'고 물었다. 물론 그런 한 길은 비심비비심의 '한 물건'에 있다.

이에 대해 주장자로 일획을 그었으니 비심비불의 한 물건(실성實性: 대승적 절대성)이고, 그 다음에 조사선이 이어졌다. 제석천왕의 콧구멍을 부채가 찔렀고, 또한 동해의 잉어를 한 방 쳤다. 천상천하를 두루 한 방 씩을 쳤으니 진여자성을 은유한다.

『종용록』(제61칙)에서 만송은 본칙의 평창에서 이르되, "천동각이 일찍이 '시방에 벽이 없고 본래부터 난간도 없으며 사면에는 문도 없으니 이것이 그대로 들어올 곳이다'라고 하였다."

방棒은 조사로부터 나온다. 주장자는 여래선의 상징이고, 부채는 조사의 방이나 할에 비유된다. '비가 내린다'는 말은 선문에서 잘 쓰는 은유다. 부정과 부정을 대단히 적절하게 표현하기 때문이다. 예문을 다시 들어본다. "청천백일(불佛)에 비가 내리니(본체: 定), 땅이 젖고 만물이 자란다(작용)."

평창에서 무문 스님은 이렇게 일렀다.

"한 사람은 깊은 바다 밑에서 흙을 모아 키질하며 먼지를 날리고 또 한 사람은 고봉정상에 올라 백파를 일으키니 하늘에 닿는다. 파정과 방행이 각각 일척수를 내서 종승宗乘을 부수(扶竪: 일으켜 세움)함이다. 크게 두 개의 배치자가 서로 당착(撞着: 불의의 사태를 만남)함과 같도다. 세상에는 진짜배기가 없으렸다. 정안正眼으로 보면 두 노인 다 아직 길머리를 모르고 있다."

[해설]: 위의 글에서 파정把定과 방행放行은 『무문관』에서 처음이고

마지막 나오는 말이다. 『벽암록』에서는 이 말이 자주 나온다. 해석이 분분한 선어이다. 그러나 파정把定이라는 말은 글자 그대로 진여정을 파악함을 뜻하고 방행放行은 진여용이니 두 배치자가 서로 당착함이 아니고 체용일체적이다.

'두 노인 다 아직 길머리를 모르고 있다'라고 말한 것은, 한 노인이 파정(바다 밑에서 키질: 이중부정)으로써 그리고 다른 노인이 방행(산정에서 백파를 일으킴)으로써 각각 한 손씩을 내어서 종승을 부수하니 체용 일치가 되었다. 그러나 진짜배기 길 머리인 '그 자리'를 못 보고 있다고 평했다. 물론 파정에서고 진여자성을 체득한 후 '그 자리'를 깨쳐야 한다.

(참고: 윗글에서 언급된 진여정은 마조의 수제자 대주혜해大珠慧海 선사의 『돈오입도요문록頓悟入道要門錄』에 설명되고 있는데 선정의 최상승 경계이다. 즉 '무정무무정無定無無定'에서 '무무정 역무무정진' 그리고 재부정인 진여정으로서 이는 결국 선정(보리)의 '부정의 부정'인 셈이다. 『벽암록』을 보면 파정방행把定放行이라는 선어가 나오는데 파정은 진여정의 파악이고 방행은 작용인데 통과를 함의하기도 한다. 물론 진여정의 향상은 진여자성(진불眞佛) 혹은 대도와 계합하는 불가분의 관계다.)

무문 스님은 송왈에서도 일렀다.

"채 걸음을 해보기도 전에 귀결점이고 아직 혀를 움직이기 전에 설을 마친 자리이다. 가령 착착(著著: 분명하고 분명함, 파정과 방행: 대도무문)에 아무리 기선을 잡았을지라도 다시 모름지기 향상의 규(竅: 두루 미침)가 있음을 알라."

[해설]: '그 자리'는 채 걸음을 해보기도 전에 귀결점이고 아직 혀를 움직이기 전에 설을 마친 '본래성'의 자리이다. 착착(대도)에 아무리 기선을 잡았을지라도 모름지기 향상의 규竅가 있음을 알라고 했다. 여기서 규竅는 구멍 혹은 통하다라는 뜻도 가진 글자인데 비유하자면, '향상의 규竅가 있다'는 말은 돈오 과정에서 드디어 '터널의 끝이 나타났

다'에 은유되는 바, 물론 '그 자리'를 두고 한 말이다. 이로써 『무문관』
48칙들을 모두 끝낸다.

맺음말

    선문의 원전은 천여 년 이전의 중세(6~13세기) 한문체이니 필자같은 문외한은 손도 못 댄다. 다행히 번역서들 덕택으로 부분적으로만 간추려 보았다. 세상의 어떤 번역에서도 반역은 나오게 마련이지만 특히 선문에서 반역은 하늘과 땅을 가르는 수가 있다. 도서출판 밀알에서 발간된 책으로 《산은 산, 물은 물》(이성철, 1983)이라는 책이 낙양의 지가를 올렸던 적이 있었다. '산은 산, 물은 물'은 아직도 인구에 회자되고 있다. 한글판이니 여러분과 함께 보기가 쉽겠다. 내용 중에서 요점 부분을 살펴보면서 맺음말을 대신하고자 한다.

• 선의 요체

    법정 스님이 물었다. "선의 요체를 한 마디로 표현해 주시겠습니까?"
    성철 스님이 답했다. "추우면 핫옷 입제."

이 문답과 관련하여 『조주록』에 있는 문답 한 편을 보도록 한다.

    또 하루는 어떤 승이 절을 하자 스님께서 말씀하셨다. "좋은 질문 하
나 해 보아라."

승이 묻다. "무엇이 선禪입니까?"

조주 답함. "오늘은 날이 흐리니 대답하지 않겠다."

선문답에 '불교가 무엇입니까?'라는 질문이 없는 것처럼 '선의 요체가 무엇입니까?'라는 질문도 또한 없다. 일생을 두고 공부해도 해결하기 어려운 본체(화두)를 두고 이것이 무엇입니까라고 묻는다는 것은 아주 넌센스였을 것이다. 여기서 법정은 실제로 선승이 아니고 또한 선문을 묻고 있지도 않다. 고로 성철은 '부정의 부정' 혹은 절대성(대일설對一說)을 설명했어야 한다고 본다. 상대가 선문을 들고 나오지도 않았는데 '추우면 핫옷 입제'라고 답한 것은 적절치 않아 보인다. 가령 승이 '어떠한 것이 불법의 적的한 대의입니까?'라고 물었다면 '추우면 핫옷 입고 더우면 베적삼을 입는다'라는 답을 할 수도 있다.

『무소유無所有』로 유명한 법정 스님에게, '무소유마저도 무소유하는 것'이라고 답했다면 의리선에 드는 말이라도 되었을 것이다.

여기서 『벽암록』 제43칙의 본칙을 참고 삼아서 본다.

승이 동산에게 물었다. "춥고 더움이 오면 어떻게 피하고 피서합니까?"

동산이 답함. "왜 무한무서無寒無暑한 곳에 향해 가지 못 하는고?"

승이 묻다. "어떤 데가 그런 곳입니까?"

동산이 답함. "추울 때는 그대를 얼려죽이고 더울 때는 그대를 데워 죽인다."

이열치열以熱治熱처럼 상대성을 죽이는 방법도 여러가지다. 이것이 일단 선의 요체라고 할 수 있다. 본칙에서 말하는 무한무서無寒無暑의

곳이란 구체적으로 무한무무한無寒無無寒 혹은 무서무무서無暑無無暑한 절대처로서 춥다 덥다라는 상대성이 끊어진 이른바 본체 자리다. 그런 곳이 어떤 곳이냐고 물으니, 다시 답했다. "추울 때는 그대를 얼려 죽이고 더울 때는 그대를 데워 죽인다"고…. 선은, '죽어야 산다'는 역설을 내내 강조하지 않았던가.

● 중도법문中道法問

정채봉이 묻다. "불교에서 말하는 중도란 어떤 길입니까?"

성철 스님 답변. "중도란 양변을 여읜 것, 즉 상대를 떠난 것입니다. 흔히 중도는 중간으로 이해하고 있는데 중도는 중간이 아닙니다. 중도 법문에 의하면 대립되어 있는 선악을 떠나서 선악이 융통되는 것입니다. –중략– 그러니 중도란 모든 모순과 대립을 완전히 초월하여 그 모든 모순과 대립을 융합해버리는 세계(경계)를 가리키고 있는 것입니다."

위의 설명에서 응당 선사는 중도, 융통, 혹은 융합이라는 말은 삼가고, '양변을 여읜 것' 혹은 '상대성을 떠난 곳' 또 혹은 '모순과 선악을 완전히 초월한 절대처가 있는데 이 자리를 잘 참구해 보라'라는 말만 했어야 했다.

다음에 이어지는 설법에서 인과법칙을 불교와 우주의 근본원리라고 설명하고 있는데 선에서 중도를 포함한 인과법칙은 초월의 대상이다. 즉 불매인과를 설했어야 했다. 선은 상대성적 차별의 초월로서 절대성적 보편이지 융합이 아니다. 융합이라면 실제론이나 물리학에서 쓰는 용어이니 관념론과는 무관하다. 물리학에서는 절대성이란 경지가 없다. 혹시 『신과학운동』에서 언급된 양자 진공이 여래선의 자성진공에 해당하는 하는 것인지 모를 일이다.

예컨대 "비유비비유非有非非有(비유비무非有非無)'이며 '역유역무亦有亦無' 하다'란 말은 직역으로 '유도 아니고 비유(무)도 아니다. 그런 절대성 가운데 유는 여래고, 무는 여거'라는 뜻이다. 의역하면 '유무를 타파 한 초월의 본체(선정, 절대성)에서 유무의 상대성적 지혜작용을 드러낸 다' 된다. 여기에 융합은 없다.

삼위일체나 체용론은 융합이 아니냐고 물을지 모르겠지만 마치 색 공불이 혹은 성상여여가 융합이 아닌 것처럼 체용일체는 융합이 아니 다. 예컨대 불생불멸은 생멸의 중도도 아니고 융합도 아니다. 단지 생 멸이라는 관념적 상대성을 초극한 대승적 절대성이다. '스마트 파워'도 역시 그런 개념이리라 믿는다.

참고지만 중도 혹은 중관사상은 초기불교에 나오는 설법이고 선문 에서는 정, 보리, 여여부동, 진여정, 대도(진여자성), 주체, 전기全機 등으 로 콘텐츠가 진화했고 또한 봄바람, 종소리, 공산무인空山無人 등으로 다양하게 선문집에서 형상화되어 나오고 있다.

• 부채와 신선

성철 스님은 다음과 같은 선문 한 편을 소개하면서 해설을 붙였다. 아래 게송은 오조법연 선사의 법제자로서 원오극근과 동문인 불감혜 근(佛鑑慧懃, 송宋, 1059~1117) 선사의 작품이다.

> 오색 비단구름 위에 신선이 나타나서彩雲影裏神仙現
> 손에 든 빨간 부채로 얼굴을 가리었다手把紅羅扇遮面.
> 누구나 급히 신선 얼굴을 볼 것이요急須著眼看仙人

신선의 부채는 보지 말아라莫看仙人手中扇.

성철 스님의 이어지는 [해설]을 보자.

"생각해 보십시요. 신선이 나타나기는 나타났는데 빨간 부채로 낯을 가리었습니다. 신선을 보기는 봐야겠는데 낯가린 부채만 보고 신선을 봤다고 할 것입니까? 모든 법문이 다 이렇습니다. 정전백수자庭前白樹子니 마삼근麻三斤이니 조주무자趙州無字니 하는 것은 다 부채입니다.

부채! 눈에 드러난 것은 부채일 뿐입니다. 부채를 본 사람은 신선을 본 사람이 아닙니다. 누구든지 신선을 보려면 부채에 가려진 그 얼굴을 봐야지 빨간 부채를 보고서 신선을 보았다고 하면 그 말 믿어서 되겠습니까?" –이하 생략–

위의 법문에서 정전백수자나 마삼근 등은 여래선의 체용론에 해당하는 용어들인데 '신선의 부채'에 비교하며 동일한 내용으로 취급하는 것은 성철 스님의 명성에 걸맞지 않다. 여래선에서는 화두로써 본체를 깨치고 작용을 일으키며 불성자리를 드러냄인데, 이에 반해 본문 같은 조사선문에서는 신선('빛 사람' 혹은 '주인공')이 주체(오색구름: 흰구름과 석양의 일체)에서 상대성과 불확정성의 조화인 반투명의 홍라선紅羅扇을 작용시키고 있다.

여래선에서는 항상 부처佛를 묻는데 반해, 조사선에서는 부처에 대한 질문은 이미 끝났고, 이른바 구경각인 '빛 사람'이 드러나서 작용하는 상황을 노래한다. 그러나 문제의 불휘진광不輝眞光은 직접 볼 수가 없음으로 스스로 부채로 가렸다고 은유한 것이다.

• 체로금풍體露金風

　　어떤 중이 운문에게 물었다. "나무가 말라지고 잎이 떨어질 때(수조엽

락시樹凋葉落時)는 어떠합니까?"

　　운문이 이르되, "가을바람이 불어온다. 바위 꽃에 날리는 화분이여,

벌들이 물어와 꿀을 만들고, 살찐 들풀이여 사슴배꼽에 향기를 풍긴

다."라 했다.

　　위의 선문(참고: 『벽암록』 제27칙)에서 '나무가 말라지고 잎이 떨어질 때'는

'부정의 부정'인 경우로서 본체가 드러나면 여하한가를 물었고 이에

'금풍'이라고 답한 것은 역시 작용이다. 문제는 〈장경각〉 본本의 번역

처럼 '가을바람'이 아니고 본체(서천풍)가 작용(금풍)을 일으킨 것이다.

　　바위꽃은 보리꽃을 은유하고 있다. 이하 문장을 보더라도 조락凋落

의 가을바람이 아니고 본체(봄바람)가 금풍을 일으킨다는 뜻. 화두편에

서 독로금풍을 달이 뜨니 산천이 드러난다고 의역했다. 또 다른 선문

에서 '나무가 말라지고 잎이 떨어질 때(체로)는 어떠합니까?'라는 물음

이 나온다. 이번에는 '산호가지마다 달빛이 영롱하게 맺혔다'고 금풍

을 답하고 있다.

　　바람 이야기가 났으니 하나 더 해보자. 진제 선사(부산 해운정사)의 오

도송은 끝 구절이 이렇다. "해상에 청풍이 만고에 새롭구나."

　　이 구절은 '청풍에 해상이 만고에 새롭구나'로 되어야 한다. 청풍이

서천풍(본체)이고 해상은 작용이기 때문이다. 서천으로부터 불어오는

봄바람으로 인해 삼라만상의 작용이 만고에 새롭다. 체로금풍은 주체

가 금풍(천지만물)을 드러낸다는 말이다.

　　신령스런 자성인 '그 자리'로부터 '내려부는 맑은 바람의 힘'으로 인

해 삼천대천세계가 심광으로 굴러나왔다는 뜻(심광법계류心光法界流)이기

도 하다. 독로금풍獨露金風을 시인 고은高銀은 '다 벗어나 바람 맞아 들이나니'로 그의 소설『선禪』에서 운을 떼고 있는데 역시 핵심을 벗어난 듯하다.

● 말후구末後句

『벽암록』제51칙 암두의 말후구에 나오는 말후구 공안은『무문관』제13칙에서 대부분 논의 되었으나 이 기회에 한 번 더 보도록 한다.

우선 아래의 설두의 송에 나오는 말후구라는 말에 대한 성철 스님의 해석을 본다.

> 말후구위군설(末後句爲君說: 끝 구절을 너에게 설하노니)
>
> 명암쌍쌍저시절(明暗雙雙底時節: 밝고 어둠이 서로 짝을 짓는 시절이라)
>
> 동조생야공생지(同條生也共相知: 나기는 같이 났으나)
>
> 부동조사환수절(不同條死還殊絕: 죽는 것은 같지 아니하니, 그 같지 않음이여)
>
> 환수절(還殊絕: 그 같지 않음이여)
>
> 황두벽안(黃頭碧眼: 석가와 달마도)
>
> 수견별(須甄別: 분별할 수 없느니라)
>
> 남북동서귀거래(南北東西歸去來: 동서남북으로 돌아다니니)
>
> 야심동간선암걸(夜深同看千巖雪: 깊은 밤에 다 같이 바위를 보는 구나)

다음은 장경각본本의 번역이다.

> 말후구를 그대에게 말하노니
>
> 밝음과 어둠이 쌍쌍으로 어울리는 시절이구나.

같은 가지에서 나온 것은 모두 알지만

죽음을 달리한다는 것을 전혀 모르는군.

까맣게 모르는군.

석가와 달마도 잘 분별해 보아야만 알 수 있네.

남북동서로 돌아가련만

한 밤중에 일천 바위를 뒤덮은 흰 눈을 바라보노라.

　같은 백련암 줄기에서 나온 번역이지만 내용이 많이 다르다. 두 책의 발간일이 대략 10년의 시차가 나기 때문에 그런 것일까. 그럴 리가 있으랴. 여기서 환수절(還殊絶: 도리어 절대성을 죽인다의 뜻)은 문제의 상대성이 활구로 돌아온 것을 말한다. 그래서 '같은 가지(실성)에서 났지만 죽음(부정의 부정: 활구)을 달리 한다'고 했고, 또한 '나와 같은 가지에서 났지만 나와 다르다'고 말했다.

　똑같은 불의 실성에서 났지만 '죽음의 죽음'인 주체(비실성비비실성)에서 대용을 달리한다는 말이다. 환수절이 〈장경각〉의 번역처럼 '전혀 모른다'는 뜻인지는 진정 모를 일이지만, 의역은 활구로 돌아온 상대성을 말한다. 깨치면 사구가 도리어 활구가 된다는 뜻을 기리고 있다.

　돌아온 상대성을 원오극근은 [착어]에서 '한 손바닥으로는 소리(작용)가 나지 않는다'고 지적하고 있다. 이어서 황두(석가)와 벽안(달마)도 모름지기 견별한다고 했다. 황두와 벽안도 상대성이지만 도리어 활구가 된다.

　'남북동서로 돌아간다'는 말도 '고개를 돌리니 옛길이 드러남'을 의미하고 '한 밤중에 일천 바위를 뒤덮은 흰 눈을 함께 보노라'에서 한 밤 중과 흰 눈이라는 상대성을 함께 본다고 했다. 이른바 주체대용에서 대용은 환수절還殊絶, 즉 도리어 절대성(불성실성)을 죽이고 나타난 상대성의 작용이다. '몰랐을 때 중생이었는데 알고 보니 중생이다'란 말의 맥락이 보인다.

정리해 본다.

> 말후구를 그대에게 이르노니,
> 명암이 쌍쌍으로 어울리는 시절이구나.
> 같은 줄기에서 나온 것은 모두 알지만
> 죽음을 서로 달리하니 도리어 상대성이여.
> 도리어 상대성이여!
> 황두(黃頭: 석가)는 황두, 벽안(碧眼: 달마)은 벽안,
> 모름지기 견별하노라.
> 동서남북으로 귀거래사를 읊으며
> 한 밤 중에 삼라만상을 뒤덮은 흰 눈을 함께 보노라.

체용론의 특징은, 본체인 화두는 누구나 함께 가야 하지만 작용은 각자에게 잠연한 잠재의식(홀로그램)에서 제각각으로 굴러나오는 것이기 때문에 결코 동행할 수가 없다는 뜻이다. 진정한 'Variety Shines Here(다양성이 여기 빛을 발하다)'라는 구호가 바로 말후구에 있다.

비의秘義에 쌓인 선을 변증법을 원용하며 해석을 시도하였으나 변증법(정반합)은 자체가 아주 낮은 단계의 본체(절대성)에서 적절히 발전하지 못 한 한계를 가진다. 참고지만 서울에서 열린 제22차 세계철학대회에서 선과 변증법이 '양극화의 일치' 차원에서 혹시 논의되었었는지 모를 일이다만 만약 거론되지 않았다면 역사적 '서울대회'는 회광반조

가 없는 대회였다고 말하지 않을 수 없다.

다음에 하이젠베르크를 인용하면서 이 글의 끝을 맺는다.

인류의 사상사에 있어서, 두 개의 다른 사상의 조류가 만나는 그러한 지점에서 가장 풍요한 발전이 자주 이루어진다는 것은 아마도 전적으로 타당한 얘기일 것이다. 이러한 조류들은 인류문화의 전혀 다른 분야에, 상이한 시대와 상이한 문화 환경과 상이한 종교 전통에 그 근원을 두고 있을 것이다.

그리하여 그들 양자가 실제로 만나는 일이 이루어진다면, 행여 그처럼 긴밀히 서로 연결을 맺어 하나의 진정한 상호 작용이 일어날 수만 있다면 우리는 그곳에서 새롭고도 흥미가 진진한 발전이 곧 뒤따라 전개될 것이라고 기대해도 좋으리라.

김정명 씀